Le français vivant 3

Le français vivant 3

Alfred G. Fralin
Christiane Szeps-Fralin

Consultants

Augusta DeSimone Clark
St. Mary's Hall
San Antonio, Texas

Dianne B. Hopen
Humboldt Senior High School
St. Paul, Minnesota

J. Vincent H. Morrissette
Santa Catalina School
Monterey, California

Ann J. Sorrell
South Burlington High School
South Burlington, Vermont

Editor and Consultant

Sarah Vaillancourt

EMC Publishing, Saint Paul, Minnesota

Acknowledgments

The authors wish to express their gratitude to the many people in French-speaking countries who assisted in the photography used in the textbook. The authors also would like to thank the following professionals who contributed to the creative effort beyond the original manuscript: Chris Wold Dyrud (illustrations), Christine Stubstad (editorial assistance), Ned Skubic (layout), Christine M. Gray (desktop publishing), Cyril John Schlosser (design) and William Salkowicz (maps at the beginning of the book). Finally, the authors would like to thank their children, Sharyn and Nicolas, for their understanding and patience during the development of this textbook series.

ISBN 0-8219-0892-8

©1993 by EMC Corporation

Published by EMC Publishing
300 York Avenue
St. Paul, Minnesota 55101

Printed in the United States of America
1 2 3 4 5 6 7 8 9 10 XXX 99 98 97 96 95 94 93

Introduction

Bienvenue au troisième niveau de français!

Having successfully completed *Le français vivant 1* and *2*, you are well on your way to being able to communicate proficiently in French. You have developed skills in listening, speaking, reading and writing as well as cultural understandings. You have learned how to ask and answer questions about classroom activities, traveling, vacations, food, clothing, sports, leisure-time activities and health matters. You can also describe and tell what happened to yourself, your friends, family members and others as you talk about personal experiences and events. Knowing how to ask and give directions, say what you want to purchase in a variety of stores and use various means of transportation, you are able to function appropriately both linguistically and socially in a French-speaking environment. You have continued to gain insight into how people live in Paris, in other regions of France and in the rest of the francophone world.

In *Le français vivant 3* you will need to draw frequently on the communicative skills you have already acquired as you simultaneously expand on them and learn new ones. You will be able to talk about household tasks, jobs and career choices along with current events, world problems and personal relationships. You will learn how to express your feelings, emotions and opinions. You will develop the ability to describe and talk about events that have happened and those that may or will happen. You will heighten your cultural awareness by learning more about other francophone regions, such as Martinique, Corsica and parts of Africa, Canada—and even the United States.

The format of this book is similar to that of *Le français vivant 1* and *2*. The preliminary lesson reviews verbs, structure and vocabulary from the second-level textbook. A supplementary lesson at the end prepares you as you begin to read authentic literature in French. Once again you will have the opportunity to interact with your classmates as you apply your knowledge in different situations typical of those that you might encounter in a French-speaking environment. As you complete your journey with us in the francophone world, we wish you many interesting, enjoyable and rewarding experiences that will enrich your lives for years to come.

Table of Contents

**Unité 1
Leçon 1**

Leçon 3

**Unité 2
Leçon 5**

Leçon 6

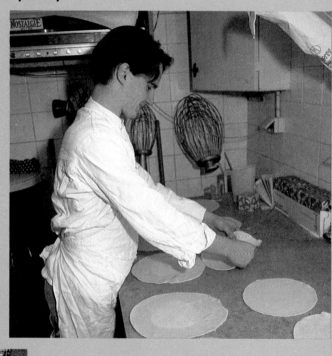

Leçon 7

**Unité 3
Leçon 9**

Leçon 11

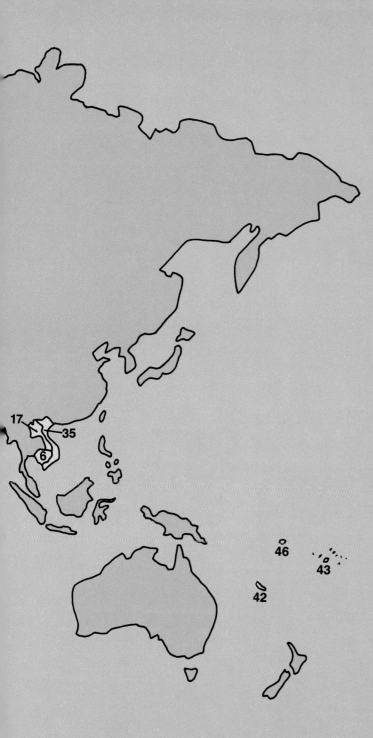

Les pays francophones

It's not only in France that people speak French. In more than 30 countries of the world, there are about 200 million people who speak French either as their mother tongue or as an unofficial second language. These countries are called *les pays francophones* (French-speaking countries). They are very different. There are European countries, of course, like France and Switzerland, and there is Canada, but there are also African countries and tropical islands.

1. l'Algérie
2. la Belgique
3. le Bénin
4. le Burkina-Faso
   (la république du...)
5. le Burundi
   (la république du...)
6. le Cambodge
7. le Cameroun
   (la république du...)
8. Centrafricaine
   (la république...)
9. le Congo
   (la république du...)
10. la Côte-d'Ivoire
11. Djibouti
    (la république de...)
12. la France
13. le Gabon
    (la république du...)
14. la Guinée
15. Haïti
    (la république d'...)
16. l'île Maurice
17. le Laos
18. le Liban
19. la Louisiane,
    la Nouvelle-
    Angleterre
20. le Luxembourg
21. Madagascar
    (la république de...)
22. le Mali
    (la république du...)
23. le Maroc
24. la Mauritanie
    (la république de...)
25. Monaco
26. le Niger
27. le Québec
28. le Ruanda
29. le Sénégal
    (la république du...)
30. les Seychelles
31. la Suisse
32. le Tchad
33. le Togo
34. la Tunisie
35. le Viêt-nam
36. le Zaïre
    (la république du...)

La France d'outre-mer

Did you know that the islands of *Martinique* and *Guadeloupe* (more than 6,000 kilometers from Paris) are, in fact, French? They are overseas departments or *départements d'outre-mer (les DOM)*. There are four in all. The others are *la Guyane française* and *la Réunion*.

The inhabitants of these islands have the same rights as the mainland French. They have the same government with the same president and the same system of education, and they often take trips to France.

There are also overseas territories or *territoires d'outre-mer (les TOM)*, which are more independent and have their own system of government.

les départements
37. la Guadeloupe
38. la Guyane française
39. la Martinique
40. la Réunion

les territoires
41. l'île Mayotte
42. la Nouvelle-
    Calédonie
43. la Polynésie
    française
44. Saint-Pierre-et-
    Miquelon
45. les Terres australes
    et antartiques
    françaises
46. Wallis-et-Futuna

 HONDA Pour de nouveaux horizons

Leçon préliminaire

Communicative Functions

- talking about future plans
- talking about past experiences
- saying how people or things used to be
- describing Corsica
- asking for information

Quels sont vos rêves?
(Paris)

De quoi rêvent-ils?

Quand on pense à l'avenir, on pose beaucoup de questions: Qu'est-ce qui va se passer? Qu'est-ce qu'on va faire? Comment va-t-on être? Où va-t-on se trouver dans dix, vingt ou même cinquante ans?

Quand on pense à l'avenir, on rêve aussi. Tout le monde a ses rêves, surtout les jeunes. Alors, de quoi rêvent-ils, ces jeunes? Eh bien, voilà....

Bonjour. Je m'appelle Valérie. Je suis parisienne et je rêve de découvrir d'autres pays parce que je connais seulement la France. Alors, j'espère devenir hôtesse de l'air. C'est un métier que je trouve très intéressant et qui va me permettre de voyager partout dans le monde. J'ai envie de faire des promenades sur les plages du Sénégal, de nager dans le Pacifique, de voir la Martinique, d'aller au Canada, de.... Mais d'abord il faut me perfectionner en anglais et en d'autres langues.

Compréhension

Répondez en français.

1. D'où est Valérie?
2. Quel est son rêve?
3. Comment est-ce que Valérie va pouvoir découvrir d'autres pays?
4. Qu'est-ce qu'elle a envie de voir?

Moi, je suis Thierry, et j'habite à la Martinique. Je voudrais être architecte et créer mon propre style. En fait, je voudrais construire dans le désert une ville merveilleuse, une vraie curiosité avec un centre-ville souterrain climatisé, des jardins et un palais magnifique. Bien sûr, je voudrais être riche mais surtout pour aider les pauvres et pouvoir bien vivre. C'est un beau rêve, n'est-ce pas?

Quel est le beau rêve de Thierry?

Compréhension

Répondez en français.

1. Est-ce que Thierry habite en France?
2. De quoi rêve-t-il?
3. Comment va être le centre-ville de Thierry?
4. Comment va-t-il changer le monde si possible?

LA MARTINIQUE vous attend

Je m'appelle Claudine, je suis de Québec, et je voudrais être chanteuse de rock. Je chante souvent pour mes copains à nos boums. Comme je ne suis pas riche, je n'ai pas encore de guitare. Mais j'espère pouvoir bientôt en acheter une. Quand je pense à l'avenir, je rêve de chanter un soir à New York, un soir à Londres, un soir à Paris. Je vois aussi devant moi une foule de jeunes qui m'adorent et qui connaissent toute la musique que je vais écrire. Si je réussis, je voudrais surtout influencer et aider les jeunes. Je sais que ce sont seulement des rêves, mais qui n'en a pas?

Compréhension

Répondez en français.

1. Dans quel pays est-ce que Claudine habite?
2. Qu'est-ce qui l'intéresse?
3. Où espère-t-elle chanter à l'avenir?
4. Comment espère-t-elle changer le monde?

Claudine espère devenir chanteuse de rock.

Québec

Grégory voudrait vivre à la campagne et devenir agriculteur.

Je suis Grégory, et je suis français. J'habite à Rouen en Normandie, mais comme toutes les grandes villes, Rouen ne me plaît pas. Je n'aime pas la foule et la circulation. Donc, mon rêve est de vivre à la campagne et de devenir agriculteur. Je voudrais retourner à la ferme où j'habitais quand j'étais petit. Mes parents l'ont quittée quand ils sont allés s'installer à Rouen. La ferme se trouve au bord de la Seine, et je m'y vois déjà avec mes animaux, mes plantes, mes fruits et mes légumes. Mais je ne suis pas encore là. Pour y arriver, je dois attendre encore dix ans ou plus.

Compréhension

Répondez en français.

1. Pourquoi Grégory préfère-t-il la campagne à la ville?
2. Quel est son rêve?
3. Pourquoi a-t-il quitté la ferme quand il était petit?
4. Combien de temps doit-il attendre pour devenir agriculteur?

Et moi, je m'appelle Sylviane. Je suis suisse et, comme beaucoup de Suisses, je parle français et allemand. Mon rêve est de pouvoir parler beaucoup de langues et d'être interprète pour une agence ou une compagnie internationale à Genève ou à Paris. Je trouve que le travail d'interprète est très difficile parce qu'il faut être précis. Si on oublie un seul mot, cela peut être une catastrophe! Mais pour moi, tout est possible. En fait, qu'est-ce qui nous attend? Un monde où il va falloir savoir parler une ou deux autres langues. Mais l'avenir appartient aux jeunes, n'est-ce pas? Eh bien, allons-y!

Compréhension

Répondez en français.

1. Pourquoi Sylviane parle-t-elle français et allemand?
2. Pour qui voudrait-elle travailler?
3. Qu'est-ce qui indique que Sylviane n'a pas peur de l'avenir?
4. Selon Sylviane, à qui appartient l'avenir?

De quoi est-ce que Sylviane rêve?

une mouche tsé-tsé

Et le jeune Kiki, de quoi rêve-t-il?

Il rêve d'être guide de safari parce qu'il n'a peur de rien, sauf peut-être…. Quel chien!

Rêvez-vous de vivre à la campagne? (Belgique)

À propos

1. Pensez-vous souvent à l'avenir?
2. De quoi rêvez-vous?
3. Qu'est-ce que vous voulez faire dans la vie?
4. Où allez-vous vous trouver dans vingt ans?
5. En quoi espérez-vous vous perfectionner?
6. Espérez-vous créer quelque chose? Quoi?
7. À votre avis, est-il plus important d'aider les autres ou d'être riche?
8. Préférez-vous vivre dans une grande ville ou à la campagne?
9. À votre avis, quel est le meilleur endroit du monde? Pourquoi?
10. Quelles langues espérez-vous bien connaître? Pourquoi?

Structure et usage

des verbes irréguliers

One group of irregular French verbs has infinitives ending in **-uire**. Here are two verbs that belong to the **-uire** verb family.

conduire	to drive
construire	to build

Il y a des Parisiens qui **conduisent** comme des fous.

There are Parisians who drive like crazy people.

Qu'est-ce que tu **construis**?

What are you building?

Qu'est-ce que ces hommes-ci construisent?

On a construit une belle maison.

To review all the present tense forms of these and the other irregular verbs in this section, see the Grammar Summary at the end of this book.

This group of verbs has past participles ending in **-uit**.

Comment ont-ils **conduit**?   *How did they drive?*

Nous avons **construit** une maison.   *We built a house.*

Another group of irregular verbs has infinitives ending in **-r-ir**. Here are some of the verbs that belong to the **-r-ir** verb family.

dormir	to sleep
partir	to leave
servir	to serve
sortir	to go out, to come out, to take out, to leave

Sers le dessert maintenant!   *Serve dessert now!*

À quelle heure **partons**-nous?   *What time are we leaving?*

This group of verbs has past participles ending in **-i**.

J'ai bien **dormi**.   *I slept well.*

As-tu **servi** la quiche?   *Did you serve the quiche?*

ATTENTION: **Partir** and **sortir** use **être** in the **passé composé**.

            Elle n'**est** pas **sortie** hier?   *She didn't go out yesterday?*

One more group of irregular verbs has infinitives ending in **-ivre**. Here are two verbs that belong to the **-ivre** family.

suivre	to follow; to take
vivre	to live

Quels cours **suivez**-vous?   *What courses are you taking?*

Il **vit** en Algérie depuis longtemps.   *He's been living in Algeria for a long time.*

The past participles of **suivre** and **vivre** are **suivi** and **vécu**.

Quelle rue a-t-il **suivie**?   *Which street did he take?*

Ils ont **vécu** à la campagne.   *They lived in the country.*

Jean-Marc suit un cours de maths. (Verneuil-sur-Seine)

Sophie vit à la Martinique.

Activités

1. Élodie n'a pas bien entendu de qui vous parlez. Répondez-lui en employant des pronoms compléments dans vos réponses, si possible.

    > MODÈLE: Qui part pour New York? (Josette)
    > **Josette part pour New York.**

    1. Qui sert les boissons? (Claude et Roland)
    2. Qui conduit une Renault? (mon frère et moi)
    3. Qui vit à la Martinique? (Sophie)
    4. Qui construit à la campagne? (M. et Mme Labouze)
    5. Qui suit un régime? (toi, tu)
    6. Qui ne part pas en vacances? (moi, je)
    7. Qui dort en classe? (Jérôme et toi)
    8. Qui sort le samedi soir? (mes copains)

2. Vous préparez un grand repas chez vous avec vos amis. Votre mère, qui veut aider, veut savoir ce que vous faites. Répondez-lui en utilisant toujours l'expression **suivre les conseils de** et le verbe **servir**.

    > MODÈLE: Que fait Marie? (sa mère / la quiche)
    > **Elle suit les conseils de sa mère; elle sert la quiche.**

    1. Que font Xavier et Guillaume? (Catherine / la limonade)
    2. Que fait Charles? (Sophie / la glace)
    3. Que font Catherine et Sophie? (leur sœur / un plat froid)
    4. Que font Charlotte et Nicolas? (Charles / les sandwichs)
    5. Que fais-tu? (Nicolas / l'omelette)
    6. Qu'est-ce que je fais? (ta grand-mère / le gâteau)
    7. Et à la fin, que faites-vous, vous autres? (ta mère / le café)
    8. Et Georges et moi, que faisons-nous? (Henri / nous)

Voulez-vous conduire la voiture d'Éric?
(La Rochelle)

3. Jean-Pierre veut savoir si vous voulez faire certaines choses. Dites-lui que vous les avez déjà faites. Employez des pronoms compléments dans vos réponses, si possible.

MODÈLE: Veux-tu suivre un cours d'histoire?
Non, j'en ai déjà suivi un.

1. Veux-tu sortir avec les voisins?
2. Veux-tu partir tôt?
3. Veux-tu conduire la voiture d'Éric?
4. Veux-tu suivre cette rue?
5. Veux-tu vivre à la campagne?
6. Veux-tu construire une armoire pour ta chambre?
7. Veux-tu me servir?
8. Veux-tu encore dormir?

d'autres verbes irréguliers

One group of irregular verbs has infinitives ending in **-crire**. Here are two verbs that belong to the **-crire** verb family.

Décrivez cette maison de ferme.
(Belgique)

décrire	to describe
écrire	to write

Décrivez votre famille. — *Describe your family.*

Claudine **écrit** sa propre musique. — *Claudine writes her own music.*

To review all the present tense forms of these and the other irregular verbs in this section, see the Grammar Summary at the end of this book.

This group of verbs has past participles ending in **-crit**.

Qu'avez-vous **écrit**? — *What did you write?*

Grégory a **décrit** la ferme de ses rêves. — *Grégory described the farm of his dreams.*

Apercevez-vous cette
nouvelle R 19?
(Angers)

Another group of irregular verbs has infinitives ending in **-cevoir**. Here are two verbs that belong to the **-cevoir** family.

apercevoir	to see
recevoir	to receive, to get

J'**aperçois** une nouvelle R 25.　　*I see a new R 25.*

Nous **recevons** de l'argent de　　*We get money from our parents.*
nos parents.

This group of verbs has past participles ending in **-çu**.

Qu'as-tu **reçu**?　　*What did you receive?*

Ils n'ont rien **aperçu**.　　*They haven't seen anything.*

4. En cours d'anglais tout le monde doit faire la description de quelque chose d'intéressant dans une lettre destinée à un(e) correspondant(e) anglais(e). Demandez à Clarisse à qui les élèves suivants écrivent et ce qu'ils décrivent.

MODÈLE: Philippe
À qui écrit-il, et qu'est-ce qu'il décrit?

1. toi
2. Guy et Marie-Laure
3. Roger et toi
4. moi
5. Élodie et Élise
6. Éric et moi
7. Marie-Ange

5. Votre lycée a offert à un jeune Canadien un séjour (*stay*) de huit jours aux États-Unis. Victor croit savoir chez qui le jeune homme va aller chaque soir, mais il se trompe. Dites-lui la vérité.

> MODÈLE: Il va chez Guy ce soir? (Claudine et Mireille)
> **Non, ce sont Claudine et Mireille qui le reçoivent ce soir.**

1. Il va chez toi demain soir? (Francis)
2. Il va chez le prof de français mardi soir? (moi)
3. Il va chez Christine mercredi soir? (Chantal)
4. Il va chez Marius jeudi soir? (toi)
5. Il va chez Françoise vendredi soir? (Nicolas et Thierry)
6. Il vient chez moi samedi soir? (nous)
7. Il va chez Marc dimanche soir? (vous)

6. Choisissez un des verbes suivants pour compléter chaque phrase. Soyez logique. Attention au temps!

apercevoir	décrire	écrire	recevoir

1. Hier nous ____ deux chevaux dans la rue.
2. J' ____ chaque mois à ma tante qui habite à Toulouse.
3. Est-ce que tu ____ le journal tous les jours?
4. Comment est votre copine? ____ -la.
5. Nos amis français nous ____ la semaine dernière.
6. Est-ce qu'elles ____ maintenant le feu là-bas?
7. Dans sa dernière lettre Paul ____ sa ville.
8. Est-ce que vous ____ le cadeau que je vous ai envoyé mardi dernier?

On aperçoit quatre chevaux au bord de la route.

le passé composé des verbes réfléchis

The **passé composé** of reflexive verbs is formed with **être**, and the affirmative word order is:

subject + reflexive pronoun + present tense of **être** + past participle

Nous **nous sommes couchés** tard. *We went to bed late.*

Nadine **s'est levée** tôt. *Nadine got up early.*

The reflexive pronoun comes right before the form of **être**, whether the sentence is

Joël s'est assis pour manger.

* affirmative,

  Elle **s'est mariée** avec Jean-Claude. *She married Jean-Claude.*

* negative

  Nous ne **nous sommes** jamais **amusés** ici. *We have never had fun here.*

* or interrogative.

  T'es-tu **assise** pour manger, Marylène? *Did you sit down to eat, Marylène?*

Note that the past participle of a reflexive verb agrees in gender and in number with the reflexive pronoun only if this pronoun is the direct object.

Katia **s'est habillée** dans sa chambre. *Katia got dressed in her bedroom.*

Quand **vous êtes**-vous **réveillés**, Pierre et Marc? *When did you wake up, Pierre and Marc?*

But if the direct object follows the verb and the reflexive pronoun is the indirect object, the past participle does not agree.

Vous êtes-vous **brossé** les dents, les enfants? *Did you brush your teeth, kids?*

Brigitte ne **s'est** pas **cassé** la jambe. *Brigitte didn't break her leg.*

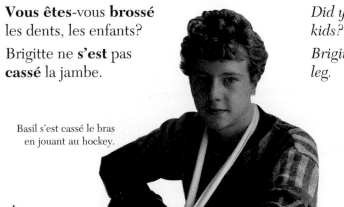

Basil s'est cassé le bras en jouant au hockey.

7. Vous passez l'été en France chez des Français. Dites ce que les différents membres de votre famille française et vous avez fait ce matin d'après les images.

MODÈLE: votre petit frère
Il s'est réveillé.

1. votre mère

2. votre père

3. votre sœur

4. vos parents

5. vous

6. vos petites sœurs

7. votre grand-mère

8. votre chat

Qui s'est occupé de la musique?

8. Vous êtes allé(e) à une boum hier soir chez Sophie. Ce matin votre petite sœur veut savoir ce qui s'est passé. Répondez-lui.

> MODÈLE: Comment es-tu arrivé(e) à l'heure? (se dépêcher)
> **Je me suis dépêché(e).**

1. Qu'est-ce que tu as fait quand tu es arrivé(e)? (s'occuper de la musique)
2. Qu'est-ce que vous avez tous fait après? (bien s'amuser, sauf Christian)
3. Qu'est-ce que Christian a fait? (s'ennuyer)
4. Qu'est-ce que Charlotte a fait? (s'asseoir à côté de Philippe)
5. Qu'est-ce qu'ils ont fait ensuite? (bien se reposer)
6. Qu'est-ce que les parents de Sophie ont fait quand Sophie leur a téléphoné? (s'inquiéter)
7. Qu'est-ce que Christian a fait à la fin? (s'intéresser à une revue)

9. Bernard fait un sondage sur les activités de ses copains. Répondez négativement à ses questions.

> MODÈLE: Béatrice s'est-elle jamais maquillée?
> **Non, elle ne s'est jamais maquillée.**

1. Tes copains se sont-ils jamais rappelé ton anniversaire?
2. Guy et Patrick se sont-ils jamais dépêchés?
3. Colette s'est-elle jamais cassé le bras?
4. Colette et Béatrice se sont-elles jamais ennuyées à l'école?
5. T'es-tu jamais intéressé(e) à l'informatique?
6. Tes sœurs et toi, vous êtes-vous jamais amusé(e)s ensemble?
7. Ton frère s'est-il jamais perfectionné en anglais?
8. T'es-tu jamais assis(e) sur une terrasse de café?

le participe présent

The present participle is a verb form whose ending **-ant** corresponds to the English ending -ing. To form the French present participle, drop the **-ons** of the present tense **nous** form and add the ending **-ant**.

Present Participle			
aller	nous **all**ons	**allant**	going
finir	nous **finiss**ons	**finissant**	finishing
décrire	nous **décriv**ons	**décrivant**	describing
influencer	nous **influenç**ons	**influençant**	influencing
arranger	nous **arrange**ons	**arrangeant**	arranging

Only the verbs **avoir**, **être** and **savoir** have irregular present participles. They are **ayant**, **étant** and **sachant**, respectively.

The present participle generally follows the preposition **en**. **En** means "while," "upon" or "on" if the present participle expresses two actions that are taking place at the same time.

L'avez-vous aperçu **en arrivant**?   *Did you see it upon arriving?*

En means "by" if the present participle expresses a cause and effect relationship.

En lisant le guide, on apprend   *By reading the guidebook, one learns*
beaucoup d'histoire.   *a lot of history.*

10. Alban regarde la télé toujours en faisant autre chose. Dites ce qu'il fait en regardant la télé.

   MODÈLE: étudier
      Il regarde la télé en étudiant.

   1. prendre un bain
   2. se raser
   3. préparer le petit déjeuner
   4. manger
   5. boire son café
   6. lire
   7. nourrir le chat
   8. écrire

11. Jean-Luc vous pose toute sorte de questions.
Répondez-lui.

> MODÈLE: Quand as-tu aperçu les copains?
> (entrer dans la salle)
> **Je les ai aperçus en entrant dans
> la salle.**

1. Comment as-tu appris l'anglais? (aller en
   Angleterre)
2. Comment as-tu réussi au contrôle? (savoir
   toutes les réponses)
3. Quand as-tu découvert ta note? (recevoir un mot
   du prof)
4. Comment t'es-tu cassé la jambe? (faire du ski)
5. Quand as-tu perdu ta carte? (courir dans la
   rue)
6. Quand as-tu trouvé ta cassette? (nettoyer
   ma chambre)
7. Comment as-tu obtenu le numéro de
   téléphone de Brigitte? (être
   sympathique)
8. Et comment as-tu eu rendez-vous avec
   elle? (avoir beaucoup de chance)

Heureusement, ces gens ne se sont pas cassé
la jambe en faisant du ski. (Cauterets)

l'imparfait

The imperfect is a tense used to talk about past events. You use the **imparfait** to
describe people or things as they were or used to be and also to describe what
happened repeatedly or often in the past. To form the imperfect tense of all verbs
except **être**, drop the **-ons** of the present tense **nous** form. Then add the endings
-ais, **-ais**, **-ait**, **-ions**, **-iez** and **-aient** to the stem of the verb. Here is the imperfect
tense of **ralentir**, a regular **-ir** verb.

ralentir
je **ralentissais**
tu **ralentissais**
il/elle/on **ralentissait**
nous **ralentissions**
vous **ralentissiez**
ils/elles **ralentissaient**

Only **être** has an irregular imperfect stem, **ét-**. Its endings, however, are regular.

> Vous **étiez** toujours à l'heure.   *You always used to be on time.*

Each imperfect tense form can have various meanings. For example, **j'écrivais** can mean "I wrote," "I was writing," "I used to write" or "I did write."

The imperfect tense is used to describe

* people as they were or used to be, including their age.

> Jeanne-Marie **était** petite et brune.   *Jeanne-Marie was short and dark-haired.*

* things as they were or used to be.

> Les remparts **étaient** beaux.   *The ramparts were beautiful.*

* conditions, including the time, as they were or used to be.

> Il **faisait** chaud.   *It was warm.*

* the way people felt at certain times in the past.

> Je ne **me sentais** pas très bien.   *I wasn't feeling very well.*

* actions that used to take place regularly in the past.

> On y **allait** tous les jours.   *We used to go there every day.*

* what was happening when it was interrupted by something that took place only once. (The imperfect is used to describe what was going on, and the **passé composé** is used to describe the completed action.)

> Il **pleuvait** quand nous **sommes sortis**.   *It was raining when we went out.*

> Quand je vous **ai appelés**, vous **étudiiez**.   *When I called you, you were studying.*

* mental activity in the past, expressed by verbs like **adorer**, **aimer**, **avoir**, **connaître**, **croire**, **espérer**, **être**, **penser**, **pouvoir**, **savoir** and **vouloir**.

> Je **savais** que tu le **connaissais**.   *I knew that you knew him.*

Freida et Claire attendaient l'autobus
quand il a commencé à pleuvoir.

12. Jean-Luc veut savoir ce que
faisaient les personnes
suivantes quand il a commencé
à pleuvoir. Dites-le-lui.

> MODÈLE: Que faisait Jean-Paul quand il a commencé à pleuvoir?
> (finir son roman)
> **Il finissait son roman quand il a commencé à
> pleuvoir.**

1. Et toi, que faisais-tu quand il a commencé à pleuvoir? (jouer au
   tennis)
2. Que faisaient Guy et Yves quand il a commencé à pleuvoir? (être au
   cinéma)
3. Et moi, qu'est-ce que je faisais quand il a commencé à pleuvoir?
   (courir au jardin)
4. Que faisaient Pauline et Alice quand il a commencé à pleuvoir? (lire)
5. Et Roger et moi, que faisions-nous quand il a commencé à pleuvoir?
   (dormir)
6. Et Philippe, que faisait-il quand il a commencé à pleuvoir? (prendre
   une douche)
7. Et que faisiez-vous, Sophie et toi, quand il a commencé à pleuvoir?
   (nettoyer nos chambres)
8. Et Valérie, que faisait-elle quand il a commencé à pleuvoir? (se
   préparer pour la boum)

Anne et Philippe voyageaient beaucoup
quand ils étaient plus jeunes. (Hendaye)

13. Valérie vous demande si certaines
personnes font certaines choses
maintenant. Dites-lui que non mais
qu'elles les faisaient quand elles
avaient l'âge indiqué.

> MODÈLE: Ton père se rase-t-il maintenant? (30 ans)
> **Non, mais il se rasait quand il avait trente ans.**

1. Ta sœur fait-elle du cheval maintenant? (16 ans)
2. Est-ce que vous étudiez beaucoup, Éric et toi? (14 ans)
3. Est-ce que je maigris maintenant? (13 ans)
4. Anne et Catherine voyagent-elles beaucoup? (15 ans)
5. Henri suit-il des cours maintenant? (17 ans)
6. Mes copains et moi, créons-nous toujours des problèmes? (11 ans)
7. Est-ce que tes cousins s'ennuient à la campagne? (10 ans)
8. T'intéresses-tu aux voitures? (12 ans)

Denis est né à Beaupré.

14. Complétez la conversation en utilisant les verbes indiqués à l'imparfait
ou au passé composé.

ANGÈLE: Vous êtes de Québec?

DENIS: Oui et non. Je _____ à Beaupré, et j' ___ aussi _____
 (naître)   (vivre)
à Montréal. J'habite à Québec depuis deux ans. Et

vous?

ANGÈLE: Moi, je _____ à Sainte-Anne-de-Beaupré, mais ma
                  (naître)

mère _____ quand j' _____ dix ans. Après, mon père
         (mourir)   (avoir)

_____ avec une Américaine.
(se remarier)

DENIS: Le Vieux-Québec est très impressionnant, n'est-ce pas?

ANGÈLE: C'est sûr, et j'en garde un très beau souvenir. Quand

j' _____ petite, je ___ y _____ bien avec les copains.
     (être)   (s'amuser)

DENIS: Qu'est-ce que vous _____ d'habitude?
                                    (faire)

ANGÈLE: Nous _____ aux Français et aux Anglais, et nous
                 (jouer)

_____ la guerre sur les remparts. C' _____
(faire)   (être)

dangereux, mais on l' _____ ! Heureusement, nos
                            (adorer)

parents ne le _____ pas.
                  (savoir)

Christine et sa mère s'amusent à pêcher au port de Saint-Florent.

Lecture

Une excursion en Corse

Corsican

Bonjour et bienvenue en Corse. Je suis Christine Léandri, et je suis corse.° Me voici au port de Saint-Florent avec ma mère. Nous nous amusons souvent à pêcher. L'eau de la mer est vraiment bleue ici, et la pêche est excellente. Si je suis corse, je suis aussi française parce que la

La Corse s'appelle aussi Montagne dans la mer. (Saint-Florent)

Corse appartient à la France depuis 1770. Mais la Corse n'est pas un département typique. C'est une île qui se trouve dans la mer Méditerranée. La Corse est composée de deux départements: la Haute-Corse au nord de l'île et la Corse-du-Sud au sud. C'est aussi un petit pays avec sa propre histoire et sa propre langue, le corse, qui ressemble à l'italien.

Connaissez-vous l'histoire de Corse? Elle est longue et riche. En effet, elle commence 6 000 ans avant Jésus-Christ. Saviez-vous que la Corse a appartenu à la Grèce, à Rome, à deux autres villes italiennes, à l'Angleterre et avant, à d'autres villes et pays? Saviez-vous que l'empereur Napoléon y est né? Si vous me le permettez, je vais vous montrer des endroits intéressants et je vais vous en parler. Regardez l'itinéraire de notre excursion sur la carte. On va partir de Bastia dans le nord-est, et on va rouler au nord avant de descendre au sud en suivant la côte ouest jusqu'à Bonifacio. Mais ne quittons pas Bastia sans visiter ses vieilles rues, son vieux port et sa place Saint-Nicolas. Bastia est la ville principale de la Haute-Corse. À l'ouest de Bastia, on

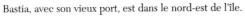

Bastia, avec son vieux port, est dans le nord-est de l'île.

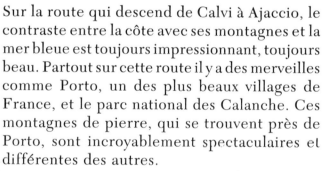

Les remparts de la citadelle de Calvi
datent du quinzième siècle.

découvre ma ville, Saint-Florent, et la mer. Toujours sur la côte, nous voilà au port de Calvi, une ville superbe avec sa citadelle, sa baie bleue et ses montagnes.

Saviez-vous que la Corse s'appelle aussi l'île de Beauté? Vous avez probablement déjà compris pourquoi. Elle est vraiment belle, n'est-ce pas? Et saviez-vous aussi que Christophe Colomb est peut-être né à Calvi? Les Corses le disent, et selon eux, les ruines de la maison où il est né se trouvent à Calvi dans la rue Colombo.

Sur la route qui descend de Calvi à Ajaccio, le contraste entre la côte avec ses montagnes et la mer bleue est toujours impressionnant, toujours beau. Partout sur cette route il y a des merveilles comme Porto, un des plus beaux villages de France, et le parc national des Calanche. Ces montagnes de pierre, qui se trouvent près de Porto, sont incroyablement spectaculaires et différentes des autres.

Le parc national des Calanche

On dit que Christophe Colomb est né dans la rue Colombo à Calvi.

Napoléon Ier est né à Ajaccio en 1769.

Sartène ressemble à une ville du moyen âge.

La vieille capitale de la Corse, Ajaccio est aujourd'hui la ville principale de la Corse-du-Sud. C'est aussi "la cité impériale," la ville où est né Napoléon Bonaparte, et on y voit partout des souvenirs de lui: des rues, des bâtiments, des jardins, des monuments et, bien sûr, la maison de sa famille.

En quittant Ajaccio, on prend la route nationale 196, et on passe par le port de Propriano avant d'arriver à Sartène qui est connu pour son musée. Puis on continue jusqu'à Bonifacio qui est pour nous la fin de l'excursion. Même si moi, j'habite au nord de la Corse, je préfère le sud. Pour moi, il n'y a rien de plus beau que Bonifacio avec son vieux port et sa citadelle blanche à l'heure où le soleil se couche.

J'espère que notre excursion vous a beaucoup plu et que vous allez bientôt revenir en Corse. Dépêchez-vous. Ciao.

La vieille partie de Bonifacio est une ville fortifiée.

Répondez en français par des phrases complètes.

1. Depuis quand est-ce que la Corse appartient à la France?
2. Comment s'appellent les deux régions principales de la Corse?
3. Pourquoi l'italien est-il facile pour les Corses?
4. Avant de devenir française, à qui la Corse a-t-elle appartenu?
5. Quelle sorte de ville est Bastia?
6. Selon les Corses, où Christophe Colomb est-il né?
7. Quelles sont deux merveilles qui se trouvent entre Calvi et Ajaccio?
8. Qu'est-ce qu'on peut voir à Ajaccio?
9. Quelle est la couleur principale des bâtiments de Bonifacio?

Porto est une des merveilles de la Corse.

Structure et usage (suite)

des noms et adjectifs à terminaisons irrégulières

Que disent ces deux écriteaux? (Angers)

Many nouns have irregular plural and feminine forms. Here is one example from each group of nouns with irregular plural forms.

-eau → -eaux	
un écrit**eau**	des écrit**eaux**

-al → -aux	
un chev**al**	des chev**aux**

-eu → -eux	
un nev**eu**	des nev**eux**

EXCEPTION: un pneu → des pneus

-ou → -oux	
un bij**ou**	des bij**oux**

24

Here is one example from each group of nouns with irregular feminine forms.

-er → -ère	
un caissier	une caissière
-eur → -euse	
un joueur	une joueuse
-eur → -rice	
un acteur	une actrice
-ou → -olle	
un fou	une folle

Quel acteur original! (Nice)

Many adjectives also have irregular plural and feminine forms. Here is one example from each group of adjectives with irregular plural forms.

-eau → -eaux	
nouveau	nouveaux
-al → -aux	
original	originaux

Here is one example from each group of adjectives with irregular feminine forms.

-er → -ère	
cher	chère
-eux → -euse	
ennuyeux	ennuyeuse

EXCEPTION: vieux → vieille

-f → -ve	
sportif	sportive

Here are some other adjectives that also have irregular feminine forms.

blanc	blanche	mignon	mignonne
frais	fraîche	moyen	moyenne
long	longue	roux	rousse

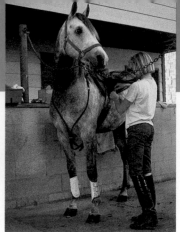

Combien de châteaux avez-vous visités?

Pauline vient d'acheter un cheval.

15. Michèle veut toujours avoir ou faire plus. Vous le taquinez en lui disant que vous avez ou faites le double.

> MODÈLE: J'ai mangé un gâteau hier.
> **Moi, j'ai mangé deux gâteaux hier.**

1. J'ai visité un château original cet été.
2. J'ai acheté un pneu pour mon vélo.
3. J'ai reçu un bijou de ma grand-mère.
4. Je viens d'acheter un cheval.
5. J'ai acheté un chapeau génial.
6. J'ai un beau bateau.
7. Je lis un journal chaque jour.
8. J'ai un nouveau neveu.

16. Complétez l'histoire suivante en employant la forme convenable du mot dans la liste qui suit.

malheureux	blanc	roux	mignon
chanteur	long	serveur	heureux

Brigitte est une jeune fille _____ qui a les yeux bleus. Elle chante très bien, et elle rêve d'être _____ . Maintenant elle est _____ parce qu'elle veut acheter une guitare, mais elle n'a pas assez d'argent. Alors, elle travaille après les cours comme _____ dans un restaurant. Ses parents disent qu'elle est _____ dans sa robe _____ et noire. Ses heures au restaurant sont très _____ et le travail est dur. Mais elle est _____ quand elle pense au jour où elle va pouvoir payer sa guitare toute seule.

les adverbes

Many French adverbs end in **-ment**, which corresponds to *-ly* in English. To form a regular adverb, add **-ment** to the feminine form of the related adjective.

Masculine Adjective	Feminine Adjective	Adverb
heureux	heureuse	**heureusement**
incroyable	incroyable	**incroyablement**

Some adverbs ending in **-ment** are formed irregularly, not from the feminine adjective. Here are some examples of irregular adverbs.

Masculine Adjective	Feminine Adjective	Adverb
gentil	gentille	**gentiment**
énorme	énorme	**énormément**
vrai	vraie	**vraiment**
méchant	méchante	**méchamment**
différent	différente	**différemment**

Some adverbs are totally irregular. Among them are **assez, aussi, beaucoup, bien, déjà, mal, peu, peut-être, souvent, surtout, toujours** and **vite**, as well as **bas, cher, dur** and **fort**. These last four adverbs simply use the masculine form of their related adjectives.

Adverbs usually follow the verb they describe when this verb is in the present tense or the **imparfait**.

> Maurice s'habille **toujours** en noir. *Maurice always dresses in black.*

Exceptions to this rule, however, are **dernièrement, évidemment, franchement, heureusement, justement, malheureusement** and **premièrement**. These adverbs may begin a sentence.

> **Heureusement**, nous avons un garage. *Fortunately, we have a garage.*

In the **passé composé** short, totally irregular adverbs, such as **beaucoup, bien** and **déjà**, as well as **gentiment, énormément, suffisamment** and **vraiment**, come before the past participle.

> Nous nous sommes **vraiment** amusés. *We really had a good time.*

Most other adverbs like **bas**, **cher**, **dur**, **fort**, **vite**, **dernièrement**, **différemment**, **franchement**, **méchamment** and **premièrement** follow the past participle.

Cette pâtisserie allemande a coûté **cher**.

This German pastry cost a lot.

17. Stéphane vous demande ce qui s'est passé pendant son absence d'une semaine. Répondez-lui en remplaçant l'adjectif indiqué par l'adverbe qui y correspond.

MODÈLE: As-tu pensé à moi? (oui,...vrai)
Oui, j'ai vraiment pensé à toi.

1. A-t-il plu toute la semaine? (oui,...malheureux)
2. Est-ce que Jérémy a une cousine française? (oui,...seul)
3. Est-ce qu'elle est déjà arrivée? (oui,...heureux)
4. Comment lui as-tu parlé? (méchant)
5. T'es-tu amusé(e) avec eux? (non,...énorme)
6. Est-ce que David Wheaton gagne son match? (oui, mais...difficile)
7. Est-ce qu'André Agassi a bien joué? (non,...mauvais)
8. As-tu travaillé hier? (oui,...dur)

18. Complétez chaque phrase avec l'adverbe qui correspond à un des adjectifs de la liste suivante.

fort	énorme	difficile
mauvais	gentil	évident
dur	suffisant	différent

MODÈLE: Pierre n'achète plus de cassettes parce qu'il en a
suffisamment.

1. Sylviane a grossi parce qu'elle a _____ mangé la semaine dernière.
2. Pauvre Marie-Claude! Elle a _____ fait en histoire.
3. Je ne suis pas du tout comme mon frère. Nous nous amusons _____ .
4. Comme je trouve les maths ennuyeuses, je les apprends _____ .
5. Je ne vous comprends pas parce que vous ne parlez pas assez _____ .
6. Le week-end dernier mes amis m'ont très _____ reçu chez eux à la campagne.
7. _____ , Gabriel, qui n'aime pas la vitesse, conduit très lentement.
8. Maryse a réussi en informatique parce qu'elle a travaillé très _____ .

Qui est-ce qui va
gagner le match?

les pronoms interrogatifs *qui*, *qui est-ce qui*, *qu'est-ce qui*, *qui est-ce que*, *que* et *qu'est-ce que*

The interrogative pronouns **qui** (*who*), **qui est-ce qui** (*who*) and **qu'est-ce qui** (*what*) are used as the subject of a verb. **Qui** and **qui est-ce qui** refer to a person, and **qu'est-ce qui** refers to a thing.

Qui vous a dit cela?
Qui est-ce qui vous a dit cela? } *Who told you that?*

Qu'est-ce qui est tombé? *What fell?*

The interrogative pronouns **qui** (*whom*), **qui est-ce que** (*whom*), **que** (*what*) and **qu'est-ce que** (*what*) are used as the direct object of a verb. **Qui** and **qui est-ce que** refer to a person, and **que** and **qu'est-ce que** refer to a thing. After **qui** and **que**, invert the subject pronoun (except **je**) and the verb.

Qui avez-vous vu?
Qui est-ce que vous avez vu? } *Whom did you see?*

Qu'avez-vous fait?
Qu'est-ce que vous avez fait? } *What did you do?*

The following chart reviews these interrogative pronouns.

	Subject	Object
People	{ qui qui est-ce qui	{ qui qui est-ce que
Things	qu'est-ce qui	{ que qu'est-ce que

19. Votre copain Jean-Michel vous dit ce qui se passe ou ce qui s'est passé. Demandez-lui des précisions en utilisant **qui** ou **qu'est-ce qui** dans vos questions.

> MODÈLES: a) Quelqu'un m'observe.
> **Qui t'observe?**
>
> b) Quelque chose est tombé.
> **Qu'est-ce qui est tombé?**

1. Quelque chose s'est cassé.
2. Quelque chose a changé ici.
3. Quelqu'un t'a téléphoné ce matin.
4. Quelqu'un vient me voir ce soir.
5. Quelqu'un s'occupe de la maison quand je pars.
6. Quelque chose se passe dans la rue.
7. Quelqu'un essaie d'ouvrir la porte.
8. Quelque chose me fait penser à Charles.

20. Maintenant Jean-Michel vous dit que ses amis et lui font certaines choses ou voient, aident, attendent, etc., certaines personnes. Demandez-lui des précisions en utilisant **qui** ou **que** dans vos questions.

> MODÈLES: a) Charlotte et moi, nous voyons quelqu'un.
> **Qui voyez-vous?**
>
> b) Aline et Jean-Luc font quelque chose.
> **Que font-ils?**

1. Thierry voit quelque chose.
2. J'appelle quelqu'un.
3. Sylvie et Christine cherchent quelque chose.
4. Marc et moi, nous attendons quelqu'un.
5. Toi, tu aides toujours les autres.
6. Laurent et toi, vous entendez quelque chose.
7. Marie-Ange aperçoit quelque chose.
8. Robert et Vincent reçoivent quelqu'un chez eux.

Qui a rencontré Stéphane et Sophie cet après-midi? (Angers)

21. À la boum de Sandrine vous rencontrez Brigitte. Comme il y a
beaucoup de bruit, vous n'entendez pas bien ce qu'elle vous raconte,
c'est-à-dire, ce qui est en italique. Faites-lui répéter ce qu'elle vient de
dire en lui posant les questions convenables. Utilisez **qui**, **qu'est-ce qui**
ou **qu'est-ce que** dans vos questions.

> MODÈLE: Ce matin j'ai vu *Jean-Pierre*.
> **Qui as-tu vu ce matin?**

1. Jean-Pierre a reçu *une lettre de Jeanne.*
2. *Jeanne* s'est mariée le mois dernier.
3. Alors, évidemment, elle ne veut plus voir *Jean-Pierre.*
4. Je ne savais pas *que Jean-Pierre et Jeanne n'étaient plus ensemble.*
5. *Cela* m'embête.
6. *Cette histoire* m'intéresse énormément.
7. Cet après-midi j'ai rencontré *Stéphane et Sophie.*
8. *Sophie* m'a dit que Jean-Pierre était vraiment triste.

les doubles pronoms compléments

A verb may have two object pronouns. The order of these pronouns before the verb in a declarative sentence is:

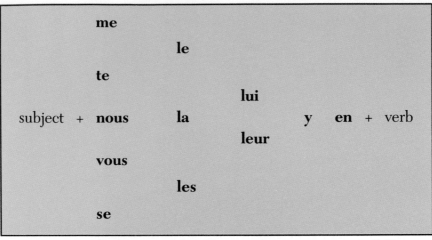

| Comme Maman voulait des fleurs, je **lui en** ai acheté. | *Since Mom wanted flowers, I bought her some.* |
| Les valises? Il **me les** a déjà données. | *The suitcases? He already gave them to me.* |

Me, **te**, **se**, **le** and **la** become **m'**, **t'**, **s'**, **l'** and **l'**, respectively, before **y** or **en**.

| —Je n'ai pas vu ce film à Paris. **L'y** as-tu vu? | *I didn't see this movie in Paris. Did you see it there?* |
| —Non, mais on **m'en** a parlé. | *No, but people have talked to me about it.* |

22. Vous êtes serveur/serveuse dans un restaurant. Répondez à votre patron d'après les indications en utilisant des pronoms compléments.

> MODÈLE: Est-ce que tu as porté la limonade au monsieur de la table 3? (oui)
> **Oui, je la lui ai portée.**

1. Est-ce que tu as mis du sel sur la table 24? (oui)
2. Est-ce que tu as donné des menus à tous les clients? (non)
3. Est-ce que tu as servi le dessert à la cliente de la table 20? (non)
4. Est-ce que tu as montré l'addition aux clients de la table 18? (non)
5. Est-ce que le client à la table 5 t'a offert un pourboire? (oui)
6. Est-ce que tu as laissé le pourboire dans la boîte? (oui)
7. Est-ce que tu as rapporté les assiettes à la cuisine? (non)
8. Est-ce que tu m'as parlé de tes heures de travail? (oui)

Quelqu'un a perdu son chien au marché.

23. René vous raconte quelque chose que vous avez de la difficulté à croire. Faites-lui confirmer ce qu'il vient de vous dire en utilisant **vraiment** et des pronoms compléments.

> MODÈLE: Ma mère a offert un voyage à mes grands-parents.
> **Leur en a-t-elle vraiment offert un?**

1. Annie a invité Jean-Luc au restaurant ce soir.
2. J'ai donné des fleurs à Mireille.
3. Mon père nous a emmenés au cinéma hier.
4. Le prof a rendu les contrôles aux élèves.
5. François m'a rapporté ma guitare.
6. J'ai perdu mon chien au marché.
7. J'ai vendu des cassettes à Jean et Max.
8. J'ai raconté toute l'histoire à Justin.

D'autres régions francophones

L'Afrique francophone

Leçon 1

Communicative Functions

- talking about the future
- asking for information
- saying what you will do
- naming some zoo animals
- expressing disagreement
- describing French-speaking Africa

Abdou, Thierry et Tapha viennent de regarder la télé chez Tapha à Paris.

Abdou pense à l'avenir

C'est dimanche. Abdou et Thierry sont chez Tapha* à Paris. Abdou et Tapha sont d'origine africaine tandis que Thierry est français d'origine martiniquaise. Ils viennent de regarder à la télé l'émission "Animalia."[1]

Abdou passe ses vacances à Dakar, la capitale du Sénégal.

TAPHA:	Ça y est, Abdou, tu peux éteindre.**
THIERRY:	Et moi, je vais allumer la lampe. Il n'y a pas assez de lumière ici.
TAPHA:	Abdou,...Abdou, tu ne m'écoutes pas. À quoi penses-tu?
ABDOU:	Hein? Oh, pardon, je pensais à l'Afrique, je rêvais de mes vacances. C'est à cause de*** cette émission.
THIERRY:	Est-ce que tu retourneras à Dakar cette année?
ABDOU:	Oui, au mois d'août, avec mes parents comme toujours.
THIERRY:	Et toi, Tapha, que comptes-tu faire?
TAPHA:	J'irai à Abidjan,[2] mais cette année mes parents n'y iront pas. Tu sais, il fait très chaud à Abidjan en juillet, et c'est aussi la saison des pluies. Mes parents ne supportent plus la chaleur et la pluie.
THIERRY:	Moi, je voudrais tellement découvrir l'Afrique.
ABDOU:	Alors, viens avec moi. Mes parents seront ravis.
THIERRY:	Quel rêve! La jungle, les serpents dans les arbres, les hippopotames paresseux, les lions dans....

DAKAR
3800 F ALLER-RETOUR
DÉPART PARIS
SÉJOUR UNE SEMAINE SÉNÉGAL *jumbo*
4400 F DÉPART PARIS ET LYON

ABDOU: Ne sois pas bête!
         L'Afrique, ce n'est pas
         seulement les animaux
         sauvages. Je te montrerai
         le vrai Sénégal, et nous
         verrons des merveilles.
         Tu sais, les Sénégalais
         sont très accueillants.

Selon Abdou, les Sénégalais sont très accueillants.

° The name **Tapha** is short for **Moustapha**. **Moustapha** and **Abdou** are two of the most common names for African French-speaking males.

°° The French do not always express the direct object with the verb **éteindre** (*to turn off, to put out*) if it's understood.

      Ça y est, tu peux **éteindre**.   *That's it, you can turn it off.*

°°° **À cause de** and **parce que** both mean "because," but **parce que** is followed by a clause.

Notes culturelles

1. "Animalia" is televised every Sunday in France on **TF 1**, channel 1.

2. Abidjan, with 2.5 million inhabitants, is the largest and most important city in the Ivory Coast, one of Africa's most progressive and prosperous countries. Also an Atlantic seaport, Abidjan was the former capital of the country. Yamoussoukro, more centrally located, has been the capital of the Ivory Coast since 1983. The country doesn't have very high mountains.

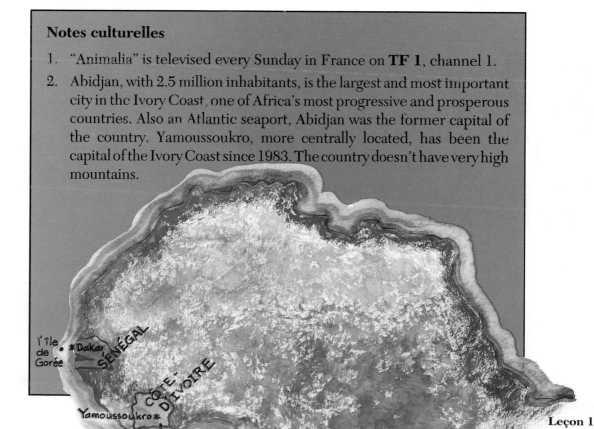

l'île de Gorée • ★Dakar SÉNÉGAL

CÔTE-D'IVOIRE

Yamoussoukro ★

Abidjan

Compréhension

Répondez en français.

1. Qu'est-ce qu'Abdou peut éteindre, selon Tapha?
2. Pourquoi est-ce qu'Abdou n'a pas entendu Tapha lui dire d'éteindre la télé?
3. Où est-ce qu'Abdou va passer ses vacances?
4. Quel temps fait-il à Abidjan en août?
5. Pourquoi les parents de Tapha n'iront-ils pas à Abidjan cette année?
6. Qu'est-ce que Thierry rêve de faire?
7. L'Afrique, qu'est-ce que c'est pour Thierry?
8. Selon Abdou, qu'est-ce qu'il y a au Sénégal?

À propos

1. Quelle est votre émission préférée?
2. Que comptez-vous faire aujourd'hui?
3. Qu'est-ce que vous ne supportez pas?
4. Avez-vous découvert quelque chose dernièrement? Quoi?
5. Avez-vous peur des serpents?
6. Préférez-vous passer vos vacances à Paris ou en Afrique? Pourquoi?

Aimez-vous les serpents?

Expansion

On se dispute.

Beaucoup de touristes visitent l'île de Gorée, face à Dakar.

TAPHA: Qu'est-ce que vous ferez d'autre au Sénégal?

ABDOU: On fera une promenade sur les plages, on visitera l'île de Gorée,[1] et on fera du camping dans la savane et peut-être même dans le désert.[2]

FLASH HORAIRES ET TARIFS

Au départ de PARIS et à destination du SÉNÉGAL

ALLER					RETOUR				
JOUR	VALIDITÉ DU AU	N° VOL	DÉPART	ARRIVÉE	JOUR	VALIDITÉ DU AU	N° VOL	DÉPART	ARRIVÉE
					LUNDI	04.06	RK008	23 59	09 05
LUNDI	04.06	RK007	11 55	17 25			RK002	23 50	09 05
MERCREDI	06.06	RK001	12 00	17 25	MERCREDI	06.06	RK012	23 25	09 25
JEUDI	07.06	RK011	14 30	21 20	JEUDI	07.06	RK004	22 40	07 05
VENDREDI	08.06	RK003	16 00	20 55	VENDREDI	08.06	RK036	21 30	08 40
SAMEDI	09.06	RK035	12 00	19 30	SAMEDI	09.06	RK010	09 00	16 30
DIMANCHE	10.06	RK009	18 45	22 25	DIMANCHE	10.06			

TARIFS AU VERSO

TARIF SPÉCIAL TRAVAILLEURS VOLS DÉSIGNÉS

Un marché à Dakar

TAPHA:	Et puis?
ABDOU:	On reviendra à Dakar. Après, on escaladera aussi....
TAPHA:	Quoi? Il n'y a rien à escalader au Sénégal tandis qu'en Côte-d'Ivoire il y a des montagnes très hautes, mêmes des volcans actifs, je crois.
ABDOU:	Je ne suis pas d'accord avec toi. Il y a une grande colline à côté de Dakar.
TAPHA:	Une seule colline, c'est minable. Et puis à Abidjan il fait bien moins sec. C'est un pays tropical, tu sais.
ABDOU:	Mais tout le monde sait qu'à Abidjan le climat est insupportable. À Abidjan il pleut souvent, et il fait très chaud et très lourd.
TAPHA:	Peut-être, mais à Dakar il faut se méfier des mouches tsé-tsé.[3] Elles sont très dangereuses.
THIERRY:	Ne vous fâchez pas. Je suis sûr que le Sénégal et la Côte-d'Ivoire sont deux pays formidables.
ABDOU:	Ne t'inquiète pas, Thierry. Nous nous disputons, c'est vrai. Mais enfin, nous nous entendons bien.
THIERRY:	De toute façon, moi, je vais passer mes vacances dans la "jungle" de la Normandie.[4] Mais d'abord, je dois penser à mes cours et à mes devoirs, pas aux vacances.

d'autres animaux qu'on trouve en Afrique et au zoo

un chameau　　un singe　　une girafe　　un éléphant　　un zèbre

Notes culturelles

1. **L'île de Gorée**, an island off the coast of Senegal, was originally a popular stopping place for ships and merchants involved in the spice trade. Then it became one of the principal points of departure for slave ships bound for the New World. Today many tourists visit the island mainly to see the old house where slaves were kept until they were loaded onto ships.

Until the nineteenth century, slaves were kept in this house on the island of Gorée.

2. The Sahara Desert is growing at an alarming rate. The northern part of Senegal, which used to be a rich hunting ground covered with vegetation, is now under sand. In fact, the dust from storms in the Sahara now often reaches as far south as Dakar.

3. The tsetse fly (**la mouche tsé-tsé**) is perhaps one of the most dangerous insects in Africa because it transmits sleeping sickness.

4. Of course, Normandy (**la Normandie**) has no jungles. It is a province in northwestern France whose coastline is on the English Channel. The Allied Forces landed here on D-Day, June 6, 1944. All along the coast there are traces of World War II: rusted war machinery, commemorative battlefield monuments and war cemeteries. Caen and Rouen are the main cities in Normandy.

More than 500,000 French lost their lives in World War II.

Activités

1. Complétez les phrases suivantes d'après les images, le dialogue d'introduction ou l'**Expansion**.

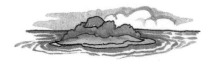

1. Dans les pays où il fait lourd, les arbres tropicaux se trouvent dans ____ .

2. En face de Dakar se trouve ____ de Gorée.

3. Selon Abdou, on peut faire du camping dans ____ .

4. Le Sahara est ____ .

5. On peut escalader des montagnes en ____ .

6. À côté de Dakar il y a ____ .

7. ____ est très dangereuse.

8. Il n'y a pas de jungle en ____ .

2. On a mal renseigné Marie-Christine sur Abdou, Tapha et l'Afrique. Corrigez ses fausses (*false*) impressions d'après le dialogue d'introduction, l'**Expansion** ou les **Notes culturelles**.

Mamadou est très accueillant.

> MC   On m'a dit que la saison des pluies à Abidjan, c'était en janvier. **Non, c'est en juillet.**

1. On m'a dit que les hippopotames sont actifs.
2. On m'a dit qu'il n'y a pas grand-chose à voir au Sénégal.
3. On m'a dit que les Sénégalais sont très méchants.
4. On m'a dit qu'Abidjan est la capitale de la Côte-d'Ivoire.
5. On m'a dit que l'île de Gorée est près de la côte de la Côte-d'Ivoire.
6. On m'a dit que les montagnes de la Côte-d'Ivoire sont très hautes.
7. On m'a dit qu'à Abidjan il fait sec tout le temps.
8. On m'a dit qu'Abdou et Tapha ne s'entendent pas du tout.

3. En classe le prof vous demande de nommer (*to name*) certaines choses ou de répondre à des questions. Faites-le d'après le vocabulaire de cette leçon.

1. Un animal qui aime jouer dans les arbres et qui mange des bananes est _____ .
2. Un animal qu'on trouve surtout dans le désert et qui travaille pour l'homme est _____ .
3. Un animal sauvage qui a le cou très long et qui est très grand est _____ .
4. Un animal africain qui est très grand, gros et qu'on utilise pour travailler est _____ .
5. Un animal africain qui est noir et blanc et ressemble à un cheval est _____ .
6. Si on ne voit pas ces animaux en Afrique, on peut les trouver _____ .
7. Le climat d'un pays où il pleut, fait chaud et fait lourd toute l'année est un climat _____ .
8. À la maison quand il n'y a pas assez de lumière, on _____ .

Ces chameaux marocains sont fatigués après une longue promenade.

4. Complétez les phrases suivantes à votre façon.

1. Je suis ravi(e) quand ____ .
2. À mon avis, ____ est insupportable.
3. Je me méfie des ____ .
4. Je me fâche quand ____ .
5. Quand je me fâche, je ____ .
6. Quand j'étais petit(e), je me disputais avec ____ .
7. Je me suis toujours bien entendu(e) avec ____ .
8. Je m'entends mal avec ____ .

Mme Maurel n'éteint pas encore son ordinateur. (Paris)

Structure et usage

le présent des verbes en *-eindre*

A few verbs have infinitives that end in **-eindre**. One of these verbs is **éteindre** (*to turn off, to put out*).

éteindre			
j'	**éteins**	Je n'**éteins** jamais mon ordinateur.	I never turn off my computer.
tu	**éteins**	Est-ce que tu **éteins** l'eau?	Are you turning off the water?
il/elle/on	**éteint**	Elle **éteint** la lampe.	She turns off the lamp.
nous	**éteignons**	Nous **éteignons** la musique à minuit.	We turn off the music at midnight.
vous	**éteignez**	**Éteignez**-vous le feu?	Are you putting out the fire?
ils/elles	**éteignent**	Ils n'**éteignent** pas toujours leurs phares.	They don't always turn off their headlights.

ATTENTION: 1. The past participle of **éteindre** is **éteint**.

Avez-vous **éteint** la radio?   *Have you turned off the radio?*

2. The opposite of **éteindre** is **allumer** (*to turn on, to light*) or **mettre** (*to turn on*).

Éteins la télé, et **mets/ allume** la radio.   *Turn off the TV, and turn on the radio.*

5. Demandez à Leïla ce que les personnes suivantes éteignent.

MODÈLE: tu

Est-ce que tu éteins la lampe?

1. je    2. vous

3. Émilie    4. les enfants

5. papa 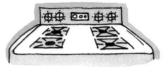   6. nous

7. tu    8. on

6. Virginie veut savoir si les personnes suivantes ont éteint certaines choses. Dites-lui que non, mais qu'elles les éteignaient toujours avant.

MODÈLE: As-tu éteint toutes les lampes?
Non, je ne les ai pas éteintes, mais je les éteignais toujours avant.

1. Est-ce que les élèves ont éteint les lumières du laboratoire?
2. As-tu éteint le magnétophone en partant?
3. Est-ce qu'on a éteint l'ordinateur en sortant?
4. Est-ce que j'ai éteint les phares en garant la voiture?
5. Est-ce que vous avez éteint la télé avant le dîner?
6. Est-ce que Nadine a éteint la cuisinière en servant le repas?
7. Est-ce que Jérémy a éteint l'eau après son bain?
8. Est-ce que nous avons éteint le réfrigérateur pour les vacances?

le futur des verbes réguliers

You have already learned how to express future time in French by using a present tense form of **aller** before an infinitive. Another way to talk about events that will happen in the future is to use the simple future tense.

The future endings of all verbs are **-ai**, **-as**, **-a**, **-ons**, **-ez** and **-ont**. To form the future tense of regular **-er** and **-ir** verbs, add to the infinitive these endings depending on the corresponding subject pronoun. Notice the endings and meanings of **parler** in the future tense as well as its affirmative, negative and interrogative forms.

parler			
je	**parlerai**	Je lui **parlerai** bientôt.	I will speak to him soon.
tu	**parleras**	Un jour tu **parleras** bien.	One day you'll speak well.
il/elle/on	**parlera**	Il ne te **parlera** plus.	He'll no longer talk to you.
nous	**parlerons**	Nous **parlerons** français.	We will speak French.
vous	**parlerez**	**Parlerez**-vous de moi?	Will you talk about me?
ils/elles	**parleront**	Elles **parleront** de l'île.	They'll talk about the island.

To form the future tense of verbs ending in **-re**, except **être** and **faire**, drop the final **e** from the infinitive and add the future endings.

Ils **attendront** au zoo.   *They will wait at the zoo.*
Je **conduirai** demain.   *I'll drive tomorrow.*
Elle ne me **croira** plus.   *She won't believe me anymore.*

Other verbs that form their future tense in this way are **boire**, **connaître**, **construire**, **dire**, **écrire**, **éteindre**, **lire**, **mettre**, **naître**, **plaire**, **prendre**, **suivre**, **vivre** and verbs of the same families. You will learn the future tense forms of **être** and **faire** later in this lesson.

Brigitte et Marie-Laure suivront des cours ensemble.

Escaladerez-vous une
montagne à l'avenir?
(Gavarnie)

7. Votre copain Philippe vous pose des questions en utilisant le verbe **aller** en parlant de l'avenir. Répondez-lui au futur, selon les indications.

> MODÈLE: Tu vas regarder la télé ce soir? (oui)
> **Oui, je regarderai la télé ce soir.**

1. Je vais mettre la télé à vingt heures? (oui)
2. Thérèse et moi, nous allons choisir ensemble une émission? (oui)
3. On va éteindre la télé après? (non)
4. Abdou et Tapha vont escalader une montagne demain? (oui)
5. Ils vont suivre les chemins? (oui)
6. Abdou et toi, vous allez vous entendre? (oui)
7. Toi et moi, nous allons nous fâcher? (non)
8. Tu vas me montrer tes photos de l'Afrique? (non)

8. Michel dit ce que font ces personnes aujourd'hui. Demandez-lui si elles feront la même chose demain.

Est-ce que Charles lira
demain? (Monaco)

> MODÈLE: Je joue au foot aujourd'hui.
> **Est-ce que tu joueras au foot demain?**

1. Valérie et Christophe se disputent aujourd'hui.
2. Je dors tard aujourd'hui.
3. Ma sœur et moi, nous écrivons aujourd'hui.
4. Charles lit aujourd'hui.
5. Isabelle et Marie-France prennent leur temps aujourd'hui.
6. Le marchand apporte des œufs aujourd'hui.
7. Arnaud et toi, vous maigrissez aujourd'hui.
8. Tu sors avec moi aujourd'hui.

le futur des verbes irréguliers

Some French verbs have irregular future stems that are different from their infinitive forms. Their endings, however, are regular. Here are some of these verbs.

Infinitive	Future Stem		
aller	ir-	J'**irai** avec toi.	I'll go with you.
s'asseoir	assiér-	On s'**assiéra** là-bas.	We'll sit down over there.
avoir	aur-	**Auras**-tu le temps?	Will you have time?
courir	courr-	Il **courra** lentement.	He will run slowly.
devoir	devr-	Nous **devrons** nous dépêcher.	We'll have to hurry.
envoyer	enverr-	Je t'**enverrai** une carte.	I'll send you a card.
être	ser-	Vous **serez** ravi.	You will be delighted.
faire	fer-	**Feront**-elles du camping?	Will they go camping?

Elles feront du camping en Belgique.

En l'an 2000 le T.G.V. sera le "métro de l'Europe"

Il faudra voir Paris de
l'Arc de Triomphe.

Infinitive	Future Stem		
falloir	**faudr-**	Il **faudra** le voir.	You'll have to see it.
mourir	**mourr-**	Je ne **mourrai** jamais.	I will never die.
pleuvoir	**pleuvr-**	Je crois qu'il **pleuvra.**	I think it'll rain.
pouvoir	**pourr-**	Tu **pourras** y aller.	You'll be able to go there.
recevoir	**recevr-**	Elle ne **recevra** pas de cadeaux.	She won't get any gifts.
savoir	**saur-**	Nous **saurons** le numéro.	We will know the number.
tenir	**tiendr-**	Je **tiendrai** votre sac à main.	I'll hold your purse.
venir	**viendr-**	Vous **viendrez** avec eux.	You'll come with them.
voir	**verr-**	Ils **verront** le volcan.	They'll see the volcano.
vouloir	**voudr-**	Je **voudrai** me reposer.	I'll want to rest.

ATTENTION: 1. The future stem of verbs belonging to the **appeler** verb family doubles the final consonant (**ll**) in all forms.

> On t'**appellera** bientôt. *We'll call you soon.*

2. The future stem of some **-e-er** verbs like **acheter**, **emmener** and **se lever** has an **accent grave** over the **e** in all forms.

> Nous t'**emmènerons** au zoo. *We'll take you along to the zoo.*

However, the **é** in the last syllable of the stem of **-é-er** verbs like **espérer**, **répéter** and **préférer** does not change in the future.

> **Répéterez**-vous ce mot? *Will you repeat that word?*

3. In the future stem of **-yer** verbs, except **envoyer**, the **y** changes to **i** in all forms.

> Ils te **paieront**. *They'll pay you.*
> Je m'**essuierai** vite. *I'll dry myself quickly.*

Gilbert n'achètera pas de billet demain parce qu'il en achète un aujourd'hui. (Paris)

9. Dites à votre mère que vous ferez demain ce que vous deviez faire hier.

> MODÈLE: As-tu fait tes devoirs?
> **Non, mais je les ferai demain.**

1. As-tu été gentil(le) hier?
2. As-tu nettoyé ta chambre?
3. As-tu envoyé ta lettre?
4. As-tu reçu ton argent de poche?
5. Es-tu allé(e) au zoo?
6. As-tu acheté ton billet?
7. As-tu pu escalader la colline?
8. As-tu vu cette émission?

Si vous visitez le Maroc, aurez-vous peur des serpents? (Tanger)

10. L'année prochaine Henri ne sera plus en France. Il sera en Afrique et dans d'autres situations. Dites ce qui va changer pour lui.

> MODÈLE: Cette année il ne se lève pas tôt.
> **L'année prochaine il se lèvera tôt.**

1. Cette année il ne doit pas penser à l'avenir.
2. Cette année il n'emmène pas son frère en Afrique.
3. Cette année il ne sait pas parler des langues africaines.
4. Cette année il ne veut pas voir l'île de Gorée.
5. Cette année il ne fait pas de camping.
6. Cette année il n'a pas peur des serpents.
7. Cette année il ne court pas dans le désert.
8. Cette année il ne pleut pas souvent.

11. Dites qu'on est sûr de ce qui va se passer.

> MODÈLE: vous / ne pas / se fâcher
> **On est sûr que vous ne vous fâcherez pas.**

1. Paulette et Virginie / revenir / demain
2. nous / préférer / un climat plus sec
3. il / falloir / faire la queue
4. vous / payer / l'addition
5. tu / s'asseoir / devant la télé
6. François / tenir / la main de Sylvie
7. je / se lever / à l'heure
8. les animaux malades / ne pas mourir

On est sûr qu'il faudra faire la queue. (Verneuil-sur-Seine)

Dans quoi est-ce qu'on a mis ces
fruits et légumes? (Lyon)

les pronoms interrogatifs: *qui, quoi*

You have already learned that the interrogative pronoun **qui**
may be used as the subject or the direct object of a verb. After
prepositions such as **à**, **après**, **avant**, **avec**, **chez**, **de**, **devant**,
pour and **sans**, use **qui** (*whom*) to refer to a person.

À **qui** parles-tu?   *To whom are you talking?*
Pour **qui** travaillez-vous?   *For whom do you work?*

After a preposition use **quoi** (*what*) to refer to a thing.

De **quoi** parlez-vous?   *What are you talking about?*
Dans **quoi** as-tu mis les légumes?   *What did you put the vegetables in?*

The word **quoi** may also be a one-word question.

—Émilie, il pleut.   *Émilie, it's raining.*
—**Quoi**? Il pleut?   *What? It's raining?*

ATTENTION: The French rarely end a sentence with a preposition as we do
in conversational English. For example, in English we say
"What are you thinking about?" This question in French is
"**À quoi pensez-vous?**"

12.   Interviewez Martin, un autre élève de votre lycée. Posez-lui des
questions avec **qui**, selon les indications.

MODÈLE: avec / sortir
             Avec qui sors-tu?

1. à / penser
2. pour / acheter / des cadeaux
3. chez / aller / ce soir
4. sans / ne pas pouvoir vivre
5. devant / s'asseoir / en
   cours de maths
6. de / se méfier
7. avec / se disputer /
   souvent

Avec qui Jean-Marc se dispute-t-il?

13. Martin ne prend pas au sérieux (*seriously*) votre interview. Exprimez (*Express*) votre surprise à ses réponses à vos questions.

> MODÈLE: Je sors avec toi.
> **Quoi? Tu sors avec moi?**

1. Je pense à toi.
2. J'achète des cadeaux pour toi.
3. Je vais chez toi ce soir.
4. Je ne peux pas vivre sans toi.
5. Je m'assieds devant toi en cours de maths.
6. Je me méfie de toi.
7. Je me dispute souvent avec toi.

De quoi Élise aura-t-elle besoin en Côte-d'Ivoire?

14. Maintenant interviewez Élise, une élève qui compte passer l'été en Côte-d'Ivoire. Posez-lui des questions au futur avec **quoi**.

> MODÈLE: de / avoir peur
> **De quoi auras-tu peur?**

1. dans / voyager
2. à / s'intéresser
3. sur / dormir
4. de / rêver
5. à / réfléchir
6. avec / écrire
7. sans / ne pas pouvoir vivre

15. Émilie ne veut pas vous dire ce qu'elle sait. Essayez d'obtenir d'autres renseignements en lui posant des questions avec **qui** ou **quoi**.

> MODÈLES: a) Anne-Sophie parle de quelqu'un.
> **De qui est-ce qu'elle parle?**
>
> b) Elle parle de quelque chose.
> **De quoi est-ce qu'elle parle?**

1. Je réfléchis à quelque chose.
2. Sylvie et toi, vous avez peur de quelqu'un.
3. Nous comptons sur quelque chose.
4. Christophe et Annie téléphonent à quelqu'un.
5. Je déjeune chez quelqu'un.
6. Jean-Paul sort avec quelqu'un.
7. Tu dois travailler pour quelqu'un.
8. Il faut mettre l'essence dans quelque chose.

De quoi est-ce qu'Abdou
et Thierry parlent?
(Paris)

16. Comment dit-on en français?

ABDOU: Thierry, somebody told me (that) you won't be here next month. Where will you be?

THIERRY: In the Ivory Coast. I'm leaving the tenth of December.

ABDOU: Why are you going there? What are you going to do there?

THIERRY: I'll be on vacation. I hope to discover something about (*sur*) life in a tropical country.

ABDOU: Who will you stay with? Will we be able to write to you?

THIERRY: I don't know. I won't know (it) before next month, but you'll be able to write to me next year.

ABDOU: What? You intend to spend the whole year over there in the jungle? You'll never stand the rain and the heat.

THIERRY: Oh yes (on the contrary). That's easy. You don't know me. You thought you knew me, but you've never known me. You....

ABDOU: Don't get angry, Thierry. When we don't agree, you always want to argue. I'll come back to see you tomorrow.

Rédaction

Écrivez à un(e) ami(e) une lettre de deux paragraphes où vous parlez d'un voyage que vous rêvez de faire ou comptez faire dans un pays tropical. Dites où se trouve ce pays et décrivez son climat, sa géographie et ses animaux. Dites aussi comment sont les gens de ce pays et ce que vous verrez et ferez pendant votre visite. Racontez tous vos plans pour le voyage de vos rêves. Utilisez surtout le vocabulaire et les expressions de cette leçon.

Although Arabic is now the official language of Morocco, French remains the language most often used in business and government. (Marrakesh)

Actualité culturelle

French-speaking Africa

Did you know that people in more than 20 African countries speak French as an official or secondary language? Because France once had the largest colonial empire in Africa, French was the official language in these countries. Now all of them are independent, and most of them have kept French as their official language. Why? Each of these former colonies has many different ethnic groups, each with its own language that the others don't usually understand. So, the language that all groups still use in communicating with each other is French. In addition to simplifying communication between localities, this common language draws different African countries together into one large cooperative group. This group, called **la CFA (Communauté Financière Africaine)**, has a common currency, **le franc CFA**, and uses French to communicate with the rest of the world.

le Maroc
la Tunisie
l'Algérie
la Mauritanie
le Sénégal
le Mali
le Niger
le Tchad
la Guinée
le Burkina-Faso
la Côte-d'Ivoire
le Togo
le Bénin
le Cameroun
le Gabon
le Congo
le Zaïre
la république Centrafricaine
Djibouti
le Ruanda
le Burundi
l'île Mayotte
les Seychelles
l'île Maurice
la Réunion
Madagascar

The map shows that, with the exception of the two Indian Ocean islands of Madagascar and Reunion, the French-speaking African countries are all in the northern and western parts of the continent. We will focus here on only two of them, Morocco (**le Maroc**) and Senegal (**le Sénégal**). They illustrate two parts of Africa: North Africa and West Africa.

Situated on the northwest coast, the kingdom of Morocco is only nine miles from Spain, separated from Europe by the Strait of Gibraltar. In 711, Arab armies from Morocco invaded Spain where they ruled for more than seven centuries.

Morocco and two other former French colonies, Tunisia (**la Tunisie**) and Algeria (**l'Algérie**), form the region known as **le Maghreb**, meaning "The Land of the Setting Sun" or the West. About the size of California, Morocco has approximately 24,000,000 inhabitants, most of whom are

Arabs of the Islamic faith. The country also has sharply contrasting terrain: magnificent golden beaches on the Atlantic Coast, the impressive Rif mountain chain that slopes steeply down to the Mediterranean, the snowy heights of the Atlas Mountains and, to the south, the northern edge of the burning Sahara Desert.

Many Moroccans continue to follow the traditional customs of their ancestors.

Most Moroccans speak Arabic, but people who wish to be associated with modern European culture speak French. (Tangiers)

Divided for 44 years into a Spanish-owned sector and a French-owned sector, Morocco became independent in 1956. A king and his prime minister now govern the country. Morocco's official language has become Arabic, but its people still widely learn and use French. The French influence is most keenly felt in large cities like Casablanca, the industrial, commercial and transportational hub of modern Morocco.

A small fishing village at the beginning of the twentieth century, Casablanca benefited greatly from French rule. It became the largest and most important city in Morocco. More than 2,500,000 people live in modern-day Casablanca, the largest North African city west of Egypt. In contrast, the country's capital, Rabat, is much less commercialized and has only 850,000 residents. With its royal palace, embassies, splendid villas, long avenues lined with palm trees, and exclusive boutiques, Rabat enjoys a more relaxed pace of life. One hundred fifty miles south of Casablanca lies Marrakesh, a city where different cultures converge. Here Arabs and Berbers mix with bedouins from the Sahara and with Senegalese from West Africa.

French influence, visible throughout all of Morocco, remains especially strong in its larger cities. (Marrakesh)

Fez, the country's arts and crafts center, was the former capital. Although changing rapidly, Fez remains an almost perfectly preserved medieval city. Like most Moroccan cities, Fez is made up of very diverse and separate communities. The **médina**, the old quarter of the city, reflects the North African culture of its residents who live in "row houses" grouped around narrow dead-end alleys open only to the families who live there. You can walk through the **médina** without worrying about cars or even bicycles, both prohibited here, although you may have problems finding your way through its maze of streets without the assistance of a local guide. You can also see unrecognizable, veiled women on their way to the public ovens where they will bake their individually marked loaves of bread. The cobblestone streets are lined with shops selling rugs, jewelry, slippers, embroidered robes and copperware, all amidst an intoxicating odor of saffron, leather and earth. The most modern and rapidly expanding quarter of the city, the **ville nouvelle**, reflects a strong European influence and resembles the contemporary cities of France. On the outskirts of Fez lie the impoverished **bidonvilles**, or shantytowns, which contrast sharply with the affluent **ville nouvelle**.

Founded in the eighth century, Fez, the country's most important religious center, has a wealth of monuments. Inside the doors of the famous Qarawiyyn Mosque are some of the most beautiful treasures of Hispano-Moorish art. You may also see a crowd of men emerging from the mosque every Friday after prayers. Accompanied by their young sons, they wear hooded robes called **djellabas**, the traditional garment worn by both men and women. Most of the men have an almost imperceptible mark in the middle of their foreheads. This mark is proof of their faith in Allah. Five times a day devout Muslims turn toward Mecca, kneel, pray and touch the floor several times with their foreheads.

Moroccan women now have the choice of wearing the traditional **djellaba** and veil or more modern Western-style clothing. (Marrakesh)

The baobab, a tropical broad-trunked tree, is used to make paper, cloth and rope.

Morocco, bewitching and fascinating, attempts to become modern and is slowly catching up with the twentieth century while still clinging to its cultural and spiritual past.

The Republic of Senegal, the gateway to West Africa, borders the Atlantic Ocean, Mauritania, Mali, Guinea and Guinea-Bissau, and it surrounds Gambia. About as large as South Dakota, Senegal is mainly flat from the Sahara Desert on the northern border to **la savane** (or the grassy plain) in the center to the rain forest in the southwest.

French, the official language of Senegal, is taught in schools, read in newspapers, heard on radio and television and used in administrative and business circles. However, only an educated minority of Senegalese speak French. Most Senegalese speak Wolof, the national language. Other localized languages exist as well, yet they are closely related to Wolof and do not hinder communication. In fact, this mutual understanding has contributed to the growing dominance of Wolof as the most widely spoken language. These language differences between ethnic groups and also between individuals create fewer problems than do religious differences. Almost 90 percent of the people are of the Islamic faith. Arab merchants brought Islam to the country in the tenth century, but much of the population was converted only in the late nineteenth century.

After 300 years of French dominance, Senegal became independent in 1960 but still retains close economic and cultural ties with France. The people chose Léopold Senghor, the distinguished poet and statesman, to be president. Thanks mainly to Senghor, Senegal has achieved economic and political stability. In 1981 he retired, having done much to preserve national and international peace. His prime minister, Abdou Diouf, succeeded him. Today Senegal is a modern democratic republic struggling for economic cooperation with the countries of French-speaking Africa while maintaining good relations with the West, especially with France. Currently, thanks to President Diouf's latest economic reforms, Senegal enjoys increasing prosperity. Peanuts are the country's principal source of income, accounting for almost 80 percent of its export earnings, while many farmers cultivate millet, Senegal's main food crop and a staple used to make bread. Along the coast fishing is important.

Dakar, with its excellent natural harbor, is the most important seaport in West Africa.

Senegal is a hospitable land where kindness, warmth, joy and tolerance abound among the 7,000,000 inhabitants of various ethnic groups: Wolofs, Fulani, Serer, Toucouleur, Diola and others. Diversity in Senegal has prevented any single group from controlling an entire region. Very few Europeans, fewer than two percent of the population, reside in Senegal, but those who do are mainly French and live in Dakar.

Although Dakar is the country's largest city, more than two-thirds of all Senegalese live in rural areas.

The capital and largest city with close to 1,500,000 people, Dakar always provides something interesting to do or to see. In this city of contrasts you can find businessmen in European suits, tourists, people dressed in traditional costumes, colonial style villas, modern buildings, supermarkets and open-air markets. Located on Cape Verde on the Atlantic coast, Dakar is the most important seaport in West Africa. Because of its geographical location and transatlantic air and maritime routes, the city occupies one of the continent's most important strategical positions. Dakar also serves as a gateway to the underdeveloped areas of neighboring Mali and Mauritania.

Getting to know Senegal is getting acquainted with its friendly people, discovering the fishing village of Cayar when the fishermen return, seeing some of the 450 kilometers of fine sand beaches, appreciating the wealth of wildlife in preserves and national parks, and strolling through the seventeenth century French settlement at Saint-Louis.

Fishermen of Cayar return home with their day's catch.

Proverbe

Qui vivra verra.

Est-ce que nous sommes descendus des singes?

Interaction et application pratique

À deux

1. With your partner take turns drawing an animal and asking each other to identify it in French. Also say where it lives, how intelligent it is, if it is large or small, lazy or active, and dangerous or not dangerous. Draw as many animals as you can whose French names you have learned in this or in previous lessons. Then compare your drawings with others in the class.

MODÈLE: Qu'est-ce que c'est?
C'est un singe. Il est assez intelligent, petit et actif, mais il n'est pas dangereux. Il habite dans la jungle.

2. Take turns with your partner predicting what life will be like in the future. Begin each sentence with the phrase **À l'avenir....** Give five different statements each, and then tell the class several of the things your partner has predicted.

la carte bancaire
instrument de l'avenir

   MODÈLE: **À l'avenir il y aura des voitures qui n'auront pas besoin d'essence.**

3. Interview your partner about his/her plans for the future. Take turns completing each of the following questions in the future tense and then asking them to each other. After both of you have asked and answered questions, tell the class how your partner has responded.

   Qu'est-ce que tu ____ ?
   Pourquoi est-ce que tu ____ ?
   Avec qui est-ce que tu te ____ ?
   Où est-ce que tu ____ ?
   Quand est-ce que tu ____ ?
   Comment est-ce que tu ____ ?

4. Interview your partner using **qui** or **quoi** after prepositions such as **à**, **après**, **avant**, **avec**, **chez**, **dans**, **de**, **devant**, **pour**, **sans**, **sur**, etc. Make a list of three questions with **qui** and three with **quoi** to ask your partner who will do the same. Then take turns asking and answering these questions. Finally tell the class what you've learned about your partner.

   MODÈLES: a) **À qui/quoi t'intéresses-tu?**
             b) **De qui/quoi aimes-tu parler?**

5. Take turns with your partner forming sentences in French. Each sentence should contain one of the following expressions (with no spelling changes in the adjectives).

insupportable	à cause de	active	dangereuses
minable	bête	tellement	tandis que

   Afterward tell the class several of your partner's sentences.

   MODÈLE: **Mon grand-père ne peut pas supporter le Minnesota à cause du climat.**

En groupes

6. Ask each person in your group the following questions about what he/she will be doing at the age of 25 and what his/her life will be like.

    1. Quelle sorte de travail feras-tu?
    2. Est-ce que tu travailleras sur un ordinateur?
    3. Est-ce que tu seras toujours à l'université?
    4. Est-ce que tu habiteras toujours ici?
    5. Est-ce que tu auras des enfants?

    After each person has answered all the questions, pick a spokesperson who will tell the entire class the results of your group's survey.

7. With your group draw an outline map of Africa and then fill in the borders of the eight French-speaking African countries mentioned in the **Actualité culturelle** and **Expansion** of this lesson: **l'Algérie**, **la Côte-d'Ivoire**, **la Guinée**, **le Mali**, **le Maroc**, **la Mauritanie**, **le Sénégal** and **la Tunisie**. (You may use the map in the beginning of this book, **Les pays francophones**, as a reference.) Then number each country on the map and label it in French below the map beside the corresponding number. After you label each country, put the French name of its capital beside it (e.g., **la Tunisie—Tunis**). (You can find the names of the capitals you don't know in a good French dictionary or encyclopedia.) Finally compare your map with those from other groups to check for accuracy and completeness.

Comptez-vous avoir des enfants? Peut-être des triplés?

8. See how many different completions your group can think of for each of the following sentences. Use as many different subjects and verbs as you can. Have some person from the group list the possible completions on a transparency. Do one sentence at a time, spending not more than one minute on each sentence. Afterwards several transparencies can be put on the overhead for all to correct.

    1. Je pense souvent à _____ .
    2. Je ne peux pas supporter _____ .
    3. Je crois que _____ la semaine prochaine.
    4. Avec qui _____ ?
    5. Pour qui _____ ?
    6. De quoi _____ ?

Vocabulaire actif

noms

la chaleur   heat
un chameau   camel
un climat   climate
une colline   hill
la Côte-d'Ivoire   Ivory Coast
un désert   desert
les devoirs (m.)   homework
un éléphant   elephant
une émission   TV program
une girafe   giraffe
un hippopotame   hippopotamus

un lion   lion
une lumière   light
une mouche tsé-tsé   tsetse fly
la pluie   rain
une savane   savannah (grassy plain)
un serpent   snake
un singe   monkey
un volcan   volcano
un zèbre   zebra
un zoo   zoo

adjectifs

accueillant(e)   friendly
actif, active   active
bête   stupid, dumb
haut(e)   high
insupportable   unbearable
lourd(e)   heavy
martiniquais(e)   from Martinique

minable   pathetic
paresseux, paresseuse   lazy
ravi(e)   delighted
sauvage   wild
sec, sèche   dry
tropical(e)   tropical

verbes

allumer   to light, to turn on
compter   to intend
se disputer   to argue
s'entendre (avec)   to get along (with)
escalader   to climb
éteindre   to turn off, to put out

être d'accord (avec)   to agree (with)
se fâcher   to get angry
Il fait lourd.   It's (The weather's) muggy.
Il fait sec.   It's (The weather's) dry.
se méfier de   to beware of, to distrust
supporter   to tolerate, to stand

expressions diverses

à cause de   because of
Ça y est.   That's it.
d'autre   else

tandis que   while
tellement   so much

66   Leçon 2

L'Île aux Fleurs

TÉL.: (596) 66.06.56
66.00.53
TÉLEX 912 913 MR
MINITEL: 36:15 SESAM
9722 RIVA

Rivage hotel Martinique

B.P. 45 TROIS-ÎLETS
97229 MARTINIQUE

Leçon 2

Communicative Functions

- getting a hotel room
- naming some tropical fruit
- talking about the future
- making proposals
- saying what will happen if or when something else happens
- describing Martinique

Les Furet vont prendre deux chambres
climatisées au "Rivage Hôtel." (Trois-Îlets)

Cédric nettoie
la piscine de
l'hôtel.

Au "Rivage Hôtel"

Le "Rivage Hôtel" est un hôtel de famille situé aux Trois-Îlets, un village
de la Martinique.[1] Ce matin Cédric Degras, le fils du patron, nettoie la
piscine. Si elle n'est pas trop sale, il n'aura pas grand-chose à faire, et il
pourra sortir avec ses sœurs Cécile et Eugénie, son cousin Richard et sa
mère. Pendant ce temps son père est à la réception avec un couple et leur
fille.

M. DEGRAS:	Vous désirez?
M. FURET:	On voudrait une chambre double et une chambre simple pour notre fille Mariette.
M. DEGRAS:	Je suis désolé, mais j'ai seulement deux chambres doubles qui me restent, la cinq et la six.
M. FURET:	C'est combien?
M. DEGRAS:	Six cent cinquante francs pour les deux chambres, petit déjeuner compris.
M. FURET:	Elles sont climatisées?
M. DEGRAS:	Oui, Monsieur, la climatisation est indispensable ici.
M. FURET:	C'est parfait. Nous les prenons. Nous sommes déjà allés dans trois hôtels qui étaient complets.

Cette navette traverse la baie entre
Trois-Îlets et Fort-de-France.

MME FURET: Il paraît qu'il y a un bateau qui traverse la baie entre ici et Fort-de-France.[2]

M. DEGRAS: C'est ça, une navette. Vous embarquez près d'ici, et vingt minutes plus tard, vous débarquez pas loin du centre-ville.

MME FURET: C'est vraiment pratique.

M. DEGRAS: Oui, et c'est très raisonnable. L'aller-retour coûte seulement vingt francs.

Notes culturelles

1. The Caribbean island of Martinique, located in the West Indies, is one of the Lesser Antilles. Discovered by Christopher Columbus (**Christophe Colomb**) in 1502, the island was colonized by French settlers as early as 1635. It became one of France's overseas departments (**département français d'outre-mer**) in 1946. Also called the "Island of Flowers" (**l'Île aux Fleurs**), Martinique has a rich variety of flowers and gigantic tropical plants due to the volcanic nature of its soil. Its principal sources of income are bananas, pineapples, sugar cane and tourism.

2. Fort-de-France is the capital and largest city of Martinique. One hundred thousand of the island's 300,000 people live here.

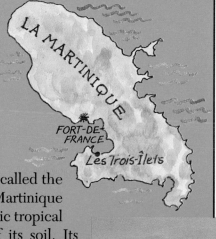

Exports destined for France and other countries are shipped out of the port at Fort-de-France.

A variety of tropical fruit and flowers can be found at the open-air market in Fort-de-France.

Compréhension

Répondez en français.

Hôtel
Restaurant

Calalou

Plage privée
36 chambres climatisées
Téléphone international ·
renommé pour ses spécialités
créoles et françaises

Anse à l'Ane - 97229 Trois-Ilets
Tél. (596) 68.31.67
Télex : HOCA 912 790 MR

1. Que fait le père de Cédric Degras?
2. Quelles sortes de chambres les Furet veulent-ils?
3. Combien coûte une chambre double au "Rivage Hôtel"?
4. Qu'est-ce qui est compris dans le prix de la chambre?
5. Qu'est-ce qui est indispensable aux gens qui ne supportent pas la chaleur à la Martinique?
6. Pourquoi les Furet ne sont-ils pas restés dans un autre hôtel?
7. Quelle sorte de bateau y a-t-il pour les gens qui veulent aller des Trois-Îlets à Fort-de-France?
8. Comment est la navette?

À propos

1. Pour être sûr d'avoir une chambre d'hôtel en arrivant dans une autre ville, que doit-on faire avant?
2. Êtes-vous jamais resté(e) dans un hôtel? Comment était-il? Y avait-il une piscine?
3. Est-ce que votre chambre est sale ou propre aujourd'hui? D'habitude, qui la nettoie?
4. Avez-vous la climatisation chez vous?
5. Qu'est-ce qui vous est indispensable?
6. Faites-vous souvent des courses au centre-ville?

Préférez-vous nager dans une piscine ou dans la mer? (Trois-Îlets)

Expansion

Une heure plus tard Cédric s'occupe de la pelouse. Mariette sort de la chambre N° 6, se dirige vers la piscine où elle s'installe dans une chaise avec un tas de brochures. En la voyant, Cédric, qui est de l'autre côté de la piscine, s'approche d'elle petit à petit.

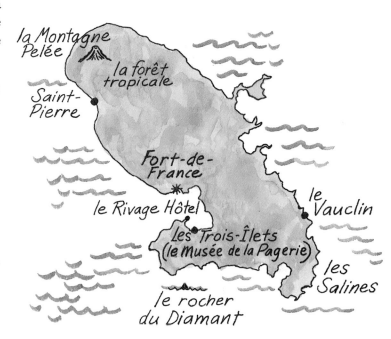

CÉDRIC: Bonjour. Vous venez d'arriver?

MARIETTE: Oui, avec mes parents. Je prépare notre itinéraire.

CÉDRIC: Ah bon? Où comptez-vous aller?

MARIETTE: Je crois que nous irons d'abord à Fort-de-France. Mes parents veulent voir la Bibliothèque Schœlcher.[1]

CÉDRIC: En effet, c'est une curiosité à cause de son architecture. Mais, ce qui me plaît le plus à Fort-de-France, c'est son air animé. Quand vous y serez, vous verrez ce que je veux dire.

Cédric donne des conseils.

MARIETTE: Alors, à part la bibliothèque, que faudra-t-il voir?

CÉDRIC: Je vous conseille le marché aux légumes pour son ambiance et son choix varié et riche de fruits tropicaux.

Fort-de-France est une ville très animée.

quelques fruits de la Martinique

MARIETTE: Et la Savane?[2] C'est bien là où se trouve la statue de l'Impératrice Joséphine,[3] non?

CÉDRIC: C'est ça. Et n'oubliez pas de visiter le musée de la Pagerie ici aux Trois-Îlets. Je vous le conseille aussi.

MARIETTE: Et quoi d'autre faut-il voir dans l'île?

CÉDRIC: Je vous conseille d'aller... Oh, pardon, je vous le dirai demain. Je dois vous quitter. Si la piscine et la pelouse ne sont pas propres dans dix minutes, je manquerai les Salines.[4]

Le lendemain Cédric revoit Mariette à la piscine, et il lui conseille de voir les endroits suivants:

FORT-DE-FRANCE

Les Salines   Le rocher du Diamant

1) les Salines, la plus belle plage de l'île, un endroit parfait pour se baigner,
2) le rocher du Diamant, une pierre énorme qui sort de la mer du côté sud de l'île,
3) le Vauclin, un port de pêche du côté est de l'île,
4) la Montagne Pelée,[5] un volcan qui a fait éruption en 1902 et a détruit la ville de Saint-Pierre en tuant presque 30.000 personnes
5) et la forêt tropicale située dans le nord de l'île près de la Montagne Pelée.

Mariette a visité toute l'île en une semaine. Ce qui lui a plu surtout, c'est le Festival du Vauclin avec la course de yoles[6] et, bien sûr, les Martiniquais qui sont si accueillants.

Une forêt tropicale

La Montagne Pelée et la nouvelle ville de Saint-Pierre

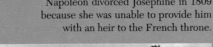

Napoléon divorced Joséphine in 1809 because she was unable to provide him with an heir to the French throne.

The Salines beach attracts both **Martiniquais** and tourists alike.

Before the 1902 eruption of Mount Pelée, Saint-Pierre had the largest population of any city in Martinique.

Notes culturelles

1. Victor Schœlcher (1804-1893) represented Martinique and Guadeloupe in the French House of Representatives (**l'Assemblée nationale**). He was instrumental in abolishing slavery in the colonies in 1848. He originally came from Alsace, a province in northeastern France.

2. The word **savane** usually means "savannah" or "grassy plain." In the French West Indies, however, the word has come to mean "the main town square." In Fort-de-France the **Savane** is a 12-acre public park with magnificent tropical vegetation.

3. Marie-Josèphe Tascher de La Pagerie was born in Trois-Îlets, Martinique, in 1763. In 1796 she married Napoléon Bonaparte, who was then a general. When he became emperor in 1804, she became Empress Joséphine.

4. The Salines beach is in the southeastern corner of Martinique, adjacent to a petrified forest.

5. Nearly a mile high, Mount Pelée is the dormant volcano that occupies most of the northern part of Martinique. Its most violent eruption in 1902 completely destroyed the coastal city of Saint-Pierre. Today a museum is next to the ruins of the former city.

6. **Une yole** is a kind of boat described in the **Lecture** of this lesson.

Activités

1. Dites ce que fait Mariette d'après les images.

MODÈLE:

Elle mange un pamplemousse.

1.

2.

3.

4.

5.

6.

7.

8.

2. Répondez aux questions suivantes d'après le dialogue d'introduction ou l'**Expansion**.

1. Comment appelle-t-on la personne à qui appartient un hôtel?
2. Si l'eau n'est pas propre, elle est comment?
3. Comment appelle-t-on la pièce à l'hôtel où on reçoit les clients?
4. Comment appelle-t-on deux personnes qui sont ensemble?
5. Comment appelle-t-on une chambre pour deux personnes?
6. Comment appelle-t-on une chose que tout le monde veut voir parce qu'elle est différente ou intéressante?
7. Si on n'est pas pauvre, on est comment?
8. Comment appelle-t-on un petit fruit qui est vert?

3. Complétez les phrases suivantes d'après l'**Expansion** et les images.

1. Cédric s'occupe de la piscine et de ____ .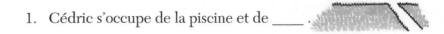

2. Mariette a beaucoup de brochures.
   C'est-à-dire qu'elle en a ____ .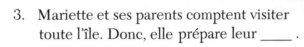

3. Mariette et ses parents comptent visiter
   toute l'île. Donc, elle prépare leur ____ .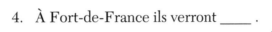

4. À Fort-de-France ils verront ____ .

5. Les Salines sont un endroit parfait pour ____ .

6. La grosse pierre qui sort de la mer au sud de la Martinique est un
   ____ .

7. En 1902 la Montagne Pelée ____ .

8. Dans le nord de l'île et près de la Montagne Pelée ils visiteront aussi
   la ____ .

4. Répondez aux questions à votre façon d'après le vocabulaire de cette
leçon.

1. Quelle est l'ambiance de votre école? Accueillante? Insupportable?
2. Est-ce que toutes les salles de votre école sont climatisées?
3. Si vous rencontrez un(e) touriste qui visite votre ville pour la
   première fois, qu'est-ce que vous lui conseillez de voir?
4. Y a-t-il des statues dans votre ville? De qui?
5. De quel côté de votre ville habitez-vous?
6. Qui s'occupe de la pelouse chez vous?
7. Où comptez-vous aller la prochaine fois que vous voyagez?
8. Est-ce que vous voulez être riche? Pourquoi?

Cette statue à Lyon
commémore la
Révolution
française.

Structure et usage

le futur dans les phrases avec *si*

You often use the future tense to tell what will happen *if* something else happens or some condition is met. The order of tenses in these sentences with **si** is:

si + present	future

Si tu y **vas**, tu **verras** la course.   *If you go, you will see the race.*

The clause with **si** can either begin or end the sentence.

Tu **verras** la course **si** tu y **vas**.   *You will see the race if you go.*

5. Vous voulez savoir si Émilie fera certaines choses si vous faites d'autres choses. Demandez-le-lui.

> MODÈLE: acheter des mangues / en manger
> **Si j'achète des mangues, est-ce que tu en mangeras?**

1. te demander de m'aider / le faire
2. préparer un itinéraire / le suivre
3. manquer le bus / m'attendre
4. traverser la baie / venir me chercher
5. te montrer le rocher / l'escalader
6. rester dans la foule / me revoir
7. détruire mes vieux jeans / être contente
8. allumer la climatisation / l'éteindre

Si vous manquez le bus, est-ce que quelqu'un vous attendra? (Paris)

Jean-Louis bronzera si Émilie se baigne avec lui. (Guadeloupe)

6. Maintenant dites à Émilie que vous ferez certaines choses si elle en fait d'autres.

> MODÈLE: bronzer / se baigner
> **Je bronzerai si tu te baignes.**

1. t'envoyer un tas de brochures / les vouloir
2. répéter la question / m'écouter
3. te permettre de me taquiner / être gentille
4. aller au zoo / y aller avec moi
5. supporter ton petit neveu / l'inviter
6. me fâcher / oublier notre rendez-vous
7. t'emmener à la course / se dépêcher
8. t'offrir un coca / avoir soif

7. Dites ce que vous ferez dans les circonstances suivantes. Employez un verbe différent dans chaque réponse, si possible.

> MODÈLE: si je visite la Martinique
> **Si je visite la Martinique, je verrai toute l'île.**

1. si j'ai un rhume
2. s'il n'y a pas de cours aujourd'hui
3. si j'ai le temps
4. si je me dispute avec mes parents
5. si j'ai assez d'argent
6. si je ne peux pas sortir samedi soir
7. si je vais à l'université
8. si je me marie

Si vous vous mariez, que porterez-vous? (Vaux-le-Vicomte)

le futur dans les phrases avec *quand*

You also use the future tense to tell what will happen *when* something else happens in the future. The order of tenses in these sentences with **quand** is:

quand + future	future

Quand je **serai** riche, j'**aurai** un bateau.

When I am rich, I will have a boat.

The clause with **quand** can either begin or end the sentence.

J'**aurai** un bateau **quand** je **serai** riche.

I will have a boat when I am rich.

Quand vous serez riche, ferez-vous du bateau? (Martinique)

Notice that the verb tenses in the French and English sentences above are different. When referring to future events, both French verbs are in the future, whereas the English verb following "when" is in the present tense.

8. Dites à Joëlle ce que les personnes suivantes feront quand elles auront le temps.

> MODÈLE: les Furet / visiter le musée de la Pagerie
> **Les Furet visiteront le musée de la Pagerie quand ils auront le temps.**

1. Mireille et toi / finir de nettoyer la piscine
2. la patronne / compter les chèques de voyage
3. mes copains et moi / se baigner aux Salines
4. Tapha et Abdou / voir d'autres curiosités
5. toi et moi / aller à Saint-Pierre
6. tu / acheter un aller-retour
7. je / manger une noix de coco
8. Philippe / escalader la Montagne Pelée

Quand les Furet seront vieux, ils vivront
dans une île. (Guadeloupe)

9. Dites à Jean-Marie ce que vous et
d'autres personnes ferez quand vous
serez vieux (vieilles).

> MODÈLE: je / continuer à
> travailler
> **Quand je serai**
> **vieux (vieille), je continuerai à travailler.**

1. Virginie / écrire un roman
2. les Furet / vivre dans une île
3. ces dames / supporter moins bien la chaleur
4. nous / avoir une voiture climatisée
5. je / quitter cet endroit
6. tu / savoir ce que je veux dire
7. Marc et toi / me comprendre
8. Bernard / s'entendre mieux avec ses parents

le futur avec *dans* et le passé composé avec *en*

You use the preposition **dans** (*in*) with the future tense to say that something will
happen within a certain period of time in the future.

> Nous vous enverrons une brochure
> **dans** une semaine.
>
> *We'll send you a brochure in a week.*

You use the preposition **en** (*in*) with the **passé composé** to say that something
happened within a certain period of time in the past.

> La navette a traversé la baie **en**
> 20 minutes.
>
> *The shuttle crossed the bay in 20 minutes.*

Quand tout le monde montera
dans la navette, elle traversera
la baie dans 20 minutes.
(Martinique)

Xavier et Patrick ont visité ce jardin botanique en quatre heures. (Martinique)

10. Marguerite et vous, vous êtes guides à la Martinique. Marguerite dit à un groupe de touristes que certaines choses se sont passées ou se passeront. Exprimez que vous êtes d'accord avec elle, et dites-leur en ou dans combien de temps tout a eu lieu ou aura lieu.

> MODÈLE: Henri a coupé des noix de coco. (cinq minutes)
> **C'est vrai, il en a coupé en cinq minutes.**

1. On a visité toute la forêt tropicale. (un jour)
2. Il pleuvra. (un quart d'heure)
3. Le volcan a tué beaucoup de personnes. (quelques minutes)
4. Le volcan fera probablement éruption. (un mois)
5. Vous apercevrez les yoles. (une heure)
6. La navette a traversé la baie. (20 minutes)
7. Vous vous débarquerez. (peu de temps)
8. Les ouvriers ont fait ce tas de pierres. (une semaine)

les pronoms relatifs *qui* et *que*

You have already learned how to ask questions using the interrogative pronouns **qui** and **que**. **Qui** and **que** are also relative pronouns used to combine two shorter sentences into one longer one. They are called "relative" pronouns because they are "related" or refer to a noun or pronoun, called the antecedent, that directly precedes them. Notice in the following sentences how **qui** or **que** joins each pair of sentences and how it is related to the noun **navette**.

1) J'ai pris la navette. La navette va aux Trois-Îlets.
J'ai pris la navette **qui** va aux Trois-Îlets.

   I took the shuttle. The shuttle goes to Trois-Îlets.
   I took the shuttle that goes to Trois-Îlets.

2) Je n'ai pas pris la navette. Tu as pris la navette.
Je n'ai pas pris la navette **que** tu as prise.

   I didn't take the shuttle. You took the shuttle.
   I didn't take the shuttle [that] you took.

If both **qui** and **que** mean "that" in these sentences, why is **qui** used in the first example and **que** in the second one? Because **qui** is used as the *subject* of the clause **qui va aux Trois-Îlets** and **que** is used as the *direct object* of the clause **que tu as prise**.

LA RADIO QUI MONTE, QUI MONTE…!

The relative pronoun **qui** means "who," "which" or "that." **Qui** may refer to a person or to a thing. The verb after **qui** agrees with **qui**'s antecedent, the word in the independent clause to which it refers.

Les personnes **qui** sont à la réception ne sont pas gentilles.	*The people who are at the reception desk are not nice.*
C'est vous deux **qui** avez la brochure?	*Is it you two who have the brochure?*
Le volcan **qui** a fait éruption en 1902 a tué 30.000 personnes.	*The volcano which erupted in 1902 killed 30,000 people.*

The relative pronoun **que** means "whom," "which" or "that." **Que** may refer to a person or to a thing. **Que** must always be expressed in French even if "whom," "which" or "that" is omitted in English.

Voilà le film **que** je veux revoir.	*There's the movie [that] I want to see again.*

La femme qui est à la réception peut vous aider.

The verb after **que** agrees with **que**'s antecedent, the word in the independent clause to which it refers. You remember that the past participle of a verb in the **passé composé** agrees in gender and in number with the preceding direct object pronoun. Since **que** is used as a direct object, the past participle must agree in gender and in number with the antecedent of **que**.

Les endroits **qu'**on a visité**s** sont loin d'ici.	*The places [that] we visited are far from here.*
Les mangues **que** j'ai mang**ées** sont bonnes.	*The mangoes [that] I ate are good.*

11. Jean-Marc vous dit ce qu'il a vu, lu, fait, etc. Demandez-lui où se trouvent les choses qu'il a vues, lues, faites, etc.

> MODÈLE: J'ai écrit des lettres.
> **Où sont les lettres que tu as écrites?**

1. J'ai construit une maison.
2. J'ai fait les devoirs.
3. J'ai reçu des cartes.
4. J'ai tué une mouche tsé-tsé.
5. J'ai mis une cravate.
6. J'ai acheté un diamant.
7. J'ai suivi des touristes.
8. J'ai découvert des merveilles.

L'eau de la piscine qui paraît propre est vraiment sale. (Martinique)

Les gens qui veulent aller à Fort-de-France prennent la navette.

12. Jean-François, qui habite à Fort-de-France, fait des observations. Ajoutez à ce qu'il dit en utilisant **qui**.

> MODÈLE: Les yoles ont fini la course. (arriver maintenant)
> **Les yoles qui arrivent maintenant ont fini la course.**

1. Les touristes viennent de débarquer. (se diriger vers l'hôtel)
2. Les Furet préfèrent une autre chambre. (supporter mal la chaleur)
3. La climatisation coûte cher. (être indispensable)
4. L'eau de la piscine est vraiment sale. (paraître propre)
5. Les touristes peuvent prendre la navette. (vouloir visiter Fort-de-France)
6. Les navettes sont raisonnables et pratiques. (aller à la capitale)
7. La statue de Joséphine est magnifique. (se trouver à Fort-de-France)
8. Les festivals sont très intéressants. (avoir lieu partout dans l'île)

Les fruits qu'on trouve à Fort-de-France sont superbes.

13. Jean-François continue à faire des observations, et vous continuez à ajouter à ce qu'il dit en utilisant **qui** ou **que**.

MODÈLES: a) La noix de coco est un fruit superbe. (Elle est très dure à ouvrir.)
La noix de coco qui est très dure à ouvrir est un fruit superbe.

b) Le citron n'est pas bon. (Tu me l'as donné.)
Le citron que tu m'as donné n'est pas bon.

1. Les Furet veulent une chambre double. (Ils parlent au patron.)
2. L'ambiance de la Martinique nous plaît beaucoup. (Elle est incroyable.)
3. Les brochures sont très variées. (Vous nous les avez offertes.)
4. L'itinéraire est long. (Tu l'as préparé.)
5. Le bateau s'appelle "une yole." (Vous l'avez acheté.)
6. Ces arbres sont énormes. (Ils vivent longtemps.)
7. Le rocher du Diamant est une grosse pierre. (Il se trouve au sud de l'île.)
8. L'endroit nous intéresse énormément. (Nous venons de le visiter.)

les pronoms relatifs *ce qui* et *ce que*

You have just learned that the relative pronouns **qui** and **que** always have a definite antecedent. But if the thing being referred to is not specific or is unknown, you put the pronoun **ce** (*that*) before **qui** and **que**. The relative pronoun **ce qui** (*what*) is used as the *subject* of the clause. The relative pronoun **ce que** (*what*) is used as the *direct object* of the clause.

Je sais **ce qui** s'est passé.　　*I know what happened.*

Vous verrez **ce que** je veux dire.　　*You'll see what I mean.*

Ce qui or **ce que** can come at the beginning of a sentence to emphasize what follows. **Ce qui** or **ce que** in the first clause of the sentence often comes before **c'est** or **ce sont** in the second clause.

Ce qui a plu à Mariette, **c'est** le festival.　　*What pleased Mariette is the festival.*

Ce qu'elle a aimé, **ce sont** les fruits tropicaux.　　*What she liked is the tropical fruit.*

14. Marie-Laure vous pose des questions. Dites-lui que vous ne savez pas ce qu'elle voudrait savoir.

　　MODÈLE:　Qu'est-ce qui se passe?

　　　　Je ne sais pas ce qui se passe.

　　1. Qu'est-ce que les Furet ont fait à la Martinique?
　　2. Qu'est-ce qui leur a plu surtout?
　　3. À part la Bibliothèque Schœlcher, qu'est-ce qu'ils ont vu?
　　4. Qu'est-ce qui a détruit la ville de Saint-Pierre?
　　5. Qu'est-ce qui t'intéresse?
　　6. Qu'est-ce que tu vas faire ce soir?
　　7. Qu'est-ce qui est à la télé?
　　8. Qu'est-ce que tout cela veut dire?

15. Maintenant votre copain Maurice vous pose d'autres questions. Répondez-lui.

　　MODÈLE:　Qu'est-ce qui s'est passé à Saint-Pierre en 1902? (l'éruption de la Montagne Pelée)
　　　　Ce qui s'est passé à Saint-Pierre en 1902, c'est l'éruption de la Montagne Pelée.

Ce qui étonne les touristes, c'est l'ambiance de l'île. (Martinique)

　　1. Qu'est-ce qui est complet? (tous les hôtels)
　　2. Qu'est-ce qu'on fait à la Martinique quand tous les hôtels sont complets? (dormir dehors sur la plage)
　　3. Qu'est-ce qui coûte 20 francs? (l'aller-retour)
　　4. Qu'est-ce qu'on achète au marché? (des fruits tropicaux)
　　5. Qu'est-ce qui a plu surtout à Mariette? (les yoles)
　　6. Qu'est-ce qu'elle veut revoir? (les Salines)
　　7. Et toi, qu'est-ce que tu comptes faire à la Martinique? (s'amuser)
　　8. Qu'est-ce qui t'étonne? (l'ambiance de l'île)

Il paraît qu'Irène et sa famille changent d'avions à Pointe-à-Pitre. (Guadeloupe)

16. Comment dit-on en français?

IRÈNE: If I don't leave now, my parents will get angry.

MAGALIE: Oh no, be reasonable. You'll miss your dinner, that's all. If you want, have some fruit salad.

IRÈNE: No thanks. When I'm in Martinique, I'll (be) eat(ing) fresh pineapples every day.

MAGALIE: That's true. By the way, when will you arrive there?

IRÈNE: In nine hours. It seems that we change airplanes in Miami.

MAGALIE: What will you (your parents and you) do there?

IRÈNE: I don't know what we'll do (there). We'll see what happens.

MAGALIE: What do you mean? You don't have an itinerary?

IRÈNE: No. Last year when my parents were there, they saw the whole island in five days. I'll talk to you about it when I see you again in ten days.

Rédaction

En deux paragraphes décrivez votre vie quand vous aurez quarante ans. Dites comment vous serez, avec qui vous habiterez ou qui sera dans votre famille, où vous serez, quel travail vous ferez, à quoi vous vous intéresserez et ce que vous aurez quand vous aurez quarante ans, si tout va bien. En général, est-ce que votre vie sera meilleure? Si oui, comment? Utilisez seulement le vocabulaire que vous avez déjà appris.

Cette course de yoles a lieu au Vauclin.

Lecture

La course de yoles du Vauclin

Ce sont les Caraïbes° qui ont donné aux Martiniquais leur science de la navigation. Les Caraïbes allaient d'une île à l'autre en pirogues° qu'ils construisaient d'un arbre appelé "gommier."° Les yoles, qui ressemblent à des pirogues, sont des bateaux à voile° qui mesurent plus ou moins douze mètres de longueur avec un ou deux mâts.° Il y a toujours des courses de yoles pendant les fêtes de village.

Aujourd'hui Cédric et sa famille arrivent au Vauclin. Chic alors! La course n'a pas encore commencé. Ils verront même les hommes qui préparent leurs yoles pour le départ. Tout le monde est sur la plage. Les équipiers° portent leur yole jusqu'à la mer, lèvent° les deux mâts et sortent les voiles. Chaque spectateur choisit sa yole préférée. Cédric est pour Chanflor.°

Carib Indians

dugout canoes
gum tree
sail
masts

Tout le monde attend le départ avec impatience.

team members
raise

a brand of mineral water

Cette équipe prépare sa yole pour le départ de la course.

Pourquoi Cécile est-elle pour Vir?

Les équipiers sont prêts à partir.

Cécile est pour Vir parce qu'elle adore ses couleurs bleu, blanc, rouge. Richard est pour Nissan, Eugénie, pour Shell et Maman, pour Paradis. Ce qui est sûr, c'est que toutes les yoles sont superbes.

Enfin, tout le monde est prêt.° Le départ aura lieu dans une minute. Tous les équipiers embarquent. Voilà! Les yoles partent. Bientôt elles seront de l'autre côté de la baie. Elles reviendront dans une heure si le vent est assez fort.

ready

Pendant ce temps, Cédric et sa famille vont voir ce qui se passe en ville. D'abord, ils s'installent à un café. Ils commandent des croque-monsieur et, bien sûr, une bouteille° de Chanflor. Dans quelques minutes le défilé°

bottle/parade

Cédric et sa famille regardent le défilé qui passe devant eux.

Cécile s'amuse à regarder les garçons qui marchent sur des échasses.

commencera. La petite Cécile ne voit pas très bien, elle est trop petite. "Tiens! Qu'est-ce que je vois maintenant au-dessus° des têtes?" dit Cécile. *above* "Ces hommes doivent bien mesurer quatre mètres." Mais non, ce sont des garçons sur des échasses. Maintenant elle peut bien voir. Ils passent devant elle. "C'est super et très dangereux," dit-elle. Cécile pense que quand elle sera plus grande, elle marchera, elle aussi, sur des échasses.

"Attention! Voilà les yoles qui reviennent!" La foule retourne à la plage pour l'arrivée. "En voilà une, en voilà une! Elle est toute seule et les autres loin derrière!" C'est Nissan avec ses voiles orange. Richard est content. Oh, mais le vent change de direction, et les autres yoles accélèrent.° Tout à coup Vir et Chanflor dépassent *accelerate* Nissan qui paraît même ralentir. "Super!" crie Cécile. "Vas-y, Vir, vas-y! Oh, oh, kisa ou ka fè là?"° "Allez, Chanflor, allez!" crie Cédric. "Elle a gagné, elle a gagné!" Cédric est ravi. Il pense "Quand je serai riche, j'achèterai une yole, et elle gagnera toutes les courses."

° The question **Kisa ou ka fè là?** (*What are you doing?*) is in Creole, a blend of French and numerous West African languages spoken on the islands of Martinique and Guadeloupe. Although French has become the official language of Martinique, most Martinikers still regularly speak or at least understand Creole.

Quand on aperçoit les yoles qui reviennent, c'est Nissan qui gagne—mais ça changera.

Répondez en français.

1. Comment est-ce que les Caraïbes voyageaient avant?
2. Une yole, qu'est-ce que c'est?
3. Une yole, elle est comment?
4. Qu'est-ce que Cédric et sa famille vont voir?
5. Quelle est la yole préférée de Cédric?
6. Chanflor, qu'est-ce que c'est?
7. Combien de temps est-ce que la course de yoles du Vauclin prend?
8. Après le départ des yoles, qu'est-ce qu'on va regarder?
9. Quelle est la curiosité principale du défilé?
10. De quelle couleur sont les voiles de la yole Nissan?
11. Pourquoi Cédric est-il content à la fin de la course?
12. Qu'est-ce qu'il rêve de faire?

Proverbe

Tout est bien qui finit bien.

Interaction et application pratique
À deux

1. With your partner create a two-minute dialogue in French between a traveler seeking a hotel room in a French-speaking country and the hotel desk clerk. The traveler should specify the kind of room desired: what type of bed(s), with or without air conditioning, smoking or non-smoking, with a bathtub or a shower in the room, etc. The clerk should tell the price of the room, if breakfast is included in the price and the other services or facilities the hotel provides. Use as many expressions dealing with hotel rooms as you can and especially those from this lesson. Then learn your parts and present your dialogue to the class.

2. Take turns with your partner telling each other five things that you will do, see or visit if you have the opportunity to travel to Martinique. Then tell your partner why you want to do, see or visit each thing. Afterwards share with the entire class several things that your partner plans to do.

   MODÈLE: **Quand j'irai à la Martinique, je visiterai les Salines pour m'y baigner.**

Si vous devenez riche, où passerez-vous vos vacances? (Martinique)

3. With your partner take turns asking each other what you will do if the following things take place. Then tell the class what your partner will do in several of these circumstances.

1. Si un étranger offre de vous conduire au lycée,....
2. Si un copain, qui n'était pas en cours, veut voir votre dernier contrôle,....
3. S'il n'y a pas de cours demain,....
4. Si vos parents partent en vacances ce week-end,....
5. Si vous devenez riche,....

MODÈLE: Qu'est-ce que tu feras si tes parents partent en vacances ce week-end?
Si mes parents partent en vacances ce week-end, je resterai chez moi et nettoierai toute la maison!

4. Take turns with your partner telling what you imagine your lives will be like when you are 30 years old. Begin each sentence with the phrase **À 30 ans**.... Give five different statements each, and then tell the class several of the things your partner has said.

MODÈLE: **À 30 ans je serai informaticienne et j'habiterai un appartement au centre-ville.**

5. Take turns telling your partner about what you will do when you are 19 years old. Mention at least five things each that will be different from how they are now. After each of you has responded, share several of your partner's statements with the entire class.

MODÈLE: **Quand j'aurai 19 ans, je trouverai mon propre appartement.**

6. Interview your partner about his/her interests, likes, etc., using the questions below. Make sure that each answer begins with either **Ce qui** or **Ce que**. After both of you have asked and answered these questions, report back to the class several things that you have learned about your partner.

1. Qu'est-ce qui vous intéresse au lycée?
2. Qu'est-ce que vous allez faire ce soir?
3. Qu'est-ce qui vous plaît dans la vie?
4. Qu'est-ce qui vous embête?
5. Qu'est-ce que vous voulez recevoir pour votre anniversaire?

MODÈLE: Qu'est-ce qui t'embête?
Ce qui m'embête, ce sont les gens qui sont toujours en retard.

Ce qui intéresse beaucoup de jeunes gens, ce sont les concerts de rock. (Lyon)

En groupes

7. With your group draw an outline map of Martinique. (You may use the map in this lesson as a reference.) Make dots on the map indicating the location of as many places and things as you can recall that were mentioned in the **Dialogue**, **Expansion** and **Notes culturelles** of this lesson. Number these dots on the map. Then label each place and thing in French below the map beside the corresponding number. Finally compare your map with those from other groups to check for accuracy and completeness.

8. See how many different completions your group can think of for each of the following sentences. Have some person from the group list the possible completions on a transparency. Do one sentence at a time, spending not more than one minute on each sentence. Afterwards several transparencies can be put on the overhead for all to review.

1. Ce qui est indispensable, _____ .
2. Il paraît que _____ .
3. Ce qui nous manque dans notre école, _____ .
4. Nous vous conseillons de _____ .
5. Ce qui nous intéresse, _____ .
6. Des films que nous voulons revoir sont _____ .

Vocabulaire actif

noms

un **aller-retour**   round-trip ticket
une **ambiance**   atmosphere
un **ananas**   pineapple
l'**architecture (f.)**   architecture
une **brochure**   brochure
un **centre-ville**   downtown, city center
un **citron**   lemon
un **citron vert**   lime
la **climatisation**   air conditioning
un **côté**   side
un **couple**   couple
une **curiosité**   curiosity
un **diamant**   diamond
une **éruption**   eruption
un **festival**   festival

une **forêt**   forest
un **itinéraire**   itinerary
une **mangue**   mango
un(e) **Martiniquais(e)** inhabitant of
   Martinique
une **navette**   shuttle
une **noix de coco**   coconut
un **pamplemousse**   grapefruit
un **patron, une patronne**   boss, owner
une **pelouse**   lawn
la **réception**   reception desk
un **rocher**   rock
une **statue**   statue
un **tas**   pile, heap
une **yole**   sailboat (Martinique)

adjectifs

complet, complète   full, complete
désolé(e)   sorry
double   double
indispensable   indispensable
pratique   practical
raisonnable   reasonable

riche   rich
sale   dirty
simple   single
situé(e)   situated
suivant(e)   following
varié(e)   varied

verbes

s'approcher (de)   to come near (to), to approach
se baigner   to go swimming
comprendre   to include
conseiller   to advise, to recommend
débarquer   to land, to get off
détruire   to destroy
se diriger (vers)   to head for, to make one's way
   toward

embarquer   to board, to get on
manquer   to miss
paraître   to appear, to seem
revoir   to see again
tuer   to kill
vouloir dire   to mean

expressions diverses

à part   aside from
ce que   what
ce qui   what

petit à petit   little by little
que   whom, which
vers   toward

L'influence française aux États-Unis

Leçon 3

Communicative Functions

- talking about traveling by plane
- saying what would happen if something else happened
- giving commands
- comparing quantities of things
- giving examples of French influence in the United States
- describing New Orleans

Sébastien a rencontré Julie en allant aux États-Unis. (Roissy)

En route pour les États-Unis

Cet été Sébastien va passer les grandes vacances aux États-Unis. Hier soir il a fait ses valises, et ce matin ses amis l'ont accompagné à l'aéroport Roissy-Charles de Gaulle. Le voilà maintenant assis dans l'avion à côté d'une jeune Américaine, Julie. Ils viennent d'attacher leur ceinture de sécurité.

JULIE: Ça y est, on décolle. Le voyage dure à peu près dix heures, je crois.

SÉBASTIEN: Mais si l'avion ne faisait pas escale à New York, on serait à Washington deux heures plus tôt.

JULIE: Je sais. J'ai essayé d'avoir un vol direct, mais ce n'était pas possible. Alors, resterez-vous longtemps à Washington?

SÉBASTIEN: Non, je compte y passer seulement deux jours. Puis j'irai rendre visite à mes cousins à la Nouvelle-Orléans.

JULIE: Vous prendrez encore une fois l'avion?

SÉBASTIEN: Non, j'y descendrai en car. Ça prend plus de temps que l'avion, mais c'est plus intéressant.

un car

JULIE: À votre place,* je louerais une voiture. Vous perdriez moins de temps.

SÉBASTIEN: En fait, je préfère dépenser mon argent dans les bons restaurants de la Nouvelle-Orléans. Je déteste la nourriture qu'on trouve dans les fastfood. Elle est infecte.

La Nouvelle-Orléans est célèbre pour ses bons restaurants.

À la Madeleine on peut manger une quiche, des fraises et une baguette. (la Nouvelle-Orléans)

JULIE: Vous avez raison. En Louisiane la cuisine est délicieuse. J'adore le "shrimp creole."

SÉBASTIEN: Qu'est-ce que c'est?

JULIE: C'est un plat créole[1] typique de la Louisiane avec du riz, des crevettes et une sauce de tomates tout à fait exquise.

du riz   une crevette

SÉBASTIEN: Mmmm...j'ai aussi hâte de manger du maïs.[2]

JULIE: Moi aussi, car on n'en mange pas autant en France qu'aux États-Unis, et ça m'a manqué.°° Tenez, voilà l'hôtesse de l'air qui nous apporte à boire.°°° Nous pouvons détacher nos ceintures maintenant.

du maïs

° The expression **à votre place** is often used to mean "if I were you."
°° To say in French that somebody misses something/someone, use an indirect object with the verb **manquer**.

    Tu **me** manques.   *I miss you* (literally, *You are missing to me*).

°°° The French say **à boire** or **à manger** when they mean "something to drink" or "something to eat."

    Donne-moi **à manger**, s'il te plaît.   *Give me something to eat, please.*

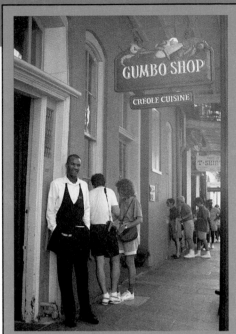
Gumbo, a creole dish, is a thick soup made with meat or seafood, okra and other vegetables. (New Orleans)

Compréhension

Répondez en français.

1. Comment Sébastien est-il allé à l'aéroport?
2. Qui est assis à côté de lui dans l'avion?
3. Qu'est-ce qu'ils attachent quand l'avion décolle?
4. Combien de temps est-ce que le voyage durera?
5. Si le vol de Paris à Washington était direct, combien de temps prendrait-il?
6. Pourquoi Sébastien va-t-il à la Nouvelle-Orléans?
7. Comment Sébastien compte-t-il aller de Washington à la Nouvelle-Orléans?
8. Où se trouve la Nouvelle-Orléans?
9. Qu'est-ce qu'il y a dans le "shrimp creole"?

Il faut toujours attacher votre ceinture de sécurité.

Boucler la ceinture.
A l'arrière, à l'avant.
Une obligation
qui peut sauver votre vie.

À propos

Aimez-vous la cuisine créole? (la Nouvelle-Orléans)

1. Avez-vous beaucoup voyagé aux États-Unis? Où avez-vous été?
2. Attachez-vous toujours votre ceinture de sécurité quand vous voyagez en voiture?
3. Avez-vous jamais voyagé en car? Si oui, où? Est-ce que cela vous a plu? Pourquoi?
4. Avez-vous visité la Nouvelle-Orléans? Est-ce que cette ville vous intéresse?
5. Avez-vous jamais essayé la cuisine créole? Si oui, quel plat créole préférez-vous?
6. Comment trouvez-vous la nourriture dans les fastfood? Infecte? Délicieuse?

Au Régal de la Mer

Gastronomie française

Cuisine créole

Vivier à langoustes

Cave réputée

Ouvert tous les jours, *réservation souhaitée*

ANSE MITAN - 97229 MARTINIQUE
TELEPHONE : **66.04.00**

Quel est votre fastfood préféré?

Expansion

Voici un avion par terre.
Il attend ses passagers.

Voici un avion qui vole
au-dessus des nuages.

le ciel

l'aérogare (f.)

la terre

un nuage

le décollage

l'atterrissage (m.)

Plus tard l'avion a atterri à Washington. Julie et Sébastien attendent de passer la douane.

la douane

le douanier

Quand on entre dans un autre pays,
que doit-on montrer au douanier?
(Boulogne)

JULIE: Moi, je n'ai presque rien à déclarer. En fait, avez-vous rempli votre fiche de débarquement?[1]

SÉBASTIEN: Oui, la voilà. À qui faut-il la donner?

JULIE: Au douanier là-bas. Montrez-la-lui avec votre passeport et vos bagages.

après la douane

SÉBASTIEN: Vous avez l'air fatigué. Est-ce que vos bagages sont lourds?

JULIE: Non, en fait, ils ne pèsent pas trop. Ils sont assez légers.

SÉBASTIEN: Vous en avez plus que moi. Donnez-les-moi. Je vous les porterai jusqu'à la sortie.

JULIE: Merci, c'est gentil. Vous savez, si je ne reprenais pas tout de suite mon travail, je vous montrerais Washington.

SÉBASTIEN: C'est dommage. Je me débrouillerai, car° vous savez, c'est un Français, Pierre Charles L'Enfant,[2] qui...

JULIE: Je sais, c'est lui qui a dessiné Washington. Il était architecte, n'est-ce pas?

SÉBASTIEN: Oui, aussi bien qu'ingénieur.

° Compare this use of the conjunction **car** (*because*) with its use in the dialogue as a noun meaning "tour bus." (**Un car** is the abbreviated form of **un autocar**.)

Les touristes visitent Paris en car.

| Je veux visiter Washington, **car** c'est notre capitale. | *I want to visit Washington, because it's our capital.* |
| Je vais y aller en **car**. | *I'm going to go there by tour bus.* |

Notes culturelles

1. Before landing in France or in the United States, airplane passengers must fill out a landing card or form. On it they give their name, date and place of birth, nationality, occupation, address and airport of departure.

2. A civil engineer, Pierre Charles L'Enfant had instructions from George Washington to design for the United States a capital city of European style and grandiose proportions. Construction began in 1800. Poorly paid for his work, L'Enfant later died in poverty.

When traveling internationally, a flight attendant will give you a landing card to fill out on the plane and turn in to a customs agent when you land.

Activités

1. Complétez d'après le dialogue d'introduction.
   1. Les amis de Sébastien sont allés avec lui à l'aéroport. C'est-à-dire, ils l'y ont ___ .
   2. Avant le décollage Sébastien et Julie ___ leur ceinture de sécurité.
   3. Un vol direct de Paris à Washington ___ à peu près huit heures.
   4. L'avion de Sébastien est en route pour Washington, mais d'abord, il va à New York. C'est-à-dire, il ___ à New York.
   5. Puisque l'avion va d'abord à New York, le vol jusqu'à Washington n'est pas ___ .

Où est-ce que l'avion de Sébastien fait escale?

6. Sébastien ira voir ses cousins et passera du temps chez eux. C'est-à-dire, il leur ___ .

7. Comme Sébastien ne veut pas dépenser trop d'argent, il ne prendra pas l'avion pour descendre à la Nouvelle-Orléans. Il prendra ___ .

8. En Louisiane on sert beaucoup de plats ___ .

2. Dites ce que fait le monsieur d'après les images.

1.

2.

3.

4.

5.

6.

7.

8.

Il y a des crevettes dans
le "shrimp creole."
(Bayonne)

3. Grégory pose une série de questions bêtes. Répondez-lui d'après le dialogue d'introduction ou l'**Expansion.**

> MODÈLE: Faut-il détacher sa ceinture de sécurité pour le décollage?
> **Non, il faut l'attacher.**

1. Julie et Sébastien ont-ils fait escale à Washington?
2. Est-ce que Sébastien descendra à la Nouvelle-Orléans en voiture?
3. Est-ce que la cuisine créole est infecte?
4. Y a-t-il du poulet et du maïs dans le "shrimp creole"?
5. Sébastien donne-t-il sa fiche de débarquement à Julie?
6. Est-ce qu'il doit montrer au douanier sa carte d'identité?
7. Est-ce que les bagages de Julie sont lourds?
8. Est-ce que Julie va se reposer en arrivant à Washington?
9. Est-ce que Sébastien aura besoin d'un guide à Washington?

4. Répondez aux questions sur l'image.

1. Comment s'appelle la partie bleue?
2. Comment s'appelle la partie marron?
3. Qu'est-ce qu'il y a dans le ciel?
4. Que fait l'oiseau?
5. Où vole-t-il?
6. Que fait le garçon?

5. Répondez aux questions suivantes en employant si possible le vocabulaire de cette leçon.

1. Quand vous voyagez, est-ce que vos bagages sont lourds ou légers?
2. Comment s'appelle la fin d'un vol?
3. Où les passagers débarquent-ils de l'avion?
4. Qu'est-ce qu'on écrit sur une fiche de débarquement?
5. Comment appelle-t-on quelqu'un qui travaille à la douane?
6. Qu'est-ce que le douanier (la douanière) demande aux passagers à la douane?
7. Connaissez-vous un architecte américain? Qui?

les douanes françaises vous souhaitent

bon voyage !

Structure et usage

le conditionnel

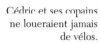

To talk about events that *would happen*, we use the conditional tense. The stem of the conditional tense is the same as that of the future tense, and its endings are the same as those of the imperfect tense: **-ais**, **-ais**, **-ait**, **-ions**, **-iez**, **-aient**. Here is the conditional tense of **louer**. Note the endings, meanings and negative or interrogative forms.

louer			
je	**louerais**	Je **louerais** une voiture.	I'd rent a car.
tu	**louerais**	Qu'est-ce que tu **louerais**?	What would you rent?
il/elle/on	**louerait**	**Louerait**-il cet appartement?	Would he rent this apartment?
nous	**louerions**	Nous ne le **louerions** pas.	We wouldn't rent it.
vous	**loueriez**	Vous me **loueriez** ce vélo?	You would rent me that bike?
ils/elles	**loueraient**	Ils me le **loueraient**.	They'd rent it to me.

Cédric et ses copains ne loueraient jamais de vélos.

You remember that some verbs have irregular future stems.
They use these stems to form the conditional.

Infinitif		Conditionnel	
aller	j'	irais	À ta place, j'**irais** en Louisiane.
s'asseoir	nous	**nous assiérions**	Nous ne **nous assiérions** pas par terre.
avoir	tu	**aurais**	**Aurais**-tu quelque chose à me dire?
courir	nous	**courrions**	À votre place, nous **courrions**.
devoir	tu	**devrais**	Tu **devrais** voir ce film.
envoyer	il	**enverrait**	Il ne t'**enverrait** rien.
être	vous	**seriez**	À ma place, vous ne **seriez** pas ici.
faire	ils	**feraient**	Ils m'ont dit qu'ils le **feraient**.
falloir	il	**faudrait**	Je ne sais pas ce qu'il **faudrait** faire.
mourir	tu	**mourrais**	Tu **mourrais** de soif.
pleuvoir	il	**pleuvrait**	Il **pleuvrait** tout l'après-midi.
pouvoir	je	**pourrais**	Je ne **pourrais** pas te le dire.
recevoir	vous	**recevriez**	**Recevriez**-vous un cadeau chaque mois?
savoir	elles	**sauraient**	Elles ne **sauraient** pas quoi faire.
tenir	je	**tiendrais**	Je le **tiendrais** à la main.
venir	vous	**viendriez**	Je savais que vous **viendriez** à l'aérogare.
voir	nous	**verrions**	Nous le **verrions** bientôt.
vouloir	ils	**voudraient**	Ils **voudraient** une autre chambre.

ATTENTION: 1. A literal meaning of the French word **place** is "place." This meaning is slightly different in the structure **à** + possessive adjective + **place**. This structure often accompanies a verb in the conditional tense.

—Que ferais-tu **à ma place**? — *What would you do if you were me?*

—**À ta place**, j'irais à la Nouvelle-Orléans. — *If I were you, I'd go to New Orleans.*

2. Verbs with spelling changes in the future tense keep them in the conditional.

J'ai dit que je **me lèverais** bientôt.	*I said that I would get up soon.*
Je savais qu'il ne me **paierait** jamais.	*I knew that he would never pay me.*

À sa place, courriez-vous? (Lyon)

6. Marie-Ange dit qu'elle doit faire certaines choses. Dites-lui qu'à sa place, vous les feriez tout de suite.

MODÈLE: Je dois faire mes devoirs.
À ta place, je les ferais tout de suite.

1. Je dois expliquer mon idée au patron.
2. Je dois prendre ces comprimés.
3. Je dois éteindre l'eau.
4. Je dois peser mes bagages.
5. Je dois courir.
6. Je dois attacher ma ceinture de sécurité.
7. Je dois remplir la fiche.
8. Je dois aller en ville.

7. Votre copain Jean-Charles vous dit ce qu'il fera. Dites-lui que vous saviez qu'il le ferait.

MODÈLE: Je ferai ma valise.
Je savais que tu la ferais.

1. Je t'accompagnerai à l'aéroport.
2. Je visiterai la Louisiane.
3. Je partirai avec toi.
4. Je louerai une voiture.
5. Je conduirai.
6. Je rendrai visite aux cousins.
7. J'essaierai la cuisine créole.
8. Je serai accueillant.

Voudriez-vous visiter la Nouvelle-Orléans? (Jackson Square)

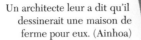

Un architecte leur a dit qu'il dessinerait une maison de ferme pour eux. (Ainhoa)

8. Les gens suivants vous ont dit qu'ils feraient certaines choses. Dites-le à Angèle.

> MODÈLE: tu / Tu reprends ton travail demain.
> **Tu m'as dit que tu reprendrais ton travail demain.**

1. un architecte / Il dessine une maison pour moi.
2. papa / Nous nous débrouillons.
3. Mireille / Elle ouvre la fenêtre.
4. Alban et Luc / Ils achètent du riz.
5. Éric et toi / Vous payez mon vol.
6. le douanier / J'atterris à Boston.
7. l'hôtesse de l'air / Nous arrivons à l'heure.
8. tu / Tu m'envoies une carte postale.

le conditionnel dans les phrases avec *si*

You often use the conditional tense to tell what would happen *if* something else happened or some condition were met. The order of tenses in these sentences with **si** is:

si + imperfect	conditional

Si j'**avais** le temps, je leur **rendrais** visite.　　*If I had the time, I would visit them.*

The clause with **si** can either begin or end the sentence.

Je leur **rendrais** visite **si** j'**avais** le temps.　　*I'd visit them if I had the time.*

Si vous pouviez prendre un avion, où iriez-vous? (Guadeloupe)

9. Dites à vos parents que s'ils faisaient certaines choses, vous et votre frère ou sœur feriez les mêmes choses.

> MODÈLE: aller à la Nouvelle-Orléans
> **Si vous alliez à la Nouvelle-Orléans, nous y irions aussi.**

1. obtenir un vol direct
2. voyager avec Air France
3. partir de Roissy
4. faire escale à New York
5. demander à boire à l'hôtesse de l'air
6. remplir une fiche
7. descendre à Washington
8. prendre le car

10. Est-ce que Caroline ferait certaines choses si vous en faisiez d'autres? Demandez-le-lui.

> MODÈLE: faire la cuisine / faire des courses
> **Ferais-tu la cuisine si je faisais des courses?**

1. préparer le riz / préparer le maïs
2. mettre la table / nettoyer la cuisine
3. servir à boire / servir le pain
4. manger des crevettes / en manger
5. finir la salade / te la donner
6. se fâcher / ne pas vouloir de dessert
7. avoir le temps de regarder un film / allumer le magnétoscope
8. rentrer à huit heures / avoir des devoirs

Si Caroline faisait la cuisine, ses copains feraient des courses. (Verneuil-sur-Seine)

11. Dites ce que vous feriez dans les circonstances suivantes. Employez un verbe différent dans chaque phrase, si possible.

> MODÈLE: si j'avais froid
> **Si j'avais froid, je mettrais un pull.**

1. si je vivais à la campagne
2. si le cours de français durait quatre heures chaque jour
3. s'il pleuvait
4. si je détestais la cuisine de ma mère
5. si je découvrais un trésor
6. si j'allais à la Nouvelle-Orléans
7. si je devenais vedette de cinéma
8. si j'avais vingt ans

Si vous viviez à la campagne, que feriez-vous chaque jour? (Saint-Jean-Pied-de-Port)

les doubles pronoms compléments à l'impératif

You have already learned that the pronoun object in an affirmative command follows the verb and is attached to it by a hyphen.

Voilà la fiche. Remplis-**la**.   *There's the form. Fill it out.*

When an affirmative command has two object pronouns, the order of these pronouns after the verb is:

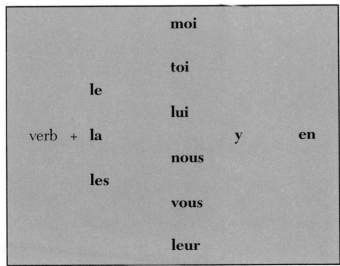

		moi		
		toi		
	le	**lui**		
verb +	**la**		**y**	**en**
	les	**nous**		
		vous		
		leur		

Ghislaine aimerait cette carte. Envoyons-**la-lui**.

—On rend ces fiches à la réception?

—Oui, laissez-**les-y**.

Ghislaine would love this card. Let's send it to her.

Do we return these forms to the reception desk?

Yes, leave them there.

ATTENTION: Note that the object pronouns **me** and **te** become **moi** and **toi**, respectively, in an affirmative command. However, if **moi** or **toi** is followed by **en**, it becomes **m'en** or **t'en**. **Moi** or **toi** followed by **y** becomes **m'y** or **t'y**.

—Je sais son itinéraire.

—Dis-**le-moi**.

I know his itinerary.

Tell (it to) me.

—Combien de citrons voulez-vous?

—Donnez-**m'en** trois.

How many lemons do you want?

Give me three (of them).

Combien de fruits tropicaux voulez-vous? (Fort-de-France)

In a negative command the order of double object pronouns is the same as in a statement or a question.

—Est-ce que je te sers du maïs?

—Non, ne **m'en** donne pas.

Shall I serve you some corn?

No, don't give me any.

12. On a dit à votre copain Richard, qui vient d'arriver aux États-Unis, de faire certaines choses. Dites-lui de les faire en utilisant des pronoms.

MODÈLE: On m'a dit de montrer ma fiche de débarquement au douanier.

Alors, montre-la-lui.

1. On m'a dit de me méfier de la douane.
2. On m'a dit de dire la vérité au douanier.
3. On m'a dit d'attendre mes amis à l'aérogare.
4. On m'a dit de leur offrir des cadeaux.
5. On m'a dit de te donner mes bagages.
6. On m'a dit aussi de t'emmener au restaurant.
7. On m'a dit d'envoyer ces livres à Hélène.
8. On m'a dit aussi de vous apporter, à toi et à Alban, ces timbres.

13. Vous dînez au restaurant avec les copains. Valérie veut savoir s'il faut faire certaines choses. Répondez-lui de ne pas les faire tout de suite, et utilisez des pronoms.

MODÈLE: Est-ce que j'appelle la serveuse à notre table?

La serveuse? On l'y a déjà appelée. (la Nouvelle-Orléans)

Non, ne l'y appelle pas encore.

1. Est-ce que je montre le menu aux autres?
2. Est-ce que je conseille la sauce Newburg à Michel?
3. Est-ce que je te dis les prix?
4. Est-ce que je rends le menu à la serveuse?
5. Est-ce que j'offre du pain à Robert et à Simone?
6. Est-ce que je vous sers du riz, à toi et à Alice?
7. Est-ce que je te donne l'addition?
8. Est-ce que je laisse le pourboire sur la table?

ce + *être* + **pronom accentué**

You have already learned to use stress pronouns after **c'est** or **ce sont**.

C'est elle qui a froid.

C'est **moi**.	*It's I.*
C'est **toi**.	*It's you.*
C'est **lui**.	*It's he.*
C'est **elle**.	*It's she.*
C'est **nous**.	*It's we.*
C'est **vous**.	*It's you.*
Ce sont **eux**.	*It's they.*
Ce sont **elles**.	*It's they.*

Stress pronouns are often used to distinguish certain people from anyone else. When this happens, the word order is:

ce	+	être	+	stress pronoun	+	relative pronoun

C'est **nous** qui vous conseillons.   *We are the ones advising you.*
C'est **vous** qui l'avez dessiné?   *Are you the ones who drew it?*

ATTENTION: 1. The verb form following the relative subject pronoun **qui** agrees with the stress pronoun preceding it.

> C'est **toi** qui l'**as dit**. *You're the one who said it.*
> C'est **moi** qui **suis** triste. *I'm the one who's sad.*

2. This structure may also be used with other tenses of **être**.

> C'**était** moi. *It was I.*
> Ce **seraient** eux. *They'd be the ones.*

14. Myriam vous demande qui a perdu ses bagages. Dites-lui que ce n'est pas la personne ou les personnes qu'elle propose.

> MODÈLE: C'est Michel?
> **Non, ce n'est pas lui.**

1. C'est moi?
2. C'est Marie-Louise?
3. Alors, ce sont Sébastien et Philippe.
4. C'est toi?
5. Alors, ce sont Marguerite et Pauline.
6. C'est Anne et toi?
7. Donc, ce doit être Danièle et moi.
8. C'est Paul?

15. Maintenant Myriam vous demande si c'est vous ou d'autres personnes qui font ou ont fait d'autres choses. Répondez-lui affirmativement.

> MODÈLE: C'est Christophe qui a loué la voiture?
> **Oui, c'est lui qui l'a louée.**

1. C'est toi qui as éteint la télé?
2. C'est Éric et toi qui avez tué le serpent?
3. C'est Maman qui a fait mes valises?
4. Ce sont Martine et Julie qui t'ont accompagné(e) à l'aéroport?
5. Ce sont les Furet qui vont à la Martinique?
6. C'est moi qui nettoie la piscine aujourd'hui?
7. C'est Frédéric qui est malade?
8. C'est Francis et moi qui devons rendre visite aux Furet?

Ce sont elles qui ont accompagné Myriam à la station. (Paris)

la comparaison de quantités

Quantities of things or people may be greater than, smaller than or as large as other quantities. To compare these nouns in French, use the following constructions:

plus de (*more*)	+	noun	+	**que** (*than*)
moins de (*less, fewer*)	+	noun	+	**que** (*than*)
autant de (*as much, as many*)	+	noun	+	**que** (*as*)

Notice that **de** (**d'**) is used before plural or singular nouns.

Il y a **plus de** nuages aujourd'hui **qu'**hier. — *There are more clouds today than yesterday.*

Je mange **moins de** frites **que** lui. — *I eat fewer fries than he.*

Tu as **autant d'**argent **que** moi. — *You have as much money as I.*

Plus, **moins** and **autant** become pronouns when the expression **de** + noun is replaced by **en**. The pronoun **plus** is pronounced [plys].

—Y a-t-il moins de montagnes en Corse qu'en Côte-d'Ivoire? — *Are there fewer mountains in Corsica than in the Ivory Coast?*

—Non, il y **en** a **plus**. Il y **en** a **autant** qu'ici. — *No, there are more (of them). There are as many (of them) as here.*

Il y a autant de nuages à Terre-de-Haut aujourd'hui qu'hier.

Avez-vous plus d'amis
que Véronique?
(Martinique)

16. Jean-Denis vous demande de comparer Sébastien à Julie. Répondez-lui d'après le code suivant.

+ = **plus** **–** = **moins** **=** = **autant**

MODÈLE: Combien de valises Sébastien a-t-il? (+)
Il a plus de valises que Julie.

1. Combien de passeports a-t-il? (=)
2. Combien d'aérogares a-t-il vus? (=)
3. Combien de choses a-t-il déclarées? (–)
4. Combien d'argent a-t-il? (–)
5. Combien de maïs Sébastien mange-t-il? (–)
6. Combien de sauce a-t-il prise? (+)
7. Combien d'amis a-t-il? (+)
8. Combien d'influence a-t-il? (=)

17. Marie-Claude vous pose des questions au sujet de certaines comparaisons. Répondez-lui affirmativement en utilisant des pronoms.

MODÈLE: Est-ce que tu connais plus de pays que Laure?
Oui, j'en connais plus qu'elle.

1. Est-ce que les Brésiliens ont détruit plus de forêts que les Américains?
2. Est-ce qu'il y a moins de serpents en Europe qu'en Amérique?
3. Est-ce que nous tuons, Michel et moi, moins de mouches tsé-tsé que toi?
4. Est-ce que tu as fait autant de valises que Marylène?
5. Est-ce que tu perds autant de temps que tes sœurs?
6. Est-ce que cet architecte espagnol a dessiné autant d'immeubles que Frank Lloyd Wright?
7. Est-ce que j'ai accompagné plus de touristes à Washington que toi?
8. Est-ce qu'il y a plus de zoos à Paris qu'à la Nouvelle-Orléans?

18. Comment dit-on en français?

MME TISSOT: You know, Paul, we're already above the airport. If I were you, I'd fasten my seatbelt.

M. TISSOT: I'd do it if I could, but I'm filling out my landing card.

MME TISSOT: Show it to me, please. Are you declaring anything?

M. TISSOT: No, the gifts I've bought cost about a thousand francs, and that's all. You bought more (of them) than I (did).

MME TISSOT: I'm eager to see the kids when we give them to them.

M. TISSOT: Me, too. Let's give them to them tonight.

MME TISSOT: Hey! That would be perfect.

M. TISSOT: Oh no! You don't remember? We have to visit your parents tonight.

MME TISSOT: Oh yes, that's right. I know that Mom has prepared a big dinner.

M. TISSOT: I'm eager to eat at their house. Your mother's cooking is delicious.

Rédaction

Si vous travailliez dans une agence de voyages, que devriez-vous faire pour vos clients? (Lyon)

Imaginez que vous travaillez dans une agence de voyages à Paris et qu'un(e) de vos client(e)s vous a demandé de lui organiser une visite aux États-Unis. Dans une lettre de deux paragraphes dites à votre client(e) comment sera le vol que vous lui proposez (avec quelle compagnie il (elle) voyagera, quand et d'où il (elle) partira, ce qui se passera pendant le vol, où l'avion fera escale, combien de temps durera le vol et quand votre client(e) rentrera en France). Dites-lui aussi ce que vous feriez et verriez si vous étiez à sa place pendant son séjour aux États-Unis.

Saint Louis Cathedral, the oldest cathedral in the United States, is named after Louis IX. (New Orleans)

La Madeleine, a café and bakery in New Orleans, offers French and creole cuisine.

Actualité culturelle

The French Connection with the United States

Pierre, Boise, Des Moines, Saint Louis, Terre Haute, Fond du Lac, Louisville, Lafayette, Baton Rouge, Montpelier, Maine and Vermont are only a few of the French names that appear on a map of the United States. You will find these and other French names on the map concentrated mainly in the East, in the Northeast, in the upper and lower Midwest and in the Northwest. Why? Because many of the first explorers, trappers and settlers came to these areas from France. In fact, during the conquest of the New World, the French colonized a large part of Canada and owned the vast Louisiana Territory from 1682 until 1803. French influence in the United States has been, and remains, extensive.

French influence in the U.S. is not confined to Louisiana—it extends into many other states as well, such as South Carolina. (Charleston)

New Orleans' famous Mardi Gras festival, an annual celebration, takes place the week before Ash Wednesday with its climax on Shrove Tuesday.

Two-story buildings with wrought-iron grillwork balconies testify to the Spanish occupation of New Orleans in the late eighteenth century.

French influence is found throughout the **Vieux Carré** (*French Quarter*) of New Orleans.

In 1682 the French explorer René Robert Cavelier de La Salle led an expedition down the Mississippi River all the way to its mouth in the Gulf of Mexico. Along the way he claimed the whole Mississippi Valley for France and named it **la Louisiane** in honor of his king, Louis XIV. In 1731 Louisiana became a royal French province. Between 1762 and 1799 France lost the entire

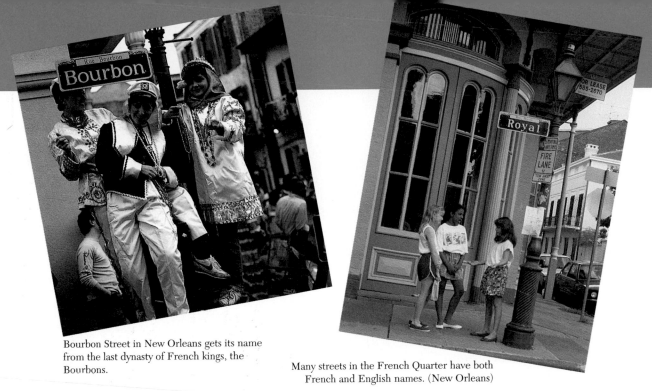

Bourbon Street in New Orleans gets its name from the last dynasty of French kings, the Bourbons.

Many streets in the French Quarter have both French and English names. (New Orleans)

Louisiana Territory to Spain and England, but Napoleon regained it in 1800 only to sell it three years later to the United States. Today there are many Creoles or descendants of the first French colonists who live in New Orleans and the surrounding bayou country.

Founded in 1718 by the Canadian Jean-Baptiste La Moyne de Bienville, New Orleans was named for the Duke of Orleans. The French Quarter (**le Vieux Carré**) is the oldest part of the city. In the late 1700s fire destroyed much of the city. New Orleans' rebuilt structures feature the Spanish style with wrought-iron grillwork adorning the two-story balconies. Most of the streets have geographical or historical French names, such as Burgundy Street, Dauphine Street, Bienville Avenue and Bourbon Street. Bourbon Street? Yes, but the name has nothing to do with a beverage. It comes from the name of the last French dynasty, the Bourbons, whose most famous king was Louis XIV. The signs of most streets in the French Quarter label them in both French and English, i.e., Royal Street or **la rue Royale**. These streets once bore Spanish names when New Orleans and the Louisiana Territory belonged to

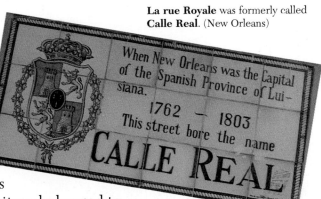

La rue Royale was formerly called **Calle Real**. (New Orleans)

When New Orleans was the Capital of the Spanish Province of Luisiana.
1762 — 1803
This street bore the name
CALLE REAL

Which flags can you identify? (New Orleans)

Spain in the late 1700s. You can still see the Spanish equivalents on the walls of corner buildings. Today the four flags of Spain, France, Louisiana and the United States all fly together from some buildings in **le Vieux Carré**.

Louisianans love two things: good food and good music. At the famous Café du Monde in the French Quarter you can order **café au lait** and **beignets** (*deep-fried pastry puffs*) 24 hours a day while being entertained by street performers. Restaurants here follow the French tradition of posting each day's menu for all to see. Tomatoes form the base of many creole dishes. In fact, they are so important that they have a festival just in their honor, the Great Tomato Festival, complete with Dixieland music. Such festivals draw big crowds because they combine music and food. Almost every weekend in Louisiana you can find a festival, be it for strawberries, crawfish, shrimp or gumbo.

You can buy a mix to make your own **beignets** like those at the Café du Monde. (New Orleans)

Although most Louisianans of French ancestry no longer speak French fluently, they hold on proudly to their French linguistic heritage. Their conversation is peppered with French words

The Café du Monde offers a European atmosphere complete with outdoor seating and street performers. (New Orleans)

The Great Tomato Festival would not be complete without local musicians. (New Orleans)

This exhibit at the Audubon Zoo recreates the conditions faced by the first Acadian settlers in Louisiana.

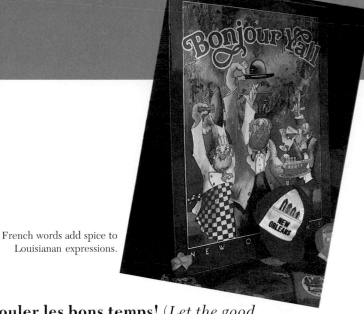

French words add spice to Louisianan expressions.

and expressions, such as **Laissez rouler les bons temps!** (*Let the good times roll!*) This expression exemplifies the peoples' unmistakable **joie de vivre**. They also make widespread use of French in business and leisure. The state government has sponsored a program since the late 1960s encouraging young people to retain their bilingual skills and ethnic heritage. This program, called CODOFIL (**Conseil pour le Développement du Français en Louisiane**), also offers financial support to Louisiana students who want to study in France.

Louisiana has also been a settling place for another people of French origin, the Acadians (**les Acadiens**) or "Cajuns," as they are called in the South. To understand why they came to Louisiana, we must first know something about Canadian history.

Many businesses in New Orleans have French names.

French colonists began to settle Acadia (**l'Acadie**), a present-day province of Nova Scotia, in 1604, but they lost it to England in 1713. The Acadians, who were French Catholics, refused to pledge allegiance to England and asked only to cultivate their land in peace. However, as the conflicts between England and France grew, the Acadians remained loyal to France, preserving their traditions, culture and language. In 1755 England expelled ten thousand of them from Nova Scotia. This exodus which resulted in a tragic separation of families was known as the "Big Upheaval" (**le grand dérangement**). Although most Acadians moved to French Catholic Louisiana in 1760, some of them resettled in the English colonies of

Many Acadians prefer to make their home in Louisiana's bayou country.

Massachusetts, Virginia and Georgia. Today their descendants are found especially in Vermont, Maine and New Hampshire. In some parts of Maine, French is still the principal language of everyday conversation.

The name "Cajun" is a deformation of the French word **Acadien**. The Acadians who went to Louisiana settled mainly in the southern part of the state, west of the Mississippi, in a region called "Acadiana." Of peasant origin, the Acadians avoided the city of New Orleans, preferring instead to live in the vast, uninhabited lands that were best for hunting, cattle raising and rice farming. Since the 1700s their descendants have preserved their customs, culture and language, which resembles a seventeenth century rural French that differs greatly from modern French. In reality, their language combines Canadian French and an archaic seventeenth century dialect. Like the Creoles, the more than one million Cajuns of Louisiana cling steadfastly to their French roots, and even more aware of their distinctiveness, they do not easily accept outsiders.

Proverbe

Si jeunesse savait, si vieillesse pouvait.

If youth knew, if old age could.

Interaction et application pratique
À deux

1. Take turns with your partner telling what types of food or what dishes each of you considers to be delicious or disgusting. Try to name five types of food in each category. After both of you have given your opinions, report back to the class what you have learned about your partner's tastes.

    MODÈLE: **Ce que je trouve infecte, ce sont les épinards.**

Ces élèves pensent que leurs profs devraient donner moins de contrôles! (Martinique)

2. Interview your partner to find out what he/she would do in order to improve your school or its environment. Each partner should discuss two different ideas that he/she has, how they could be put into practice and how your school or its environment would be better. Use only words and expressions you have learned so far. Then take turns sharing each other's ideas with the class.

> MODÈLE: **Je pense que l'année scolaire devrait durer toute l'année avec trois semaines de vacances tous les trois mois parce que....**

3. Take turns with your partner playing the roles of counselor and counselee. As the counselee each of you reveals an imaginary problem that you have. Then ask the counselor what he/she would do in your situation. As the counselor you offer your advice on how to deal with the situation. After you have played each role several times, tell your classmates some of the interesting problems and solutions you came up with.

> MODÈLE: **Je suis amoureuse de mon prof de maths. À ma place, que feriez-vous?**

4. Imagine that you and your partner are each parents. Interview your partner to find out how he/she would raise his/her children. Each of you should say at least five different things. After you have each given your ideas, share some of the more interesting ones with the entire class.

> MODÈLE: **Mes enfants devraient finir leurs devoirs avant de regarder la télé le soir.**

5. With your partner make a list of eight things that you would do if you were rich. Afterwards tell the class several things that you would do.

> MODÈLE: **Si j'étais riche, je pourrais voyager partout dans le monde.**

Si vous étiez riche, passeriez-vous du temps dans une île tropicale? (Guadeloupe)

En groupes

6. With others in your group make a list in French of seven things that you would never do and another list of seven things that you would like to do. Use different verbs in each sentence. Then write the sentences on a transparency. Afterwards show your transparency on the overhead to compare it with those from other groups.

> MODÈLE: **Nous ne conduirions jamais sans attacher la ceinture de sécurité.**

7. With your group examine an atlas that has a large map of the United States as well as a detailed map of one of the states where the French influence on place names is especially strong (e.g., Louisiana, Maine, Wisconsin, Minnesota, Michigan). List as many French place names as you can first in the United States and then in one specific state. Then compare your lists with those from other groups to see which lists are the longest.

Que commandez-vous quand vous dînez dans un fastfood?

8. See how many different completions your group can think of for each of the following sentences. Have some person from the group list the possible completions on a transparency. Do one sentence at a time, spending not more than one minute on each sentence. Afterwards several transparencies can be put on the overhead for all to correct.

1. La nourriture qu'on trouve dans les fastfood américains ___ .
2. J'ai hâte de ___ .
3. À votre place, je ___ .
4. Si je visitais la Nouvelle-Orléans, je ___ .
5. ___ -les-moi.
6. ___ -lui-en.

Vocabulaire actif

noms

une aérogare   airport terminal
un(e) architecte   architect
un atterrissage   landing
des bagages (m.)   luggage, baggage
un car   tour bus
une ceinture   belt
  une ceinture de sécurité   seatbelt
le ciel   sky
une crevette   shrimp
le débarquement   landing
un décollage   takeoff
la douane   customs
un douanier, une douanière   customs agent

une escale   stop, stopover
un fastfood   fast-food restaurant
une fiche   form, card
la hâte: avoir hâte (de)   to be eager
une influence   influence
la Louisiane   Louisiana
le maïs   corn
la nourriture   food
un nuage   cloud
le riz   rice
une sauce   sauce, gravy
la sécurité   safety
la terre   land, ground

adjectifs

créole   Creole
direct(e)   direct
exquis(e)   exquisite, delightful

infect(e)   awful tasting, disgusting
léger, légère   light

verbes

accompagner   to accompany
attacher   to attach, to fasten
atterrir   to land
avoir hâte (de)   to be eager
se débrouiller   to manage, to cope
déclarer   to declare
décoller   to take off
détacher   to detach, to unfasten
détester   to dislike, to hate

durer   to last
faire escale   to stop over, to stop
faire sa valise   to pack one's suitcase
louer   to rent
peser   to weigh
rendre visite (à)   to visit
reprendre   to go back to, to resume
voler   to fly

expressions diverses

à ma place   if you were me
à peu près   about
au-dessus de   above
autant de   as much, as many
car   because

en route   en route, on the way
moins de   less, fewer
par terre   on the ground
plus de   more
tout à fait   totally, quite

À la découverte du Québec

Leçon 4

Communicative Functions

- talking about "no one" or "nothing"
- describing someone or something
- saying what you should, could or would do
- making exclamations
- talking about Montreal and Quebec
- talking about French Canadian history, life and culture

LE CANADA

Jacques dîne avec sa nouvelle famille canadienne. (Montréal)

Montréal la nuit, vu du Mont-Royal

À Montréal

Jacques Noiret, un jeune lycéen français, a accepté une invitation à passer l'été et l'année scolaire chez la famille Doyon qui habite à Montréal. Ce soir il dîne pour la première fois avec toute la famille, c'est-à-dire, M. et Mme Doyon et leurs trois enfants, Gabrielle, Pierre et Madeleine.

Une ville qui est aussi une île: Montréal

M. DOYON: Je te félicite, Jacques. Tu sembles bien connaître l'histoire des Canadiens français.

JACQUES: Mais, je ne connais que leur histoire. Maintenant je voudrais connaître aussi leur culture.

MME DOYON: Tu la découvriras pendant ton séjour. Rien ne peut remplacer l'expérience elle-même.

JACQUES: Ce qui me frappe le plus jusqu'ici, c'est la différence entre le français québécois et mon français.

GABRIELLE: Nous l'avons remarquée nous-mêmes. C'est parce que les Québécois parlent toujours avec un accent et une prononciation du dix-septième siècle.

JACQUES: Vous utilisez aussi beaucoup d'anglicismes.

PIERRE: Évidemment, on est si près des U.S.* qu'on ne peut pas les éviter. Ils nous influencent énormément.

le Québec

le Saint-Laurent

Québec

Montréal

les U.S.A.

MADELEINE: Si on changeait de sujet? Qu'est-ce qu'on va montrer à Jacques? Personne n'a parlé de nos projets.

GABRIELLE: C'est vrai. D'abord on va magasiner** dans la ville souterraine, n'est-ce pas?

MADELEINE: Bien sûr. Tu sais, Jacques, on peut y parcourir des kilomètres sans jamais mettre le nez dehors. C'est fabuleux.

PIERRE: Euh..., je crois qu'on ferait mieux d'attendre l'hiver. Personne n'y va en été.

GABRIELLE: Si, moi-même j'y vais souvent.

° The French often refer to the United States as **les U.S.A.** and tend to shorten it to **les U.S.** French Canadians also shorten **les États-Unis** to **les États**.

°° The typically French Canadian way to say **faire des courses** or **faire du shopping** is **magasiner**.

Note culturelle

Each of Montreal's **métro** stations was designed by a different architect.

Beneath Montreal's busy streets in the midtown area, and literally carved from the rock that supports them, lies the largest subterranean city in the world. There, Montrealers can go for a stroll, shop, eat, do business or find entertainment in air-conditioned comfort, at any time of the day or night, without worrying about the weather. Underground Montreal is essentially one huge shopping mall consisting of a vast network of passageways, stairways, elevators and stores, all of which have access to the city's subway system built in the 1960s. Above ground, concrete and glass skyscrapers top the complex.

Montreal's underground city contains a variety of shops, restaurants, theaters, offices, exhibits and hotels.

Où allez-vous pour faire des courses? (Montréal)

Compréhension

Répondez en français.

1. Qu'est-ce que les Doyon ont invité Jacques à faire?
2. Pourquoi est-ce que M. Doyon félicite Jacques?
3. Qu'est-ce que Jacques ne connaît pas encore bien?
4. Qu'est-ce qui étonne Jacques?
5. Quelle est la différence entre le français qu'on parle au Québec et le français qu'on parle en France?
6. Est-ce que les Canadiens français utilisent beaucoup de mots anglais?
7. Qui est-ce qui influence beaucoup les Québécois?
8. En hiver quand il fait froid, où vont les Doyon pour faire des courses?

À propos

1. Voudriez-vous passer l'été ou l'année scolaire chez une famille française?
2. Quelle ville aimeriez-vous découvrir ou connaître?
3. Avez-vous jamais voyagé au Canada? Quelle(s) ville(s) avez-vous visitée(s)?
4. Y a-t-il une différence entre le français que parle votre prof de français et votre français? Laquelle?
5. Combien de kilomètres parcourez-vous en allant à l'école?
6. Est-ce que vous magasinez souvent? Combien de fois chaque mois (semaine)?

Voudriez-vous passer du temps au Canada? (Montréal)

le parc du Mont-Royal

la rue Saint-Denis

le Vieux-Montréal

le Saint-Laurent

La place Jacques Cartier se trouve dans le Vieux-Montréal.

Expansion

Montréal et Québec, que c'est fabuleux!

GABRIELLE: Alors, nous pourrions aller nous promener dans le Vieux-Montréal et le Quartier latin de la rue Saint-Denis. Ça, c'est fabuleux.

PIERRE: Pas si vite. Je crois qu'on devrait d'abord aller au parc du Mont-Royal. Rien n'est plus fabuleux que ça.

M. DOYON: À votre place, j'assisterais d'abord au festival de jazz qui commence bientôt. Voilà quelque chose de vachement fabuleux.

JACQUES: Chic alors! J'adore le jazz.

MME DOYON: À mon avis, il n'y a rien de plus fabuleux que l'hiver à Québec* avec toute la neige, le Carnaval et le palais de glace. Mais....

PIERRE: Au fait, pour notre excursion de fin d'année scolaire, notre classe va visiter Québec la semaine prochaine. Tu verras, Jacques, ce sera....

JACQUES: Je sais, fabuleux.

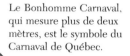

Le Bonhomme Carnaval, qui mesure plus de deux mètres, est le symbole du Carnaval de Québec.

Une petite histoire du Canada français

1534:   Au nom du roi François Ier, Jacques Cartier prend possession d'un grand territoire du Canada qui devient la Nouvelle-France.

1535:   Jacques Cartier remonte le Saint-Laurent.

1604:   La colonisation de l'Acadie commence.

1608:   Samuel de Champlain fonde la ville de Québec.

1642:   Montréal est fondé sous le nom de Ville-Marie.

1713:   La France perd l'Acadie, et les Acadiens s'en vont vers d'autres destinations.

1763:   À la fin de la guerre de Sept Ans contre les Anglais, la France perd tout le Canada.

Samuel de Champlain, chapeau en main, salue la ville qu'il a fondée. (Québec)

1791: On divise le territoire en deux parties,

1) le Bas-Canada francophone, actuellement le Québec, et

2) le Haut-Canada anglophone, actuellement l'Ontario.

1840: Les deux colonies sont unies et deviennent le Canada-Uni avec une majorité d'habitants britanniques.

1867: Le Bas-Canada devient la province du Québec avec une majorité d'habitants français.

1910: Le Québec devient une région bilingue, c'est-à-dire, un endroit où on parle deux langues et où il y a deux langues officielles.

1948: Les Québécois créent leur propre drapeau.

1974: Le français devient la seule langue officielle du Québec.

° To indicate the province of Quebec, French speakers use the definite article before Quebec (**le Québec**), but to refer to the city, no article is used (**Québec**).

Le Québec est devenu une région bilingue en 1910. (Montréal)

Note culturelle

The Quebec Winter Carnival takes place each year during the two weeks preceding Lent. The festival features spectacular ice constructions, sporting events, parades and dances. The Carnival's symbol is a seven-foot, French-speaking snowman dressed in a red cap and flowing sash. Crowds always gather at the 60-foot ice palace, the festival's major construction.

Tobogganists zoom down a 1,400-foot runway ending near the Château Frontenac, often reaching speeds of 60 miles an hour. (Quebec City)

Les habitants du Québec s'appellent "les Québécois."

Activités

1. Richard, qui a fait deux ans de français, vous pose des questions sur le Canada et sur le sens (*meaning*) de certains mots. Répondez-lui d'après le dialogue d'introduction ou l'**Expansion**.

> MODÈLE: Comment s'appelle le festival d'hiver à Québec qui dure deux semaines en hiver?
> **On l'appelle "le Carnaval."**

1. Qu'est-ce qu'on envoie à quelqu'un qu'on invite à une boum?
2. Qu'est-ce qu'on dit à un ami qui a bien fait quelque chose?
3. Comment s'appellent les habitants du Québec?
4. Comment appelle-t-on les mots anglais qu'on utilise en parlant français?
5. Comment est-ce que les Canadiens français appellent les États-Unis?
6. Est-ce qu'il y a un autre mot pour un jardin au centre-ville?
7. Quand un pays prend possession d'un autre pays, comment appelle-t-on ce deuxième pays?
8. Le Québec, qu'est-ce que c'est?

2. Dites qui ou ce qui est fabuleux à Montréal et à Québec d'après les images.

MODÈLE:

Les Québécois sont fabuleux.

1.

2.

3.

4.

5.

6.

7.

8.

Le métro montréalais est fabuleux.

3. Voici un contrôle sur le Canada et son histoire. Pouvez-vous répondre aux questions?

1. Est-ce que le Canada était déjà un pays quand Jacques Cartier y est arrivé?
2. Au nom de qui Cartier a-t-il pris possession d'une partie du Canada?
3. Comment s'appelait la colonie où habitaient les Acadiens?
4. Qui a fondé la ville de Québec et en quelle année?
5. Quel était le premier nom de Montréal?
6. Qu'est-ce qu'on a fait au Canada en 1791?
7. Le Bas-Canada, qu'est-ce que c'est aujourd'hui?
8. Comment s'appelle la province canadienne où se trouve la capitale Ottawa?

4. Élodie fait des fautes. Corrigez-la.

1. Jacques Cartier a remonté le Mississippi.
2. En 1713 les Acadiens sont restés en Acadie.
3. La guerre de Sept Ans était entre les Anglais et les Canadiens.
4. En 1763 la France a pris possession de tout le Canada.
5. En 1840 il y avait une majorité d'habitants français au Canada.
6. En 1867 le Québec est devenu une colonie.
7. En 1948 les Québécois ont créé le drapeau du Canada.
8. Actuellement il y a deux langues officielles au Québec.

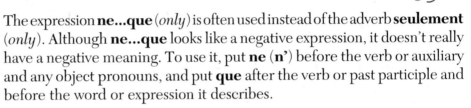

"Bien sûr, je ne pense qu'à ça..."

Structure et usage

ne...que

Elle n'en choisit que deux.

The expression **ne...que** (*only*) is often used instead of the adverb **seulement** (*only*). Although **ne...que** looks like a negative expression, it doesn't really have a negative meaning. To use it, put **ne** (**n'**) before the verb or auxiliary and any object pronouns, and put **que** after the verb or past participle and before the word or expression it describes.

On **n'**a remarqué **qu'**une différence.   *We noticed only one difference.*
Je **n'**en voudrais **que** deux.   *I'd like only two (of them).*

ATTENTION: Since **ne...que** is not a negative expression, the partitive and indefinite articles do not change after it.

Nous n'avons pris que **du** riz.   *We had only (some) rice.*
La dame riche n'achète que **des** diamants.   *The rich lady buys only diamonds.*

5. Mariette se trompe en parlant de Jacques. Corrigez-la en remplaçant les mots en italique par les mots entre parenthèses et en utilisant **ne...que**.

MODÈLE: Je crois que Jacques a passé *deux ans* au Canada.
(un an)
Non, il n'a passé qu'un an au Canada.

1. Je crois que Jacques a parcouru *trois* provinces. (deux)
2. Je crois qu'il a fait *quelques* excursions. (une)
3. Je crois qu'il a rencontré *des Anglais*. (des Québécois)
4. Je croyais qu'il comptait étudier *la culture canadienne*. (la culture québécoise)

5. Je croyais qu'il voulait se perfectionner *en anglais*. (en français québécois)
6. Je crois qu'il connaît *presque cinquante* anglicismes. (dix)
7. Je crois qu'il a appris *deux* accents. (un)
8. Je crois qu'il a eu *des expériences ennuyeuses*. (des expériences intéressantes)

6. Répondez affirmativement aux questions de Christian en remplaçant l'adverbe **seulement** par l'expression **ne...que**. Faites tous les changements nécessaires.

MODÈLE: Tu as seulement trois projets?
Oui, je n'en ai que trois.

1. Tu as reçu seulement une invitation?
2. Tu as seulement une destination?
3. Tu as fait seulement un séjour ici?
4. Tu visites seulement un territoire?
5. Tu as dépensé seulement vingt francs?
6. Tu parles seulement deux langues?
7. Tu connais seulement cinq Québécois?
8. Tu es allé(e) seulement une fois à Québec?

Christian ne connaît que cinq Parisiens.

Rien n'embête Fabienne.

les sujets négatifs *personne* et *rien*

You have already learned how to use the expressions **ne...personne** and **ne...rien** to make a sentence negative. These expressions may also be used as subjects with **personne** or **rien** beginning the sentence and **ne** in its usual position.

Personne ne pourrait te remplacer.	*Nobody could replace you.*
Rien n'est parfait.	*Nothing is perfect.*

If there are any object pronouns, they come between **ne** and the verb or auxiliary.

Personne ne **les** a influencés.	*No one influenced them.*
Rien ne **s'**est passé.	*Nothing happened.*

7. Laure était absente hier et elle vous demande ce qui s'est passé en classe. Répondez-lui négativement en utilisant **personne ne...** ou **rien ne...**, selon le cas.

> MODÈLE: Anne-Marie est entrée en retard?
> **Non, personne n'est entré en retard.**

1. Le film a intéressé les élèves?
2. Les garçons ont répondu au prof?
3. Sylvie a su les réponses?
4. Une photo est tombée du portefeuille de Guy?
5. Richard s'est disputé avec le prof?
6. La neige a embêté le prof?
7. Tout le monde a réussi au contrôle?
8. Les devoirs ont plu aux élèves?

Le livre a-t-il intéressé Solange? (Lyon)

Personne n'est venu chercher Olivier à l'aéroport. (Martinique)

8. Vous êtes de mauvaise humeur (*in a bad mood*). Après votre séjour à Montréal, Brigitte veut savoir ce qui s'est passé pendant votre visite et qui a fait quoi. Répondez-lui négativement en utilisant **Personne ne…** ou **Rien ne…**, selon le cas.

> MODÈLE: Qu'est-ce qui s'est passé à Montréal?
> **Rien ne s'y est passé.**

1. Qui est venu te chercher à l'aéroport?
2. Qui t'a montré la ville souterraine?
3. Qu'est-ce qui t'a frappé(e)?
4. Qui a remonté le Saint-Laurent avec toi?
5. Qui t'a accompagné(e)?
6. Qu'est-ce qui t'a plu?
7. Qui t'a appris la prononciation québécoise?
8. Attention! Qu'est-ce qui est tombé de ta poche?

quelqu'un, quelque chose, personne et *rien* + *de* + **adjectif**

Adjectives are often used to describe the expressions **quelqu'un** and **quelque chose** and their opposites **personne** and **rien**. To do this, add the word **de** before the adjective, which is always in the masculine singular form. Here is the word order for each of these structures.

* **quelqu'un** + **de** + adjective

> **Quelqu'un de très intéressant** m'a appelé. As-tu rencontré **quelqu'un d'intéressant?**
>
> *Somebody very interesting called me. Did you meet someone interesting?*

J'ai rencontré quelqu'un de bizarre au défilé. (la Nouvelle-Orléans)

Cet ouvrier fait quelque
chose d'utile. (Paris)

* **personne** + **de** + adjective

    Non, je n'ai rencontré **personne**   *No, I didn't meet anyone dynamic,*
    de dynamique, et **personne**   *and no one interesting called me.*
    d'intéressant ne m'a appelé.

* **quelque chose** + **de** + adjective

    L'ouvrier a essayé **quelque**   *The worker tried something different.*
    chose de différent.

* **rien** + **de** + adjective

    Mais **rien de dangereux** ne   *But nothing dangerous happened.*
    s'est passé.

ATTENTION: 1. When **rien** + **de** + adjective describes an infinitive, **rien** is
                separated from **de** and the adjective by this infinitive.

           Nous ne voulons **rien faire**   *We don't want to do*
           d'ennuyeux.   *anything boring.*

Gilles et Florence n'ont rien
fait de fascinant. (Paris)

          2. When the verb is in the **passé composé**, **rien** is separated
             from **de** and the adjective by the past participle.

           On n'a **rien fait d'amusant**.   *We didn't do anything*
                                        fun.

          3. You have already learned that **personne** in the **passé
             composé** follows the past participle. If there are
             prepositions, such as **avec** or **à**, they come between the past
             participle and **personne** + **de** + adjective.

           Je n'ai parlé **à personne**   *I didn't talk to anyone*
           d'important.   *important.*

Jérôme et Louis ont-ils acheté quelque chose d'amusant?

9. Jean-Marc vous dit ce qu'il vient de faire. Dites-lui que vous espérez que c'était quelque chose ou quelqu'un de la sorte indiquée entre parenthèses.

MODÈLE: Je viens de faire quelque chose. (intéressant)
J'espère que c'était quelque chose d'intéressant.

1. Je viens d'acheter quelque chose. (utile)
2. Je viens de créer quelque chose. (beau)
3. Je viens de rencontrer quelqu'un. (agréable)
4. Je viens de manger quelque chose. (bon)
5. Je viens de tuer quelque chose. (dangereux)
6. Je viens d'embêter quelqu'un. (énervant)
7. Je viens de me disputer avec quelqu'un. (raisonnable)
8. Je viens de sortir avec quelqu'un. (sympa)

10. Myriam commence à vous embêter en vous posant beaucoup de questions sur ce que vous avez fait hier soir. Répondez négativement à chaque question.

MODÈLE: As-tu fait quelque chose d'intéressant hier soir?
Non, je n'ai rien fait d'intéressant.

Connaissez-vous quelqu'un d'intéressant? (Nîmes)

1. Es-tu sorti(e) avec quelqu'un de riche?
2. As-tu emmené quelqu'un de nouveau au Carnaval?
3. As-tu découvert quelque chose de différent?
4. As-tu fait la connaissance de quelqu'un d'incroyable?
5. As-tu vu quelque chose de fabuleux?
6. As-tu mangé quelque chose de délicieux?
7. As-tu parlé à quelqu'un d'intelligent?
8. As-tu dit quelque chose de génial?

devoir, pouvoir et *vouloir* au conditionnel

The verbs **devoir**, **pouvoir** and **vouloir** have special meanings in the conditional tense.

Devoir in the conditional means "should" or "ought" when it comes before an infinitive.

—Que **devrions**-nous faire?	*What should we do?*
—Je crois que vous **devriez** changer de sujet.	*I think you ought to change subjects.*

Pouvoir in the conditional means "could."

—**Pourrais**-tu me dessiner une carte?	*Could you draw me a map?*
—Si j'avais le temps, je **pourrais** le faire.	*If I had time, I could do it.*

Vouloir in the conditional means "would like."

—Où **voudrais**-tu aller?	*Where would you like to go?*
—Je **voudrais** me promener dans le parc.	*I would like to go for a walk in the park.*

11. Marie-Christine dit que certaines personnes n'ont pas encore fait ce qu'elles devaient faire. Dites-lui qu'elles devraient le faire tout de suite.

> MODÈLE: Je n'ai pas encore fait mes devoirs.
> **Alors, tu devrais les faire tout de suite.**

1. Les Québécois n'ont pas encore construit le palais de glace.
2. Tu n'as pas encore emmené les enfants au Carnaval.
3. Marie et moi, nous n'avons pas encore vu le parc du Mont-Royal.
4. Je n'ai pas encore assisté au concert de jazz.
5. Marc et moi, nous ne nous sommes pas encore assis.
6. Nos copines ne sont pas encore allées aux U.S.A.
7. Jean-Pierre n'a pas encore accepté notre invitation.
8. Toi et moi, nous n'avons pas encore fini de faire nos projets.

Vous devriez assister à un concert de jazz à la Nouvelle-Orléans.

12. Dites à un(e) ami(e) ce que les personnes suivantes voudraient ou pourraient faire si elles ne devaient pas travailler.

> MODÈLE: tu / pouvoir prendre des vacances
> **Tu pourrais prendre des vacances si tu ne devais pas travailler.**

1. Philippe / pouvoir dormir tout le temps
2. tu / vouloir rendre visite à tes amis
3. je / pouvoir se perfectionner en français
4. Françoise / vouloir voyager
5. les Degras / vouloir visiter l'Ontario
6. Pauline et toi / pouvoir parcourir le monde
7. je / vouloir faire du sport
8. toi et moi / pouvoir se reposer

les exclamations

Comme, **que** or **quel** often introduce exclamations in French.

Comme c'est beau!	*How beautiful it is!*
Qu'ils sont bêtes!	*How stupid they are!*
Quel accent!	*What an accent!*
Quels projets!	*What plans!*

Comme la Tour Eiffel est belle! (Paris)

ATTENTION: 1. Notice the difference in the word order between the French sentences and their English equivalents after **comme** and **que**. In the French sentences the subject and verb directly follow **comme** and **que**.

Que vous êtes intelligents!   *How intelligent you are!*

2. In French the indefinite article is omitted after **quel**.

Quelle découverte importante!   *What an important discovery!*

Ah oui, comme ils sont sympa! (Montréal)

13. Le prof d'histoire fait des remarques. Renforcez (*Reinforce*) ce qu'il dit avec une exclamation.

> MODÈLE: Ce territoire est grand.
> **Ah oui, comme il est grand!**

1. Notre excursion en car a été fabuleuse.
2. Notre séjour à Québec a été intéressant.
3. Le Saint-Laurent est très long.
4. La culture québécoise est très riche.
5. Les anglicismes sont énervants.
6. Les Canadiens sont sympa.
7. Le dernier contrôle a été dur.
8. Je suis vraiment raisonnable.

14. Refaites l'**Activité 13** en remplaçant **comme** par **que**.

> MODÈLE: Ce territoire est grand.
> **Ah oui, qu'il est grand!**

15. Martine et vous venez de revenir du Canada où vous avez passé deux semaines. Renforcez ce qu'elle dit avec une exclamation qui commence par une forme de **quel**.

> MODÈLE: Notre séjour a été fabuleux.
> **C'est vrai. Quel séjour!**

1. On a eu des expériences super.
2. Et on a fait des découvertes.
3. Les parcs de Montréal sont incroyables.
4. Et les festivals ont été formidables.
5. Québec est une ville vraiment accueillante.
6. Ce qui m'a frappé, c'était le palais de glace.
7. Et il y avait un tas de neige.
8. Mais notre hôtel a été un désastre.

Ils montent en ballon eux-mêmes.
(Saint-Jean-sur-Richelieu)

les pronoms accentués + -même

A stress pronoun may be reinforced by adding the suffix **-même(s)** to it.

moi-même	**Moi-même** je suis canadien.	I myself am Canadian.
toi-même	Tu as eu cette expérience **toi-même.**	You had that experience yourself.
lui-même	Le roi **lui-même** est venu.	The king himself came.
elle-même	La douanière l'a dit **elle-même.**	The customs agent said it herself.
nous-mêmes	**Nous-mêmes** nous sommes une majorité.	We ourselves are a majority.
vous-même(s)	**Vous-mêmes** vous évitez la foule.	You yourselves avoid the crowd.
eux-mêmes	**Eux-mêmes** ils m'influencent.	They themselves influence me.
elles-mêmes	Elles l'ont félicité **elles-mêmes.**	They congratulated him themselves.

Vous-même essayez-vous d'éviter les foules? (Montréal)

16. Mélanie veut savoir si elle se rappelle correctement ce qu'on lui a appris. Dites-lui que oui en accentuant (*emphasizing*) la vérité de ce qu'elle suggère.

> MODÈLE: Est-ce que Cartier a remonté le Saint-Laurent en 1535?
> **Oui, c'est Cartier lui-même qui l'a remonté en 1535.**

1. Est-ce que les Acadiens s'en sont allés en 1713?
2. Est-ce que la ville de Québec est la capitale du Québec?
3. Est-ce que les différences de culture créent des problèmes pour les Canadiens?
4. Est-ce que c'est Guy qui a construit cette sculpture de glace?
5. Est-ce que c'est Jacques et toi qui avez conseillé à Paul de partir tôt?
6. Est-ce que c'est moi qui devrai aller chercher Paul quand il reviendra?
7. Est-ce que c'est Suzanne et moi qui louons la voiture?

17. Comment dit-on en français?

GÉRARD: What would you like to do, Luc?

LUC: I don't know. What if we did something different?

GÉRARD: What? What do you mean?

LUC: We could go to the park.

GÉRARD: No, let's do something more fun.

LUC: Well then, let's go for a walk in the underground city.

GÉRARD: Get (Be) serious! Nothing happens there, nobody goes there when it's warm. What a boring place!

LUC: In that case, we would probably do better to stay at home.

GÉRARD: That's true. Anyway, I myself don't have time. I just remembered that I have some really difficult homework. I must finish my history project, and I have only two hours (in order) to do it.

LUC: In that case, you shouldn't wait any longer.
I'll help you. Your subject's Quebec (Province), isn't it?

GÉRARD: Yes, that's right. But I haven't started it yet!

Rédaction

Dans le premier paragraphe décrivez ce que vous n'avez pas encore fait dans la vie que vous voudriez faire. Puis dites ce que vous devriez faire si vous vouliez réaliser ces projets. Dans le deuxième paragraphe décrivez ce que vous pourriez faire pour changer votre vie. Dites aussi ce que vous pourriez faire pour bien influencer les autres. Utilisez seulement le vocabulaire que vous avez déjà appris. Attention aux verbes!

Pierre vient de Montréal, la plus grande ville canadienne.

Lecture

Au Vieux-Québec

Pierre est canadien, et il habite à Montréal, la plus grande ville francophone après Paris. Bien sûr, comme beaucoup d'habitants de Montréal, Pierre parle français et va dans une école française. Aujourd'hui sa classe visite Québec, capitale du Québec et berceau° de l'Amérique française.   cradle

Une des plus vieilles villes de l'Amérique du Nord, Québec date de 1608. Cette forteresse° naturelle doit   fortress

Le Château Frontenac domine le Vieux-Québec.

Le fleuve Saint-Laurent, la ville fortifiée et le quartier moderne de Québec

Le Château Frontenac ressemble à un château gothique d'Europe. (Québec)

son identité au fleuve Saint-Laurent qui la borde.° Québec est une ville qui offre une architecture très diverse: de vieux immeubles dans la ville fortifiée et des gratte-ciel° dans le quartier moderne.

Enfin, Pierre et son copain français Jacques se trouvent avec les autres élèves dans le Vieux-Québec, la vieille partie de la ville. Leur professeur Mme Claudel les a emmenés d'abord au Château Frontenac. Elle commence à parler, et tout le monde l'écoute. Elle explique que ce château est un grand hôtel qu'on a construit en 1893. Mais Pierre et Jacques n'écoutent plus. En fait, ils préféreraient visiter seuls le parc des Gouverneurs,° et comme il fait si chaud, ils pourraient même aller acheter une glace.

borders

skyscrapers

governors

Alors, ils s'en vont lentement et arrivent sur la terrasse Dufferin d'où ils voient la côte de Beaupré, l'île d'Orléans et la Basse-Ville. La vue° est superbe. S'ils avaient le temps, ils y resteraient plus longtemps, mais la classe doit les attendre. Au fait, où est-elle? Serait-elle sur la promenade des Gouverneurs? Non. Il faudrait pourtant la retrouver.

view

Vite ils retournent au château, mais personne n'y est. Ils demandent, ils attendent, ils cherchent. Il n'y a personne! Mince! Ils ont perdu les autres. Jacques pense que la classe les attendra certainement à la place d'Armes pour faire un tour du Vieux-Québec en calèche.° Pierre n'est pas d'accord. Il croit qu'elle les attend place Royale, mais quand ils y arrivent, il n'y a personne. Rien ne s'y passe. Il n'y a que quelques touristes. Alors, en attendant, ils font le tour de cette place formidable avec ses rues étroites° et ses boutiques. C'est là aussi que se trouve Notre-Dame-des-Victoires, la plus vieille église du Québec, qui date de 1688.

horse-drawn carriage

narrow

La classe de Pierre et Jacques va faire un tour du Vieux-Québec en calèche.

Notre-Dame-des-Victoires (Québec)

Le Séminaire de Québec

Maintenant Jacques voudrait aller à la place d'Armes, mais Pierre n'est toujours pas d'accord. Il pense que la classe pourrait être au Séminaire de Québec qui date du dix-septième siècle. Au séminaire il n'y a personne. Mais comme le séminaire les intéresse, ils le visitent. Puis Jacques veut toujours aller à la place d'Armes, mais Pierre dit qu'il préférerait d'abord aller au Couvent° des   Convent Urselines. Alors, ils prennent la rue des Jardins, et les voilà dans la rue Sainte-Anne où il y a un groupe de musiciens qu'ils écoutent pendant cinq minutes. Puis ils suivent la même rue, et ils arrivent enfin à la place d'Armes. Justement, voilà un groupe de touristes avec leur guide qui dit "Sous la domination française la place d'Armes s'appelait la Grande Place. C'était où passaient les grands défilés. Maintenant c'est le point de départ des calèches qui offrent aux touristes une visite du Vieux-

Québec. Si vous aviez le temps, vous devriez faire une promenade en calèche." Oh, mais le groupe de touristes, c'est la classe qui se prépare à faire un tour en calèche sans Jacques et Pierre. "Attendez-nous! On arrive!" crient-ils.

Le Couvent des Urselines (Québec)

Les calèches partent de la place d'Armes. (Québec)

Répondez en français.

1. Quelle est la plus grande ville francophone?
2. Que fait Pierre aujourd'hui?
3. Quelle est la capitale du Québec?
4. Quelles sortes de bâtiments y a-t-il à Québec?
5. Quel quartier de Québec est-ce que la classe visite?
6. Quel quartier de la ville peut-on voir de la terrasse Dufferin?
7. Quand Pierre et Jacques ne retrouvent pas la classe au château, où veut aller Jacques?
8. Mais Pierre et Jacques ne vont pas tout de suite à la place d'Armes. Où vont-ils?
9. Quelle est la plus vieille église du Québec?
10. Dans quelle rue peut-on entendre la musique?
11. Que voient les garçons à la place d'Armes?
12. Qu'est-ce qu'ils veulent faire avec la classe?

Proverbe

On ne prête qu'aux riches.

Personne n'est plus sympa
que Marie-France.

Interaction et application pratique
À deux

1. With your partner take turns using the expression **ne...que** in sentences that describe people or things associated with your school. Alternate the present tense and the **passé composé** in your sentences. After you have given five different statements each, then tell the class several of your partner's observations.

   MODÈLE: **À notre lycée il n'y a que 500 élèves.**

2. Take turns with your partner making comparisons that begin with **Personne ne....** You may compare either yourself or a friend to someone else. Use **plus**, **moins** or **aussi** in your sentences. Then share some of your partner's comparisons with the class.

   MODÈLE: **Personne n'est plus/moins intelligent que moi.**

3. With your partner take turns making observations that begin with **Rien ne....** and describe certain things or conditions in your school. Alternate the present tense and the **passé composé** in your sentences. After you have given five different statements each, then report to the class several things that your partner has said.

   MODÈLE: **Rien ne m'a intéressé en classe aujourd'hui.**

4. Take turns with your partner discussing either a real or an imaginary problem that you have. Ask each other what you should do to solve this problem. Then offer advice on what should be done. After you have each presented several problems, tell your classmates two of the more interesting problems and solutions.

   MODÈLE: **On ne m'a pas invité à la boum de Danièle samedi soir. Qu'est-ce que je devrais faire?**

5. Along with your partner bring to class some family photos or pictures you have clipped from back issues of magazines. After you show and identify each photo to your partner, he/she will make an exclamatory remark about it. In your exclamations vary the initial words **comme**, **que** and **quel**. Have your partner do the same. Then choose several of your photos to show to the entire class and relate their accompanying exclamations.

> MODÈLE: Voilà la ville de Québec.
> **Comme la ville de Québec est fabuleuse!**

En groupes

6. With others in your group create a two-minute dialogue in French that features members of a French-speaking American family living in your city and a student from a French-speaking country who has come to spend the year living with the American family and attending your school. The dialogue should focus on things the visiting student should see or do in the area during his/her stay. Use only expressions you have learned so far. Then learn your parts and present your dialogue for the class.

7. With your group draw an outline map of the city of Quebec focusing on **le Vieux-Québec**. (You will want to use books from your school or local library as a reference.) Mark and label on your map as many of the streets, squares, monuments and buildings as you can that were mentioned in the **Lecture** of this lesson. Finally compare your map with those from other groups to check for accuracy and completeness.

8. See how many different completions your group can think of for each of the following sentences. Have some person from the group list the possible completions on a transparency. Do one sentence at a time, spending not more than one minute on each sentence. Afterwards several transparencies can be put on the overhead for all to correct.

1. Il faut surtout éviter ____ .
2. Nos professeurs feraient mieux de ____ .
3. Nous ne voudrions que ____ .
4. La semaine dernière nous n'avons rien fait de ____ .
5. Nous croyons qu'on devrait ____ .
6. Si nous étions à Québec, ____ .

Ce prof ferait mieux d'utiliser un transparent! (Verneuil-sur-Seine)

Vocabulaire actif

noms

l'Acadie (f.)   Acadia
un Acadien, une Acadienne   Acadian
un accent   accent
un anglicisme   anglicism, English expression
un carnaval   carnival
une colonie   colony
la colonisation   colonization
la culture   culture
une découverte   discovery
une destination   destination
une différence   difference
un(e) habitant(e)   inhabitant
une invitation   invitation
le jazz   jazz

une majorité   majority
la neige   snow
l'Ontario (m.)   Ontario
un parc   park
la possession   possession
un projet   plan, project
une prononciation   pronunciation
une province   province
le Québec   Quebec Province
un(e) Québécois(e)   inhabitant of Quebec
un séjour   stay
un sujet   subject
un territoire   territory

adjectifs

anglophone   English-speaking
bilingue   bilingual
britannique   British

fabuleux, fabuleuse   fabulous
officiel, officielle   official
québécois(e)   Quebec

verbes

accepter   to accept
s'en aller   to go away, to leave
assister à   to attend
diviser   to divide
éviter   to avoid
féliciter   to congratulate
fonder   to found

frapper   to strike, to knock
magasiner   to go shopping (Canada)
parcourir   to travel, to cover
se promener   to go for a walk (ride)
remonter   to go back up
remplacer   to replace
unir   to unite

expressions diverses

actuellement   currently, presently
comme   how
elle-même   herself
elles-mêmes   themselves (f.)
eux-mêmes   themselves (m.)
jusqu'ici   until now
lui-même   himself
moi-même   myself
ne (n')...que   only

nous-mêmes   ourselves
personne ne (n')   not anyone, no one, nobody
que   how
rien ne (n')   not anything, nothing
toi-même   yourself
vachement   really
vous-même   yourself
vous-mêmes   yourselves

Pourquoi Nicolas vient-il à Montréal?

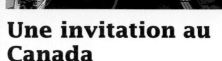

C'est Victor qui attend son cousin
Nicolas à la sortie de l'aérogare.

Une invitation au Canada

Nicolas vient d'atterrir à Montréal. Ses cousins qui habitent à Québec l'ont invité à leur rendre visite. Nicolas est ravi de les revoir, surtout son cousin Victor. Comme il n'a rien à déclarer, il se dirige vers la sortie de l'aérogare, mais personne ne l'attend. Oh si, voilà Victor.

VICTOR: Salut, Nicolas. Je suis désolé d'être en retard. Quelle circulation aujourd'hui!

NICOLAS: C'est moi qui devrais être désolé. Il n'y avait pas de vol direct pour Québec.

VICTOR: Ne t'inquiète pas, mais nous ferions mieux de nous dépêcher car nous n'avons que 20 minutes sur le parcmètre. Où est ta valise?

NICOLAS: La voilà.

VICTOR: Donne-la-moi. Dis donc, elle est vachement lourde!

En route à Québec, Victor raconte ses projets de voyage.

VICTOR: Quand nous serons à la maison, je te montrerai notre itinéraire. Tu verras, nous parcourrons beaucoup de territoire.

NICOLAS: On s'en va quand?

VICTOR: Si tu veux, on partira demain matin.

NICOLAS: Quelle chance!

PARIS MONTREAL
À PARTIR DE
2200F* A/R

Charter Canada traverse
l'Atlantique 3 fois par semaine,
départ de Paris Charles de Gaulle
en fin de matinée. Destinations :
Toronto, Montréal, Québec.
À bord du 747 Charter

Canada, vous bénéficiez de tous
les avantages Air Canada. Bar
gratuit, repas chaud, films en
français, écouteurs gratuits...
Alors si votre voisin se croit
sur un vol régulier, laissez le
planer.
Charter Canada par Air
Canada, en vente dans toutes les
agences de voyage (Commercialisation
exclusive GO VOYAGES)

*Sous réserve d'approbation gouvernementale.
Prix et conditions sujets à changement sans préavis.

CHARTER CANADA   AIR CANADA

Le festival de jazz de
Montréal est vraiment
fabuleux—il ne faut pas
le manquer.

VICTOR:	Si on avait le temps, on pourrait remonter le Saint-Laurent en canoë, mais....
NICOLAS:	On ne peut pas manquer le festival de jazz de Montréal.
VICTOR:	C'est vrai, et puis on ne peut pas oublier le séjour que nos grands-parents nous ont promis dans leur ferme.
NICOLAS:	J'ai hâte de partir à la découverte du Canada.

Qu'est-ce que les grands-parents de Victor et Nicolas
leur ont promis? (Chicoutimi)

Compréhension

Répondez en français.

1. À qui Nicolas rend-il visite?
2. À cause de quoi Victor est-il en retard?
3. Pourquoi est-ce que Nicolas n'a pas atterri à Québec?
4. Pourquoi est-ce que Nicolas et Victor feraient mieux de se dépêcher?
5. Comment sait-on que la valise de Nicolas n'est pas légère?
6. De quoi Victor et Nicolas parlent-ils en route à Québec?
7. Quand pourront-ils partir?
8. Qu'est-ce qu'ils feraient s'ils avaient le temps?
9. Quelle sorte de musique vont-ils entendre à Montréal?
10. Qu'est-ce que leurs grands-parents leur ont promis?

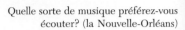
Quelle sorte de musique préférez-vous
écouter? (la Nouvelle-Orléans)

À propos

1. Quand êtes-vous ravi(e)?
2. Quels sont vos projets de voyage?
3. Avez-vous jamais assisté à un festival de musique? Quel(s) musicien(s) avez-vous entendu(s)?
4. Quand vous rentrerez à la maison ce soir, que ferez-vous?
5. Que devriez-vous faire avant le week-end?
6. Que voudriez-vous faire si vous aviez le temps?

Activités

1. Annette demande si on allume certaines choses. Dites-lui que non et que les personnes suivantes les éteignent.

MODÈLE: Est-ce que tu allumes la lampe?
Non, je l'éteins.

Étienne n'allume pas la radio, il l'éteint.

1. Est-ce que les enfants allument la télé?
2. Est-ce que Jean-Marc allume son ordinateur?
3. Est-ce que Corinne et Véronique allument la radio?
4. Est-ce que Xavier et toi, vous allumez la musique?
5. Est-ce que tu allumes tes phares?
6. Est-ce que j'allume le magnétoscope?
7. Est-ce que Maman allume la cuisinière?
8. Est-ce que Sophie et moi, nous allumons le feu?

2. Selon Jean-Charles, on va faire certaines choses. Dites-lui que vous espérez qu'on les fera bientôt.

> MODÈLE: Toi et moi, nous allons nous baigner.
> **J'espère que nous nous baignerons bientôt.**

1. On va manger.
2. Tapha va rendre visite à sa tante.
3. Élodie et moi, nous allons reprendre notre travail.
4. Toi et moi, nous allons nous débrouiller.
5. Les navettes vont arriver.
6. Les Duclos vont remplir leurs fiches.
7. Je vais éteindre la climatisation.
8. Mireille va ouvrir la fenêtre.

3. Il paraît que certaines choses sont inévitables. Dites à Jean-Pierre qu'il verra que c'est vrai.

> MODÈLE: Il paraît que les lions tuent beaucoup de zèbres.
> **Tu verras, ils en tueront beaucoup.**

1. Il paraît que les enfants vont souvent au zoo.
2. Il paraît qu'il ne pleut pas longtemps.
3. Il paraît que la saison des pluies est courte.
4. Il paraît qu'il fait lourd ici pendant la saison des pluies.
5. Il paraît que Claude et moi, nous parcourons toute l'Europe dans trois semaines.
6. Il paraît que toi et moi, nous avons de la chance.
7. Il paraît que j'achète nos billets.
8. Il paraît que ton frère et toi, vous vous levez tôt.

Il paraît que les enfants donnent à manger à l'éléphant.

Vous verrez, Guillaume achètera tous les billets. (Paris)

De quoi s'occupe cet homme-ci? (Mont-Saint-Michel)

4. Votre copain Robert vous dit ce que les gens ne font pas. Demandez-lui alors ce qu'ils font.

> MODÈLE: Je ne m'occupe pas de notre pelouse.
> **Alors, de quoi t'occupes-tu?**

1. Je ne parle pas à Stéphanie.
2. Toi et moi, nous n'avons pas besoin d'argent.
3. Paul ne va pas chez Annie.
4. On ne peut pas compter sur les autres.
5. Julie ne travaille pas pour TF 1.
6. Tu ne remplis pas la fiche avec un crayon.
7. Les profs ne s'entendent pas avec les élèves.
8. Georges et moi, nous ne pensons pas à notre avenir.

5. Si vous faites certaines choses, d'autres personnes feront d'autres choses. Dites-le à un(e) ami(e).

> MODÈLE: aller en ville / Richard / m'accompagner
> **Si je vais en ville, Richard m'accompagnera.**

1. manquer mon cours / mes parents / se fâcher
2. dire toujours la vérité / tout le monde / me croire
3. découvrir quelque chose de nouveau / Marc et toi / le savoir
4. te conseiller de rester / tu / rester
5. être en retard / on / t'appeler
6. se fâcher avec toi / nous / se disputer
7. avoir froid / je / éteindre la climatisation
8. apprendre l'accent québécois / les Doyon / être contents

Si Madeleine est en retard, elle téléphonera à ses parents.

Gabrielle prendra des photos des animaux
sauvages quand elle sera en Afrique.

6. Marie-Ange veut savoir quand Abdou et Tapha feront certaines choses.
Dites-le-lui.

MODÈLE: Quand seront-ils contents? (être en Afrique)
Ils seront contents quand ils seront en Afrique.

1. Quand loueront-ils la voiture? (arriver à Dakar)
2. Quand est-ce qu'ils visiteront l'île de Gorée? (avoir le temps)
3. Quand verront-ils des animaux sauvages? (faire du camping
   dans la savane)
4. Quand est-ce qu'ils nous écriront? (pouvoir)
5. Quand recevront-ils notre lettre? (revenir à Paris)
6. Quand rendront-ils visite aux grands-parents de Tapha?
   (débarquer à Abidjan)
7. Quand reverront-ils leurs copains? (retourner en France)
8. Quand reprendront-ils leur travail? (vouloir)

7. Antoine aimerait bien savoir si on a fait certaines choses et quand on en
fera d'autres. Répondez-lui.

MODÈLE: Les Européens ont-ils traversé le désert? (oui, un mois)
Oui, ils l'ont traversé en un mois.

1. Est-ce que Thierry a vendu son appareil? (oui, deux jours)
2. Quand est-ce qu'il aura son nouvel appareil? (un mois)
3. Est-ce que les Furet ont préparé leur itinéraire? (oui, une heure)
4. Quand est-ce qu'ils partiront? (peu de temps)
5. Est-ce que tu as fini ton projet? (oui, une année)
6. Quand est-ce que tu reprendras ton travail? (trois semaines)
7. Est-ce que cette actrice s'est maquillée? (oui, quelques minutes)
8. Quand est-ce qu'elle sortira? (un quart d'heure)

Le chef prépare un plat qui a une sauce tout à fait exquise. (Trois-Îlets)

8. Antoine remarque certaines choses et personnes. Expliquez-lui ce que ou qui elles sont.

> MODÈLE: Tu as vu ces clés? (Quelqu'un les a laissées dans la porte.)
> **Oui, ce sont les clés que quelqu'un a laissées dans la porte.**

1. Tu as remarqué cette hôtesse de l'air? (Elle a été très accueillante.)
2. Tu as fait la connaissance de ces touristes? (Ils se débrouillent difficilement.)
3. Tu as conduit cette voiture? (Je voudrais l'acheter.)
4. Tu connais ce monsieur? (Il habite à la Nouvelle-Orléans.)
5. Tu as envoyé ces lettres? (Nous les avons écrites.)
6. Tu vois ces crevettes? (On les a attrapées ce matin.)
7. Tu prépares ce plat? (Il a une sauce tout à fait exquise.)
8. Tu aimes cette ambiance? (Elle me plaisait beaucoup quand j'étais jeune.)

9. Vous visitez la Nouvelle-Orléans, et on vous interviewe dans la rue. Répondez aux questions.

> MODÈLE: Qu'est-ce qui te plaît ici? (la cuisine créole)
> **Ce qui me plaît ici, c'est la cuisine créole.**

1. Qu'est-ce que vous aimeriez voir ici? (un match de football américain)
2. Qu'est-ce qui vous intéresse surtout ici? (les gens et l'architecture)
3. Qu'est-ce qui a lieu ici actuellement? (un festival)
4. Qu'est-ce qui vous frappe ici? (l'influence française)
5. Qu'est-ce que vous mangez souvent? (des hamburgers)
6. Qu'est-ce que vous avez acheté ici? (un album de jazz)
7. Qu'est-ce que vous espérez faire avant votre départ? (rendre visite à mes parents)
8. Qu'est-ce qui vous embête ici? (les gens qui m'interviewent)

À sa place Éric mangerait de la glace (Angers)

10. Sophie a des problèmes. Elle voudrait savoir ce que vous et d'autres personnes feriez à sa place. Répondez-lui.

MODÈLE: Qu'est-ce qu'Alexandre ferait
à ma place? (partir en vacances)
Il partirait en vacances.

1. Qu'est-ce que tu ferais? (parler à ton père)
2. Que feriez-vous, Jacques et toi? (téléphoner à Sébastien)
3. Que feraient les autres? (aller voir le prof)
4. Qu'est-ce que vous feriez, Claire et toi? (travailler plus dur)
5. Que ferait Marie-Laure? (manger de la glace)
6. Que feraient Carole et Brigitte? (ne pas s'inquiéter)
7. Qu'est-ce que ma mère ferait? (se promener)

11. Demandez si les personnes suivantes feraient les choses indiquées si elles le pouvaient (*could do it*).

MODÈLE: vous / voler
Voleriez-vous si vous le pouviez?

1. toi et moi / acheter un bateau
2. Mathieu et Bruno / aller en Louisiane
3. vous / obtenir un passeport
4. Robert / étudier en France
5. tu / assister au festival
6. Amélie et Mélanie / avoir une boum
7. Rachèle / dormir jusqu'à midi
8. je / danser toute la nuit

Est-ce que vous danseriez toute la nuit si vous le pouviez?

Si vous faites un voyage à la Martinique, montrerez-vous vos photos à tous vos copains?

Nous aimons les ananas. Apportez-les-nous! (Guadeloupe)

12. Hervé, qui vient de faire un voyage à la Martinique, veut savoir s'il doit faire les choses suivantes. Dites-lui de les faire.

MODÈLE: Est-ce que je te montre mes photos?
Oui, montre-les-moi.

1. Est-ce que je vous dis, à toi et à tes parents, ce que j'ai fait?
2. Est-ce que je donne ces cadeaux à tes parents?
3. Est-ce que je laisse ce souvenir chez toi?
4. Est-ce que je t'apporte des ananas?
5. Est-ce que j'envoie des brochures à mes cousins?
6. Est-ce que je rends cette cassette à ton frère?
7. Est-ce que je lui offre des fruits tropicaux?
8. Est-ce que je l'emmène au café?

Y a-t-il plus de chameaux au Sénégal
qu'aux États-Unis?

13. Michèle aime les statistiques. Faites des comparaisons d'après ce qu'elle vous dit.

> MODÈLE: Il y a un mètre de neige à Québec, mais à Fort-de-France il n'y en a pas.
> **Alors, il y a plus de neige à Québec qu'à Fort-de-France. (Alors, il y a moins de neige à Fort-de-France qu'à Québec.)**

1. Il y a beaucoup de chameaux au Sénégal, mais il y en a peu au Canada.
2. On mange beaucoup de maïs en Amérique, mais on en mange peu en France.
3. Il y a un volcan actif en Italie, et il y a un volcan actif dans le Washington.
4. Il y a beaucoup de pays pauvres en Afrique, mais il y en a peu en Europe de l'Ouest.
5. Les Américains ont beaucoup de télévisions, mais les Sénégalais en ont moins.
6. Il y a beaucoup de pluie en Côte-d'Ivoire et aussi dans la jungle du Brésil.
7. Il y a beaucoup de vélos à Hong Kong, mais il y en a moins à Dakar.

14. Caroline compte donner des choses à ses amis, et elle vous demande combien. Dites-lui de leur en donner seulement la quantité indiquée.

> MODÈLE: Je vais te donner du riz. (un kilo)
> **D'accord, mais ne m'en donne qu'un kilo.**

1. Je vais vous donner, à toi et à ta famille, des brochures. (les plus belles)
2. Je vais te donner des bagages. (les moins lourds)
3. Je vais donner des haricots verts à ta tante. (une livre)
4. Je vais donner des gants à ta sœur. (une paire)
5. Je vais te donner des affiches. (deux ou trois)
6. Je vais donner du maïs aux voisins. (un peu)
7. Je vais donner des invitations à mes parents. (une)

Dans cette boutique il
n'y a rien d'ordinaire.

15. Dites ce qu'il n'y a pas dans les endroits suivants.

> MODÈLE: en Louisiane / rien / mauvais
> **En Louisiane il n'y a rien de mauvais.**

1. dans l'île de Gorée / personne / dangereux
2. au Canada / rien / plus fabuleux que le
   Carnaval de Québec
3. en Côte-d'Ivoire / rien / ennuyeux
4. dans cette boutique / rien / différent
5. ici / personne / accueillant
6. à notre école / rien / difficile
7. dans ma classe / personne / méchant
8. dans mon équipe / personne / sportif

16. Thierry vous dit ce que d'autres personnes et lui voudraient faire. Dites-lui que ce n'est pas ce qu'ils devraient faire.

> MODÈLE: Antoine voudrait quitter l'école à midi.
> **Oui, mais ce n'est pas ce qu'il devrait faire.**

1. Je voudrais embêter le prof.
2. Toi et moi, nous voudrions nous en aller.
3. Corinne et moi, nous voudrions passer la journée
   dans la ville souterraine.
4. Mes copines voudraient faire un voyage à la
   Martinique.
5. Les Québécois voudraient créer leur propre pays.
6. Ma sœur ne voudrait manger que des hamburgers.
7. Toi, tu voudrais être vedette de cinéma.
8. Jacques voudrait devenir roi.

Delphine ne voudrait boire
que du coca, mais ce n'est
pas ce qu'elle devrait faire.

17. Dites ce que les gens suivants pourraient faire s'ils le voulaient (*wanted to*).

> MODÈLE: Pierre / se baigner
> **Pierre pourrait se baigner s'il le voulait.**

1. je / se perfectionner en maths
2. tu / s'habiller mieux
3. je / conduire ce soir
4. Josette / escalader cette montagne
5. les Arnauld / faire escale à Londres
6. nous / parcourir le monde
7. les passagers / s'approcher de la navette
8. vous / influencer tout le monde

18. Jean-Charles et vous êtes en vacances. Il voit les choses suivantes et s'émerveille (*marvels*) à leur beauté. Vous aussi, vous les trouvez belles et le lui dites dans des exclamations.

MODÈLE:

Quel château! Qu'il est beau! (Comme il est beau!)

1.

2.

3.

4.

5.

6.

7.

8.

19. Mariette veut savoir qui a fait quoi. Répondez-lui.

MODÈLE: Qui a éteint ma lampe? (Hervé)
C'est Hervé lui-même qui l'a éteinte.

1. Qui a conseillé à Marianne de visiter l'île de Gorée? (Annie et Brigitte)
2. Qui a découvert les merveilles du Sénégal? (Alain et toi)
3. Et qui les a félicités? (Patricia)
4. Qui n'a pas pu supporter la chaleur? (toi)
5. Qui a vu des girafes? (Alain et Hervé)
6. Et qui a tué cette mouche tsé-tsé? (Kiki)

Unité 2

Les uns et les autres

Leçon 5

Communicative Functions

- talking about career choices
- saying what had already taken place when something else happened
- telling what someone has said
- saying that of two past actions, one was completed before the other
- asking "which one"
- pointing out a specific person or thing

Quel boulot!

Thomas Flournoy qui a un nom d'origine française est un jeune Américain d'Atlanta, et on l'appelle Tom. Ayant terminé ses études à l'université l'année dernière, il a trouvé un poste à Paris chez Anacomp, une société américaine qui fabrique des ordinateurs. Actuellement il habite à Paris dans un bel appartement que la Société Anacomp lui a trouvé. Un jour, en se promenant au Luxembourg, il aperçoit quelqu'un qu'il connaît. Quelle surprise! C'est Robert Buitton, un ancien* copain d'université. S'étant spécialisé en langues et en affaires, Robert a terminé ses études deux ans avant Tom. Alors, Tom décide de le surprendre. En s'approchant de lui, il lui donne un petit coup de coude et se met à lui parler.

Robert reçoit un coup de coude de Tom.

Quel boulot!

TOM:	Le bruit court qu'** un certain Monsieur Buitton est à Paris, et....
ROBERT:	Flournoy! C'est pas*** vrai. Toi, à Paris?
TOM:	Si, c'est vrai, mais qu'est-ce que tu fais ici, toi?
ROBERT:	Je suis ici pour mon travail, c'est-à-dire qu'on m'a confié une affaire internationale.
TOM:	Ah bon? Quelle sorte d'affaire?
ROBERT:	Je peux te faire confiance?
TOM:	Bien sûr, vas-y.
ROBERT:	Eh bien, je fais une enquête pour le FBI, et je travaille avec la police parisienne.
TOM:	Quoi? Tu es policier!?

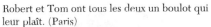

Voudriez-vous être policier (policière)?

ROBERT: Chut, pas trop de bruit! Oui, je suis policier.

TOM: Ah bon? Ça ne m'étonne pas de toi. Mais tu avais pourtant visé une carrière d'homme d'affaires, non?

ROBERT: C'est juste. D'abord j'avais rêvé d'être gérant d'un magasin. Mais comme je n'arrivais pas à bien gérer mes propres affaires, être responsable de tout un magasin....

TOM: Donc, tu as choisi une autre carrière?

ROBERT: C'est ça. En plus, le français que j'ai étudié n'a pas été une perte de temps car lorsque je suis sorti de l'université, le FBI m'a recruté pour un poste international. On m'a embauché, et me voilà.

TOM: Tu aimes ton boulot?

ROBERT: Vachement, et toi, qu'est-ce que tu fais à Paris?

TOM: Eh bien, moi aussi, j'ai un boulot qui me plaît énormément. Tu ne peux pas savoir.

Robert et Tom ont tous les deux un boulot qui leur plaît. (Paris)

ROBERT: Alors, raconte-moi.

TOM: Désolé, je suis très pressé maintenant, mais ce soir je suis libre. Téléphone-moi à huit heures, si tu veux. Tiens, voilà ma carte.

ROBERT: D'accord. Ciao, Tom.

° Quand l'adjectif **ancien** précède le nom, il veut dire *former* (**mon ancien professeur**), mais après le nom, il veut dire *ancient* (**l'histoire ancienne**).

°° L'expression **le bruit court que....** veut dire *there's a rumor going around that....* ou *rumor has it that....*

°°° Souvent, en parlant vite, on omet la lettre **e** de **je** ou le **u** de **tu** ou même le mot **ne** avec **pas**.

Le Luco n'est pas loin de la Sorbonne dans le Quartier latin. (Paris)

Note culturelle

Le Luxembourg est le Jardin du Luxembourg à Paris qu'on appelle aussi le "Luco."

Compréhension

Répondez en français.

1. D'où est Tom Flournoy?
2. Qu'est-ce qu'il a terminé l'année dernière?
3. Anacomp, qu'est-ce que c'est?
4. En quoi est-ce que Robert Buitton s'est spécialisé à l'université?
5. Comment est-ce que Tom le surprend?
6. Pourquoi Robert est-il à Paris?
7. Comment Robert a-t-il compris qu'il ne pourrait jamais être responsable de tout un magasin?
8. Qu'est-ce qui a aidé Robert à obtenir un poste international?
9. Qui a embauché Robert?
10. Pourquoi est-ce que Tom ne peut pas raconter tout de suite à Robert ce qu'il fait à Paris?

Est-ce que votre français peut vous aider à obtenir un poste international? (Paris)

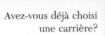
Avez-vous déjà choisi
une carrière?

À propos

1. Savez-vous le nom d'une autre société américaine
   qui fabrique des ordinateurs? Si oui, quel est son nom?
2. Si vous comptez aller à l'université, en quoi voudrez-vous
   vous spécialiser?
3. Avez-vous jamais surpris quelqu'un? Si oui, qui?
4. De quoi êtes-vous responsable chez vous?
5. Quelle carrière voudriez-
   vous suivre?
6. Avez-vous un boulot
   maintenant? Si oui, vous
   plaît-il?

Tom et ses copains dînent
souvent au Jockey, un
restaurant parisien.

Expansion

plus tard au Jockey

ROBERT: Donc, tu n'as
que des amis
français?

TOM: C'est ça, et on vient souvent dîner ici. Justement, tu vois ces
deux jeunes filles là-bas?

ROBERT: Lesquelles? Celles qui viennent d'arriver?

TOM: Oui, ce sont des copines de bureau. Elles sont venues dîner
avec deux types qui viennent d'arriver, eux aussi.

ROBERT: Lesquels? Je ne les vois pas.

TOM: Ceux qui sont assis à notre table.

ROBERT: Nous?

TOM: Bien sûr, je les ai invitées. Elles sont sympa, tu verras.

ROBERT: Eh bien, d'accord.

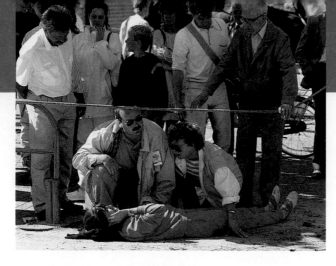

Cette fille a été blessée en tombant de son cheval.

un boulot dangereux

En retournant aux États-Unis, Robert pourrait devenir inspecteur. Il adore son boulot même si c'est quelquefois dangereux. Par exemple, une fois, en faisant une enquête, il a été blessé à l'épaule et au coude. Aïe! Il a eu mal.

Mais le type qui l'a blessé a eu plus mal que lui. Il est toujours à l'hôpital. En le blessant, Robert a visé juste.

J'ai visé juste.

un cadavre

Kiki ne rate jamais son homme.

une nouvelle carrière

Avant d'aller à l'université, Tom voulait être reporter. D'ailleurs il gagnait déjà un peu d'argent en travaillant pour un journal pendant l'été. Mais, une fois, il a raté une affaire importante, et le journal l'a renvoyé. Cela l'a vraiment embêté, et il a cru que c'était la fin du monde.

Heureusement, il a continué ses études, il s'est spécialisé en français et en affaires, et il a obtenu un poste en France. Pourtant, cela n'a pas été facile car, normalement, les sociétés françaises ne recrutent pas aux États-Unis. Tom a dû trouver tout seul son emploi.

Note culturelle

Le restaurant le Jockey se trouve sur le boulevard du Montparnasse.

Le Jockey

Restaurant
127, bd du Montparnasse
75006 Paris
Téléphone (1) 320.63.02
Ouvert tous les jours

Activités

1. Nadine, une copine de Tom, n'arrive pas à se rappeler tout ce qu'il lui a raconté sur son rendez-vous avec Robert. Aidez-la en répondant correctement à ses questions d'après le dialogue d'introduction.

   MODÈLE: Robert est un ancien prof de Tom?
   Non, c'est un ancien copain de Tom.

   1. Robert a terminé ses études un an avant Tom?
   2. Robert est en vacances à Paris?
   3. Et on lui a confié une affaire canadienne?
   4. Robert fait une enquête pour le CIA?
   5. Et dans cette enquête il travaille avec une société parisienne?
   6. Les sciences que Robert a étudiées n'ont pas été une perte de temps?
   7. Quand Robert est sorti de l'université, le FBI l'a renvoyé?
   8. Et son boulot ne lui plaît pas du tout?

2. Complétez les phrases suivantes d'après les images, le dialogue d'introduction ou l'**Expansion**.

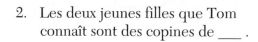

1. Ce que Tom donne à Robert, c'est un ___ .

2. Les deux jeunes filles que Tom connaît sont des copines de ___ .

3. L'employé va parler à la ___ de son travail.

4. L'employé n'a pas bien fait son boulot. Alors, on l'a ___ .

5. Les nouvelles ont ___ M. Blot.

6. L'inspecteur a été ___ à la jambe.

7. On a visé ___ .

8. Il est difficile de penser lorsqu'il y a trop de ___ .

Les enfants s'amusent à jouer avec leurs bateaux à voiles (*sailboats*) au Jardin du Luxembourg. (Paris)

3. En vous parlant de Tom Flournoy et Robert Buitton, Michel fait les fautes indiquées en italique. Corrigez-les d'après le dialogue d'introduction ou l'**Expansion**.

1. Tom Flournoy a un *cadavre* d'origine française.
2. Anacomp *détruit* des ordinateurs.
3. Tom et Robert se promènent au *Bois de Boulogne*.
4. D'abord Robert Buitton avait visé une carrière *de reporter*.
5. Tom a cru que c'était la fin du monde *lorsqu'Anacomp* l'a renvoyé.
6. Tom s'est *ennuyé* en affaires et en français.
7. Tom a obtenu *une société* en France.
8. Normalement, les sociétés *américaines* ne recrutent pas aux États-Unis.

Quelle carrière visez-vous? (Paris)

4. Trouvez la réponse à chaque question que Michel vous pose sur l'**Expansion** dans la liste suivante.

À l'épaule et au coude.
Il a été reporter.
Au Jockey.
Il l'a renvoyé.
Il l'adore.

Il deviendra inspecteur.
Il a invité deux copines à dîner sans le dire à Robert.
Il l'a blessé et l'a presque tué.

1. Où Tom et Robert ont-ils rendez-vous?
2. Comment Tom a-t-il surpris Robert encore une fois?
3. Qu'est-ce qui se passera probablement si Robert continue à faire un bon travail?
4. Qu'est-ce que Robert pense de son boulot?
5. Où est-ce que Robert a eu mal une fois en faisant une enquête?
6. Qu'est-ce qu'il a fait au type qui l'a blessé?
7. Quel a été le premier boulot de Tom pendant l'été?
8. Qu'est-ce que le journal a fait quand Tom a raté une affaire importante?

Structure et usage

le plus-que-parfait

The **plus-que-parfait** (*pluperfect* or *past perfect*) is a verb tense used to tell what <u>had</u> happened in the past before another past action. Like the **passé composé**, the **plus-que-parfait** is a compound tense. It is composed of two words: the auxiliary verb and the past participle.

To form the **plus-que-parfait**, use the <u>imperfect</u> tense of the auxiliary verb **avoir** or **être** and the past participle of the main verb. Here are **voir** and **partir** in the **plus-que-parfait**.

voir		
j' **avais vu**	J'**avais vu** ce nom avant.	I had seen that name before.
tu **avais vu**	Tu ne l'**avais** jamais **vu**.	You had never seen it.
il/elle/on **avait vu**	**Avait**-il **vu** ces types?	Had he seen those guys?
nous **avions vu**	Nous **avions** déjà **vu** la patronne.	We'd already seen the boss.
vous **aviez vu**	L'**aviez**-vous déjà **vue**?	Had you already seen her?
ils/elles **avaient vu**	Ils n'**avaient vu** personne.	They hadn't seen anyone.

Cet homme d'affaires n'avait vu personne. (Paris)

Anne et Françoise étaient
parties tôt ce matin.

partir			
j'	**étais parti(e)**	J'**étais parti** à midi.	I had left at noon.
tu	**étais parti(e)**	Quand **étais**-tu **parti**?	When had you left?
il	**était parti**	Il n'**était** pas encore **parti**.	He hadn't left yet.
elle	**était partie**	Elle **était partie** avant moi.	She had left before me.
nous	**étions parti(e)s**	Nous **étions** déjà **partis**.	We'd already left.
vous	**étiez parti(e)(s)(es)**	Vous **étiez partis** après nous.	You'd left after us.
ils	**étaient partis**	Pourquoi **étaient**-ils **partis**?	Why had they left?
elles	**étaient parties**	Elles **étaient parties** tôt.	They'd left early.

The **plus-que-parfait** is often used to

* describe a past action that happened before another action in the past. Use the **plus-que-parfait** for the action that is farther back in time and use the **passé composé** for the more recent one.

> Nous **nous étions** déjà **levés** lorsque tu nous as appelés.
>
> *We had already got up when you called us.*

* tell what someone has said.

> Il a dit qu'il **avait rêvé** d'être homme d'affaires.
>
> *He said that he had dreamed about being a businessman.*

Richard a dit qu'il avait
visé une carrière
d'homme d'affaires.

183

Martine et Sandra
s'étaient déjà assises.

ATTENTION: 1. Most short, common adverbs come before the past participle in the **plus-que-parfait**, just as in the **passé composé**.

—Est-ce qu'on t'avait donné des piqûres avant ton voyage?   *Had they given you some shots before your trip?*

—Oui, on m'en avait **trop** donné.   *Yes, they had given me too many (of them).*

2. Agreement of the past participle in the **plus-que-parfait** is the same as in the **passé composé**.

Ce n'était pas son invitation que j'avais **acceptée**.   *It wasn't his invitation that I had accepted.*

Elles étaient déjà **sorties** lorsque le film a commencé.   *They had already left when the movie began.*

Jeanne s'était déjà **assise**.   *Jeanne had already sat down.*

5. Jean-Marc dit que les personnes suivantes n'ont pas voulu faire certaines choses hier soir. Dites-lui que c'est parce qu'elles les avaient déjà faites.

> MODÈLE: L'inspecteur n'a pas voulu courir.
> **C'est vrai, il avait déjà couru.**

1. Les reporters n'ont pas voulu voir le cadavre.
2. La policière n'a pas voulu me raconter l'histoire.
3. Je n'ai pas voulu rater une autre affaire.
4. Hervé et moi, nous n'avons pas voulu te blesser.
5. Myriam et toi, vous n'avez pas voulu surprendre Marianne.
6. Hélène et moi, nous n'avons pas voulu suivre cette carrière.
7. Tu n'as pas voulu dormir.
8. Les filles n'ont pas voulu faire trop de bruit.

Le patron avait déjà quitté le café lorsque l'inspecteur est parti.

6. Vous êtes policier, et vous avez fait une enquête avec un inspecteur qui oublie tout. Maintenant il vous demande si les personnes suivantes ont fait certaines choses. Dites-lui que oui et qu'elles les avaient déjà faites lorsqu'il est parti.

> MODÈLE: Est-ce que le patron est allé au café en face?
> **Bien sûr, il y était déjà allé lorsque vous êtes parti.**

1. Est-ce que les autres hommes d'affaires sont enfin arrivés?
2. Est-ce que vous êtes monté au premier étage?
3. Est-ce que les vendeuses sont mortes?
4. Est-ce qu'on a enfin trouvé le couteau?
5. Est-ce que la gérante de la boutique est revenue?
6. Est-ce qu'on a renvoyé les reporters?
7. Est-ce que vous avez terminé votre enquête, vous et les autres policiers?
8. Est-ce que je vous ai confié cette affaire?

Un des policiers avait renvoyé cette photographe.

On a dit que Philippe et son copain s'étaient bien amusés à la campagne. (Briscous)

7. Le bruit court que certaines personnes ont fait certaines choses. Dites à un(e) ami(e) que justement, on vous l'a dit.

> MODÈLE: Le bruit court que Thierry s'en est allé.
> **Justement, on m'a dit qu'il s'en était allé.**

1. Le bruit court que Françoise s'est spécialisée en affaires.
2. Le bruit court que je me suis perfectionné(e) en espagnol.
3. Le bruit court que j'ai accepté un poste international.
4. Le bruit court que Thomas s'est disputé avec le prof.
5. Le bruit court qu'Anne et toi, vous vous êtes bien débrouillé(e)s.
6. Le bruit court que tu as beaucoup maigri.
7. Le bruit court que Julien et Lise sont allés à Londres.
8. Le bruit court que Philippe et moi, nous nous sommes bien amusés à la campagne.

le participe présent passé

Another way to say that one action in the past was completed before another past action is to use the perfect participle. This structure consists of the present participle of the auxiliary verb **avoir** or **être** and the past participle of the main verb.

$$
\left.\begin{array}{c}
\textbf{ayant} \\
\\
\textbf{étant}
\end{array}\right\} + \text{past participle}
$$

TRAVAIL TEMPORAIRE
SECRETARIAT · INDUSTRIE · MANUTENTION · CHANTIER

Ayant terminé mes études, je me suis mis à chercher un emploi.

Having finished my studies, I began to look for a job.

The subject of the perfect participle is always understood to be the same as the subject of the verb in the other part of the sentence. For example, in the following sentence **mes copains** is the subject of both **étant partis** and **sont arrivés.**

Étant partis tôt, mes copains sont arrivés en avance.

Having left early, my friends arrived early.

Agreement of the past participle in this structure is the same as in any compound tense.

Nous ayant écouté**s**, il a changé son histoire.

Having listened to us, he changed his story.

S'étant spécialisé**e** en langues, Nicole a obtenu un poste international.

Having specialized in languages, Nicole got an international position.

8. Ayant déjà fait quelque chose, les personnes suivantes avaient fait quelque chose d'autre. Dites-le à un(e) ami(e).

     MODÈLE: Thomas avait pris ce poste-là. (terminer ses études)
     Ayant terminé ses études, Thomas avait pris ce poste-là.

   1. Natalie était devenue gérante. (viser une carrière de femme d'affaires)
   2. La société avait embauché un autre ingénieur. (renvoyer Thierry)
   3. Marc et toi, vous aviez gagné beaucoup d'argent. (se mettre à travailler quand vous étiez très jeunes)
   4. J'avais été responsable de tout un magasin. (se spécialiser en affaires)
   5. Nous avions trouvé un bel appartement. (venir à Paris ensemble)
   6. L'inspecteur nous avait fait tout de suite confiance. (ne nous embaucher que pour cette affaire-là)
   7. Ces types avaient fait beaucoup de bruit. (rentrer à trois heures du matin)
   8. Tu avais quitté l'endroit. (finir ton enquête)

le pronom interrogatif *lequel*

Lequel (*Which one, Which ones*) is another French interrogative pronoun. It is often used instead of the structure **quel** + noun and is a combination of the appropriate forms of the definite article and **quel**.

Quel ami as-tu rencontré?	*Which friend did you meet?*
Lequel as-tu rencontré?	*Which one did you meet?*

Here are the four basic forms of **lequel** and their meanings. Note that **lequel** can refer to either persons or things.

	Masculine		
Singular	lequel	**Lequel** des postes veux-tu?	Which (one) of the jobs do you want?
Plural	lesquels	**Lesquels** as-tu recrutés?	Which ones did you recruit?

	Feminine		
Singular	laquelle	**Laquelle** des filles l'a vu?	Which one of the girls saw it?
Plural	lesquelles	**Lesquelles** sont sorties?	Which ones went out?

Lesquelles de ces filles sont assises? (Verneuil-sur-Seine)

Lequel de ces deux types ressemble
à Bart Simpson? (Paris)

The form of **lequel** agrees in gender and in number with the noun
to which it refers.

—Quelle **rue** est-ce que David
a traversée?

*Which street did David
cross?*

—Il ne sait pas **laquelle**.

*He doesn't know which
one.*

A form of **lequel** may be either

★ the suject of a verb,

Lesquels de ces types sont venus? *Which (ones) of those guys came?*

★ the direct object of a verb,

Des deux carrières **laquelle**
a-t-il choisie?

*Of the two careers which one did he
choose?*

★ the object of a preposition

—J'ai mis mon portefeuille dans
un de mes pantalons.

I put my billfold in one of my pants.

—Dans **lequel** l'as-tu mis?

In which one did you put it?

★ or a one-word question.

—Tu as vu ces femmes-là?

Did you see those women?

—**Lesquelles**?

Which ones?

9. On vous demande si vous avez vu certaines personnes ou fait certaines
   choses. Demandez des précisions.

   MODÈLE: Tu as vu ces policiers?
             Lesquels?

   1. Tu as suivi ces affaires?
   2. Tu as fait ce boulot?
   3. Tu as entendu ces bruits?
   4. Tu as aperçu ce cadavre?
   5. Tu as fini ces enquêtes?
   6. Tu as vu cette femme d'affaires?
   7. Tu as rencontré ces reporters?
   8. Tu as rempli cette fiche?

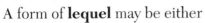

UEL BOULOT !

Qu'est-ce que le garçon a écrit?

10. Marie-France dit qu'elle a écrit certaines choses. Demandez-lui lesquelles elle a écrites.

MODÈLE: J'ai écrit un mot.
Lequel as-tu écrit?

1. J'ai écrit des invitations.
2. J'ai écrit un nom.
3. J'ai écrit une lettre.
4. J'ai écrit un itinéraire.
5. J'ai écrit une étude.
6. J'ai écrit des poèmes.
7. J'ai écrit des histoires.
8. J'ai écrit des romans.

11. En racontant ce qui s'est passé aujourd'hui, Jean-Luc parle de personnes ou de choses qu'il ne nomme pas. Demandez-lui lesquelles. Faites des questions complètes.

MODÈLE: Un des types est tombé dans l'escalier.
Lequel est tombé?

1. Un policier m'a téléphoné.
2. Puis des reporters sont venus.
3. Trois postes sont libres chez IBM.
4. Une société m'a recruté.
5. Et un gérant m'a embauché.
6. Une de nos secrétaires a reçu des coups de coude dans le métro.
7. Des émissions m'ont intéressé.
8. Mes anciennes copines m'ont rendu visite.

Pas de coups de coude dans le métro aujourd'hui!
(Paris)

le pronom démonstratif *celui*

The demonstrative pronoun **celui** is used to replace the structure **ce, cet, cette, ces** + noun. **Celui** can refer to either specific persons or things. Here are the four basic forms of **celui** and their meanings.

	Masculine	Feminine	
Singular	celui	celle	this one, that one, the one
Plural	ceux	celles	these, those, the ones

The demonstrative pronoun agrees in gender and in number with the noun to which it refers.

—Lesquels de ces types a-t-on renvoyés?	*Which (ones) of those guys did they dismiss?*
—On a renvoyé **ceux** qui ont tout raté.	*They dismissed the ones who missed everything.*

A form of **celui** is never used alone in a sentence. It is followed by either **-ci, -là, qui, que** or **de**.

★ **celui-ci, celui-là**

A form of **celui** may be followed by **-ci** or **-là** to clarify position. Add **-ci** to the demonstrative pronoun to point out persons or things close by (*this one, these*); add **-là** to the demonstrative pronoun to point out persons or things farther away (*that one, those*).

—Je vais te donner ce diamant-ci.	*I'm going to give you this diamond.*
—Ne me donne pas **celui-ci**; donne-moi **celui-là**.	*Don't give me this one; give me that one.*
—Prendrez-vous cette chambre-ci?	*Will you take this room?*
—Non, nous voulons **celle-là**.	*No, we want that one.*

...et ce garçon-là vient de Dakar.

ATTENTION: **Celui-ci** or **celle-ci** may also mean "the latter." **Celui-là** or **celle-là** may also mean "the former." A form of **celui-ci** always comes before a form of **celui-là** in the same sentence.

Cette fille-ci vient de Gand...

—D'où viennent tes copains Hélène et Abdou?	*Where do your friends Hélène and Abdou come from?*
—**Celui-ci** est africain et **celle-là** est belge.	*The latter is African and the former is Belgian.*

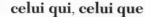

CELLE QUI FAIT RIRE TOUTE LA FRANCE

CEUX QUI ONT RÉFLÉCHI À CE QUE DOIT ÊTRE UNE BANQUE ONT SOUVENT LA MÊME.

BNP

* **celui qui, celui que**

A form of **celui** may be followed by the relative pronouns **qui** or **que**. **Celui qui** is the subject of the relative clause, while **celui que** is the object of the clause.

—Tu connais cette fille-là?	*Do you know that girl?*
—Tu veux dire **celle qui** est avec Tom?	*You mean the one who's with Tom?*
—Ces policiers-ci sont gentils.	*These detectives are nice.*
—**Ceux que** j'ai rencontrés étaient désagréables.	*The ones I met were unpleasant.*
—Quelles langues as-tu étudiées?	*Which languages did you study?*
—J'ai étudié **celles que** tu as étudiées.	*I studied those that you studied.*

* **celui de**

A form of **celui** may be followed by **de** to express possession.

—C'est ton bureau?	*Is this your office?*
—Non, c'est **celui de** mon père.	*No, it's my father's.*

12. Vous êtes au grand magasin avec un(e) ami(e) qui vous demande comment vous trouvez certains habits. Dites que vous les trouvez plus beaux que ceux qu'on vous a déjà montrés.

> MODÈLE: Comment trouves-tu cette chemise-ci?
> **Celle-ci est plus belle que celle-là.**

1. Comment trouves-tu cet ensemble-ci?
2. Comment trouves-tu ces gants-ci?
3. Comment trouves-tu ces bottes-ci?
4. Comment trouves-tu cette veste-ci?
5. Comment trouves-tu ce sac-ci?
6. Comment trouves-tu ces robes-ci?
7. Comment trouves-tu ces impers-ci?
8. Comment trouves-tu cette ceinture-ci?

Regardez ces nouveaux mariés.

13. On fait une enquête, et on vous demande d'identifier des gens et des objets que vous n'avez pas vus. Dites-le au policier.

> MODÈLE: Regardez cette voiture.
> **Ce n'est pas celle que j'ai vue.**

1. Regardez cette photo.
2. Regardez ce couple.
3. Regardez ces types-là.
4. Regardez ces reporters-là.
5. Regardez ces clés.
6. Regardez ces cartes.
7. Regardez ce couteau.
8. Regardez cette valise.

14. Pendant cette enquête le policier vous demande aussi si certains objets ou certaines personnes vous appartiennent. Dites-lui qu'ils appartiennent aux gens ou aux choses indiqués.

> MODÈLE: C'est votre stylo? (mon copain)
> **Non, c'est celui de mon copain.**

1. C'est votre maison? (mes parents)
2. C'est votre terrasse? (mes voisins)
3. Ce sont vos parents? (mes cousins)
4. C'est votre passeport? (mon frère)
5. C'est votre permis de conduire? (quelqu'un qui me ressemble)
6. Ce sont vos brochures? (Daniel)
7. Ce sont vos tennis? (le concierge)
8. Ce sont les jouets de votre petite sœur? (chat)

15. Comment dit-on en français?

> LEÏLA: There's a rumor going around that they have offered Caroline a very good position.
>
> HERVÉ: Oh really? I didn't know (it). Which one?
>
> LEÏLA: Precisely the one she wanted.

Il paraît que Caroline sera gérante d'un grand magasin. (Nice)

HERVÉ: That's great. Is it an international job?

LEÏLA: No, it seems that she'll be the manager of a department store.

HERVÉ: Having specialized in business, she should be very good as a manager.

LEÏLA: I know. When we were at the university, she told me she had always aimed at a career as a businesswoman.

HERVÉ: That's right. However, having also specialized in languages, I would prefer to pursue (follow) an international career.

LEÏLA: Then you could work for a newspaper or for a big company.

HERVÉ: The latter doesn't interest me, but the former, maybe.

Rédaction

En deux paragraphes racontez des expériences que vous avez eues en travaillant. D'abord décrivez quelques bonnes expériences, et puis décrivez celles qui ont été mauvaises. (Si vous n'avez pas encore eu un poste régulier, vous avez peut-être fait du baby-sitting ou aidé vos parents à la maison, par exemple.) Dites pour qui vous avez travaillé, ce que vous avez fait et ce qui vous a plu ou ne vous a pas plu, etc. Dites aussi ce que vous avez appris de vos expériences et comment ces boulots vous ont préparé(e) pour ce que vous comptez faire à l'avenir. Utilisez seulement le vocabulaire que vous avez déjà appris.

Le Hoche est le café préféré de Julien et de son copain Pierre. (Paris)

Lecture

"De droite à gauche"

Épisode 1: Quel boulot!

À Paris. Il est neuf heures. On est au café le Hoche qui se trouve dans l'avenue Hoche, pas loin du parc Monceau.[1] Julien, un grand jeune homme brun d'à peu près 25 ans, appareil-photo sur l'épaule, entre et s'assied à côté de son ami Pierre déjà assis devant le comptoir.°   counter

PIERRE: Ah, te voilà enfin! Qu'est-ce qui s'est passé? Il est neuf heures.

JULIEN: Je sais, je sais. Ne m'en parle pas! La prochaine fois je prendrai un taxi. D'abord j'ai fait la queue pour le coupon de ma Carte Orange. Ensuite il y a eu une panne dans le

Il y a des télévisions dans les stations de métro. (Paris)

métro entre Franklin Roosevelt et George V.²
[au garçon] S'il te plaît, Robert, un café
crème et deux croissants.

PIERRE: Un noir° pour moi, Robert!   *Un noir = Un café noir*

ROBERT: De suite.° Alors, un noir, un crème et deux   *De suite = Tout de suite*
croissants.

JULIEN: Alors, raconte! C'était bien hier soir au Club
Zed?³ Je n'ai pas pu venir.

PIERRE: Super! D'ailleurs on ne savait pas ce que tu
étais devenu, et puis Valérie t'attendait.

JULIEN: Elle y était? Ah, mince!

PIERRE: Oui, il y avait tous les copains et….

ROBERT: Monsieur Julien, on vous demande au
téléphone. C'est votre patron. Il n'a pas l'air
content.

JULIEN: Aïe, aïe, aïe! Il peut me trouver même à neuf heures du matin. [Julien se dirige vers le téléphone et le décroche.°] Allô, oui? Monsieur Marceau, vous allez bien ce matin?

picks up

MARCEAU: Passons sur les civilités.° Je savais que j'allais vous trouver au café le Hoche et que vous seriez en retard comme d'habitude.

Let's dispense with courtesy.

JULIEN: Mais, Patron, il y a eu une panne dans le métro et....

MARCEAU: Balivernes!° Il y a du boulot pour vous. Ne venez pas au bureau, allez directement 19-bis,[4] rue des Sablons. C'est à côté du Trocadéro.[5] La police vient d'y découvrir un cadavre, et il paraît que c'est un suicide.

Nonsense!

Le Trocadéro du troisième étage de la Tour Eiffel (Paris)

L'inspecteur Grenier y est déjà.
Naturellement, c'est interdit aux journalistes,
mais vous saurez vous débrouiller, hein? Je
veux cette histoire, et si je n'avais pas un
rendez-vous urgent, je vous accompagnerais.
Enfin, essayez de réussir pour une fois!

JULIEN: Vous pouvez me faire confiance, Patron. Je
            prends un taxi et j'y vais tout de suite.

MARCEAU: Alors, je compte sur vous.

JULIEN: Au revoir, Patron! [Julien raccroche° et   hangs up
            revient au comptoir.] Excuse-moi, Pierre, je
            dois partir. Le patron vient de me confier
            une affaire très importante. Je te raconterai
            ce soir. Salut!

PIERRE: Ciao. Et bonne chance!

Un peu plus tard, au troisième étage du 19-bis de la rue
des Sablons. Un policier garde la porte. Julien sort de
l'ascenseur.

POLICIER: Les reporters ne peuvent pas encore entrer.
            Vous devez descendre.

JULIEN: Je vous demande pardon mais je fais
            exception. Tenez, voilà un laissez-passer° de   pass
            l'inspecteur Grenier lui-même!

Julien montre très vite au policier une petite carte
périmée° et entre sans attendre de réponse. Il entre dans   outdated
le salon de l'appartement où se trouvent l'inspecteur
Grenier, trois de ses hommes et une jeune fille blonde
assise sur le canapé. Celle-ci répond aux questions de
l'inspecteur en pleurant.°   crying

GRENIER: [En apercevant Julien] Mais, j'avais pourtant
            bien dit que les reporters étaient interdits.
            Allez, pas d'histoires!° Allez-vous-en, de   *pas d'histoires* = no
            Chauvincourt!⁶   flack

JULIEN: Je suis désolé, Monsieur l'Inspecteur, mais vous nous en devez une.° Rappelez-vous, après la dernière enquête vous aviez bien dit "Mon cher Julien, qu'est-ce que je ferais sans vous? Vous m'avez tellement aidé avec cette affaire." [Julien invente.] Et vous aviez même dit "Si je peux vous rendre service à l'avenir, n'hésitez pas à m'appeler."

une = une faveur

GRENIER: J'ai dit ça, moi? Ça m'étonne.

JULIEN: Écoutez, Monsieur l'Inspecteur, je me ferai petit comme une souris. Permettez-moi de rester. Si vous me renvoyez, le patron me renverra aussi, et vous ne voudriez pas avoir ça sur votre conscience, non? Je vous connais. Vous le regretteriez, et vous seriez obligé....

GRENIER: Nom d'une pipe!° Vous et votre journal, vous nous embêtez. Asseyez-vous là dans le coin et bouclez-la!°

Confound it!

bouclez-la = shut up

[à suivre°]

to be continued

On va au parc Monceau pour lire, se promener ou se reposer. (Paris)

L'intérieur de la station Franklin Roosevelt est décoré d'acier inoxydable (*stainless steel*). (Paris)

Notes culturelles

1. Le parc Monceau est un splendide jardin public qui se trouve dans un des quartiers chic assez près de l'avenue des Champs-Élysées.

2. Franklin D. Roosevelt et George V sont deux stations de métro qui se trouvent sur les Champs-Élysées et sur la ligne de métro Pont de Neuilly-Château de Vincennes.

3. Actuellement, le Club Zed est une discothèque parisienne très populaire.

Le Palace, une autre discothèque populaire, se réveille après minuit. (Paris)

4. Le mot "bis" veut dire "encore" ou "répéter." Il y a des gens qui crient "bis" à la fin d'un concert pour demander que les musiciens continuent. Dans la rue on voit aussi le suffixe "-bis" attaché à certains numéros d'adresse pour identifier une seconde entrée ajoutée (*added*) à un immeuble après que celui-ci a déjà reçu son numéro.

5. Le Trocadéro est une très jolie place située près de la Seine en face de la Tour Eiffel. C'est là où se trouve le palais de Chaillot qui abrite (*houses*) le musée des Monuments français, le musée de la Marine (*Navy*), le musée de l'Homme et le Théâtre national populaire de Chaillot.

6. "De Chauvincourt" est le nom de famille de Julien. Le mot "de" dans son nom indique qu'il appartient à une ancienne famille noble.

On a construit le palais de Chaillot pour l'Exposition de 1937. (Paris)

CHAILLOT
THÉÂTRE NATIONAL

Place du Trocadéro, 727.81.15. Mº Trocadéro. Pl. : 65 - 45 - 40 F.
Grand Théâtre : Soir 20h (sauf dim. et lun.). Mat. dim. 15h.
Jusqu'au 31 mars :
HERNANI. — Drame en cinq actes de V. Hugo, mise en scène de A. Vitez, avec Antoine Vitez ou Pierre Debauche (Don Ruy Gomez de Dilva), Redjep Mitrovitsa (Don Carlos), Aurélien Recoing (Hernani) Jany Gastaldi (Dona Sol), Hélène Duc (Dona Josefa Duarte), François Bérléand (Don Ricardo) et les chœurs : F. Frappat, Ph. Girard, D. Pouget, J. Denicourt, J. Gabelus, J. Penrec, P. Ternisien.

Répondez en français.

1. Qu'est-ce qui indique que Julien est journaliste ou reporter?
2. Comment Julien est-il venu au café le Hoche?
3. Où est-ce que le métro est tombé en panne?
4. Où est-ce que Julien n'a pas pu aller hier soir?
5. Qui est M. Marceau et que pensez-vous de lui?
6. Qu'est-ce qui s'est passé au 19-bis, rue des Sablons?
7. Comment Julien réussit-il à entrer sans permission dans l'appartement où on a trouvé le cadavre?
8. Qui est là avec M. Grenier et ses hommes?
9. Quel est le nom de famille de Julien?
10. Comme Julien voudrait y rester, il invente une histoire. Laquelle?
11. Selon Julien, que fera M. Marceau si M. Grenier ne lui permet pas de rester?
12. Qu'est-ce que l'inspecteur pense de Julien et son journal?

Interaction et application pratique
À deux

1. With your partner create a two-minute dialogue in French between two old friends who haven't seen each other in a long time and who bump into one another in Paris. Partners should ask each other about their past experiences as well as what they are currently doing. As you each tell several interesting things that you have done in the past, try to use appropriately the different past tenses you have already learned. Then learn your parts and present your dialogue for the class.

2. Take turns with your partner discussing several things that you are responsible for doing (**responsable de** + noun). As you describe each responsibility, tell what you like or don't like about it. After each of you has responded, share a few of your partner's statements with the entire class.

    MODÈLE: **Je suis responsable du jardin en été. J'aime travailler dehors, mais je préférerais être avec mes copains lorsqu'il fait beau.**

3. With your partner create a two-minute dialogue in French between a boss and an employee. The boss has just called the employee in to discuss the employee's last assignment which was not completed satisfactorily. The boss is very upset, and the employee tries to justify his/her mistakes. Be sure to tell how the problem is resolved. Use as many expressions as you

can from this lesson. After learning your parts, perform your dialogue for the class.

4. Take turns with your partner recalling five occasions in the past when each of you thought you were going to go crazy (**devenir fou/folle**) because of some annoyance or problem. Say how old you were and what had happened just before you began to feel annoyed or worried. You will use a combination of the three past tenses you have already learned: **le passé composé**, **l'imparfait** and **le plus-que-parfait**. Then tell the class about your partner's most interesting experience.

> MODÈLE: **Je croyais que j'allais devenir fou/folle lorsque j'avais dix ans. Un matin j'avais quitté la maison comme d'habitude à huit heures pour aller à l'école lorsque....**

5. Interview your partner about his/her preferences in the following areas: **cours**, **films**, **chanteurs/chanteuses**, **passe-temps**, **sports**, **animaux**, **voitures**, **plats**, **boissons** and **restaurants**. Use a form of **lequel** in each question, and give two possible choices. Be sure each answer includes a form of **celui**. After both of you have given your preferences, report back to the class what you have learned about your partner's tastes.

> MODÈLE: Laquelle de ces voitures préfères-tu, la Corvette ou la Mercedes?
> **Celle que je préfère, c'est la Corvette.**

Celle que ce couple préfère, c'est la Mercedes.

En groupes

6. With your group of five people, play "Gossip" in French (**Bavardage**). Each person in the group invents a rumor and whispers it to the person on the right who whispers it to the next person, etc. Each sentence should contain at least eight words. The last person to hear the rumor can write it on a transparency. Repeat this procedure until each group member has given one sentence. At the end the whole class can read and correct together on the overhead the sentences from each group to see which sentence is the longest and most interesting.

> MODÈLE: **Le bruit court qu'on va renvoyer notre prof.**

7. With others in your group do some research to see how many different careers you can list that make use of a knowledge of French either as a primary or secondary skill. Consider such areas as international trade, investment, government service, technology, manufacturing, travel, etc. You may want to consult the U.S. Department of Labor's *Occupational Outlook Handbook* or other resource materials. List these job titles in French and note what area you would major in (**se spécialiser en**) for each career choice. (You will also want to use a good French-English dictionary.) Afterwards compare your list with those from other groups.

Tous ensemble

8. With your entire class prepare five questions in French on career choices and then conduct a poll (**faire un sondage**) of your classmates. The five questions should be related to what career the students have chosen, why they chose that career, what training or schooling they will need before beginning it, how long the training or schooling will last and what the advantages of the career are. Each student should interview at least two other people. Afterwards several students can relate what they have learned to the entire class.

Vocabulaire actif

noms

une affaire affair, case, (piece of) business
des affaires (f.) business
  **un homme d'affaires, une femme
    d'affaires** businessman, businesswoman
un boulot job, work
un bruit noise; rumor
un bureau office
un cadavre (dead) body
une carrière career
la confiance confidence
un coude elbow
un coup blow, knock
  donner un coup de coude to nudge
un emploi job

une enquête inquiry, survey
une épaule shoulder
une étude study
un exemple example
un(e) gérant(e) manager
un inspecteur, une inspectrice inspector,
  police lieutenant
une perte loss, waste
la police police
un policier, une policière detective
un poste position, job
un reporter reporter
une société company
un type guy

adjectifs

ancien, ancienne old; former
certain(e) certain
international(e) international

juste just, right
responsable (de) responsible (for)

verbes

blesser to hurt, to injure
confier à to entrust with
embaucher to hire
fabriquer to manufacture
faire confiance à to trust
gérer to manage
se mettre à to begin, to start

rater to miss, to fail
recruter to recruit
renvoyer to dismiss, to send away
se spécialiser to specialize
surprendre to surprise
terminer to finish
viser to aim at

expressions diverses

Aïe! Ouch!
celui, celle; ceux, celles this one, that one,
  the one; these, those, the ones
chut shhh!
d'ailleurs besides, moreover
en plus besides, moreover

lequel, laquelle; lesquels, lesquelles which
  one; which ones
lorsque when
normalement normally
par exemple for example

PETITES
ANNONCES

L'amour et la carrière

EMPLOI

OFFRES

La Télévision locale par câble d'Angers recherche :

Deux journalistes de télévision expérimentés

Prise en charge d'éditions télévisées, de magazines. Conception et réalisation de reportages. Présentation d'émissions.
Profil souhaité :
Ecole Supérieure de Journalisme. 3 à 5 ans d'expérience. Intérêt pour le local. Salaire : environ 150.000F brut/annuel. Libres de suite.
Ecrire : Yves BRUEZIERE, SERCA, BP 3527, 49035 Angers cedex.

STE DE SPECTACLE

recherche JG pour vente par téléphone. 43.38.14.20.

OFFRES POSTES T.U.C.
Association offre

40 T.U.C.

à 18-25 ans (sauf étudiants) immigrés ou français issus immigration pour soutien scolaire.
Tél. I.S.M. 43.31.79.55.

Le C.L.A.P. recherche pour le pôle gestion du Centre National un(e)

AIDE COMPTABLE

à mi-temps. Connai. C.C.M.C. souhaitée. Salaire annuel brut :42120F CDD.

Les candidatures sont à adresser avant le 28 octobre 1988 à monsieur le Président du C.L.A.P., 25 rue Gandon, 75013 Paris. Inutile de téléphoner, les candidatures seront examinées par une commission

Club Cambaceres cherche

hôtesses

débutantes. Se présenter le soir, 22, rue Cambaceres, Paris 8e.

Recherchons responsable d'animation et animateurs polyvalents.
Tél. (1).47.72.87.00.

PETITES ANNONCES VITRINE

Immobilie

Commerces Vente Ach

Offres d'emploi rres d'emploi

Demandes d'emploi emandes d'emploi

Location

erro

Divers

Leçon 6

Communicative Functions

- talking about future plans
- talking about career choices
- describing someone's character
- talking about personal relationships
- saying what you would have done in someone else's place
- saying what would have happened if something else had occurred

Gabrielle et Isabelle, des copines très proches, ont des plans différents.

Deux jeunes filles différentes

Isabelle Deferre et Gabrielle Trottin sont deux amies très proches. Elles se sont connues en 7ème[1] au lycée Henri IV à Paris, et elles viennent de recevoir leur bac.[2] Aujourd'hui elles parlent de leur avenir. Isabelle voudrait suivre une carrière en dehors de la maison, mais sans exclure la possibilité de se marier et d'avoir des enfants.

ISABELLE: Dis donc, il y a plein d'*annonces dans le journal. Écoute celle-ci: "Société canadienne recherche 50 personnes pour créer 30 succursales. Personnes sérieuses et responsables. Niveau bac. Téléphonez au 49.77.93.64."

Les trois livres du *Français vivant* sont pour trois niveaux d'études différentes. Vous êtes au niveau 3, c'est-à-dire, en troisième année de français.

GABRIELLE: Ça a l'air intéressant. Pourtant, l'annonce ne précise pas grand-chose, ni au niveau du salaire ni au niveau des capacités. À mon avis, c'est quand même essentiel.

ISABELLE: Moi, je pense que j'ai des capacités.

GABRIELLE: C'est vrai, mais permets-moi d'être franche avec toi. Tu es intelligente et ambitieuse, c'est sûr. Mais, en même temps, tu as le caractère un peu trop sensible** pour ce poste.

ISABELLE: Tout le monde a des qualités et des défauts cachés. Par exemple, un regard doux peut être celui d'un être sans cœur, tout à fait insensible.

GABRIELLE: Mais toi, Isabelle, tu ne connais que l'amour et le bonheur. Tu ne pourrais pas tuer une mouche.

ISABELLE: D'ailleurs, toi non plus. Et puis, la gentillesse est essentielle au succès, n'est-ce pas?

GABRIELLE: Au niveau des rapports humains, d'accord.

ISABELLE: Et au niveau des affaires, ce n'est pas différent. J'en conclus qu'il n'y a rien de pire qu'un être sans cœur.

GABRIELLE: Tu as raison. Moi, je ne suis pas encore prête à suivre une carrière en dehors de la maison. Je vais d'abord me marier, et puis on verra.

* Quand ils parlent, les Français utilisent souvent l'expression **plein de** (*full of*) comme synonyme de **beaucoup de**.

** L'adjectif **sensible** (*sensitive*) est un faux ami (*false cognate*). Pour dire *sensible*, utilisez **raisonnable**.

Selon Isabelle, qu'est-ce qui est essentiel au succès?

209

Kiki a le regard doux lorsqu'il voit Ficelle.

Kiki a le regard dur quand il voit Minou.

Je crois que ce chien est jaloux de moi.

Si tu n'étais pas si grincheux,³ tu aurais un bifteck, toi aussi.

Il faut essayer quand même, surtout quand on a faim.

Notes culturelles

1. Isabelle et Gabrielle sont amies depuis la septième, qui est l'équivalent approximatif de notre *fifth grade* aux U.S.A.

2. En France, après les études au lycée, on passe (*take*) un examen pour obtenir le baccalauréat qui s'appelle aussi "le bac." Ce diplôme est l'équivalent approximatif de notre *high school diploma* plus deux ans d'université américaine.

3. Saviez-vous que le mot *Grinch*, dans l'histoire *How the Grinch Stole Christmas* du Docteur Seuss, est d'origine française?

Cette femme suit une carrière en dehors de la maison et a une famille en même temps.

	F	H
6 500 - 8 300 F	7,7 %	11,8 %
8 300 - 10 000 F	3,5 %	5,9 %
10 000 - 12 500 F	1,5 %	4,6 %
12 500 - 21 000 F	1,2 %	4,7 %
+ de 21 000 F	0,2 %	1,9 %

Compréhension

Répondez en français.

1. Est-ce qu'Isabelle et Gabrielle sont de bonnes amies?
2. Quelles sont les possibilités pour une femme d'aujourd'hui?
3. Qu'est-ce qu'Isabelle a trouvé dans le journal?
4. Pourquoi est-ce que la société canadienne recherche des employés en France?
5. Au niveau des études, qu'est-ce qu'on doit avoir pour obtenir un poste avec cette société?
6. Quel salaire est-ce qu'Isabelle pourrait espérer recevoir en travaillant pour cette société?
7. Gabrielle semble croire qu'Isabelle ne sera pas forte en affaires. Pourquoi?
8. Quelle est la qualité d'Isabelle qui lui permettra d'avoir de très bons rapports avec les autres?
9. Comment Isabelle et Gabrielle sont-elles différentes?

À propos

1. Est-ce que vos projets pour l'avenir ressemblent à ceux d'Isabelle ou de Gabrielle?
2. Quelles sont les qualités de votre meilleur(e) ami(e)?
3. Pour réussir dans les affaires, quelles sont les qualités les plus importantes, à votre avis?
4. Pour Snoopy il y a certaines choses qui font le bonheur. Pour vous, qu'est-ce qui crée le bonheur?
5. Avec qui avez-vous de bons rapports? Pourquoi?
6. Êtes-vous jamais grincheux (grincheuse)? Si oui, quand?

À votre avis, qu'est-ce qui est nécessaire au niveau des rapports humains?

Isabelle annonce à Gabrielle qu'elle se marie avec Thierry.

Expansion

La conversation continue.

ISABELLE: Dis donc, qu'est-ce qui se passe? Hier tu m'as dit que tu avais rompu avec ton fiancé en m'assurant que tu ne te marierais jamais. Puis aujourd'hui, tu m'annonces que tu te maries quand même.

GABRIELLE: Écoute, j'ai été bête, c'est tout.

ISABELLE: Je ne comprends plus rien.

GABRIELLE: Tu te rappelles, j'avais vu Thierry avec une autre fille, et je suis devenue folle. Tu sais comment je suis.

ISABELLE: Je sais. Tu es très jalouse.

GABRIELLE: Oui, et j'ai rompu comme ça avec Thierry sans lui donner le temps de s'expliquer. Ensuite je suis rentrée chez moi, et j'ai pleuré toute la nuit.

ISABELLE: Et alors?

GABRIELLE: Alors, le lendemain matin Thierry est venu s'expliquer. La fille avec qui je l'avais vu, c'était sa cousine. Si j'avais su, j'aurais été plus raisonnable.

ISABELLE: Et tu n'avais aucune raison d'être jalouse.

GABRIELLE: Je suis vraiment bête, hein?

ISABELLE: C'est toi qui le dis. Alors, c'est bien avec Thierry que tu te maries enfin.

GABRIELLE: Oui, à la fin de l'année.

Quand Kiki a rompu avec Ficelle, il a pleuré toute la nuit.

Quand on se marie, c'est pour le meilleur et pour le pire. (Paris)

Gabrielle et Thierry, après leur mariage

Il semble que si Gabrielle ne s'était pas mariée avec Thierry cette année, elle aurait suivi une carrière en dehors de la maison. Mais on se marie pour le meilleur et pour le pire. C'est peut-être le pire qui l'attend car elle est un peu paresseuse tandis que Thierry est très industrieux. Il espère même que Gabrielle et lui pourront travailler ensemble.

Kiki n'est pas industrieux. Le pire de ses défauts, c'est qu'il est paresseux.

THIERRY: J'ai cherché partout le journal, mais je ne peux le trouver nulle part. Tu l'as vu, ma chérie?

GABRIELLE: Oui, mon chéri, je l'ai vu quelque part, mais je ne sais plus où.

THIERRY: Tiens, le voilà par terre à côté du guéridon. Il y a une annonce que je voulais te montrer. La voici. Écoute. "Vous voulez travailler en couple? Vous avez le sens des affaires? Devenez gérants d'une station-service." Voilà ce que j'aimerais faire. Qu'en penses-tu, ma chérie?

GABRIELLE: Euh..., c'est une possibilité, mais je me demande si nous pourrons bien travailler ensemble. Franchement, j'avais d'autres plans.

LE SENS DE L'ÉQUIPE, POUR FAIRE GAGNER L'ENTREPRISE.

Ces joueurs ont le sens de l'équipe.

Voilà le journal par terre à côté du guéridon.

Activités

1. Complétez chaque phrase d'après le dialogue d'introduction et les images.

1. Chaque personne a un ___ .

2. Guillaume a donné un diamant à Isabelle, sa ___ .

3. Isabelle vient de recevoir son ___ .

4. Guillaume cherche un emploi dans les petites ___ .

5. Le quinze novembre est la date de leur ___

6. L'enfant est très triste, alors il ___ .

7. Les animaux n'aiment pas beaucoup les ___ .

8. Le cœur de Kiki est plein d' ___ .

Élise et Nadège seront prêtes dans cinq minutes.

2. Complétez chaque phrase en utilisant un des adjectifs de la liste suivante.

humain	ambitieuse	pire
sensible	proches	franc
essentielle	insensible	prêt

1. Quelqu'un qui dit ce qu'il pense est ___ .
2. Une personne qui court après le succès et un gros salaire doit être ___ .
3. Quelqu'un qui s'intéresse à ce que vous dites ou pensez est ___ . Quelqu'un qui ne s'y intéresse pas est probablement ___ .
4. Une personne est un être ___ .
5. Pour les bons rapports la gentillesse est ___ .
6. Mon meilleur ami et moi, nous sommes très ___ .
7. On se prépare maintenant, alors on sera ___ dans cinq minutes.
8. Pour les Français il n'y a rien de ___ qu'un repas sans pain.

3. En essayant de se rappeler ce qu'Isabelle lui a dit sur son amie Gabrielle, Philippe se trompe. Corrigez-le d'après l'**Expansion**.

MODÈLE: Je crois que Gabrielle a rompu avec ses parents.
Non, elle a rompu avec son fiancé.

1. À son avis, en rompant avec son fiancé, Gabrielle a été intelligente.
2. En voyant son fiancé avec une autre fille, elle était devenue raisonnable.
3. C'est Thierry qui a été jaloux.
4. Selon Isabelle, si Gabrielle a une qualité, c'est qu'elle est jalouse.
5. Ayant vu Thierry avec l'autre fille, Gabrielle est allée au Club Zed où elle a dansé toute la nuit.
6. Le lendemain matin Thierry est allé chez Gabrielle pour lui donner une bague.
7. Gabrielle et Thierry vont se marier tout de suite.
8. Gabrielle est pressée pour travailler ensemble avec Thierry.

4. Complétez les phrases suivantes à votre façon en utilisant si possible le vocabulaire de cette leçon.

1. Pour avoir un(e) ami(e) très proche, il faut être ___ .
2. Ma plus grande qualité, c'est que je suis ___ .
3. Mon pire défaut, c'est que je suis ___ .
4. Je lis les annonces dans le journal pour trouver ___ .
5. Quand on est amoureux de quelqu'un, on peut l'appeler " ___ ."
6. À mon avis, ce qui est essentiel au bonheur d'un couple, c'est ___ .
7. Je deviens jaloux (jalouse) quand ___ .
8. Si mon (ma) fiancé(e) rompait avec moi, je ___ .

Il faut toujours être franc avec un ami très proche.

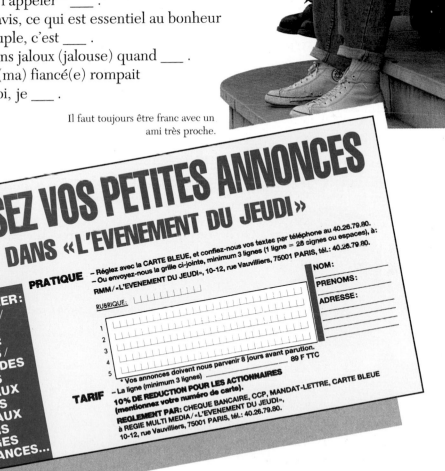

PASSEZ VOS PETITES ANNONCES
DANS « L'EVENEMENT DU JEUDI »

PRATIQUE – Réglez avec la CARTE BLEUE, et confiez-nous vos textes par téléphone au 40.26.79.80.
– Ou envoyez-nous la grille ci-jointe, minimum 3 lignes (1 ligne = 28 signes ou espaces), à:
RMM/ «L'EVENEMENT DU JEUDI», 10-12, rue Vauvilliers, 75001 PARIS, tél.: 40.26.79.80.

NOM:
PRENOMS:
ADRESSE:

RUBRIQUE:

1
2
3
4
5

* Vos annonces doivent nous parvenir 8 jours avant parution.
– La ligne (minimum 3 lignes)   89 F TTC

IMMOBILIER:
ACHATS /
VENTES
EMPLOI:
OFFRES /
DEMANDES
MOTOS
BATEAUX
DIVERS
ANIMAUX
COURS
STAGES
VACANCES...

TARIF

10% DE REDUCTION POUR LES ACTIONNAIRES (mentionnez votre numéro de carte).
REGLEMENT PAR: CHEQUE BANCAIRE, CCP, MANDAT-LETTRE, CARTE BLEUE
à REGIE MULTI MEDIA/ «L'EVENEMENT DU JEUDI»,
10-12, rue Vauvilliers, 75001 PARIS, tél.: 40.26.79.80.

Structure et usage

le présent des verbes irréguliers *conclure* et *exclure*

A few verbs have infinitives that end in **-clure**. Two of these verbs are **conclure** (*to conclude*) and **exclure** (*to exclude*). Here are the present tense forms of **exclure**.

exclure			
j'	**exclus**	Je n'**exclus** aucune possibilité.	I exclude no possibility.
tu	**exclus**	Qu'est-ce que tu **exclus**?	What are you excluding?
il/elle/on	**exclut**	Rien ne l'**exclut**.	Nothing excludes it.
nous	**excluons**	Nous **excluons** ces gens-là.	We exclude those people.
vous	**excluez**	**Excluez**-vous mon idée?	Do you exclude my idea?
ils/elles	**excluent**	Elles n'**excluent** personne.	They exclude no one.

ATTENTION: The past participles of **exclure** and **conclure** are **exclu** and **conclu**.

On **a conclu** que tu es sérieux.   *We've concluded you're serious.*

Frédéric n'exclut pas la possibilité de se marier.

Tout le monde conclut que la fille de Mme Diouf est sérieuse.

Les fiancés de Magalie eux-mêmes excluent la possibilité d'avoir deux fiancés en même temps. (Nîmes)

5. Dites à un(e) ami(e) qui ou ce qui exclut certaines possibilités, selon les indications.

> MODÈLE: Qui exclut la possibilité de suivre une carrière et de bien s'occuper de ses enfants en même temps? (Gabrielle)
> **Gabrielle l'exclut.**

1. Qui exclut la possibilité d'avoir du succès sans avoir le sens des affaires? (personne...ne)
2. Qu'est-ce qui l'exclut? (rien...ne)
3. Qui exclut la possibilité de réussir sans travailler? (Anne et toi)
4. Qui exclut la possibilité d'être insensible et d'avoir en même temps de bons rapports avec les autres? (nous)
5. Qui exclut la possibilité d'être heureux sans amour? (moi)
6. Qu'est-ce qui l'exclut? (tout)
7. Qui exclut la possibilité d'avoir deux fiancés en même temps? (les fiancés eux-mêmes)
8. Qui exclut la possibilité d'avoir des enfants sans se marier? (toi)

6. David demande ce qu'on conclut de ce qu'Isabelle a dit. Dites-lui que vous ne le savez pas.

> MODÈLE: Qu'est-ce que Gabrielle conclut de ce qu'a dit Isabelle?
> **Je ne sais pas ce qu'elle en conclut.**

1. Et moi?
2. Et les autres filles?
3. Et vous autres?
4. Et Marc?
5. Et les copains?
6. Et sa mère?
7. Et Antoine et moi?
8. Et toi?

7. Refaites l'**Activité 6** au plus-que-parfait.

> MODÈLE: Qu'est-ce que Gabrielle avait conclu de ce qu'a dit Isabelle?
> **Je ne sais pas ce qu'elle en avait conclu.**

le présent du verbe irrégulier *rompre*

The verb **rompre** means "to break." **Rompre** is often followed by **avec** in which case it means "to break off/up with." The present tense forms of **rompre** follow the pattern of regular **-re** verbs, except for the **il/elle/on** form which adds a silent **t** (**rompt**).

	rompre		
je	**romps**	Je ne **romps** pas avec mon fiancé.	I'm not breaking up with my boyfriend.
tu	**romps**	Tu **romps** avec tes parents?	Are you breaking off with your parents?
il/elle/on	**rompt**	Marc **rompt** avec ses amis de lycée.	Marc breaks up with his high school friends.
nous	**rompons**	Nous **rompons** le pain ensemble.	We break bread together.
vous	**rompez**	Quand **rompez**-vous avec lui?	When are you breaking up with him?
ils/elles	**rompent**	Ils **rompent** la glace.	They break the ice.

ATTENTION: The past participle of **rompre** is **rompu**.

Pourquoi **ont**-ils **rompu**?   *Why did they break up?*

On ne sait pas pourquoi Élodie et Laurent ont rompu.

Le Québec essaie de rompre avec
le Canada. (Montréal)

8. Les bruits courent que certaines personnes rompent avec d'autres.
   Demandez à Marthe, qui sait tout, si c'est vrai.

   MODÈLE: Pascal / Élisabeth
             Est-ce que Pascal rompt avec Élisabeth?

   1. toi / Henri
   2. Françoise / Michel
   3. toi et moi / les copines
   4. moi / mon meilleur ami
   5. Annette et toi / vos parents
   6. Carole et Nicole / leurs fiancés
   7. M. Hulot / sa femme
   8. les Québécois / les Canadiens

le conditionnel passé

The **conditionnel passé** (*past conditional*) is another compound verb tense. It
is used to tell what <u>would have</u> happened in the past if something else had
occurred. To form the past conditional tense, use the <u>conditional</u> tense of the
auxiliary verb **avoir** or **être** and the past participle of the main verb. Here is the
past conditional of **pleurer** and **aller**.

Lui aussi il aurait pleuré.

pleurer		
j' **aurais pleuré**	À ta place, j'**aurais pleuré**.	If I had been you, I would have cried.
tu **aurais pleuré**	Tu **aurais pleuré**, toi aussi.	You would have cried too.
il/elle/on **aurait pleuré**	**Aurait**-il **pleuré**?	Would he have cried?
nous **aurions pleuré**	Nous n'**aurions** pas **pleuré**.	We wouldn't have cried.
vous **auriez pleuré**	À ma place, vous **auriez pleuré**.	If you had been me, you'd have cried.
ils/elles **auraient pleuré**	Ils **auraient pleuré**, eux aussi.	They would have cried too.

aller		
je **serais allé(e)**	À ta place, j'y **serais allé**.	If I had been you, I'd have gone.
tu **serais allé(e)**	Y **serais**-tu **allée**?	Would you have gone?
il **serait allé** elle **serait allée**	Elle y **serait allée**.	She would have gone.
nous **serions allé(e)s**	Nous n'y **serions** pas **allés**.	We wouldn't have gone.
vous **seriez allé(e)(s)(es)**	Vous y **seriez allées**.	You would have gone.
ils **seraient allés** elles **seraient allées**	Où **seraient**-ils **allés**?	Where would they have gone?

Élise se serait
expliquée à Nadège.

ATTENTION: Agreement of the past participle in the past conditional is the same as in the other compound tenses.

—Moi, j'aurais exclu cette idée. *I would have excluded that idea.*

—Pourquoi l'aurais-tu **exclue**? *Why would you have excluded it?*

Où seraient-ils **restés**? *Where would they have stayed?*

—Qu'est-ce qu'Annie aurait fait à ma place? *What would Annie have done in my place?*

—Elle se serait d'abord **expliquée**. *First she would have explained her actions.*

9. Pierre a vu sa fiancée Sara avec un autre garçon, et il a rompu avec elle sans lui donner le temps de s'expliquer. Dites à Mireille que vous vous demandez ce qu'auraient fait les personnes suivantes à la place de Pierre.

On se demande ce que Jean-Luc aurait fait à la place de Pierre.

MODÈLE: les copains

Je me demande ce que les copains auraient fait à sa place.

1. moi
2. Jean-Luc
3. Barbara et Cécile
4. Jacques et toi
5. Robert et moi
6. toi
7. Catherine
8. Paul et Georges

Barbara et Cécile seraient
allées au Club Zed.

10. Maintenant dites à Mireille ce que les
mêmes personnes auraient fait à la
place de Pierre.

> MODÈLE: les copains / rentrer chez eux
> **Les copains seraient rentrés chez eux.**

1. moi / la surprendre
2. Jean-Luc / sortir avec une autre fille
3. Barbara et Cécile / aller au Club Zed
4. Jacques et toi / l'oublier
5. Robert et moi / se fâcher
6. toi / devenir folle
7. Catherine / faire confiance à Sara
8. Paul et Georges / la suivre

le conditionnel passé dans les phrases avec *si*

You often use the past conditional tense to tell what would have happened <u>if</u>
something else had already happened or some condition had been met. The order
of tenses in these sentences with **si** is:

si + **plus-que-parfait**	past conditional

Si tu n'**avais** rien **mangé**, tu
aurais été grincheux.

*If you hadn't eaten
anything, you would
have been grumpy.*

The clause with **si** can either begin or end the sentence.

Tu **aurais été** grincheux **si** tu
n'**avais** rien **mangé**.

*You would have been
grumpy if you hadn't
eaten anything.*

Jeanne aurait eu faim si elle
n'avait pas acheté de pizza.

11. Marcel dit que certaines personnes n'ont pas fait certaines choses. Dites-lui que si elles avaient eu le temps, elles les auraient faites.

> MODÈLE: Isabelle et Jeanne ne sont pas allées au Canada.
> **Si elles avaient eu le temps, elles y seraient allées.**

1. Francis et moi, nous n'avons pas fini d'écrire l'annonce.
2. Le patron n'a pas précisé la date.
3. Moi, je n'ai pas géré mes affaires.
4. Les types ne se sont pas expliqués.
5. Charles et toi, vous n'êtes pas sortis.
6. Toi, tu n'es pas allé(e) à la banque.
7. Babette et Chantal n'ont pas rompu avec leurs fiancés.
8. Yvette ne s'est pas mariée.

12. Maintenant Marcel demande si d'autres personnes ont fait certaines choses. Dites-lui que non et qu'elles ne les auraient pas faites même si elles avaient voulu le faire.

> MODÈLE: Est-ce que les filles sont allées au Mexique?
> **Non, et elles n'y seraient pas allées même si elles avaient voulu le faire.**

1. Avez-vous exclu mon idée, Paul et toi?
2. Est-ce que nous avons créé de bons rapports entre nos employés, Frédéric et moi?
3. Est-ce que Richard a fait l'essentiel?
4. Est-ce que Gabrielle a trouvé du travail en dehors de la maison?
5. Est-ce qu'elles se sont amusées à la boum?
6. Est-ce que je t'ai raconté l'histoire?
7. Est-ce que mes amis se sont levés à 6 heures?
8. Et toi, t'es-tu reposé(e)?

Le patron a créé de bons rapports entre les employés. (Strasbourg)

le substantif

A substantive is an adjective used as a noun. The substantive in French is always masculine and always preceded by the definite article. Its structure is:

le (l') + adjective

In English you add "thing" after some adjectives, for example, **l'important** means "the important thing." A substantive may come either at the beginning or at the end of a sentence.

Être sérieux, c'est **le principal**.
Being serious is the main thing.

L'essentiel, c'est de pouvoir s'entendre avec tout le monde.
The essential thing is to be able to get along with everybody.

Le meilleur, c'est d'être heureux.

In the preceding examples the pronoun **ce** renames the substantive, but its use is optional.

L'important est de faire ce qui est juste.
The important thing is to do what is right.

The superlative of an adjective may also be used as a substantive.

Le plus dangereux, c'était le décollage.
The most dangerous thing was the takeoff.

Le pire, c'est d'être insensible.
The worst thing is to be insensitive.

ATTENTION: The adjective **mauvais(e)** has both a regular and an irregular comparative and superlative form. The comparative forms are either **plus mauvais(e)** or **pire** (*worse*), and the superlative forms are either **le/la/les plus mauvais(e)(es)** or **le/la/les pire(s)** (*the worst*).

Le pire (**Le plus mauvais**), c'est de se marier pour l'argent.
The worst thing is to marry for money.

L'utile, c'est d'apprendre à conduire à une auto-école. (Lyon)

13. Marie-Ange vous pose des questions. Répondez-lui avec un substantif.

> MODÈLE: Qu'est-ce qui est amusant? (être amoureux)
> **L'amusant, c'est d'être amoureux.**

1. Qu'est-ce qui est incroyable? (savoir qu'on m'aimait)
2. Qu'est-ce qui est utile? (apprendre à conduire)
3. Qu'est-ce qui est principal? (arriver toujours à l'heure)
4. Qu'est-ce qui est important? (réussir aux contrôles)
5. Qu'est-ce qui est essentiel? (aimer son boulot)
6. Qu'est-ce qui est indispensable? (avoir le sens des affaires)
7. Qu'est-ce qui est difficile? (être franc sans blesser les autres)
8. Qu'est-ce qui est agréable? (être avec ses amis)

14. Jean-François fait des remarques. Vous êtes d'accord avec lui, mais vous ajoutez une observation superlative.

> MODÈLE: Il est pratique de prendre l'autobus. (prendre l'avion)
> **Le plus pratique est de prendre l'avion.**

1. Il est agréable d'être ici. (manger sur la terrasse)
2. Il est bon d'avoir du succès. (d'avoir du succès et recevoir un bon salaire en même temps)
3. Il est mauvais d'être paresseux. (être toujours grincheux)
4. Il serait facile d'écrire cette annonce en français. (l'écrire en anglais)
5. Il serait raisonnable de croire que beaucoup de gens répondront à notre annonce. (espérer que trois personnes y répondront)
6. Il aurait été intéressant de savoir pourquoi Thierry pleurait. (si Gabrielle avait rompu avec lui)
7. Il aurait été simple d'aller chercher Thierry. (lui téléphoner)
8. Il serait bon de créer une succursale. (fonder une société)

les autres expressions négatives

Other negative expressions that contain **ne** (**n'**) are

* **ne** (**n'**)**...aucun(e)** (*no, not any*). As an adjective **aucun(e)** agrees in gender with the noun following it.

  Je **n'**ai exclu **aucune** possibilité.   *I haven't excluded any possibility.*

  Aucun(e) may also begin a sentence, and **ne** is in its usual position.

  Aucun être humain **n'**est parfait.   *No human being is perfect.*

* **ne** (**n'**)**...ni...ni** (*neither...nor*).

  On **ne** pouvait **ni** manger **ni** boire.   *We could neither eat nor drink.*

  The words **ni...ni** directly precede the words they describe.

  On **n'**a **ni** mangé **ni** bu.   *They neither ate nor drank.*

Jusqu'ici ils n'ont ni mangé ni bu, mais ils vont commander tout de suite.

When each **ni** precedes a noun, the partitive and indefinite articles are dropped, but the definite articles and possessive adjectives are kept.

Ce type **n'**a **ni** amis **ni** argent.   *That guy has neither friends nor money.*

Il **n'**aime **ni** son boulot **ni** sa patronne.   *He likes neither his job nor his boss.*

Je **n'**ai nourri **ni** le chat **ni** le chien.   *I fed neither the cat nor the dog.*

At the beginning of a sentence the word order is **ni...ni...ne (n')**.

> **Ni** Éric **ni** Béatrice **ne** peut
> nous aider.

*Neither Éric nor Béatrice can
help us.*

* **ne (n')...pas non plus** (*not either, neither*). This expression is the opposite
of **aussi** (*also, too*).

> Nous **n'**y allons **pas non plus**.

We're not going either.

The words **non plus** often follow a stress pronoun.

> —Je ne peux pas supporter les
> gens insensibles.

I can't stand insensitive people.

> —Moi **non plus**.

Me neither.

Instead of using **pas** with the expression **non plus**, you may also use
jamais, **rien** or **personne**.

> Tu **ne** t'es **jamais** marié **non plus**?

You never got married either?

> Leïla **n'**a **rien** dit **non plus**.

Leïla didn't say anything either.

> Je **n'**ai vu **personne non plus**.

I saw no one either.

* **ne (n')...nulle part** (*nowhere, not anywhere*). This expression is the
opposite of **quelque part** (*somewhere*) and **partout** (*everywhere*).

> Je **ne** vais **nulle part**.

I'm not going anywhere.

The words **nulle part** follow the past participle in compound tenses.

> On **ne** l'a trouvé **nulle part**.

They didn't find it anywhere.

* multiple negatives.

> Elle **n'**a **jamais rien** fait.

She never did anything.

> Je **n'**ai **plus rien** à dire.

I have nothing more to say.

15. Roger dit des choses idiotes. Contredisez (*Contradict*) ce qu'il dit en utilisant l'expression de sens opposé.

> MODÈLE: J'ai toujours été ambitieux.
> **Mais non, tu n'as jamais été ambitieux.**

1. Tu as un défaut de caractère.
2. Le patron va renvoyer quelqu'un.
3. Paul a déjà rompu avec Mireille.
4. Philippe et Vincent sont allés quelque part hier.
5. J'ai rencontré Michel et Élodie.
6. Colette avait rendez-vous quelque part à midi.
7. Martin a une capacité incroyable.
8. J'ai connu l'amour et le bonheur.

16. Refaites les phrases suivantes en disant exactement le contraire des expressions en italique.

> MODÈLE: *Quelqu'un* est arrivé ce matin.
> **Personne n'est arrivé ce matin.**

1. Michel est allé *partout* en Afrique.
2. Michèle y va, elle *aussi*.
3. Charles *et* Colette sont partis.
4. Eux *aussi*, ils vont se marier.
5. La gentillesse *et* l'amour sont essentiels.
6. *Quelques* annonces ont l'air intéressant.
7. *Quelque chose* est tombé.
8. *Un* prof est grincheux.

Michel n'est allé ni au Maroc...

...ni au Sénégal.

Si le prof était un peu moins grincheux....
(Verneuil-sur-Seine)

17. Comment dit-on en français?

NICOLE: Do you like this course, Étienne?

ÉTIENNE: Not really. I have no business sense. Do you?

NICOLE: Me neither. I can't even manage my own bank account. That's why I'd decided to take this course. Now I wonder....

ÉTIENNE: If I had known that the course would be so pathetic, I wouldn't have taken it either.

NICOLE: I assure you that if the teacher were a little more sensitive and a little less grumpy, it would be better.

ÉTIENNE: The worst thing is that you can understand neither what he says nor what he writes on the blackboard.

NICOLE: I know. I get bored in class, and I'm also becoming lazy, but *I'm* not going to fail this course. Wait...I have an idea.

ÉTIENNE: Hey! Are you leaving already?

NICOLE: I'm not going anywhere. I'm looking for my book. I'm going to study.

ÉTIENNE: I congratulate you! That's the practical thing, but it's not going to be easy.

NICOLE: Yes, but I'm going to try to succeed all the same.

ÉTIENNE: If I had known that you were so ambitious, I wouldn't have broken up with you.

Rédaction

En deux paragraphes décrivez une personne que vous avez bien connue mais qui n'est plus votre ami(e) proche. Dites où et comment vous vous êtes connu(e)s et ce que vous aimiez faire ensemble. Puis décrivez surtout son caractère, ses qualités, ses défauts et les rapports que vous avez eus avec lui/elle. Ensuite dites ce qui s'est passé à la fin et ce que vous auriez fait de différent avec la personne en question si vous aviez su ce que vous savez aujourd'hui. Utilisez seulement le vocabulaire que vous avez déjà appris.

Lecture

"De droite à gauche"

Épisode 2: Une fille bouleversée°   deeply distressed

Toujours dans le salon des Chardin, rue des Sablons, avec les mêmes personnes. Julien est debout à côté du canapé.

GRENIER: Alors, Mademoiselle, vous nous aviez dit que le suicide de votre père ne vous surprend pas.

JEUNE FILLE: [toujours pleurant] Non, pas vraiment. Il était tellement tourmenté dernièrement. Il...heu,° heu, heu. [pleurant] Excusez-moi.   boohoo

GRENIER:	Je comprends. Je suis désolé pour vous, Mademoiselle.
JEUNE FILLE:	Vous savez, nous étions si proches, lui et moi. Ma mère est morte quand j'avais cinq ans, et comme ni lui ni elle n'avait aucune famille, nous étions tous les deux seuls au monde. Il voulait tellement mon bonheur qu'il aurait fait l'impossible pour moi, mais il avait toujours douté de sa capacité de père.
GRENIER:	Vous dites qu'il était tourmenté dernièrement. Pourriez-vous préciser?
JEUNE FILLE:	Oh, tout ça c'est de ma faute.° Si j'avais été un peu plus sensible, il ne serait pas mort. Même si j'avais été un peu moins franche, tout se serait passé différemment, je pense, heu, heu, heu. [Elle pleure encore.]
GRENIER:	Allez, calmez-vous.... Voilà. Pourquoi vous sentez-vous coupable?°
JEUNE FILLE:	Si vous l'aviez connu, vous n'auriez pas posé cette question. Il était si intelligent, si sensible, si doux. Et moi, sans cœur, qui le blesse et lui donne envie de se tuer. C'est de ma faute, je vous le dis, c'est de ma faute....
GRENIER:	Ne recommencez pas, et expliquez-vous!
JEUNE FILLE:	Eh bien...[pleurant encore] je...je...je venais de lui dire la veille° de son suicide que j'avais fait le nécessaire pour prendre un petit studio° quelque part et que j'avais envie de devenir un peu plus indépendante. Il m'a regardée tristement en me demandant si je n'étais pas heureuse ici. Si vous aviez vu son regard, vous auriez eu peur. J'ai compris alors que je l'avais gravement blessé et que même si j'avais voulu retirer° mes paroles,° il

fault

guilty

eve

studio apartment

Selon sa fille, Monsieur Chardin était intelligent, sensible et doux.

to take back/words

La jeune fille a essayé de
s'émanciper en prenant un
petit studio. (Paris)

n'aurait plus été le
même. Je suis sûre
qu'il a pensé que je
ne l'aimais plus et
que je
l'abandonnerais.

GRENIER: Mais, Mademoiselle, vous ne pouvez pas
éviter l'inévitable. Il est sûr qu'à votre âge
vous avez besoin de vous émanciper° mais   to free yourself
sans rompre complètement avec votre
père.

JEUNE FILLE: Oui, Monsieur l'Inspecteur. Vous
comprenez cela, vous, mais pas lui. Il
n'avait que moi. Oh, mon pauvre papa!
Heu, heu, heu.

Julien regarde intensément cette fille évidemment
bouleversée par la mort° de son père, l'être qui lui était   death
le plus cher au monde. Il la trouve très belle avec ses
longs cheveux blonds, séparés par une raie° sur le côté   part
droit, qui tombent sur ses épaules. Tiens, serait-ce une
illusion? Il lui semble que lorsqu'il est entré, elle se
trouvait de l'autre côté du canapé, et maintenant, la voilà
près de lui.

GRENIER: Mademoiselle Chardin, nous ne voulons plus vous embêter pour l'instant, car je sais que vous êtes triste. L'important, c'est de commencer notre enquête pour nous assurer du suicide et exclure toute autre possibilité. Je vous prie° donc de rester à notre disposition.°   request / disposal

JEUNE FILLE: Bien sûr, Monsieur l'Inspecteur, et merci de votre gentillesse.

GRENIER: [à ses hommes] Faites le tour de l'appartement et ramassez° ce qui peut nous aider.   pick up

JEUNE FILLE: [se tourne très vite vers Julien et lui chuchote°] Sur le guéridon, l'album de photos!   whispers

JULIEN: [surpris] Quoi?

GRENIER: Si jamais vous avez d'autres déclarations qui pourraient nous être utiles....

JEUNE FILLE: Naturellement, Monsieur l'Inspecteur. [Elle se lève, s'approche de Julien et lui chuchote rapidement.] L'album de photos, prenez-le, s'il vous plaît, sans être vu, et je vous expliquerai après.

JULIEN: L'album de photos? Où ça?

JEUNE FILLE: [toujours chuchotant sans être remarquée par les autres] Sur le guéridon. Prenez-le, et cachez-le sous votre imperméable. Je vous expliquerai après leur départ.

JULIEN: [bas] Euh..., ah oui, je le vois. [Julien se dirige vers le guéridon, ramasse l'album de photos et le met sous son imperméable.]

UN POLICIER:	Ça y est, Patron! Nous avons fait le tour, et nous avons l'essentiel.	
GRENIER:	Bien, alors partons! Vous venez, de Chauvincourt?	
JULIEN:	Euh, oui, mais j'aimerais quand même rester prendre quelques photos si mademoiselle me le permettait.	
GRENIER:	De Chauvincourt, vous êtes pire que votre patron, un vrai pot° de colle,° celui-là.	jar/glue
JEUNE FILLE:	Cela ne m'embêtera pas s'il ne reste pas trop longtemps, Monsieur l'Inspecteur.	
GRENIER:	Comme il vous plaira. Mais avec lui....	

[à suivre]

Répondez en français.

1. Qu'est-ce qui ne surprend pas la jeune fille?
2. Pourquoi la jeune fille répond-elle difficilement aux questions?
3. Pourquoi est-ce que la jeune fille et son père étaient tous les deux seuls après la mort de la mère de la jeune fille?
4. Qu'est-ce que le père de la jeune fille aurait fait pour assurer le bonheur de sa fille?
5. Selon la jeune fille, qui serait coupable de la mort de son père?
6. Selon la jeune fille, quelle était la différence entre elle et son père?
7. Qu'est-ce que la jeune fille a annoncé à son père?
8. Évidemment, qu'est-ce que son père ne comprenait pas?
9. Qu'est-ce que la jeune fille a fait depuis l'arrivée de Julien?
10. Qu'est-ce que l'inspecteur Grenier demande à la jeune fille de faire?
11. Qui cache l'album de photos et où?
12. Qu'est-ce que l'inspecteur pense de Julien?

Interaction et application pratique
À deux

1. With your partner hold a two-minute conversation in French between a boss and a prospective employee interviewing for a position at the boss' company/store. The boss should ask questions about the prospective employee's experience and abilities. The candidate should make sure to mention his/her outstanding personal qualities. You will also want to bring

up the subject of salary. Use as many expressions as you can from this lesson. After practicing your parts, perform your interview for the class.

2. Take turns with your partner describing yourselves in French. Talk about your character or personality, your strengths and your weaknesses. After each of you has described himself/herself, share some of your partner's observations with the entire class.

> MODÈLE: **Moi, je suis très ambitieuse, industrieuse et assez intelligente. Mais un de mes défauts est que je suis trop sensible. En fait, je pleure souvent quand on me blesse par ce qu'on dit.**

3. With your partner take turns recalling five occasions in the past when you did something one way, but now that you know how it turned out, you would have done it differently given a second chance. You will use **si** with the **plus-que-parfait** in one part of the sentence and the past conditional in the other part. After you have each given five sentences, tell the class your partner's most interesting one.

Si Thierry avait été tout seul à la boum, Christine y serait allée.

> MODÈLE: **Je serais allée à la boum de Cécile si Marc y avait été tout seul.**

4. Interview your partner about what he/she considers to be the most important, essential, interesting, difficult, unbearable and worst things in life. After both of you have given your opinions, report back to the class what you have learned about your partner's values.

> MODÈLE: **Le plus important, c'est d'avoir un boulot qui est intéressant et qui offre un bon salaire.**

L'idéal, c'est de suivre la carrière de vos rêves. (Paris)

En groupes

5. With your group create a classified ad in French for an international company that is hiring people to work in its Paris branch office. Include such information as qualifications and salary. (You may want to consult a French newspaper for additional ideas.) Then write your ad on a transparency so that you can show it to the entire class and compare your ad with those from other groups.

PROGIFINANCE
Groupe Simuledge

RECHERCHE
10 INGÉNIEURS COMMERCIAUX
pour sa gamme ANTINEA

VOTRE FORMATION
Supérieure, une première expérience réussie dans le domaine financier.

VOS QUALITÉS
Enthousiaste, convaincant et autonome.

NOTRE CLIENTÈLE
Les Trésoriers et Directeurs Financiers des PME et Grandes Entreprises.

NOTRE MARCHÉ
En pleine expansion.

NOS PRODUITS
Une gamme étendue de logiciels de trésorerie reconnus sur la place pour leur avance technologique.

VOUS AIMEZ RELEVER LES CHALLENGES.
Venez nous rejoindre au sein d'une société dynamique et performante.
ÉCRIRE : Mme SCHOEFFLER
111- 116 rue de Sèvres BP 152 75006 Paris

6. Have a discussion in French with others in your group about the most important character traits to look for in choosing a future spouse. List them in order of importance. Try to use as many nouns and adjectives from this lesson as you can that apply. Then share your list with other groups so that your class as a whole can make a composite of the "ideal" spouse.

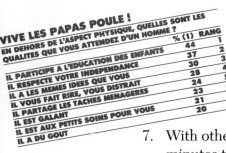

VIVE LES PAPAS POULE !
EN DEHORS DE L'ASPECT PHYSIQUE, QUELLES SONT LES
QUALITÉS QUE VOUS ATTENDEZ D'UN HOMME ?

	% (1)	RANG
IL PARTICIPE A L'ÉDUCATION DES ENFANTS	44	1
IL RESPECTE VOTRE INDÉPENDANCE	37	2
IL A LES MÊMES IDÉES QUE VOUS	30	3
IL VOUS FAIT RIRE, VOUS DISTRAIT	28	4
IL PARTAGE LES TACHES MÉNAGÈRES	24	5
IL EST GALANT	23	6
IL EST AUX PETITS SOINS POUR VOUS	21	7
IL A DU GOÛT	20	8

7. With others in your group write as many sentences as you can in five minutes that contain negative expressions. (You may first want to review those presented in **Leçons 2** and **4** of *Le français vivant 2* as well as those in this lesson.) Don't use the same negative expression or the same verb in more than one sentence. Then write the sentences on a transparency. Afterwards show your transparency on the overhead to compare it with those from other groups.

   MODÈLE: **Je ne pourrais blesser aucun être humain.**

8. See how many different completions your group can think of for each of the following sentences. Have some person from the group list the possible completions on a transparency. Do one sentence at a time, spending not more than one minute on each sentence. Afterwards several transparencies can be put on the overhead for all to correct.

Ni voitures ni motos ne peuvent entrer ici.
(Verneuil-sur-Seine)

   1. ___ est essentiel au succès.
   2. Il n'y a rien de pire que ___ .
   3. Si nous avions su, ___ .
   4. Le meilleur serait ___ .
   5. Aucun(e) ___ .
   6. Nous non plus, ___ .

Vocabulaire actif

noms

l'amour (m.) love
une annonce advertisement
le baccalauréat (bac) diploma/exam at end of *lycée*
le bonheur happiness
une capacité capability, ability
un caractère character, personality
un(e) chéri(e) darling
un cœur heart
un défaut fault, defect
un être being
un(e) fiancé(e) fiancé(e); boyfriend/girlfriend

la gentillesse kindness
un guéridon end table
un mariage marriage
une mouche fly
un niveau level
une possibilité possibility
une qualité quality
des rapports (m.) relations, relationship
un regard look
un salaire salary
un sens sense, direction
le succès success
une succursale branch store

adjectifs

ambitieux, ambitieuse ambitious
doux, douce sweet, gentle
essentiel, essentielle essential
franc, franche frank
grincheux, grincheuse grumpy
industrieux, industrieuse industrious
insensible insensitive

jaloux, jalouse jealous
pire worse
   le pire, la pire the worst
prêt(e) ready
proche close
sensible sensitive

verbes

annoncer to announce
assurer to assure
conclure to conclude
se connaître to know each other
se demander to wonder
exclure to exclude

s'expliquer to explain one's actions
pleurer to cry
préciser to specify
rechercher to seek
rompre to break

expressions diverses

en dehors de outside
en même temps at the same time
ne (n')...aucun(e) no, not any
ne (n')...ni...ni neither...nor

ne (n')...nulle part nowhere, not anywhere
non plus neither
quand même all the same, anyway
quelque part somewhere

TELECOMMUNICATIONS

Des archéologues en Corse

Leçon 7

Communicative Functions

- expressing feelings and emotions
- saying what you want
- talking about what must be done
- expressing disagreement
- describing Corsica
- using a public telephone

241

Maryse et ses amis sont allés en Corse l'année dernière. (Sartène)

Fabrice présente sa cousine Fabienne à ses copains.

Une conversation fascinante

DAVID: Regardez, voilà Fabrice avec une fille que je n'ai jamais vue. Vous la connaissez?

MARYSE: Tais-toi. Ils arrivent.

FABRICE: Salut, les copains. Que je vous présente Fabienne, ma cousine de Corse.[1]

FABIENNE: Bonjour.

DAVID: [ne la quittant pas des yeux] La Corse m'a toujours fasciné.

VICTOR: Tu me fais rire. Tu ne connais pas la Corse.

DAVID: C'est vrai, et je regrette que vous autres ne m'ayez pas demandé d'y aller avec vous l'année dernière.

Hi, hi, hi, hi!

Victor rit.

MARYSE: Alors là, tu exagères. Tu nous as dit que tu n'avais pas de temps à perdre en voyages. Que voulais-tu qu'on fasse?

DAVID: [souriant] Bof!* Il ne faut pas qu'on me prenne toujours au sérieux.

David sourit.

Qu'est-ce que le village de Morsiglia souhaite à tout le monde? (Corse)

VICTOR: Donc, tu souhaites qu'on croie le contraire de ce que tu dis? C'est bien ça? Nous exigeons une explication.

DAVID: Vous ne comprenez rien. J'aimerais que vous soyez un peu plus perspicaces et que vous sachiez....

MARYSE: [Elle jette un coup d'œil sur sa montre.] Je ne veux pas interrompre cette conversation fascinante, mais mon devoir d'étudiante** m'appelle. Ciao.

VICTOR: Attends une minute. Je t'accompagne, mais il faut d'abord que j'aille au café.² Je dois donner un coup de fil à Michel.

° L'expression **Bof!** (*What can I say? So what?*) n'a pas de sens précis. Les Français utilisent souvent cette expression pour indiquer qu'ils ne savent pas exactement expliquer quelque chose.

°° Remarquez que les mots **élève** et **étudiant(e)** veulent dire tous les deux *student*. La différence, c'est qu'un(e) élève va à un lycée tandis qu'un(e) étudiant(e) va à une université.

°°° Le verbe **souhaiter** est employé souvent dans les expressions comme **Nous vous souhaitons la bienvenue** (*Welcome*) et **Je te/vous souhaite un bon week-end/de bonnes vacances, etc.** (*Have a good weekend/a good vacation, etc.*)

La Corse est une île pleine de charme et de beauté. (Rogliano)

Notes culturelles

1. Pour avoir des renseignements (*information*) sur la Corse, voyez la **Lecture** de la **Leçon préliminaire** de ce livre.

2. Dans les cafés français il y a toujours un téléphone qu'on peut utiliser, mais il faut payer chaque fois qu'on l'utilise. On peut le payer en mettant une pièce de monnaie ou une télécarte dans le téléphone, ou on peut le payer à la caisse quand on a fini de téléphoner.

Compréhension

Répondez en français.

1. Qui est-ce que Fabrice présente à ses amis?
2. Qu'est-ce qui fascine David?
3. Qu'est-ce que David n'a pas fait avec ses copains l'année dernière?
4. Pourquoi les copains n'ont-ils pas invité David à les accompagner en Corse?
5. Fallait-il croire David?
6. Selon David, comment devraient être ses amis?
7. Pourquoi est-ce que Maryse interrompt la conversation?
8. À qui Victor va-t-il téléphoner?

David n'est pas allé en Corse avec ses copains parce qu'il n'avait pas de temps à perdre en voyages. (Nice)

À propos

1. Qu'est-ce qui vous fait rire?
2. Qu'est-ce qui vous fascine?
3. À votre avis, est-ce que les voyages sont une perte de temps?
4. Est-ce que vos copains vous prennent toujours au sérieux?
5. Dites-vous quelquefois le contraire de ce que vous croyez? Quand?
6. Quand recevez-vous d'habitude des coups de fil?

Fabienne est de Rogliano dans le nord de l'île.

David, Fabrice et Fabienne continuent à parler de la Corse.

Expansion

après le départ de Maryse et Victor

DAVID: Tu es d'où en Corse?

FABIENNE: Je suis de Rogliano,[1] un village de vignerons du Cap Corse.

DAVID: Le Cap Corse, qu'est-ce que c'est?

FABIENNE: Eh bien, c'est un bout de terre, une presqu'île[2] qui ressemble à un doigt de pied et se trouve dans le nord de la Corse, juste au bout.

À quoi le Cap Corse ressemble-t-il?

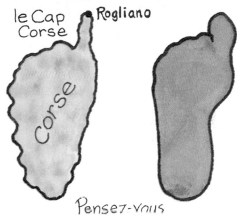

le Cap Corse   Rogliano

Corse

Pensez-vous que le Cap Corse ressemble à un doigt de pied?

Sartène est connu pour son musée de préhistoire et pour ses menhirs.

Ces objets dans le Musée de Préhistoire Corse datent de 1200-700 ans avant Jésus-Christ. (Sartène)

FABRICE: Devine ce que Fabienne fait en été, David.

DAVID: Je n'ai aucune idée.

FABRICE: Eh bien, elle travaille comme photographe et fait des fouilles secrètes dans le sud de l'île pour le Musée de Préhistoire Corse de Sartène.[3]

FABIENNE: Tu exagères, Fabrice. Ce n'est pas un secret, et puis je ne suis que l'assistante d'un archéologue.

DAVID: L'archéologie est fascinante.

Maryse revient chercher un livre qu'elle a oublié.

FABIENNE: Vous savez, ce que je fais n'est pas du tout mystérieux. Je surveille l'entrée des ruines pendant que mon patron travaille sous terre.

MARYSE: Pourquoi? Est-ce que le travail est dangereux?

DAVID: Bien sûr, nigaude, c'est très dangereux.

MARYSE: Nigaud toi-même. Je parie que tu ne sais même pas pourquoi Fabienne doit surveiller l'entrée.

DAVID: Euh..., je....

FABIENNE: C'est pour empêcher qu'on vole les objets qu'on a trouvés.

FABRICE: [avec un clin d'œil à Maryse] Tu sais, David, c'est un vrai travail de complice. C'est comme dans la police, avec un meurtre ou deux de temps en temps.

DAVID: Vraiment?

MARYSE: Eh bien, mon vieux, on fait comme toi. On te raconte ce qu'on ne veut pas que tu croies.

le téléphone public

Victor n'a pas pu appeler Michel du café parce que le téléphone du café était occupé. Donc, il est allé à la cabine téléphonique qui se trouvait dehors sur le trottoir.

une cabine
téléphonique

Il est entré,

il a décroché
l'appareil,

il a mis
sa carte,*

il a composé
le numéro,

Il n'est plus facile de trouver une cabine téléphonique qui prend des pièces de monnaie—les plus modernes ne prennent qu'une télécarte.

et comme Michel était sorti, Victor a eu au bout du fil le répondeur qui lui a demandé de laisser un message.

VICTOR: Salut, Michel. C'est Victor à l'appareil. C'est d'accord pour ce soir à vingt heures devant le cinéma. [en raccrochant] Ciao.

Ayant fini de téléphoner, Victor a raccroché l'appareil.

° carte = télécarte

Victor et Michel ont rendez-vous à huit heures du soir devant le cinéma. (Paris)

cinémas GEORGE V

Dans le désert, personne ne vous entend frimer

TOM SELLECK

MONSIEUR QUIGLEY L'AUSTRALIEN

DOLBY STEREO STS

Schwarzenegger UN FLIC à la maternelle

Le flic le plus dur de L.A. plonge dans un monde sans pitié.

LES

SELECTION OFFICIELLE

Vincent et moi

Rogliano se trouve en Haute-Corse près de Bastia.

PRESQU'ILE
DE LA CARAVELLE

Réserve   Naturelle
Ministère de l'Environnement

Accès réglementé

Notes culturelles

1. Rogliano est un très beau village qui est aussi très vieux.

2. Il y a une ville américaine qui s'appelle "Presque Isle." Savez-vous où elle se trouve?

3. Sartène est un autre vieux et beau village de la Corse. Près de Sartène il y a sept sites archéologiques où se trouvent des ruines qui datent de 6 000 à 2 000 ans avant Jésus-Christ. On n'a commencé à s'intéresser à la préhistoire en Corse qu'en 1954 lorsque l'archéologue Grosjean a découvert le site important de Filitosa. Les menhirs qu'on a trouvés en Corse ressemblent énormément à ceux qui se trouvent à Carnac en France et à Stonehenge en Angleterre.

Où en France peut-on trouver des menhirs comme ceux qu'on trouve en Corse?

MUSEE DEPARTEMENTAL DE
PREHISTOIRE CORSE
DE SARTENE

CORSE DU SUD

DROIT D'ENTREE

10 F

N° 005876

imp. du valinco

Qui a fasciné David?

Activités

1. David n'a pas quitté des yeux Fabienne parce qu'elle l'a fasciné. Plus tard quand il raconte à son ami Philippe sa conversation avec ses copains et Fabienne, il exagère. Jouez le rôle de Maryse, et corrigez-le d'après le dialogue d'introduction.

> MODÈLE: Fabrice m'a confié sa cousine.
> **Alors là, tu exagères. Fabrice t'a présenté sa cousine.**

1. Je connais la cousine de Fabrice depuis longtemps.
2. C'est vraiment la conversation qui m'a fasciné.
3. Je suis allé en Corse l'année dernière avec les copains.
4. J'ai ri et je n'ai rien dit quand Maryse m'a demandé ce que je voulais qu'on fasse.
5. Puis Victor a dit qu'on exigeait une histoire.
6. Et Maryse a dit qu'elle ne voulait pas continuer cette conversation ennuyeuse.
7. Et elle nous a quittés parce que son assistant l'appelait.
8. Victor est parti avec elle parce qu'il devait recevoir un coup de fil de Michel.

2. Complétez les phrases d'après le vocabulaire de l'**Expansion**.

1. Pour être archéologue, il faut se spécialiser en ___ .
2. Un autre nom pour une personne qui est très bête est ___ .
3. Une chose qu'on peut tenir dans sa main est un ___ .
4. Deux personnes qui gardent le même secret sont ___ .
5. Quand il y a un meurtre, il faut téléphoner à la ___ .
6. Pour donner un coup de fil à quelqu'un sans rentrer à la maison, on peut utiliser un téléphone ___ .
7. Un fil, par exemple, a deux ___ .
8. Quand on parle à un répondeur, on laisse ___ .

3. Répondez aux questions suivantes d'après les images et l'**Expansion**.

MODÈLE:

Ce pays s'appelle comment, et qu'est-ce que c'est?
Il s'appelle la Corse. C'est une île dans la Méditerranée.

1. Comment s'appelle cette partie de la Corse, qu'est-ce que c'est et à quoi ressemble-t-elle?

2. Quel est le métier de ce monsieur?

3. Quel est le métier de cette personne?

4. Quel est le métier de ce monsieur-ci, et qu'est-ce qu'il fait?

5. Qui est probablement le jeune homme qui aide le monsieur?

6. Que fait le jeune homme?

7. Quand un groupe de gens disparaît, qu'est-ce qu'il laisse derrière lui?

8. Que font ces gens-ci?

4. Complétez les phrases suivantes en indiquant ce qu'on doit faire pour donner un coup de fil avec un téléphone public. Soyez logique.

1. D'abord on entre dans ___ .
2. Ensuite on ___ .
3. Puis on ___ sa carte dans ___ .
4. On ___ le numéro.
5. S'il n'y a personne là, on peut parler à ___ .
6. Puis à la fin de la conversation on ___ .

5. Répondez aux questions à votre façon en utilisant le vocabulaire convenable de cette leçon.

1. Je ne peux pas quitter des yeux ___ .
2. Si j'avais été un peu plus perspicace, ___ .
3. Mon devoir à la maison, c'est de ___ .
4. Mes parents ne m'ont jamais empêché(e) de ___ .
5. Je dois bien surveiller ___ .
6. Pendant que je fais mes devoirs, je ___ .
7. De temps en temps je ___ .
8. Ce que je trouve fascinant, c'est ___ .

Quel est votre devoir à la maison?

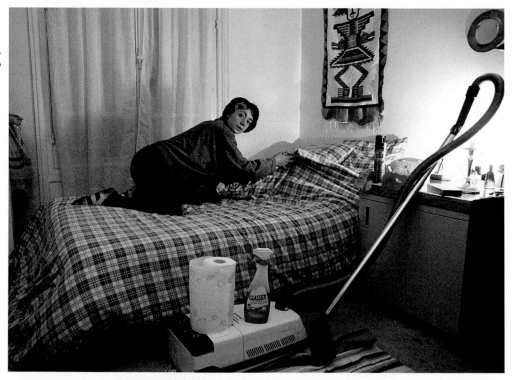

Structure et usage

le présent du verbe irrégulier *rire*

The verb **rire** means "to laugh." Its singular present tense forms look similar to those of **dire** and **lire**, but its plural forms are different. Here are the present tense forms of **rire**.

rire		
je **ris**	Je **ris** de ce qu'il dit.	I laugh at what he says.
tu **ris**	Tu **ris** de nos conversations.	You laugh at our conversations.
il/elle/on **rit**	Pourquoi **rit**-elle?	Why is she laughing?
nous **rions**	Nous ne **rions** jamais.	We never laugh.
vous **riez**	**Riez**-vous quand nous rions?	Do you laugh when we laugh?
ils/elles **rient**	Ils **rient** trop fort.	They laugh too loudly.

ATTENTION: 1. To laugh at something is **rire de**.

De quoi **ris**-tu? *What are you laughing at?*

2. The past participle of **rire** is **ri**.

J'**ai ri** quand elle a raconté cette histoire. *I laughed when she told that story.*

3. **Rire** has **-ii** in the **nous** and **vous** forms of the **imparfait**.

Vous **riiez** beaucoup. *You used to laugh a lot.*

4. The forms of **sourire** (*to smile*) are like those of **rire** but with the prefix **sou-**.

Ils **sourient** parce qu'ils sont heureux. *They're smiling because they're happy.*

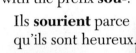

Pourquoi sourient-ils? (Paris)

Tout le monde rit de leurs costumes.
(la Nouvelle-Orléans)

6. De quoi rit-on? Dites à
un(e) ami(e) de quoi
rient les gens suivants.

> MODÈLE: ce photographe / mes photos
> **Ce photographe rit de mes photos.**

1. tu / mes expériences
2. Paul et toi / nos conversations
3. mes parents / mes habits
4. Charles et moi / tes messages
5. la police / mes explications
6. mes copines / mes notes
7. le prof / nos secrets
8. je / tes amours

7. Refaites l'**Activité 6** en disant de quoi les mêmes personnes ont ri.

> MODÈLE: ce photographe / mes photos
> **Ce photographe a ri de mes photos.**

le présent du verbe irrégulier *se taire*

Here are the present tense forms of the verb **se taire** (*to be quiet, to stop talking*).

se taire			
je	**me tais**	Je ne **me tais** jamais.	I never stop talking.
tu	**te tais**	**Te tais**-tu en classe?	Are you quiet in class?
il/elle/on	**se tait**	On **se tait** quand il parle.	We're quiet when he talks.
nous	**nous taisons**	Nous **nous taisons** aussi.	We are quiet too.
vous	**vous taisez**	**Vous taisez**-vous?	Do you stop talking?
ils/elles	**se taisent**	Ils ne **se taisent** pas.	They don't stop talking.

ATTENTION: 1. The command forms **Tais-toi!** and **Taisez-vous!**, like the expression **Chut!**, mean "Stop talking!"

2. The past participle of **se taire** is **tu**.

Elle **s'est tue**.   *She stopped talking.*

8. Dites à un(e) ami(e) qui ne se tait pas pendant que le prof parle.

MODÈLE: Jean-Charles
Jean-Charles ne se tait pas pendant que le prof parle.

1. moi
2. Michel et Vincent
3. toi
4. Véronique
5. Fabienne et moi
6. Alice et Maryse
7. Denise et toi
8. personne

9. Refaites l'**Activité 8** en disant que les mêmes personnes ne se sont pas tues pendant que le prof parlait.

MODÈLE: Jean-Charles
Jean-Charles ne s'est pas tu pendant que le prof parlait.

Brigitte s'est tue pendant que le prof parlait. (Verneuil-sur-Seine)

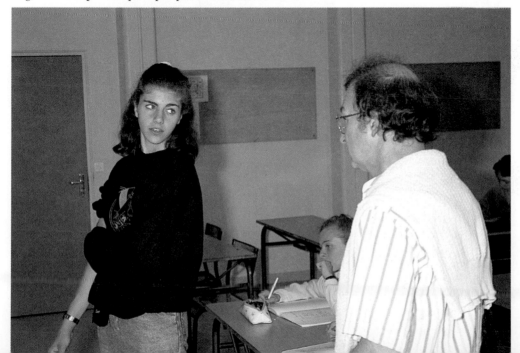

le présent du subjonctif et ses formes régulières

In French as in English, verb forms are determined not only by tense but also by the mood or attitude they reflect. The tense of a verb gives the time of an action, and the mood shows the speaker's attitude toward the action. So far in French you have learned to use verbs in only two moods: the indicative, which expresses certainty or fact, and the imperative, which expresses commands.

Now you will begin to use verbs in another mood, the subjunctive, which expresses doubt, uncertainty, possibility, necessity, wish, feeling or emotion.

In French the subjunctive appears most often after **que** (*that*) in a dependent clause. The independent clause (the part of the sentence, usually at the beginning, that can stand alone) contains a verb or an expression of doubt, uncertainty, possibility, necessity, wish, feeling or emotion. **Que** connects this independent clause to the dependent clause (the part of the sentence, usually at the end, that cannot stand alone). The verb in this dependent clause is in the subjunctive.

Independent Clause	**Dependent Clause**
It is necessary	*that you dial the number.*
Il faut	que tu composes le numéro.

You will begin to learn the subjunctive by first using it after an expression of necessity (**il faut**).

To form the present subjunctive of most verbs, drop the **-ent** of the present tense **ils/elles** form.

Then add the endings **-e**, **-es**, **-e**, **-ions**, **-iez** and **-ent** to the stem of the verb depending on the corresponding subject pronoun. Here arc the subjunctive forms of regular **-er**, **-ir** and **-re** verbs.

	quitter	**remplir**	**perdre**
que je	**quitte**	**remplisse**	**perde**
que tu	**quittes**	**remplisses**	**perdes**
qu'il/elle/on	**quitte**	**remplisse**	**perde**
que nous	**quittions**	**remplissions**	**perdions**
que vous	**quittiez**	**remplissiez**	**perdiez**
qu'ils/elles	**quittent**	**remplissent**	**perdent**

ATTENTION:
1. Notice that the subjunctive endings **-e**, **-es**, **-e** and **-ent** are the same as those of the present tense of regular **-er** verbs.

2. The subjunctive endings **-ions** and **-iez** are the same as those of the imperfect tense.

3. Verbs with spelling changes in the present tense keep them in the subjunctive. But those verbs ending in **-ger** drop the **e** and those ending in **-cer** drop the cedilla in the **nous** form of the subjunctive.

Il faut que tu **appelles** le médecin. / *It is necessary that you call the doctor.*

Il faut que nous **commencions** à travailler. / *We have to begin to work.*

Il faut que Jean-Marc appelle le médecin.

4. Many verbs that are irregular in the present indicative tense have regular present subjunctive forms.

Il faut que vous **vous taisiez**. / *You must be quiet.*

Il faut qu'il m'**écrive**. / *He has to write to me.*

10. Marie-Laure dit que certaines personnes ne font jamais certaines choses. Dites-lui qu'il faut qu'elles les fassent quand même de temps en temps.

MODÈLE: Marie-Madeleine ne m'aide jamais.
Il faut qu'elle t'aide quand même de temps en temps.

1. Je ne travaille jamais.
2. Tu n'étudies jamais.
3. Catherine ne nous présente jamais ses amis.
4. Je ne surveille jamais ma petite sœur.
5. Robert et Jacques ne raccrochent jamais le téléphone.
6. Martin et toi, vous ne voyagez jamais.
7. Françoise et moi, nous ne posons jamais de questions.
8. Nous n'exigeons jamais de réponses non plus.

Il faut qu'on nourrisse la vache
ce soir. (Guadeloupe)

11. Jean-Paul demande si on fait certaines choses ce matin. Dites-lui que
non et qu'il faut qu'on les fasse ce soir.

MODÈLE: Est-ce qu'on dort ce matin?
          Non, il faut qu'on dorme ce soir.

1. Est-ce que tu nourris les animaux ce matin?
2. Est-ce qu'on remplit cette fiche ce matin?
3. Est-ce que vous finissez le projet ce matin, Paul et toi?
4. Est-ce que je pars ce matin?
5. Est-ce que nous parcourons l'île ce matin, Bruno et moi?
6. Est-ce que Maryse atterrit à Ajaccio ce matin?
7. Maryse et toi, choisissez-vous un assistant ce matin?
8. Est-ce que les autres assistants ouvrent un compte ce matin?

Il faut que Bruno et Jean-Paul parcourent l'île ce soir. (Guadeloupe)

Il ne faut pas que nous rompions avec nos amis. (Paris)

12. Antoine se demande si jamais certaines personnes feront certaines choses. Dites-lui qu'il faut bien qu'elles les fassent.

MODÈLE: Je me demande si jamais les élèves se tairont.
Il faut bien qu'ils se taisent.

1. Je me demande si jamais Mme Laroche vendra sa voiture.
2. Je me demande si jamais mes parents me permettront d'aller en Corse.
3. Je me demande si jamais tu interrompras notre conversation.
4. Je me demande si jamais tu suivras les directions qu'on t'a données.
5. Je me demande si jamais je perdrai ma peur de la police.
6. Je me demande si jamais Hervé et moi, nous entendrons le message au répondeur.
7. Je me demande si jamais on nous répondra.
8. Je me demande si jamais toi et moi, nous romprons avec nos amis.

quelques expressions suivies de *que* et le subjonctif

Only certain types of expressions in the independent clause take the subjunctive in the dependent clause. Among them are

* expressions of feeling or emotion.

être content	s'inquiéter
être ravi	être désolé
avoir peur	
regretter	ce + être dommage
être triste	cela (ça) + étonner
être heureux	cela (ça) + surprendre

Mes parents sont contents que je **maigrisse.**	*My parents are happy that I'm losing weight.*
C'est dommage que tu **partes** si tôt.	*It's too bad that you're leaving so early.*

* expressions of doubt or uncertainty in the negative or the interrogative.

être certain	ce + être évident
penser	ce + être sur
croire	ce + être vrai

Pense-t-elle que nous **disions** la vérité?	*Does she think that we'll tell the truth?*
Ce n'est pas sûr qu'elle me **connaisse.**	*It's not sure that she knows me.*

ATTENTION: The expressions **être certain, ce + être évident, ce + être sûr, ce + être vrai, penser** and **croire** do not express doubt when they are in the affirmative or the negative interrogative. In these cases they take the indicative.

Je crois que le train **ralentit.**	*I think that the train is slowing down.*

Il est certain que le train ralentira en gare. (Paris)

* expressions of necessity.

> **falloir**
> **être essentiel**
> **il (*it*)** + **être important**
> **être indispensable**
> **être utile**

Il faut que vous les **attendiez**. { *It is necessary that you wait for them.*
                                       You must wait for them.

ATTENTION: The expressions **falloir que** + subjunctive and **devoir** + infinitive have approximately the same meaning.

  —Qu'est-ce que tu **dois** faire?   *What do you have to do?*
  —Il faut que je **m'asseye**.   *I have to sit down.*

* expressions of possibility.

> **il + être possible**

Il est possible qu'il **se sente** mal.   *It's possible that he feels bad.*

* expressions of wish or will.

aimer	empêcher	permettre	souhaiter
désirer	exiger	préférer	vouloir

Tu voudrais que je t'**accompagne**.   *You would like me to accompany you.*

Je préfère que vous **finissiez** votre travail à l'heure.   *I prefer that you finish your work on time.*

ATTENTION: The command form **Let...** is expressed by **Que** + subjunctive.... This abbreviated form of **permets que** or **permettez que** comes before only the **je, nous, il(s), elle(s)** or **on** subjunctive form.

  Qu'elle **choisisse** son assistant.   *Let her choose her assistant.*

  Que je vous **serve** le dessert.   *Let me serve you dessert.*

Qu'on choisisse un gâteau au chocolat.

Qui veut que Lionel
conduise la voiture?
(Angers)

As you have noticed in some of the preceding examples, the English meanings of the verbs in the subjunctive are not limited to just one tense. The present subjunctive in French can be expressed by the present, future, conditional or an infinitive in English.

Il ne pense pas qu'elle lui **écrive**.	*He doesn't think that she'll write to him.*
Il faudra que tu **finisses** le travail ce soir.	*You will have to finish the work tonight.*
Papa veut que je **conduise**.	*Dad wants me to drive.*
Je ne crois pas qu'ils l'**acceptent**.	*I don't think that they would accept it.*

13. Anne-Marie vous pose des questions. Répondez-lui selon les indications.

> MODÈLE: Qu'est-ce que tu exiges? (Tu m'aides.)
> **J'exige que tu m'aides.**

1. Qu'est-ce que tu aimerais? (Nous rions beaucoup.)
2. Que souhaites-tu? (Toi et moi, nous nous amusons.)
3. Qu'est-ce que tu ne crois pas? (Tu ne te sens pas bien.)
4. Que désires-tu? (Vous m'écoutez.)
5. Que veux-tu? (Philippe et toi, vous vous taisez.)
6. Qu'est-ce que tu ne permets pas? (On lit mes lettres.)
7. Que regrettes-tu? (Mes amis ne répondent pas à mes questions.)
8. Que voudrais-tu? (Mon problème disparaît.)

Les policiers sont contents qu'Hélène et
Philippe ne volent rien. (Martinique)

14. Philippe vous dit ce que les
personnes suivantes font ou
ne font pas. Exprimez
l'attitude d'autres personnes
d'après les indications.

> MODÈLE: Martine ne dort pas bien. (je regrette)
> **Je regrette qu'elle ne dorme pas bien.**

1. Je ne sors pas souvent. (c'est dommage)
2. Jean-Pierre et toi, vous descendez à Ajaccio. (mes parents ne
   pensent pas)
3. Ces hôtels ne servent pas le petit déjeuner. (ça me surprend)
4. Tu ne grossis pas. (ce n'est pas vrai)
5. Hélène et moi, nous ne volons rien. (la police est contente)
6. Thomas et moi, nous n'étudions pas assez. (j'ai peur)
7. Personne n'interrompt nos conversations. (je préfère)
8. Je dis ce que je pense. (rien n'empêche)

15. Frédéric veut savoir si vous doutez de certaines choses ou si certaines
possibilités existent. Répondez-lui en employant le subjonctif ou
l'indicatif.

> MODÈLE: Es-tu sûr(e) que Pierre rompe avec sa fiancée? (oui)
> **Oui, je suis sûr(e) qu'il rompt avec elle.**

1. Est-il évident que Pierre ne s'entende pas bien avec elle? (oui)
2. Es-tu certain(e) qu'elle sorte demain? (oui)
3. Est-ce sûr que l'avion parte à l'heure? (non)
4. Est-il possible que je perde ma place si je sors? (oui)
5. Penses-tu que quelqu'un nous suive? (oui)
6. Est-il utile qu'on te permette de voir les fouilles? (oui)
7. Est-ce vrai que l'archéologue disparaisse sous terre? (oui)
8. Penses-tu que toi et moi, nous oubliions ce que nous avons appris?
   (non)

les irrégularités des formes du subjonctif

Certain groups of verbs have irregular forms in the present subjunctive. Here are two of these groups.

* Verbs like **aller**, **faire** and **savoir** have irregular stems but regular endings in the subjunctive.

	aller	faire	savoir
que je (j')	aille	fasse	sache
que tu	ailles	fasses	saches
qu'il/elle/on	aille	fasse	sache
que nous	allions	fassions	sachions
que vous	alliez	fassiez	sachiez
qu'ils/elles	aillent	fassent	sachent

Je voudrais que Jean le **fasse** et que tu **saches** qu'il le fait.

I'd like Jean to do it and you to know he's doing it.

* Verbs like **boire**, **croire**, **devoir**, **prendre**, **recevoir** and **venir** have regular endings in the subjunctive but irregular stems in the **nous** and **vous** forms.

	boire	croire	devoir
que je	boive	croie	doive
que tu	boives	croies	doives
qu'il/elle/on	boive	croie	doive
que nous	buvions	croyions	devions
que vous	buviez	croyiez	deviez
qu'ils/elles	boivent	croient	doivent

Il est possible que Marisse et Solange boivent du jus d'orange. (Angers)

Il est indispensable que les Bouchard prennent le TGV. (Paris)

	prendre	recevoir	venir
que je	**prenne**	**reçoive**	**vienne**
que tu	**prennes**	**reçoives**	**viennes**
qu'il/elle/on	**prenne**	**reçoive**	**vienne**
que nous	**prenions**	**recevions**	**venions**
que vous	**preniez**	**receviez**	**veniez**
qu'ils/elles	**prennent**	**reçoivent**	**viennent**

Il faut que vous **preniez** le train et que vous **veniez** demain.

You must take the train and come tomorrow.

ATTENTION:
1. Other members of the **prendre**, **recevoir** and **venir** verb families follow the same pattern in the subjunctive.

   Ses parents s'inquiètent que Robert ne **reprenne** pas son boulot.

   His parents worry that Robert isn't going back to his job.

2. Notice that the **nous** and **vous** subjunctive forms of these verbs are identical to their imperfect forms.

Other verbs, like **avoir** and **être**, have both irregular stems and endings in the subjunctive.

	avoir	être
que je (j')	**aie**	**sois**
que tu	**aies**	**sois**
qu'il/elle/on	**ait**	**soit**
que nous	**ayons**	**soyons**
que vous	**ayez**	**soyez**
qu'ils/elles	**aient**	**soient**

J'ai peur qu'il **soit** en retard et qu'il n'**ait** pas le temps.

I'm afraid that he'll be late and won't have the time.

C'est dommage qu'ils n'aillent pas au Cap Corse.

16. Ce que Stéphane vous raconte est regrettable. Dites-le-lui.

> MODÈLE: Stéphanie est très bête.
> **C'est dommage qu'elle soit très bête.**

1. Elle ne va pas à Bastia.
2. Laurent et toi, vous n'allez pas au Cap Corse.
3. Caroline et moi, nous ne savons pas l'italien.
4. Nous ne faisons pas de voyage cet été.
5. Mes parents sont grincheux.
6. Je n'ai pas de répondeur.
7. Il y a trop de nuages aujourd'hui.
8. Le cours d'archéologie est ennuyeux.

17. Vous ne croyez pas ce que dit Nicolas. Dites-le-lui.

> MODÈLE: Fabrice et Maryse savent notre secret.
> **Je ne crois pas qu'ils le sachent.**

1. Fabrice fait des clins d'œil à Marie.
2. Fabrice et Maryse vont à Sartène.
3. Ils font toujours le contraire.
4. Mais nous savons la fin de leur histoire.
5. Nicole et moi, nous avons des assistantes parfaites.
6. Nous savons des secrets.
7. Je suis au bout du fil.
8. Gérard et toi, vous avez des messages.

Les profs sont contents que
Fabienne revienne en
Corse. (Rogliano)

18. Fabienne vous dit ce qu'elle et d'autres
personnes font. Dites-lui que vos profs
en sont contents.

> MODÈLE: Je reviens en Corse.
> **Nos profs sont contents que tu y reviennes.**

1. Tu viens aussi avec moi.
2. Les photographes doivent nous accompagner.
3. J'apprends la langue.
4. Nous prenons au sérieux notre travail.
5. Nous recevons de bonnes notes.
6. Tout le monde croit ce que nous disons.
7. Toi et moi, nous devenons archéologues.
8. Carole et moi, nous ne buvons pas trop de coca.

19. Selon Xavier, certaines personnes veulent faire certaines choses.
Dites-lui qu'elles les fassent alors.

> MODÈLE: Georges veut aller en Corse.
> **Alors, qu'il y aille.**

1. Il veut découvrir l'île.
2. Maryse et Fabrice veulent venir aussi.
3. Ils veulent aller à Sartène.
4. Ils veulent être assistants.
5. Mireille veut étudier l'archéologie.
6. Elle veut aussi apprendre l'italien.
7. On veut rendre visite aux vignerons.
8. On veut boire du vin de la région.

Alors, qu'on rende visite aux
vignerons. (Nerigean)

Marcel préférerait qu'on donne tout aux
vignerons de cette région. (Corse)

20. Comment dit-on en français?

DENIS: Let me tell you, buddy, from time to time I think that you're losing your mind.

MARCEL: But what do you expect me to do? I can't dismiss my assistant like that without explanations. We're accomplices.

DENIS: Yes, but he's a silly fool. You have to do something. Are you sure he knows where the treasure is?

MARCEL: Yes, I'm sure he knows (it). We discovered it together. He didn't take his eyes off me while I was hiding it afterwards at Cape Corsica. I wanted to prevent someone's stealing it. Objects like those don't have a price.

DENIS: And you say he'd prefer that you two sell it and keep the money?

MARCEL: Yes, and nothing prevents our selling it. Only I'd prefer that we give the money to the wine growers in the region.

DENIS: I'd do the opposite. I'd make a call to the police, and I'd let them take care of it.

MARCEL: That's the problem. I'm afraid that the police wouldn't understand. They wouldn't let me give everything to the wine growers.

Rédaction

En deux ou trois paragraphes expliquez le plus gros problème qui se pose (*we must face*) actuellement, à votre avis. Ce problème pourrait être un de l'environnement (par exemple, la pollution) ou un problème des rapports entre les gens dans de divers pays. Quelles sont les causes probables de ce problème? Puis, en exprimant votre point de vue et celui des autres, dites ce qu'il faudrait qu'on fasse de différent pour éliminer ce problème. Utilisez surtout le vocabulaire et les expressions de cette leçon. Vous pouvez utiliser un dictionnaire, s'il le faut. Employez aussi le subjonctif, quand il le faut.

Lecture

"De droite à gauche"

Épisode 3: Un petit secret

L'inspecteur et ses hommes sont partis. Julien et la jeune fille sont seuls.

JULIEN: Les voilà partis et me voilà avec l'album sous mon imperméable. [Il le sort.]

JEUNE FILLE: Merci, Monsieur. Je vous dois une explication.

JULIEN: Ah oui! Sans cela il faudra bien que j'en parle à la police.

JEUNE FILLE: Justement, c'est ça que je voulais éviter. Je suis désolée que vous ayez dû devenir complice mais vous ne le regretterez pas quand vous entendrez mon histoire.

JULIEN: Je vous écoute. Mais d'abord, que nous nous présentions. Je suis Julien de Chauvincourt, reporter-photographe à *La Ruche*.[1]

JEUNE FILLE: Chantal Chardin...j'étais l'assistante de mon père qui était explorateur et professeur d'archéologie.

JULIEN: C'est fascinant. Vous avez probablement beaucoup voyagé.

CHANTAL: Oh pour ça, oui! J'ai voyagé partout dans le monde avec mon père.

JULIEN: Moi, en dehors de la France, je ne connais que la Belgique et le Luxembourg. Ah, j'oubliais, je suis allé en Corse l'été dernier pour faire du camping. Les Corses ont quelque chose de mystérieux qui me fascine, et j'adore ce pays.

CHANTAL: Moi aussi, et je le connais bien. Comme mon père s'est spécialisé dans la préhistoire, je l'y ai souvent aidé avec ses fouilles.

JULIEN: Vous en aviez de la chance. Vous êtes aussi allée aux États-Unis et au Canada?

CHANTAL: Oui, mais toujours en passant. On faisait souvent escale à San Francisco, à Chicago, à Washington ou à Montréal pour consulter d'autres archéologues.

JULIEN: De toutes les villes que vous connaissez, laquelle préférez-vous?

CHANTAL: Mais Paris, bien sûr.

JULIEN: Alors, si je comprends bien, je n'ai rien manqué.

CHANTAL: Vous me faites rire.

JULIEN: Tant mieux.° Alors, et cet album de photos?

So much the better.

CHANTAL: Ah oui. Vous savez, personnellement, je pense qu'il s'agit° d'un meurtre et que celui qui l'a fait était après la carte de mon père.

it's a question

JULIEN: Quelle carte?

CHANTAL: Eh bien, en Corse, en faisant des fouilles près de Sartène, mon père est tombé miraculeusement sur° une carte qui montrait un trésor caché par des pirates

tomber sur = découvrir

270   Leçon 7

au 19ème siècle dans l'île de Monte-Cristo² qui n'est pas loin de la Corse. Philanthrope, il comptait utiliser le trésor pour aider les vignerons corses. Vous savez, dernièrement il ne pleut plus beaucoup en Corse. Alors, beaucoup de vignobles° disparaissent déjà. Justement, nous devions prendre l'avion ce soir pour Ajaccio. Oh, mon pauvre papa, mon pauvre papa!

vineyards

JULIEN: Et que vient faire le meurtre dans cette affaire?

CHANTAL: J'ai découvert que la carte avait disparu du bureau de mon père. Quelqu'un a dû la voler.

JULIEN: Mais pourquoi n'avez-vous rien dit à la police?

CHANTAL: Vous savez, maintenant que mon père est mort, je voudrais réaliser son rêve d'aider ces pauvres gens. Je vais aussi essayer de trouver celui qui a tué mon père, mais pour cela, j'embaucherai un détective privé. Je ne souhaite pas que la police sache les activités de mon père en Corse.

JULIEN: Pourquoi donc?

CHANTAL: Parce que si le gouvernement entrait dans l'affaire, il utiliserait l'argent différemment, c'est sûr. Mon père avait raison, l'argent leur appartient. Vous comprenez maintenant?

JULIEN: D'accord pour le trésor, mais l'album, qu'est-ce qu'il vient faire dans l'affaire?

CHANTAL: C'est simple. Je ne veux pas que la police aperçoive les photos que mon père a prises de ses amis corses. En fait, il y en a une où on voit la carte, et la police va vouloir investiguer. Vous comprenez maintenant? Je voudrais que cela reste notre petit secret. Vous voyez, il n'y a rien de méchant. Au contraire, ce serait un acte de générosité et de justice, n'est-ce pas?

JULIEN: Euh...oui, c'est vrai. Au fait, vous ne faites que votre devoir de fille.

CHANTAL: Vous êtes sympa. Merci beaucoup. Je me sens un peu fatiguée. Il faut que je me repose.

JULIEN: Certainement. Je m'en vais. Au revoir, Chantal. [Ils se serrent la main.°]   shake hands

CHANTAL: Au revoir, Julien, et merci.

Une fois dans la rue, Julien jette un coup d'œil sur sa montre.

JULIEN: Déjà midi et demi. Je vais téléphoner au patron. Tiens, voilà justement une cabine téléphonique au bout de la rue. [Il se dirige vers la cabine. Il entre, ferme la porte, met sa carte dans l'appareil et compose le numéro.]

UNE VOIX:° Allô, ici *La Ruche*.   voice

JULIEN: Allô, oui, le poste° 496, s'il vous plaît.   extension

LA VOIX: Ne quittez pas.

JULIEN: Merci... Allô, Monsieur Marceau, c'est Julien à l'appareil. Mission accomplie.

MARCEAU: Ah, de Chauvincourt, alors, qu'est-ce que vous avez à me raconter?

JULIEN: Eh bien, voilà, vous savez.... [Julien raconte ce qui s'est passé chez les Chardin.] Et puis après, je suis parti.

MARCEAU: Eh bien, tout cela est bien intéressant, et j'exige que vous ne quittiez pas des yeux cette fille. Elle est probablement plus apte à être sur une piste° que ce nigaud   trail
d'inspecteur qui ne voit pas plus loin que le bout de son nez.

JULIEN: Ah ça, vous avez bien raison. Vous vous rappelez l'affaire du 18 février. Sans mon aide il serait toujours....

MARCEAU: Et qui vous a conseillé?

JULIEN: Euh..., euh..., vous, j'imagine. Mais j'ai quand même eu l'idée de...

MARCEAU: [l'interrompant] Revenons au fait.°   point of fact
Surveillez Mademoiselle Chardin, et obtenez de la police tous les détails possibles. Vous savez à quelle heure il est mort?

JULIEN: Oui, entre 22 heures et 23 heures la nuit du 3 mai. C'est sa fille qui l'a découvert le lendemain matin quand elle s'est réveillée, vers les 7 heures.

MARCEAU: Quel âge avait-il?

JULIEN: Soixante-deux ans.

MARCEAU: Donc, sa fille pense qu'il s'agit d'un meurtre. Bon! Écoutez-moi bien. Vous n'allez pas la lâcher.° Débrouillez-vous   to let go
pour mieux la connaître et en apprendre un peu plus. Je vous verrai demain au journal.

JULIEN: D'accord. Je ferai tout le nécessaire.

MARCEAU: À demain.

JULIEN: Au revoir, Patron.

[à suivre]

Notes culturelles

1. *La Ruche* est le nom imaginaire du journal pour lequel Julien travaille. Au 19ème siècle il y avait un journal de ce nom à Bordeaux.

2. La vedette Richard Chamberlain a joué le rôle du comte (*count*) dans le film *Le Comte de Monte-Cristo*, basé sur le roman du même titre. Alexandre Dumas, qui a écrit ce roman, a aussi écrit *Les Trois Mousquetaires* au 19ème siècle.

Répondez en français.

1. Qu'est-ce que Julien veut que Chantal fasse?
2. Où Chantal est-elle allée avec son père et pourquoi?
3. Selon Chantal, est-ce que son père est mort de causes naturelles?
4. Comment Monsieur Chardin comptait-il aider les vignerons corses?
5. À votre avis, comment la carte du trésor a-t-elle disparu?
6. Pourquoi est-ce que Chantal souhaite empêcher que la police sache ce que son père avait découvert et faisait?
7. Pourquoi est-ce que Chantal ne veut pas que la police obtienne l'album?
8. Comme Chantal est fatiguée, que doit-elle faire?
9. Qu'est-ce que M. Marceau pense de l'inspecteur Grenier?
10. Qui a déjà aidé l'inspecteur avec une autre affaire?
11. Qu'est-ce que M. Marceau exige que fasse Julien?
12. Pourquoi est-ce que M. Marceau espère que Julien pourra mieux connaître Chantal?

Interaction et application pratique
À deux

1. With your partner take turns telling each other why you would like to visit Corsica, what cities or regions you would like to see, how you would travel to and within Corsica and what you would like to do in each place. (Besides the **Expansion** and **Lecture** in this lesson, you will also want to review the **Lecture** in the **Leçon préliminaire**.) After each of you has responded, compare your comments and share those that are similar with the entire class.

2. You and your partner have been asked to create a list of instructions in French for a person who needs to use a public pay phone in France. Make sure your directions proceed in a step-by-step manner. Afterwards compare your list with those from other groups.

MODÈLE: **D'abord il faut trouver une cabine téléphonique**.

Où peut-on trouver une cabine téléphonique?

3. Take turns with your partner telling each other three things that you must do at home this week and three more things that you must do in/for your classes. After each of you has told what you have to do, share a few of your partner's statements with the entire class.

MODÈLE: **Il faut que je nettoie ma chambre.**

4. If it were possible, how would you change your school? With your partner decide on five ways that your school could be improved. (Consider course offerings, scheduling, regulations, etc.) Then make another list of five different ideas for improvement but from one of your teacher's point of view. Afterwards report back to the class several suggestions from each list.

Ces élèves souhaitent que les grandes vacances durent quatre mois! (Calais)

MODÈLE: **Nous aimerions que les cours ne durent que 30 minutes.**

5. With your partner take turns asking and answering questions that each begin with one of the following expressions.

1. Veux-tu que ___ ?
2. Crois-tu que ___ ?
3. Est-il possible que ___ ?
4. Permets-tu que ___ ?
5. As-tu peur que ___ ?
6. Regrettes-tu que ___ ?

After you have asked and answered all the questions, tell several of your questions and answers to the entire class.

6. With your partner create a different version of **Épisode 2** of "De droite à gauche." Begin your dialogue after Chantal Chardin has explained her father's apparent suicide and what caused it. Play the roles of Chantal and Julien de Chauvincourt as he begins by introducing himself. As they enter into a conversation, Chantal continues to talk about her father's death and Julien questions her further about it. Be creative as you make the conversation proceed in an entirely different direction from the one it takes in **Épisode 3**. After practicing your parts, present your dialogue for the class.

Bonifacio à l'heure où le soleil se couche

En groupes

7. With your group draw an outline map of Corsica. (You may use the maps in this lesson and in the **Leçon préliminaire** as a reference.) Make dots on the map indicating the location of as many places and things as you can recall that were mentioned in the **Expansion** of this lesson and the **Lectures** in this lesson and in the **Leçon préliminaire**. Number these dots on the map. Then label each place and thing in French below the map beside the corresponding number. Finally compare your map with those from other groups to check for accuracy and completeness.

8. See how many different completions your group can think of for each of the following sentences. Have some person from the group list the possible completions on a transparency. Do one sentence at a time, spending not more than one minute on each sentence. Afterwards several transparencies can be put on the overhead for all to correct.

    1. Nous rions lorsque ___ .
    2. C'est dommage que ___ .
    3. Est-il vrai que ___ ?
    4. Nous ne croyons pas que ___ .
    5. Nous voudrions que ___ .
    6. Que (Qu') ___ .

Vocabulaire actif

noms

un appareil   apparatus; telephone
l'archéologie (f.)   archeology
un(e) archéologue   archeologist
un(e) assistant(e)   assistant
un bout   end; little piece
  au bout du fil   on the line
une cabine téléphonique   telephone booth
un cap   cape
un clin d'œil   wink
un(e) complice   accomplice
le contraire   opposite
un devoir   duty
un(e) étudiant(e)   (college) student
une explication   explanation

un fil   wire
des fouilles (f.)   excavations
un message   message
un meurtre   murder
un(e) nigaud(e)   silly fool
un objet   object
un œil   eye
un(e) photographe   photographer
la préhistoire   prehistory
une presqu'île   peninsula
un répondeur   answering machine
des ruines (f.)   ruins
un secret   secret
un vigneron, une vigneronne   wine grower

adjectifs

fascinant(e)   fascinating
mystérieux, mystérieuse   mysterious
perspicace   clear-minded

public, publique   public
secret, secrète   secret

verbes

composer   to dial
décrocher   to pick up (the receiver)
empêcher   to prevent
exagérer   to go too far, to joke
exiger   to demand, to require
fasciner   to fascinate
interrompre   to interrupt
jeter   to throw (away)
  jeter un coup d'œil sur   to glance at
parier   to bet

présenter   to introduce
raccrocher   to hang up (the phone)
regretter   to be sorry
rire   to laugh
souhaiter   to wish
sourire   to smile
surveiller   to keep an eye on, to watch
se taire   to be quiet, to stop talking
voler   to steal

expressions diverses

au sérieux   seriously
Bof!   What can I say? So what?
de temps en temps   from time to time
donner un coup de fil (à)   to (make a phone) call (to)
mon vieux   buddy

pendant que   while
Que (+ subjonctif)...   Let...
Que veux-tu (voulez-vous)   What do you expect
quitter des yeux   to take one's eyes off

Rendez-vous

Leçon 8

Communicative Functions

- getting someone's address and phone number
- expressing fractional quantities
- naming foods and dishes
- ordering from a menu
- saying how you want your meat cooked
- saying what happens unless, until, before, provided that or although something else occurs

Christine reçoit un coup de fil de Sylvie. (Paris)

Nicolas a emmené Christine au cinéma hier soir. (Paris)

Une conversation téléphonique typique

CHRISTINE: Allô, oui?

SYLVIE: C'est toi, Christine? Je ne reconnais pas ta voix.

CHRISTINE: Je suis enrhumée.

SYLVIE: Ah bon? Mais, à part ça, quoi de neuf?

CHRISTINE: Eh bien, si tu veux savoir, j'en ai marre de Nicolas.

SYLVIE: Ça ne m'étonne pas. Je m'y attendais.

CHRISTINE: Pourquoi?

SYLVIE: Parce que, selon toi, il est soit adorable soit insupportable. Puisqu'il était adorable hier, il doit être insupportable aujourd'hui.

CHRISTINE: Tu sais, c'est pas° évident avec lui. Par exemple, hier soir il m'a invitée chez "Julien."[1]

SYLVIE: Ah oui, je connais.°° C'est dans le 10ème arrondissement.[2]

CHRISTINE: Il m'avait donné rendez-vous à 20 heures, et on devait se retrouver au carrefour de l'Odéon.[3]

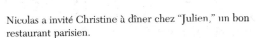

SYLVIE: Oui, et alors?

CHRISTINE: Alors, j'arrive à 20 heures...et il n'y a personne! Monsieur n'est pas là. Donc, j'attends en regardant de droite à gauche, et....

SYLVIE: Il n'est pas venu.

CHRISTINE: Si, mais vingt-cinq minutes après.

SYLVIE: Je suis sûre qu'il s'est excusé.

CHRISTINE: Pas du tout, ma chère. En arrivant, il a simplement jeté un coup d'œil sur sa montre, et il m'a gentiment souri.

Nicolas a invité Christine à dîner chez "Julien," un bon restaurant parisien.

° Quand ils parlent, les Français ne disent pas souvent le **ne (n')** dans l'expression **ne (n')...pas**.
°° En conversant, les Français omettent souvent le pronom complément direct **le, la** ou **les** dans les expressions **Je connais** (*I know it/him/her/them*), **Tu connais?** et **Vous connaissez?** (*Do you know it/him/her/them?*)

16, rue du Fg St-Denis - Paris 10e
Tél. : 770.12.06

Cette fiche-addition 002001 30 9930 29-07-86   02090
ne doit comporter 5500COUVERTS   4   ,00 0
aucune rectification4   BEAUJOLAIS   4
Service : 15% inclus 766 FRI. VOLAILLE G1   56,80 1
Nous vous   621 CHAT.BEARNAISE 1   69,50 1
remercions de bien 620 BROCHETTE FILET1   89,00 1
vouloir présenter 650 STEACK TARTARE 1   69,50 1
une pièce d'identité 398 POTAGE/VICHYSSO1   54,00 1
pour tout règlement 344 F HARENG POMME 1   20,50 1
par chèque.   390 SAL H VERTS   1   19,50 1
Merci et à bientôt. 330 ESCARGOTS   9   29,50 1
                  955 FRAISIER   40,50 1
                  973 CHARLO. CHOCOLA1   29,50 1
                  57 CAFE / DECA   2   32,50 1
                           S/TOTAL   15,80 1
                              15 %   526,60 1
                                               78,99 1
            30 ADDITION   TOTAL1   605,59

Notes culturelles

1. "Julien" est un bon restaurant parisien dans la rue du Faubourg-Saint-Denis.

2. Le 10ème arrondissement (*district*) est un des 20 arrondissements de Paris. Ces arrondissements sont disposés (*arranged*) en spirale à partir du centre.

3. Le carrefour de l'Odéon est une place publique qui se trouve du côté sud du boulevard Saint-Germain dans le 6ème arrondissement de Paris. Là se trouve le métro Odéon. La place de l'Odéon n'en est pas loin.

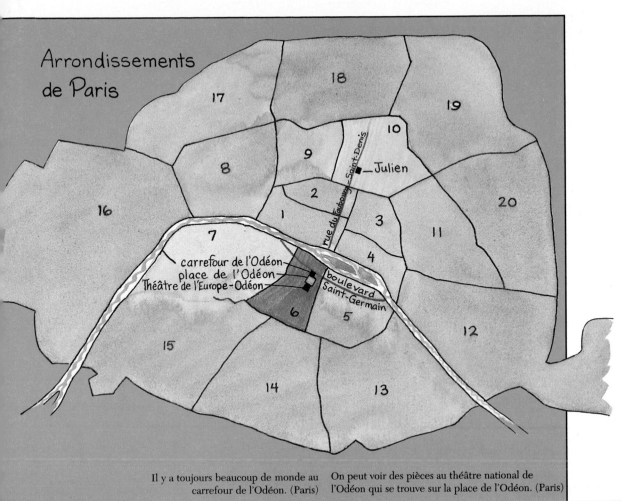

Arrondissements de Paris

18

17

19

10

9 ~ Julien

8

2

16

1

3

20

7

carrefour de l'Odéon
place de l'Odéon
Théâtre de l'Europe-Odéon

boulevard
Saint-Germain

4

11

6

5

12

15

14

13

rue du Faubourg-Saint-Denis

Il y a toujours beaucoup de monde au
carrefour de l'Odéon. (Paris)

On peut voir des pièces au théâtre national de
l'Odéon qui se trouve sur la place de l'Odéon. (Paris)

Compréhension

Répondez en français.

1. Pourquoi est-ce que la voix de Christine est différente aujourd'hui?
2. Qu'est-ce qu'il y a de nouveau dans la vie de Christine?
3. Est-ce que ces nouvelles étonnent Sylvie?
4. Le restaurant Julien se trouve où à Paris?
5. Où est-ce que Nicolas et Christine avaient rendez-vous?
6. Pourquoi Christine s'est-elle fâchée?
7. Qu'est-ce qu'elle a fait en attendant que Nicolas arrive?
8. Et qu'est-ce que Nicolas a fait en arrivant?

À propos

1. Est-ce que votre voix change quand vous êtes enrhumé(e)?
2. Quoi de neuf?
3. De qui ou de quoi en avez-vous marre? Pourquoi?
4. Est-ce qu'un(e) de vos proches ami(e)s est insupportable de temps en temps? Qu'est-ce qu'il (elle) fait?
5. Quand est-ce que vous vous excusez?
6. Connaissez-vous quelqu'un qui arrive souvent en retard à ses rendez-vous? Pourquoi? Est-ce qu'il (elle) s'excuse?

Expansion

La conversation continue.

SYLVIE: Je me doute qu'il avait une bonne raison.

CHRISTINE: Tu as tort. Il paraît que Jean-Louis lui a téléphoné juste avant qu'il ne sorte. Tu sais ce qu'il voulait?

SYLVIE: Non, quoi?

CHRISTINE: Les coordonnées de Marie-France.

SYLVIE: Marie-France qui?

CHRISTINE: Marie-France Joubert.

9, parc d'Ardenay
91120 Palaiseau
FRANCE
Tél: 60.10.50.40

les coordonnées
de Marie-France

SYLVIE:	Il ne pouvait pas regarder dans l'annuaire?
CHRISTINE:	Si, mais comme les Joubert viennent de déménager dans une villa à Palaiseau, le nouveau numéro n'y était pas.
SYLVIE:	Et Caroline, alors, il ne sort plus avec elle?
CHRISTINE:	Non.
SYLVIE:	Je le savais sans que tu me le dises. Je ne les vois plus ensemble bien que je ne sorte pas souvent.

des devoirs difficiles

CHRISTINE:	En effet, tu étudies tout le temps maintenant. Au fait, tu as la solution du nouveau problème de maths?
SYLVIE:	Non, je n'en suis qu'à la moitié. Et toi?

une moitié de la tarte

l'autre moitié de la tarte

Quelqu'un a mangé le tiers du fromage.

CHRISTINE:	Moi, à peine au tiers, et ça ne va pas mieux. Je jette la plupart de ce que j'écris, et je commence à désespérer.
SYLVIE:	Le prof a dit qu'elle ne nous donnera pas les résultats du premier problème avant que nous ne terminions celui-ci.
CHRISTINE:	Ça ne m'aide pas. Il faudrait qu'elle nous rende le premier pour que je puisse faire le deuxième.

un loup qui a faim

Préférez-vous manger un hamburger
ou de la pizza?

Ça brûle!

SYLVIE: Dis donc, j'ai une faim de loup. Si on allait manger un hamburger, à moins que tu ne veuilles autre chose?

CHRISTINE: Non, un hamburger, ça ira, quoique je vienne de mettre une pizza dans le four. Avant de la sortir, il faut que j'attende qu'elle soit cuite.

SYLVIE: Au fait, c'est toi qui as téléphoné ou moi? Je ne m'en souviens plus.

CHRISTINE: C'est toi. Qu'est-ce que tu voulais?

SYLVIE: Je ne sais plus. On parlait de Nicolas, et....

CHRISTINE: Ah oui, alors, après que nous avons quitté le restaurant, Nicolas m'a emmenée au cinéma. Il ne m'avait pas encore expliqué pourquoi il était en retard, mais.... [La conversation continue jusqu'à ce que Christine voie de la fumée qui sort de la cuisine.] Oh là là! Ça brûle!

Quel film est-ce que
Christine et Nicolas
ont vu? (Paris)

un repas délicieux

Après s'être retrouvés au carrefour de l'Odéon, Christine et Nicolas sont allés dîner. Nicolas a pris comme entrée un pâté de campagne tandis que Christine a commandé une douzaine d'escargots.
Ensuite ils ont eu les plats suivants.

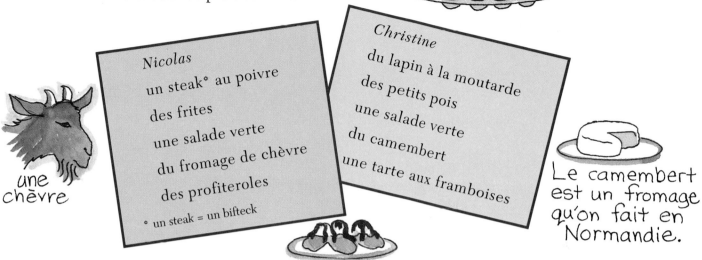

Nicolas

un steak* au poivre

des frites

une salade verte

du fromage de chèvre

des profiteroles

* un steak = un bifteck

Christine

du lapin à la moutarde

des petits pois

une salade verte

du camembert

une tarte aux framboises

une chèvre

Le camembert est un fromage qu'on fait en Normandie.

Comme la plupart des Français, Nicolas préfère son steak saignant.

Kiki le préfère à point, c'est-à-dire, pas trop cuit.

Minou l'aime bien cuit à condition qu'il ne soit pas brûlé.

Mais, à ce qu'on voit, Minou aime surtout les fruits de mer.

Activités

1. Élisabeth vous pose des questions sur certaines choses qu'on vient de lui raconter. Répondez-lui d'après les images, le dialogue d'introduction et l'**Expansion**.

1. On m'a dit que Christine a presque perdu sa voix. Pourquoi?

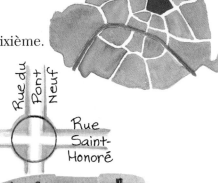

2. À ce qu'on m'a dit, "Julien" est dans le dixième. Le dixième quoi?

3. On m'a dit qu'il y a à Paris deux endroits qui ont le nom "Odéon": la place de l'Odéon et un autre. Comment s'appelle-t-il?

4. On m'a dit que les Joubert ont une nouvelle maison à Palaiseau. Quelle sorte de maison est-ce?

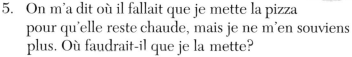

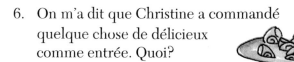

5. On m'a dit où il fallait que je mette la pizza pour qu'elle reste chaude, mais je ne m'en souviens plus. Où faudrait-il que je la mette?

6. On m'a dit que Christine a commandé quelque chose de délicieux comme entrée. Quoi?

7. On m'a dit que Nicolas a eu un steak tandis que Christine a eu autre chose avec de la moutarde. Qu'est-ce qu'elle a eu?

8. À ce qu'on m'a dit, Christine a pris du camembert tandis que Nicolas a pris une autre sorte de fromage. Laquelle?

9. À ce qu'on m'a dit, Nicolas a eu un très bon dessert. Lequel?

Quelles sont les spécialités de ce restaurant? (Martinique)

RESTAURANT

LOUIS XIV

SPÉCIALITÉS:
- COCOTTE DE FRUITS DE MER
- MOULES LOUIS XIV
- SURF & TURF
- CHÂTEAUBRIAND
- FRUITS DE MER
- VEAU

AMBIANCE AGRÉABLE ET CHALEUREUSE

À PROXIMITÉ DE L'ÉGLISE NOTRE-DAME-DES-VICTOIRES.

PRINCIPALES CARTES DE CRÉDIT

13, PLACE ROYALE VIEUX-QUÉBEC

RÉSERVATIONS: 692-1311

BIENVENUE AUX DÉLICES DE LA MER

Spécialités Fruits de mer
Langouste - Tortue
Lambis - Oursin
Crabes - Soudons
"Cuisine Créole"
Pâté en pot - Calalou
Boudin - Colombo
Acras - Etc...

2. Complétez les phrases à votre façon en utilisant le vocabulaire convenable de cette leçon.

1. Si je demande à quelqu'un(e) de sortir avec moi, je lui donne ___ .
2. Quand je suis très occupé(e), je cours partout, c'est-à-dire, ___ .
3. Lorsque je blesse quelqu'un sans le vouloir, je ___ .
4. Je ne peux pas manger toute la pizza, mais je peux en manger ___ .
5. Quand j'ai de mauvais résultats dans mes cours, je ___ .
6. Quand j'ai très faim, je dis que ___ .
7. La spécialité de mon restaurant préféré, c'est (ce sont) ___ .
8. Je dis "Ce n'est pas évident" quand ___ .

3. Sylvie a raconté à Arnaud sa conversation avec Christine. Maintenant Arnaud la raconte à un de ses copains, mais il oublie certains détails et se trompe. Corrigez-le d'après l'**Expansion**.

> MODÈLE: Christine a donné un coup de fil à Sylvie.
> **Non, c'est Sylvie qui a téléphoné à Christine.**

1. Sylvie avait raison de se douter que Nicolas avait une bonne raison d'être en retard au rendez-vous.
2. Juste avant de sortir, Nicolas a téléphoné à Jean-Louis.
3. Jean-Louis voulait savoir le nom de famille de Marie-France.
4. Puisque les Joubert venaient de changer d'adresse, leur nouveau numéro n'était pas sur la villa.
5. Sans que Christine le lui dise, Sylvie savait déjà que Jean-Louis avait rompu avec Marie-France.
6. Christine a terminé à peine la moitié de ses devoirs de maths.
7. Il faudrait que Christine sache les coordonnées du premier problème pour pouvoir trouver la solution du deuxième.
8. Christine ne pouvait pas sortir avant que les tartes qu'elle avait mises dans le four ne soient cuites.

Chez Feng il y a beaucoup de choix.

RESTAURANT
CHINOIS
CHEZ FENG
MENU A 45ᶠ 38ᶠ* 65ᶠ
AU CHOIX

4 ENTREES
4 PLATS
4 BOISSONS
4 DESSERTS

4. Ce sont des copains qui vous ont raconté l'histoire de Christine et Nicolas. Dites à Arnaud ce que vous en savez d'après ce qu'on vous a dit. Complétez les phrases suivantes selon l'**Expansion**.

1. À ce qu'on m'a dit, Nicolas a emmené Christine au cinéma après qu' ___ .
2. À ce qu'on m'a dit, pendant que Christine parlait à Sylvie, la pizza qu'elle avait laissée dans le four ___ .
3. À ce qu'on m'a dit, Christine et Nicolas sont allés chez "Julien" après s'être ___ .
4. À ce qu'on m'a dit, Nicolas a pris un pâté de campagne comme ___ .
5. À ce qu'on m'a dit, comme plat de viande Nicolas a commandé ___ .
6. À ce qu'on m'a dit, la plupart des Français préfèrent que le steak soit ___ .
7. À ce qu'on m'a dit, Kiki préfère que son steak ne soit ni saignant ni trop cuit. Il l'aime ___ .
8. À ce qu'on m'a dit, Minou aime les restaurants qui se spécialisent en ___ .

Aimez-vous les fruits de mer?

Structure et usage

jeter et d'autres verbes en *-e-er*

The verb **jeter** (*to throw, to throw away*) has the same type of spelling changes in its stem as **appeler**. Just as **appeler** doubles the **l** before a silent ending, **jeter** doubles the **t** in these same forms. Both verbs double the final consonant of the stem in the **je**, **tu**, **il/elle** and **ils/elles** forms of the present and the subjunctive.

—Tu **t'appelles** comment?   *What's your name?*

—Sandrine. Tu me **jettes** le ballon?   *Sandrine. Are you throwing me the ball?*

—Faut-il que je te le **jette**?   *Do I have to throw it to you?*

ATTENTION: These final stem consonants are doubled in all forms of the future and the conditional.

—Nous **jetterons** nos vieux habits.   *We'll throw away our old clothes.*

—J'espère que vous m'**appellerez** d'abord.   *I hope that you'll call me first.*

In other **-c-er** verbs like **acheter** and **emmener**, there is an **accent grave** over the **e** in the **je**, **tu**, **il/elle** and **ils/elles** forms of the present, the subjunctive and all forms of the future and conditional.

—Mes parents n'**achètent** pas tout de suite la voiture.   *My parents aren't buying the car right away.*

—C'est dommage qu'ils ne l'**achètent** pas.   *It's too bad that they're not buying it.*

—Ils l'**achèteront** peut-être dans un mois.   *They'll buy it in a month maybe.*

RÉFÉRENCES SPORTIVES

Malgré les limitations de vitesse, les coupés sportifs ont toujours la cote. Parmi ceux-ci, l'Alpine A 610, parée pour affronter des modèles de référence hautement performants.

5. En préparant un grand repas, certaines personnes ont brûlé certaines choses. Dites à Marie-Laure qui jette quoi et pourquoi d'après les images.

MODÈLE: moi

Je jette la pizza parce que je l'ai brûlée.

1. M. Cabrol

2. toi et moi

3. toi

4. Victor et toi

5. Claire et Sandrine

6. moi

7. Francis et Alain

8. Lucie

Victor et Marie-Laure jettent le pain parce qu'ils l'ont brûlé dans le grille-pain.

Il faudra qu'on achète des lapins au
chocolat avant Pâques.

6. Jean-Luc vous demande s'il faut
que certaines personnes fassent
certaines choses aujourd'hui.
Dites-lui que non et qu'il faudra
les faire demain.

> MODÈLE: Faut-il qu'on se
> retrouve chez
> "Julien"
> aujourd'hui?
> **Non, il faudra qu'on s'y retrouve demain.**

1. Faut-il que vous appeliez Colette aujourd'hui, Charlotte et toi?
2. Faut-il que les Cabrol nous emmènent au Procope aujourd'hui?
3. Faut-il qu'on achète le lapin aujourd'hui?
4. Faut-il que tu te lèves tôt aujourd'hui?
5. Faut-il que vous jetiez vos vieux habits aujourd'hui, Francis et toi?
6. Faut-il que j'appelle Henri aujourd'hui?
7. Faut-il que nous jetions ce vieux fromage aujourd'hui, Charlotte et moi?
8. Alors, faut-il que nous achetions le camembert aujourd'hui?

les verbes en *-yer* et *-é-er* au subjonctif

Verbs ending in **-yer** and **-é-er** have regular endings in the subjunctive but
irregular stems in the **nous** and **vous** forms. Here are the subjunctive forms of
payer and **répéter**.

	payer	répéter
que je	**paie**	**répète**
que tu	**paies**	**répètes**
qu'il/elle/on	**paie**	**répète**
que nous	**payions**	**répétions**
que vous	**payiez**	**répétiez**
qu'ils/elles	**paient**	**répètent**

La caissière exige que Mme Marceau paie son fromage et ses pruneaux tout de suite. (Bayonne)

Ils exigent que nous **payions** maintenant.

They require us to pay now.

Il est utile que vous **répétiez** ce que vous avez dit.

It's useful that you repeat what you said.

7. Selon Fabienne, Paul se doute que certaines personnes feront certaines choses. Dites-lui que vous ne croyez pas qu'elles les fassent.

> MODÈLE: Paul se doute qu'Annie s'inquiétera.
> **Je ne crois pas qu'elle s'inquiète.**

1. Il se doute que nous nous ennuierons, Martine et moi.
2. Il se doute que Marc exagérera.
3. Il se doute que toi et moi, nous répéterons ce qu'il nous a raconté.
4. Il se doute que mes parents géreront mal leurs affaires.
5. Il se doute que la banque lui enverra un chèque.
6. Il se doute que j'espérerai partir avec lui.
7. Il se doute que je préférerai le fromage de chèvre au camembert.
8. Il se doute aussi que nous paierons l'addition, Martine et moi.

pouvoir, vouloir et *voir* au subjonctif

The verb **pouvoir** has regular endings in the subjunctive but an irregular stem.

pouvoir
que je **puisse**
que tu **puisses**
qu'il/elle/on **puisse**
que nous **puissions**
que vous **puissiez**
qu'ils/elles **puissent**

| Penses-tu que Sylvie **puisse** terminer ses devoirs? | *Do you think Sylvie can finish her homework?* |

The verb **vouloir** has regular endings but an irregular stem. The **nous** and **vous** subjunctive forms are the same as those of the imperfect.

vouloir	
que je	**veuille**
que tu	**veuilles**
qu'il/elle/on	**veuille**
que nous	**voulions**
que vous	**vouliez**
qu'ils/elles	**veuillent**

| Je regrette que Christine ne **veuille** plus sortir avec Nicolas. | *I'm sorry that Christine doesn't want to go out with Nicolas anymore.* |

The verb **voir** has regular endings but an irregular stem in the **nous** and **vous** forms. These **nous** and **vous** subjunctive forms are the same as those of the imperfect.

voir	
que je	**voie**
que tu	**voies**
qu'il/elle/on	**voie**
que nous	**voyions**
que vous	**voyiez**
qu'ils/elles	**voient**

| Il est essentiel que nous **voyions** le menu. | *It's essential that we see the menu.* |

Il faut qu'on voie le menu. (Belgique)

8. Marie-Christine dit ce qu'elle croit. Dites-lui que vous ne pensez pas que ce soit vrai.

>MODÈLE: Je crois que je sais allumer le four.
>**Moi, je ne pense pas que tu saches l'allumer.**

1. Je crois que je peux manger la moitié de cette pizza.
2. Je crois que Thierry voit le patron cet après-midi.
3. Je crois qu'on peut trouver un appartement dans le sixième.
4. Je crois que nous pouvons nous débrouiller.
5. Je crois que Céline et Anne veulent nos coordonnées.
6. Je crois que je veux vivre en Italie.
7. Je crois que les Joubert voient leurs parents demain.
8. Je crois que Sophie et moi, nous voulons voir les résultats de notre travail.

9. Bruno vous parle de ses rapports avec Chantal. Dites-lui que tout cela vous étonne.

>MODÈLE: Je ne veux jamais rompre avec Chantal.
>**Ça m'étonne que tu ne veuilles jamais rompre avec elle.**

1. On nous voit toujours ensemble.
2. Je veux me marier avec elle.
3. Mes parents peuvent nous aider.
4. Chantal voit les invitations qu'elle veut.
5. Ta sœur et toi, vous pouvez prendre nos photos.
6. Nous pouvons vivre chez mes parents.
7. Mon oncle veut nous vendre sa voiture.
8. Chantal veut avoir six enfants.

Ça étonne tout le monde que Bruno veuille se marier avec Chantal. (Paris)

les conjonctions suivies du subjonctif

Conjunctions are words or expressions that join two clauses. In French most conjunctions are followed by a verb in the indicative mood because they express certainty. Some of these conjunctions are **à ce que** (*according to what*), **après que** (*after*), **car** (*because*), **comme** (*since*), **lorsque** (*when*), **parce que** (*because*), **pendant que** (*while*), **puisque** (*since*), **quand** (*when*) and **tandis que** (*while*). The most commonly used French conjunction is **que** (*that*), after which the verb may be in either the indicative or the subjunctive. After certain other conjunctions that indicate uncertainty, however, the verb is always in the subjunctive. We use the subjunctive after the conjunctions

* **à condition que** (*provided that*)

  Nous vous aiderons **à condition que** vous nous **payiez**.

  We'll help you provided that you pay us.

* **à moins que...ne (n')** (*unless*)

  Je commanderai des fruits de mer **à moins que** tu **n'aies** envie d'autre chose.

  I'll order seafood unless you want something else.

* **avant que...ne (n')** (*before*)

  Cache-le **avant que** Maman **ne** le **voie**.

  Hide it before Mom sees it.

* **bien que** (*although*)

  Bien qu'il **fasse** mauvais, j'y vais.

  Although the weather's bad, I'm going.

* **jusqu'à ce que** (*until*)

  Il restera **jusqu'à ce qu'**on le **serve**.

  He'll stay until we serve him.

* **pour que** (*so that*)

  Nous vous laisserons un mot **pour que** vous vous en **souveniez**.

  We'll leave you a note so that you'll remember it.

Jacques partira à moins que quelqu'un ne le serve. (Paris)

* **quoique** (*although*)

  Quoiqu'ils **aient** une faim de loup, ils ne mangent rien.

  Although they're starving, they don't eat anything.

* **sans que** (*without*)

  Je suis arrivé **sans que** le prof me **remarque**.

  I arrived without the teacher's noticing me.

ATTENTION:

1. In written French the conjunctions **à moins que** and **avant que** require the use of **ne** before the verb in the subjunctive. This **ne** has no meaning and is often omitted in spoken French.

À moins que tu **ne** m'aides, *Unless you help me, I* je ne finirai pas aujourd'hui. *won't finish today.*

2. To say "to wait until," the French use simply **attendre que** followed by the subjunctive.

Attendez **que** nous *Wait until we call you.* t'appelions.

10. Vous avez des problèmes en cours de français et vous voulez que votre prof vous aide. Après qu'il vous dit ce que vous devez faire, dites à Jacqueline que le prof ne vous aidera pas à moins qu'on ne fasse ce qu'il suggère.

MODÈLE: Vous devez étudier chez vous.
Le prof ne m'aidera pas à moins que je n'étudie chez moi.

À condition que Louise fasse ses devoirs, le prof l'aidera. (Paris)

1. Vous devez faire vos devoirs.
2. Vous devez travailler plus dur.
3. Vos parents doivent éteindre la télé.
4. Votre mère doit me téléphoner.
5. Vos parents doivent venir me voir.
6. Vous devez être à l'heure.
7. Jacqueline et vous, vous devez vous taire en classe.
8. Vous devez écouter en classe.

Le prof ne les aidera pas à moins qu'ils ne travaillent plus dur.

On demande le menu pour que François puisse faire son choix. (Angers)

11. Faites une phrase des deux phrases données en utilisant l'expression entre parenthèses.

> MODÈLE: Je continuerai à parler. François ne comprend rien.
> (quoique)
> **Je continuerai à parler quoique François ne comprenne rien.**

1. Je parlerai. Vous vous taisez, vous deux. (à condition que)
2. Nous demanderons le menu. François peut faire son choix. (pour que)
3. Le garçon nous servira de l'eau. Nous le lui demanderons. (sans que)
4. J'aurai toujours une faim de loup. J'en suis à ma dernière profiterole. (bien que)
5. Il faudra continuer à manger. Il n'y aura plus rien. (jusqu'à ce que)
6. Je paierai l'addition. François voudrait la payer. (à moins que)
7. J'attendrai. François offrira peut-être de la payer. (que)
8. Nous quitterons bientôt le restaurant. Il pleut. (avant que)

l'infinitif présent ou passé à la place du subjonctif

You may have noticed that in all the sentences where we have used the subjunctive, the subjects of the independent and dependent clauses are different.

Je l'appellerai pour qu'**il sache** l'heure de la boum.	*I'll call him so that he'll know the time of the party.*

When the subject of the two clauses is the same, use simply an infinitive or, when necessary, a preposition plus an infinitive.

Je l'appellerai pour **savoir** l'heure de la boum.	*I'll call him in order to know the time of the party.*

Georges sort du lycée sans que
personne ne le voie.

In the following sentences note the use of the subjunctive in the first sentence of each pair where the subjects of the two clauses are different and the use of an infinitive in the second sentence where the subjects are the same.

Marie est contente de
prendre le train.

1. Elle **veut que** vous **conduisiez**.   *She wants you to drive.*
2. Elle **veut conduire**.   *She wants to drive.*

1. Il partira **sans que** tu le **voies**.   *He'll leave without your seeing him.*
2. Il partira **sans** te **voir**.   *He'll leave without seeing you.*

1. Il **faut que** les élèves **se taisent**.   *It's necessary that the students be quiet.*
2. Il **faut se taire**.   *It's necessary to be quiet.*

1. Marie est **contente que** tu **ailles** en France.   *Marie is happy you're going to France.*
2. Marie est **contente d'aller** en France.   *Marie is happy to go to France.*

ATTENTION: Note that when the subject of the two clauses is the same, the adjective is followed by **de** before an infinitive.

1. Je te verrai **avant que** tu **ne partes**.   *I'll see you before you leave.*
2. Je te verrai **avant de partir**.   *I'll see you before leaving.*

ATTENTION: When the subject of the two clauses is the same, **avant de** + infinitive replaces **avant que...ne** + subjunctive.

1. Marc **attendra que** tu **reviennes**.   *Marc will wait until you return.*
2. Marc **attendra de revenir**.   *Marc will wait to return.*

ATTENTION: The verb **attendre que** + subjunctive becomes **attendre de** + infinitive when the subject of the two clauses is the same.

Après avoir rencontré un étranger dans la rue, Solange l'a aidé en lui donnant des directions.

After the preposition **après** we use the past infinitive. The past infinitive consists of the infinitive of the auxiliary verb and the past participle of the main verb.

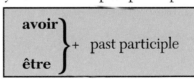

$$\left.\begin{array}{l} \textbf{avoir} \\ \\ \textbf{être} \end{array}\right\} + \text{past participle}$$

Après l'**avoir reconnu**, elle lui a parlé.　　*After having recognized him, she spoke to him.*

Après être arrivé, il a mangé.　　*After arriving, he ate.*

Agreement of the past participle in this structure is the same as in the compound tenses.

Après **nous** avoir **vus**, il était heureux.　　*After having seen us, he was happy.*

Après être **sortie**, **Laure** était fatiguée.　　*After going out, Laure was tired.*

Après s'être **assises**, elles se sont mises à rire.　　*After sitting down, they began to laugh.*

On attendra que Christelle finisse ses courses aux Galeries Lafayette. (Paris)

12. Christelle vous dit que certaines personnes comptent faire certaines choses. Dites-lui que vous attendrez qu'elles les fassent.

MODÈLE: Les Cottet comptent revenir demain.
Alors, j'attendrai qu'ils reviennent.

1. Yves compte avoir les résultats du contrôle demain.
2. Je compte voir le prof demain.
3. Alexandre et moi, nous comptons finir nos devoirs demain.
4. Je compte faire mes courses demain.
5. Suzette compte être chez elle demain après-midi.
6. Jeanne et Rachèle comptent jeter leurs vieux habits demain.
7. Ma sœur et moi, nous comptons appeler nos grands-parents demain.
8. Les Cottet comptent acheter la villa demain.

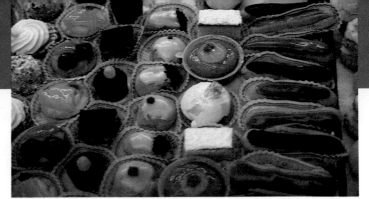

Valérie ne partira pas sans choisir
une pâtisserie. (Paris)

13. Valérie dit ce que certaines personnes ne feront pas et pourquoi. Dites-lui que si, et que ces personnes le feront sans faire, ou sans qu'on fasse, autre chose.

> MODÈLE: Tu ne partiras pas. Tu ne finis pas tes profiteroles.
> **Si, je partirai sans les finir.**

1. Denise ne saura pas l'heure. Elle ne regarde pas sa montre.
2. Tu ne prendras pas de dessert. Corinne et moi ne te servons pas de café.
3. Vos amis ne nous reconnaîtront plus, Corinne et moi. Ils ne voient pas nos dernières photos.
4. On ne pourra pas acheter notre villa. Nous ne voulons pas la vendre.
5. Je ne sortirai pas avec Thierry. Il ne s'excuse pas.
6. Martin n'aimera pas le film. Il ne lit pas le livre.
7. Martin et toi, vous ne me comprendrez pas. Je ne m'explique pas.
8. Je ne téléphonerai pas à Robert. Je ne romps pas avec Martin.

14. Complétez les phrases suivantes avec **pour**, **pour qu'**, **que**, **qu'**, **de** ou **d'**, selon le cas.

GÉRARD: Avons-nous assez d'argent ___ payer l'addition?

MATHIEU: Je ne sais pas. Il faut attendre ___ le garçon nous l'apporte.

GÉRARD: Je vais l'appeler ___ il nous l'apporte tout de suite.

MATHIEU: Attends ___ être sûr qu'Henri et Paul ne veulent plus rien.

GÉRARD: Écoute, je ne vais pas attendre ___ ils reviennent. Je suis pressé.

MATHIEU: Alors, il faudra faire quelque chose ___ ils sachent qu'on part. Je suis sûr qu'ils ont téléphoné aux filles ___ leur donner rendez-vous, et....

GÉRARD: Ah bon? Alors, si on attendait ___ savoir ce qu'on fait ce soir?

15. Vous êtes Christine. Martin vous demande si les personnes suivantes ont fait certaines choses. Dites-lui que oui, après avoir fait ce qui est indiqué entre parenthèses.

> MODÈLE: Tu es rentrée tard hier après-midi? (J'ai fait des courses.)
> **Oui, après avoir fait des courses.**

1. Tu es sortie hier soir? (J'ai fini mes devoirs.)
2. Nicolas et toi, vous avez dîné chez "Julien"? (Nous nous sommes retrouvés au carrefour de l'Odéon.)
3. Est-ce que Nicolas a été en retard comme d'habitude? (Nicolas a parlé pendant vingt-cinq minutes à Jean-Louis.)
4. Est-ce que Nicolas t'a donné un cadeau? (Nicolas s'est excusé.)
5. Alors, Nicolas a été adorable ensuite? (Nicolas s'est assis dans le restaurant.)
6. Qu'est-ce que tu as mangé, du lapin? (J'ai eu des escargots.)
7. Et Nicolas et toi, vous êtes allés au théâtre? (Nous avons quitté le restaurant.)
8. Et vous vous êtes encore disputés? (Nous nous sommes bien amusés ensemble.)

Donnez-moi la moitié de ce poisson, s'il vous plaît. (Paris)

les fractions

Il ne reste que le tiers de cette pizza.

Here are some common fractions in French.

1/4	=	**un quart**
1/3	=	**un tiers**
1/2	=	**une moitié**
2/3	=	**deux tiers**
3/4	=	**trois quarts**

For divisors larger than 4, use ordinal numbers.

1/5	=	**un cinquième**
1/20	=	**un vingtième**

Fractions are often introduced by the definite article **le** or **la** instead of the indefinite article **un** or **une**.

Je voudrais **le tiers**, non, **la moitié** de cette pizza.   *I'd like a third, no, half of that pizza.*

Les chefs serviront les trois
quarts de ce gâteau.

16. Vous êtes au restaurant, et puisque vous avez une faim
de loup, vous voulez un peu de tout. Dites à la serveuse
de vous donner les portions indiquées.

> MODÈLE: ce pâté (1/4)
> **Donnez-moi le quart de ce pâté, s'il
> vous plaît.**

1. ces crevettes (1/3)
2. ce poulet (1/2)
3. ce riz (1/4)
4. ces petits pois (3/4)
5. ces frites (1/6)
6. ce camembert (2/5)
7. ce morceau de gâteau (2/3)

17. Comment dit-on en français?

NICOLAS: Julien? It's Nicolas speaking.

JULIEN: Huh? Who? Oh, Nicolas! Excuse me. I hardly
recognized your voice. What's new? Is everything OK?

NICOLAS: No, I have a cold, but that's not all. I've broken up with
Christine.

JULIEN: What? I don't believe you. Although you're always fed
up with her, I didn't think you would break up with
her. I didn't expect it.

NICOLAS: Unfortunately, it's true, and I suspect she's fed up with
me, too.

JULIEN: What do you mean?

NICOLAS: Last night, just before going out, Jean-Louis called me.
He'd phoned only in order to ask for somebody's
address and phone number, but you know how he is on
the phone. Well then, after having talked to him for
(*pendant*) 25 minutes, I was late for my date with
Christine.

JULIEN: Again? Well then, frankly,....

NICOLAS: I know, but let me explain (to you).
           She didn't get angry at first, no,
           obviously because she was starving.
           She wanted us to finish eating so that
           I would pay the bill. Then she told me
           what she thought. Nice, huh?

Rédaction

En deux ou trois paragraphes décrivez votre restaurant préféré. Dites comment il s'appelle, où il se trouve, quelle est sa spécialité et quelques plats qu'il sert comme hors-d'œuvre, entrée, plat principal et dessert. Puis dites pourquoi, quand et avec qui vous y allez, ce que vous commandez d'habitude et comment vous préférez votre viande. Est-ce que ce restaurant est cher, raisonnable ou bon marché? Utilisez surtout le vocabulaire et les expressions de cette leçon. Vous pouvez employer un dictionnaire, s'il le faut.

Restaurant
La Tortore

Françoise et Edgar

Sa terrasse au cœur du Vieux-Lyon

Grande carte de poissons
toute l'année

Spécialités de fruits de mer
d'octobre à mars

6, place de la Baleine   Vieux-Lyon
Prudent de réserver au (7) 837.27.91
Vous pouvez consulter la carte à la réception

Leur restaurant préféré, le Latin, sert du couscous, un plat nord-africain. (Paris)

Julien donne rendez-vous à Chantal au Procope, un restaurant fondé au dix-septième siècle. (Paris)

Lecture

"De droite à gauche"

Épisode 4: Rendez-vous au Procope

Le même jour en fin d'après-midi Julien est dans son studio de la rue des Écoles dans le 5ème arrondissement. Assis sur son lit, il cherche un numéro dans l'annuaire.

JULIEN: Voyons...Chardeaux, Chardenal... Ah! Chardin, Chardin, Chardin. Voilà. Chardin, Émile, 19-bis, rue des Sablons, 45.25.88.34. [Il compose le numéro.]

CHANTAL: Allô, oui?

JULIEN: Allô, bonjour. C'est Julien à l'appareil. Vous savez, le journaliste.

CHANTAL: Ah oui, bonjour.

JULIEN: Écoutez, je sais que vous n'avez pas de famille et que pendant ces moments difficiles vous devez avoir besoin de réconfort.°   moral support

CHANTAL: Vous êtes gentil, mais Bruno, le collègue de mon père qui m'a vue naître et qui est comme un oncle, me soutient° beaucoup.   supports

JULIEN: Tant mieux. Mais cela ne vous empêche pas de dîner avec moi ce soir.

CHANTAL: Je préfère rester à la maison.

JULIEN: Cela n'est pas une solution. Il faut que vous sortiez de temps en temps.

CHANTAL: Non, vraiment non, merci. Une autre fois peut-être.

JULIEN: N'oubliez pas que nous avons un petit secret, tous les deux.

CHANTAL: Vous faites du chantage,° à ce que je vois. Il est déjà tard et je suis en robe de chambre.°   blackmail
                                                                                                          bathrobe

JULIEN: Alors, demain soir?

CHANTAL: Je vois qu'il va falloir céder.° D'accord, demain soir, mais où?   to give in

JULIEN: Vous avez le choix, soit la Méditerranée[1] soit le Procope.[2]

CHANTAL: Eh bien, comme je n'aime pas les fruits de mer, je préférerais qu'on aille au Procope.

JULIEN: D'accord. Alors, je vous donne rendez-vous demain à 20 heures 30 au Procope.

CHANTAL: Très bien. Mais disons 21 heures.

JULIEN: D'accord, à demain.

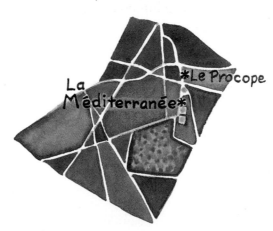

Le lendemain, au Procope dans le 6ème près du carrefour de l'Odéon. Il est 21 heures 15. Assis seul à une table, Julien jette de temps en temps un coup d'œil sur sa montre. Arrive Chantal.

Que prend Julien comme entrée?

CHANTAL: Je m'excuse d'être en retard, mais j'avais
mille choses à faire aujourd'hui pour régler°   settle
les affaires de mon père.

JULIEN: Je comprends bien et vous êtes toute excusée
maintenant que vous êtes là. Je commençais
à désespérer. Voilà le garçon. J'ai une faim de
loup.

GARÇON: Bonjour. Voici le menu.

JULIEN: Merci.

CHANTAL: Qu'est-ce que vous me conseillez?

JULIEN: Tout est bon ici.

CHANTAL: Bon! Comme entrée[3] je prendrai un pâté de
campagne.

JULIEN: Moi, une douzaine d'escargots.

GARÇON: Très bien. Ensuite?

CHANTAL: Un steak au poivre et des frites.

JULIEN: Un lapin à la moutarde pour moi.

GARÇON: Vous désirez votre steak saignant, à point ou bien cuit, Mademoiselle?

CHANTAL: Saignant, s'il vous plaît.

GARÇON: Et comme boisson?

JULIEN: Eh bien, apportez-nous le bordeaux[4] de la maison et une carafe d'eau fraîche.

GARÇON: Merci. [Il s'en va.]

JULIEN: Alors, comme ça, vous étiez occupée toute la journée.

CHANTAL: J'ai couru de droite à gauche. La bureaucratie française, ce n'est pas évident. Je dois très souvent retourner deux ou trois fois au même endroit pour avoir satisfaction. Cela fait la quatrième fois que je vais au Ministère de l'Éducation Nationale. Heureusement cette fois-ci, Bruno était avec moi. D'ailleurs il m'a conseillé de venir me reposer une semaine dans sa villa en Corse près d'Ajaccio.

Julien choisit un petit morceau de chèvre du plateau de fromages.

JULIEN: Ah bon? Et vous comptez y descendre?

CHANTAL: Oui, vendredi probablement.

JULIEN: Et la police? L'inspecteur vous a dit de rester à leur disposition.

CHANTAL: Pas de problème. Ils sauront où m'appeler. Il paraît qu'ils se doutent du meurtre. Il fallait s'y attendre après l'autopsie.

Trois quarts d'heure plus tard, Julien et Chantal sont toujours à table. Le garçon arrive avec un plateau° de   tray
fromages.

GARÇON: Vous désirez du fromage?

CHANTAL: Bien sûr, un petit morceau de camembert, s'il vous plaît.

GARÇON: Comme ça?

CHANTAL: Oh, c'est trop. Le tiers de ça.

GARÇON: Voilà. Et vous, Monsieur?

JULIEN: Un peu de chèvre.5 Tenez, la moitié de ce morceau.

GARÇON: Voilà. [Il s'en va.]

JULIEN: Je pense que je devrais vous accompagner à Ajaccio. Vous pourriez avoir des ennuis° avec   problems
l'assassin.

CHANTAL: Ne vous inquiétez pas. J'ai déjà embauché un détective privé.

JULIEN: Quand même, j'ai peur pour vous.

CHANTAL: Franchement, vous n'avez rien à craindre.°   fear

GARÇON: [en revenant] Vous désirez un dessert?

JULIEN: Certainement.

CHANTAL: Oh là là! Je ne peux plus rien avaler.

Cette dame prend de la tarte aux framboises. (Trois-Îlets)

JULIEN: Vous avez tort. Leur tarte aux framboises est délicieuse.

CHANTAL: Non, non. Un café et c'est tout.

JULIEN: Eh bien, apportez-moi des profiteroles et un café.

GARÇON: Des profiteroles et deux cafés. Parfait. [Il s'en va.]

JULIEN: Écoutez, je me sens le devoir de vous protéger.° N'oubliez pas que je suis votre complice à cause de l'album.   protect

CHANTAL: Euh..., vous ne pouvez pas rester dans la villa de Bruno. Euh..., il ne vous connaît pas. Ça aurait l'air de quoi?

JULIEN: Je peux descendre dans un hôtel à côté, non?

CHANTAL: Si, mais à quoi bon?° Vous avez votre travail.   *à quoi bon?* = what's the use?

JULIEN: Justement, au journal on me doit quelques jours de vacances. C'est le moment de les prendre. Qu'en dites-vous? Donnez-moi vos coordonnées à Ajaccio.

CHANTAL: Oh, vous n'avez pas raté votre métier de journaliste avec une telle° persistance. Attendez que je trouve un bout de papier. Vous avez un stylo?

such

JULIEN: A-t-on jamais vu un journaliste sans stylo? [sortant un stylo] Voilà. [remarquant comment Chantal écrit] Tiens, vous êtes gauchère.°

left-handed

CHANTAL: Oui, et vous?

JULIEN: Droitier,° comme la plupart des gens.

Right-handed

CHANTAL: Eh bien, voilà mes coordonnées. J'y arriverai vendredi soir.

JULIEN: Merci. Vous y descendez comment?

CHANTAL: En avion.

JULIEN: Moi, je prendrai le train et le batèau. De toute façon.... [Et la conversation continue.]

[à suivre]

Si on a hâte de manger des fruits de mer, il faudra aller à la Méditerranée en face du théâtre national de l'Odéon (Paris)

Notes culturelles

1. La Méditerranée est un très bon restaurant qui se trouve sur la place de l'Odéon et se spécialise en fruits de mer.

2. Le Procope est un vieux café-restaurant qui se trouve dans la rue de l'Ancienne-Comédie à Paris.

3. Dans un repas complet l'entrée est le premier plat du repas, comme son nom l'indique. Ensuite viennent la viande et les légumes qui, ensemble, composent le plat principal, suivi de la salade. Ensuite on sert le fromage, puis le dessert et finalement, le café.

4. Le bordeaux, un vin très connu, vient de la région près de Bordeaux dans le sud-ouest de la France.

5. Le chèvre est un fromage fait du lait de chèvre.

Répondez en français.

1. Où est-ce que Julien trouve le numéro de téléphone de Chantal?
2. Qui soutient Chantal pendant ses moments difficiles?
3. Qu'est-ce que Julien invite Chantal à faire?
4. Pourquoi Chantal n'est-elle pas prête à aller au restaurant ce soir?
5. Pourquoi Chantal choisit-elle d'aller au Procope?
6. En attendant que Chantal arrive au Procope, que fait Julien?
7. Qu'a fait Chantal en arrivant?
8. Comment Chantal prend-elle son steak?
9. Chez qui Chantal compte-t-elle aller se reposer?
10. Qu'est-ce que Chantal et Julien prennent comme dessert?
11. Qu'est-ce que Chantal écrit sur un bout de papier?
12. Est-ce que Chantal est droitière?

Interaction et application pratique
À deux

1. With your partner write a two-minute dialogue in French between a waiter/waitress and a customer at a French restaurant. Using the menu you create in Activity 6, the customer will order one item for each of the six courses (**entrée**, **plat principal**, **salade**, **fromage**, **fruit**, **dessert**). Be sure to specify how the meat is to be cooked as well as a beverage. At the end call for the waiter/waitress and ask for and pay the check. Use only expressions you have learned so far. Then learn your roles and present your dialogue to the class.

À ce qu'elle a dit, elle va déménager à Rennes.

2. Take turns with your partner telling five things that someone has told you. Name the person who has told you these things that may pertain to school, your family or friends. After each of you has given five sentences, tell the class your partner's most interesting one.

> MODÈLE: **À ce que Michèle m'a dit, sa famille va déménager le mois prochain.**

3. Imagine that you are a parent and that your partner is your child. The child will ask if he/she can have permission to do five different things and the parent will agree, provided that certain conditions are met. Use **à condition que** + subjunctive in each of the parent's sentences. After you have played each role, share your most creative question and answer with the class.

> MODÈLE: Est-ce que je peux avoir la voiture ce soir?
> **Oui, à condition que tu fasses le plein après.**

4. One of your parents has given you the following list of five things that you must do. Take turns with your partner playing the role of your parent who tells you to do the following things before something else takes place. Use either **avant de** before an infinitive or **avant que...ne** before the subjunctive. After each of you has played the role of the parent, tell the class several of your more interesting sentences.

1. Nettoie ta chambre.
2. Brosse-toi les dents.
3. Prépare le dîner.
4. Finis tes devoirs.
5. Rentre tout de suite.

> MODÈLE: Nettoie ta chambre.
> **Nettoie ta chambre avant que tes grands-parents n'arrivent. (Nettoie ta chambre avant de regarder la télé.)**

5. Your partner suggests five different things for you both to do together either after school or on the weekend. You agree, but add an unforeseen condition (**à moins que...ne (n')** + subjunctive) that might alter your plans. After you have each offered five suggestions and given five replies, share several of them with the entire class.

> MODÈLE: Si on faisait du ski nautique ce week-end?
> **D'accord, à moins que je ne sois toujours enrhumé(e).**

En groupes

6. Imagine that your group owns a French restaurant. Create your six-course dinner menu in French. List the courses in order, and give at least three choices for each course. Include the price of each dish in French francs. You may want to consult French cookbooks for other dishes not mentioned in *Le français vivant*. You may also want to illustrate certain dishes by clipping and attaching photos from old issues of French magazines. Then display your menu on the bulletin board for all to see and compare.

7. See how many different completions your group can think of for each of the following sentences. Have some person from the group list the possible completions on a transparency. Do one sentence at a time, spending not more than one minute on each sentence. Afterwards several transparencies can be put on the overhead for all to correct.

   1. Nous en avons marre de ___ .
   2. Nous nous doutons que ___ .
   3. Nous désespérons quand ___ .
   4. Nous ne pouvons pas ___ bien que ___ .
   5. Après avoir ___ .
   6. La moitié de ___ .

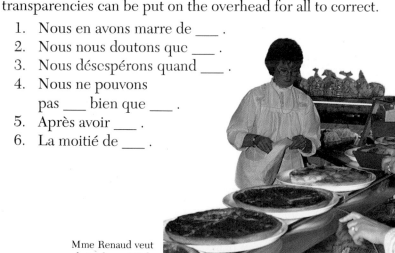

Mme Renaud veut acheter la moitié de cette tarte.

La pizza vous plaît-elle?

Tous ensemble

8. Each student has a sheet of paper with the following statements written on it:

   1. Je suis enrhumé(e) aujourd'hui.
   2. Je n'ai jamais tort.
   3. La pizza ne me plaît pas.
   4. J'ai essayé le camembert et je l'aime.
   5. Je préfère ma viande saignante.

   Now, as you walk around your classroom, find a different person who can answer each question affirmatively. You will say to someone, for example, **Préfères-tu ta viande saignante?** When you find a person who answers **Oui, je préfère ma viande saignante**, this person will initial your sheet. The first student to have all five affirmative responses is the winner.

Avez-vous jamais essayé le camembert?

Vocabulaire actif

noms

un annuaire telephone directory
un arrondissement district
un camembert Camembert cheese
un carrefour intersection
une chèvre goat
  le chèvre goat cheese
une condition condition
des coordonnées (f.) address and phone
  number
une douzaine dozen
une entrée entrée (course before main dish)
un escargot snail
un four oven

des fruits de mer (m.) seafood
un loup wolf
une moitié half
une pizza pizza
la plupart (de) most
une profiterole cream puff with ice cream
  and chocolate sauce
un résultat result
un steak steak
un tiers third
un tort wrong
une villa villa
une voix voice

adjectifs

adorable adorable
cuit(e) cooked
enrhumé(e): être enrhumé(e) to have a cold

neuf, neuve brand-new
saignant(e) rare
téléphonique telephone

verbes

attendre que to wait until
s'attendre à to expect
avoir tort to be wrong
avoir une faim de loup to be starving
brûler to burn
désespérer to lose hope
donner rendez-vous à to arrange to meet with

se douter to suspect
en être à to get as far as
s'excuser (de) to apologize (for)
reconnaître to recognize
se retrouver to meet
se souvenir to remember

expressions diverses

à ce que according to what
à condition que provided that
à moins que...ne (n') unless
à peine hardly, scarcely
à point medium
après que after
autre chose something else
avant de before
avant que...ne (n') before
bien que although

Ce n'est pas évident. It's not easy.
de droite à gauche all over the place
jusqu'à ce que until
marre: en avoir marre (de) to be fed up (with)
pour que so that
Quoi de neuf? What's new?
quoique although
sans que without
simplement simply
soit...soit either...or

Richard veut trouver un boulot temporaire.

Richard cherche un emploi d'été

Richard souhaite obtenir un boulot pendant les vacances. Ce matin il a rendez-vous avec la gérante d'une succursale de la société de son père. Ayant appris qu'elle recrutait des jeunes gens pour des postes d'été, Richard lui avait donné un coup de fil la semaine dernière.

GÉRANTE: Nous recherchons des jeunes gens sérieux et industrieux.

RICHARD: Vous pouvez me faire confiance. Je travaille très dur et je n'ai pas peur des heures très longues.

GÉRANTE: Bon d'accord. Nous exigeons aussi que vous ayez de bons rapports avec les autres employés.

RICHARD: Je suis très perspicace, et je souris tout le temps.

GÉRANTE: Il faut aussi que vous puissiez prendre des messages téléphoniques de temps en temps.

RICHARD: Il n'y a aucun problème.

GÉRANTE: Puisque nous n'écrivons qu'à l'ordinateur, nous voulons que nos employés sachent l'utiliser, ce qui n'est pas évident.

RICHARD: Quelle chance! Je me spécialise en informatique.

GÉRANTE: Il faut aussi savoir parler anglais parce qu'un tiers de nos clients sont américains.

RICHARD: Euh..., vous savez, les langues ne me fascinent pas beaucoup.

GÉRANTE: Je regrette. Si vous aviez pu parler anglais, je vous aurais embauché tout de suite.

Richard sait bien utiliser l'ordinateur parce qu'il se spécialise en informatique.

Compréhension

Répondez en français.

1. Pour qui travaille la gérante avec qui Richard a rendez-vous?
2. Pourquoi Richard a-t-il rendez-vous avec elle?
3. Comment doivent être les jeunes gens qu'elle recherche?
4. Richard n'a pas peur de quoi?
5. Quelles sont les qualités et les capacités de Richard?
6. Selon la gérante, pourquoi faut-il que Richard sache utiliser l'ordinateur?
7. Expliquez pourquoi Richard sait si bien utiliser l'ordinateur.
8. Pourquoi est-ce que la gérante n'a pas embauché Richard?

À propos

Avez-vous jamais travaillé dans un fastfood? (Paris)

1. À la place de la gérante, est-ce que vous auriez embauché Richard? Pourquoi ou pourquoi pas?
2. Avez-vous eu un boulot l'été dernier? Qu'est-ce que vous avez fait?
3. Comment avez-vous obtenu votre poste?
4. Si vous avez travaillé pendant l'été, comment était votre travail?
5. Quelles qualités ou capacités deviez-vous avoir?
6. Comment vous préparez-vous pour obtenir un bon emploi à l'avenir?

LE GROUPE
LOVE BURGER

150 personnes - Dans le cadre de son développement recherche pour sa DIVISION ALIMENTAIRE

2 JEUNES PROMOTEURS DES VENTES REGIONAUX

SUD / SUD OUEST..................................... Référence : A 79
RHONE ALPES / CENTRE.............................. Référence : B 81

FORMATION : Niveau B.T.S. commercial ou équivalent 1ère expérience souhaitée (débutants acceptés).
MISSION : Animer nos distributeurs et promouvoir nos produits.
QUALITES REQUISES : Le sens du dialogue, de l'autonomie, de la rigueur, du dynamisme et de l'adaptabilité.
Rémunération intéressante pour candidat motivé.

Adresser C.V. détaillé lettre manuscrite et rémunération en rappelant la référence ci-dessus à notre Conseil PL Consultants 101, rue de Tolbiac 75013 Paris.

Hervé ne savait pas que ces élèves s'étaient
spécialisés en informatique.

Activités

1. Hervé vous raconte ce que certaines personnes ont fait. Dites-lui que
   vous ne saviez pas qu'elles l'avaient fait.

   MODÈLE: Le patron a renvoyé Guy.
             Je ne savais pas que le patron l'avait renvoyé.

   1. M. Devos est devenu fou.
   2. Tu m'as dit de me méfier de lui.
   3. Les employés ont volé de l'argent.
   4. Ensuite ils s'en sont allés au Mexique.
   5. Je me suis spécialisé en informatique.
   6. J'ai fabriqué un ordinateur.
   7. Ma sœur a terminé ses études en France.
   8. Michèle et moi, nous nous sommes fâchés avec Jean-Claude.

2. Hervé vous dit aussi ce qu'ont fait les mêmes personnes après avoir fait les choses en question dans l'**Activité 1**. Tirez (*Draw*) vos conclusions d'après les indications.

> MODÈLE: Le patron l'a renvoyé. (se fâcher avec Guy)
> **Donc, s'étant fâché avec Guy, le patron l'a renvoyé?**

Ayant vu Jean-Claude avec une autre fille, Michèle s'est fâchée avec lui. (Paris)

1. M. Devos est devenu fou. (perdre son poste)
2. Tu m'as dit de me méfier de lui. (savoir ce qu'il a fait)
3. Les employés ont volé de l'argent. (rester tard)
4. Ensuite ils s'en sont allés au Mexique. (ouvrir un compte en Suisse)
5. Je me suis spécialisé en informatique. (commencer mes études à l'université)
6. J'ai fabriqué un ordinateur. (se spécialiser en informatique)
7. Ma sœur a terminé ses études en France. (aller en Angleterre)
8. Michèle et moi, nous nous sommes fâchés avec lui. (voir Jean-Claude avec une autre fille)

3. Aline vous raconte ce qui vient de se passer dans la rue, mais quand elle parle de certaines choses ou personnes, elle n'est pas très claire (*clear*). Demandez des précisions.

> MODÈLE: Tu vois ce cadavre?
> **Lequel?**

1. On dit que c'est le corps d'une de nos voisines.
2. Je ne sais pas, mais il paraît qu'elle était femme d'affaires et qu'elle travaillait pour des sociétés internationales.
3. Je ne sais pas, mais je sais que son mari est ce reporter-là.
4. C'est le monsieur aux lunettes qui parle avec les policiers.
5. C'est le groupe d'agents qui se trouve devant la boutique.
6. Celle-là, en face des deux cafés.
7. Regarde, là-bas, au bout du mur.
8. Celui qui cache la maison.

Voilà le policier avec lequel le monsieur parle.

323

4. Annette vous demande laquelle ou lesquelles des choses suivantes vous voulez. Répondez-lui.

> MODÈLE: Lequel de ces postes espères-tu obtenir? (le poste qui m'intéresse le plus)
> **Celui qui m'intéresse le plus.**

Le gérant compte recruter celui qui peut utiliser un ordinateur.

1. De toutes les sociétés avec lesquelles tu as eu rendez-vous, lesquelles t'intéressent le plus? (les sociétés qui ont eu le plus grand succès)
2. Quels sont les meilleurs emplois? (les emplois qui paient bien)
3. Pour quelle société comptes-tu travailler? (la société qui m'offre le meilleur poste)
4. Quel est le meilleur gérant? (le gérant qui sait bien recruter)
5. Quels hommes d'affaires font les meilleurs gérants? (les hommes d'affaires qui s'occupent bien de leurs employés)
6. Quels sont les meilleurs assistants? (les assistants qui ont le sens des affaires)
7. Et quel assistant comptes-tu recruter? (l'assistant qui peut utiliser un ordinateur)
8. Pour les affaires internationales quelle est la meilleure banque? (la banque qui a le plus grand nombre de succursales internationales)

5. Complétez chaque phrase avec la forme convenable du verbe **conclure**, **exclure** ou **rompre**.

> MODÈLE: Hier nous **avons exclu** toute autre possibilité.

1. Quand les affaires ne marchent pas bien, les gérants _____ toujours que quelqu'un en est responsable.
2. Sylvie ne (n') _____ jamais avec les gens qu'elle aime.
3. Qu'est-ce que vous _____ de ce qu'elle vous a dit?
4. Ne (N') _____ pas avec votre cousin. Il serait malheureux.
5. Vous savez, mes amis ne (n') _____ plus personne de leur groupe.
6. Si je comprends bien, tu _____ ce soir avec Michel.
7. Je ne vois plus Marianne et Paul ensemble. J'en _____ qu'ils ont rompu.
8. Comme Marie-Hélène n'aime plus personne, elle _____ la possibilité de se marier bientôt.
9. Mes amis et moi, nous _____ l'idée de nous marier avant l'âge de 25 ans.

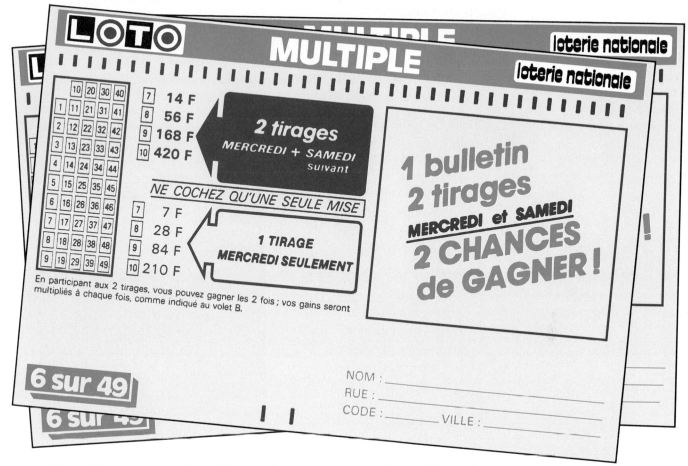

6. Céline a gagné 15.000 francs à la Loterie nationale, et elle a acheté une moto. Dites à Bruno ce que les personnes suivantes auraient fait à sa place.

MODÈLE: Xavier et Aline / parcourir la France
Ils auraient parcouru la France.

1. moi / partir en vacances
2. toi / faire un long voyage
3. Laurent et toi / aller en Italie
4. Marie-France et Claudine / retourner en Corse
5. mon copain et moi / remonter le Saint-Laurent
6. Alban / acheter un ordinateur
7. Claudine / ouvrir un nouveau compte
8. Thierry et Victor / s'amuser comme des fous

Claudine aurait déposé de l'argent sur un compte.

7. Élodie veut savoir si certaines personnes ont fait certaines choses. Dites-lui que non, mais qu'elles les auraient faites si elles avaient fait autre chose.

> MODÈLE: Marcel a-t-il eu du succès? (être plus ambitieux)
> **Non, mais s'il avait été plus ambitieux, il en aurait eu.**

1. François a-t-il conclu que j'étais enrhumée? (te téléphoner)
2. Caroline et François se sont-ils retrouvés hier? (venir à ma boum)
3. Marc et Éric sont-ils devenus copains? (se connaître)
4. Gabrielle a-t-elle été jalouse? (voir Thierry avec une autre fille)
5. T'es-tu spécialisé(e) en langues? (vouloir suivre une carrière internationale)
6. Est-ce que tu as essayé de t'expliquer quand on t'a renvoyé(e)? (avoir le temps)
7. Francis et toi, êtes-vous allés au bureau d'emploi? (trouver une annonce dans le journal)
8. Et avez-vous fait une annonce dans le journal? (bien réfléchir)

Si M. Poux avait trouvé une annonce dans le journal, il serait allé tout de suite au bureau d'emploi.

8. Dites ce que Jacqueline pense sur la vie.

> MODÈLE: être heureux / important
> **L'important, c'est d'être heureux.**

1. bien vivre / essentiel
2. choisir une carrière avant de se marier / plus pratique
3. avoir un bon salaire / principal
4. être humain / plus agréable
5. avoir des amis très proches / meilleur
6. être insensible / pire
7. avoir de bons rapports avec les autres / indispensable
8. avoir de bons rapports avec tout le monde / difficile

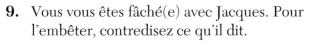

Jacques et ses copains ne vont jamais nulle part en
voiture—ils prennent toujours l'autobus.

9. Vous vous êtes fâché(e) avec Jacques. Pour
l'embêter, contredisez ce qu'il dit.

> MODÈLE: Mon père et ma mère sont contents de
> mes notes.
> **Mais non, ni ton père ni ta mère n'en est content.**

1. Toi aussi, tu as des vacances.
2. Édouard a une possibilité de travailler cet été.
3. Mes frères sont industrieux et ambitieux.
4. Quelques copains sont venus me voir ce week-end.
5. Le samedi je vais toujours quelque part avec mes amis.
6. Patrick et moi, nous avons commandé des escargots et du vin.
7. Toi et moi, nous disons toujours quelque chose en classe.
8. Je vois toujours quelqu'un au laboratoire de langues.

10. Christine vous demande ce que font les différentes personnes dans
certaines situations. Répondez-lui en employant la forme convenable du
verbe **rire**, **sourire** ou **se taire**. Soyez logique.

> MODÈLE: Quc fais-tu quand tu regardes un film amusant?
> **Jc ris.**

1. Que fais-tu lorsque tu étudies?
2. Que faisons-nous, toi et moi, quand le prof se
   fâche?
3. Que fait Mireille quand elle est heureuse?
4. Qu'est-ce que je fais quand je regarde une photo
   de mon père à 15 ans?
5. Que font tes parents quand on leur présente
   quelqu'un?
6. Que fait Julien lorsqu'on l'interrompt?
7. Qu'est-ce que nous faisons, Xavier et moi, quand
   on nous offre des cadeaux?
8. Que faites-vous, Henri et toi, lorsque vous regardez   Nous rions.
   une émission amusante?

Il faut que vous nourrissiez votre chat et
lui donniez à boire chaque jour.

11. Xavier dit que d'autres personnes et lui
font certaines choses. Dites-lui qu'il faut
qu'ils les fassent.

> MODÈLE: Mon frère nourrit le chat
> chaque matin.
> **Il faut qu'il le nourrisse chaque matin.**

1. Je me tais en classe.
2. Tu souris de temps en temps.
3. Justin choisit ses propres habits.
4. Martine et Solange nous attendent devant l'entrée du musée.
5. Claudine surveille les ruines.
6. Aline et toi, vous présentez vos amis à vos parents.
7. Je téléphone souvent à mes grands-parents.
8. Lorsque l'appareil sonne, Paul et moi, nous le décrochons tout de suite.

12. Denise passe le week-end dans la villa de la famille de son amie Maude.
Elle téléphone à sa mère pour lui raconter ce qui se passe. Jouez le rôle
de sa mère qui est contente de tout, et répondez-lui.

> MODÈLE: Je peux me lever tard.
> **Je suis contente que tu puisses te lever tard.**

1. Je vois la mer de ma chambre.
2. Maude veut jouer au tennis avec moi.
3. J'essaie de faire de la planche à voile.
4. Maude et ses parents vont dans une île.
5. Ils partiront vendredi.
6. Maude dit que je peux les accompagner.
7. Nous pourrons voir toute l'île.
8. Nous espérons revenir dimanche.

La mère de Denise est contente
qu'un moniteur lui apprenne
à faire de la planche à voile.
(Guadeloupe)

Pierre veut que nous achetions de la glace. (Paris)

13. Il y aura une boum chez Pierre ce soir. Dites à Charlotte ce que Pierre veut que tout le monde fasse pour l'aider.

> MODÈLE: son frère / nettoyer le salon
> **Il veut que son frère nettoie le salon.**

1. Caroline / acheter des boissons
2. moi / faire les sandwichs
3. ses parents / être à la campagne
4. toi / venir en avance
5. Bertrand / prendre des photos
6. Monique et toi / savoir les noms de toutes les danses
7. toi et moi / servir la glace
8. Sylvie et Annie / avoir un bon souvenir de la boum

14. Bernard vous dit ce qu'il sait. Dites-lui ce que vous en pensez en ajoutant les expressions entre parenthèses.

> MODÈLE: Je ne connais pas la Corse. (c'est dommage)
> **C'est dommage que tu ne la connaisses pas.**

1. Richard et Véronique ne voyagent jamais. (cela me surprend)
2. Frédéric et moi, nous n'oublions jamais rien. (il n'est pas possible)
3. Toi et moi, nous perdons la tête lorsque nous avons peur. (je regrette)
4. Je finis cette lecture ce soir. (je ne pense pas)
5. Mes copains et moi, nous rions souvent ensemble. (il est utile)
6. Ma mère entend toujours l'appareil quand il sonne. (je ne crois pas)
7. Elle y répond tout de suite. (il est important)
8. Elle écrit toujours des messages. (je ne suis pas sûr(e))

Je ne croyais pas que mon grand-père se
souvienne de Fabrice. (Nerigean)

Personne ne croyait qu'on serve des pizzas brûlées dans
cette pizzeria. (Pays Basque)

15. Fabrice vous dit que certaines personnes ont fait certaines choses.
Dites-lui qui croyait qu'elles les feraient ou ne croyait pas qu'elles les
fassent.

> MODÈLES: a) Ton grand-père s'est souvenu de moi. (je ne croyais
> pas)
> **Je ne croyais pas qu'il se souvienne de toi.**
>
> b) Si, il s'est souvenu de moi. (Christophe croyait)
> **Christophe croyait qu'il se souviendrait de toi.**

1. Monique a brûlé les pizzas. (je croyais)
2. Oui, elle les a brûlées. (tu ne croyais pas)
3. Stéphanie et toi, vous les avez jetées. (on ne croyait pas)
4. Si, vous les avez jetées. (ma mère croyait)
5. Ensuite Alexandre et moi, nous avons appelé Julia Child. (Nadine
   croyait)
6. Oui, nous avons appelé Julia Child. (les voisins ne croyaient pas)
7. Puis Julia Child a acheté les pizzas. (je croyais)
8. Oui, et elle les a servies dans son restaurant. (personne ne croyait)

Philippe n'achètera pas de fromage bien
qu'il soit en promotion. (Belgique)

16. En aidant sa sœur à préparer le dîner, Philippe dit qu'il fera certaines
choses dans certaines conditions. Jouez le rôle de Philippe, et dites ce
que vous ferez en combinant chaque paire de phrases avec l'expression
entre parenthèses.

> MODÈLE: Je ferai des courses. Tu me dis ce qu'il faut acheter. (à
> condition que)
> **Je ferai des courses à condition que tu me dises ce
> qu'il faut acheter.**

1. Je n'achèterai pas de camembert. Il est en promotion. (bien que)
2. Je prendrai des escargots. Les enfants les essaient. (pour que)
3. Je sortirai les fruits de mer. Tu fais la sauce. (à condition que)
4. Je préparerai l'entrée. Maman veut le faire. (à moins que)
5. J'allumerai le four. Tu sais le faire. (quoique)
6. Je mettrai la table. Vous finissez de préparer le dessert, Maman et
   toi. (avant que)
7. Je resterai dans la cuisine. Tu n'as plus besoin de moi. (jusqu'à ce
   que)
8. Je nettoierai tout. Chantal et toi, vous m'aidez. (sans que)

Vous devez regarder dans les pages jaunes pour appeler le mécanicien. (Paris)

17. Remplacez le sujet du deuxième verbe par le mot entre parenthèses, et répétez chaque phrase en faisant les autres changements nécessaires.

MODÈLES: a) J'attendrai que tu reviennes. (je)
J'attendrai de revenir.

b) Nous avons dîné après avoir fait des courses. (Luc)
Nous avons dîné après que Luc a fait des courses.

1. Nous prendrons la spécialité sans que notre guide voie le menu. (nous)
2. Nous avons servi les escargots après que Maman les a préparés. (nous)
3. Robert a commencé à désespérer après que nous avons brûlé la viande. (Robert)
4. Vous devez regarder dans l'annuaire pour qu'on l'appelle. (vous)
5. Je reconnaîtrai sa voix avant que nous ne le reconnaissions. (je)
6. Il attend toujours qu'on sache les résultats. (il)
7. Je suis triste que vous ratiez le concert. (je)
8. Brigitte m'a donné rendez-vous après que je suis rentré. (Brigitte)

Ces gens ont hâte de voir le groupe qui joue au Palace. (Paris)

18. Pierre a préparé une énorme pizza pour les gens à sa boum ce soir. Dites combien de pizza chaque personne voudrait manger d'après les images. Voici les possibilités.

le quart   le tiers   la moitié
les deux tiers   les trois quarts   la plupart
toute la pizza

MODÈLE: Christian

Christian voudrait en manger le quart.

1. Suzanne   2. Georges

3. Mathieu   4. Jean-Pierre

5. Camille   6. Élisabeth

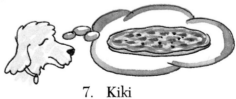

7. Kiki

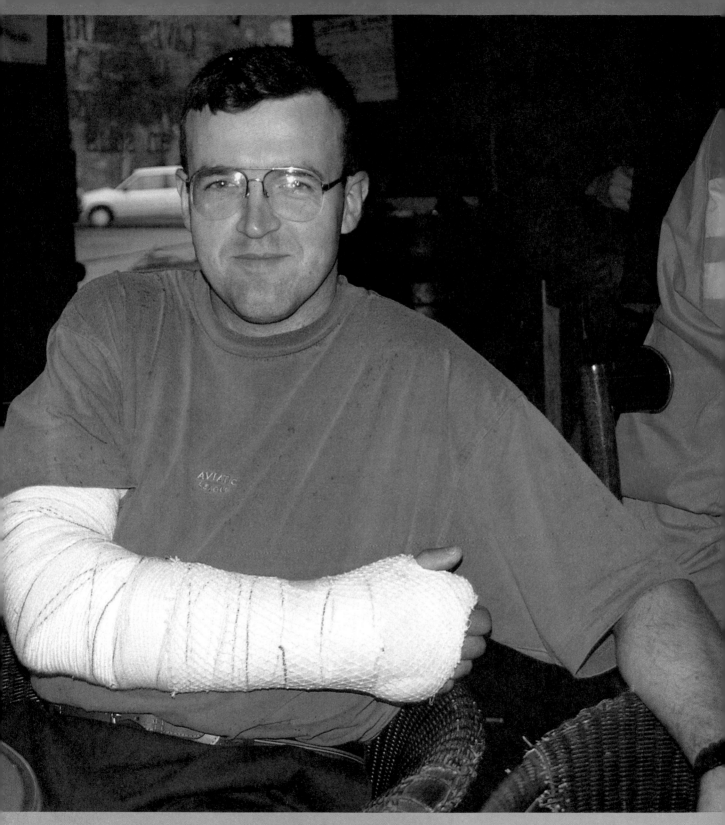

La vie quotidienne

BERNARD COIFFURE

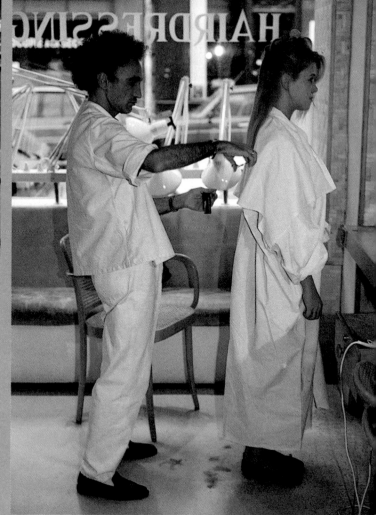

Christine se fait couper les cheveux

Leçon 9

Communicative Functions

- saying how you want your hair done
- arranging a trip by train
- talking about traveling by train
- complaining about something
- expressing your fears
- saying that you're having something done

Une journée épuisante

Un pressing, c'est un autre nom pour une teinturerie. (Paris)

Aujourd'hui Christine a un tas de choses à faire parce que demain, elle va à Saint-Malo passer le week-end chez sa sœur. Donc, d'abord elle est allée à la teinturerie chercher ses habits qu'elle a fait nettoyer. La voilà maintenant chez le coiffeur où elle est en train de* feuilleter un magazine pour trouver la façon dont elle va se faire couper les cheveux, et....

CHRISTINE: Voilà comment je les veux, pas trop courts.

LE COIFFEUR: D'accord. Vous les voulez aussi séparés de cette façon par une raie sur le côté gauche?

Christine ne veut pas les cheveux trop courts. (Paris)

Voilà la coiffure que veut Christine.

CHRISTINE: Oui, bien sûr. Oh, j'adore cette nouvelle couleur. Regardez, voilà ce dont mes cheveux ont besoin. Qu'en pensez-vous?

LE COIFFEUR: C'est ravissant. Alors, je vous fais la couleur aussi?

CHRISTINE: Pourquoi pas, si vous pouvez me faire tout ça en vitesse? Je pars demain matin pour la Bretagne, et....

LE COIFFEUR: Quelle coïncidence! Moi aussi, je serai en Bretagne avec ma famille ce week-end. Où allez-vous précisément?

CHRISTINE: À Saint-Malo. Je vais rendre visite à ma sœur.

Christine doit aller chercher ses
chaussures chez le cordonnier.
(Paris)

LE COIFFEUR: Eh bien, nous, on sera juste à côté, à Dinan. Vous connaissez?

CHRISTINE: Bien sûr. On y va souvent mais, excusez-moi, Monsieur, je suis vraiment pressée. Je dois aussi aller à l'agence de voyages, chez le cordonnier, et puis....

LE COIFFEUR: Pas de problème. De toute façon, je n'ai pas d'autre rendez-vous avant onze heures. Veuillez** vous installer*** ici, je suis à vous dans une minute.

* en train de = être occupé(e) à

** Pour être très poli (*polite*), on peut utiliser l'impératif **veuillez + infinitif** à la place de l'expression **s'il vous (te) plaît. Veuillez + infinitif** veut dire *kindly*.

*** s'installer = s'asseoir

Le coiffeur s'éloigne, et Christine s'installe.

Brest la Bretagne Saint-Malo *Dinan Rennes

Note culturelle

Dinan est une vieille ville en Bretagne située près de Saint-Malo, un vieux port de pêche. Aujourd'hui Dinan et Saint-Malo sont des centres touristiques importants avec de vieux bâtiments et des remparts magnifiques.

Les touristes vont à Saint-Malo pour voir ses vieux bâtiments.

On fait nettoyer ses habits à une teinturerie.

Compréhension

Répondez en français.

1. Où est-ce que Christine est allée chercher les habits qu'elle a fait nettoyer?
2. Pour avoir une idée de la coiffure qu'elle veut, qu'est-ce que Christine est en train de faire?
3. Comment veut-elle ses cheveux?
4. Qu'est-ce que le coiffeur pense de la couleur de cheveux qui plaît à Christine?
5. Où, précisément, est-ce que Christine et le coiffeur vont passer le week-end?
6. Pourquoi Christine veut-elle que le coiffeur se dépêche de couper ses cheveux?
7. Où Christine doit-elle aller en quittant le coiffeur?
8. Il doit être à peu près quelle heure lorsque Christine arrive chez le coiffeur?

En quittant le coiffeur, Christine doit aller chez le cordonnier.

À propos

1. Avez-vous un tas de choses à faire aujourd'hui ou demain? Quoi, par exemple?
2. Allez-vous chez le coiffeur de temps en temps? Si oui, pourquoi?
3. Qui vous coupe les cheveux?
4. Est-ce qu'un coiffeur (une coiffeuse) vous a jamais coupé les cheveux trop courts? Si oui, qu'est-ce que vous avez fait?
5. Vos cheveux, ont-ils une raie? Sur le côté droit ou gauche?
6. Avez-vous jamais essayé une nouvelle couleur de cheveux? Laquelle?

Où allez-vous quand vous voulez vous faire couper les cheveux?

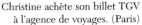

Christine achète son billet TGV
à l'agence de voyages. (Paris)

Le Train à Grande Vitesse peut atteindre des vitesses de
jusqu'à 300 kilomètres à l'heure.

Expansion

à l'agence de voyages

L'EMPLOYÉ: Pour Saint-Malo c'est simple. Vous prenez le TGV[1] à destination de Brest, et vous descendez à Rennes[2] où vous avez la correspondance pour Saint-Malo. C'est pour quel jour?

CHRISTINE: Demain, s'il y a encore de la place.

L'EMPLOYÉ: Vous avez une préférence pour l'horaire? De nuit? De jour?

CHRISTINE: De jour, et tôt le matin.

L'EMPLOYÉ: Je crois qu'il y a toujours de la place.

CHRISTINE: Tant mieux.

L'EMPLOYÉ: Doucement! Attendez que je vérifie à l'ordinateur. Tiens, c'est étrange.... Je ne réussis pas à atteindre le centre des réservations. Ah, si! Voilà. En quelle classe?

CHRISTINE: En seconde.

L'EMPLOYÉ: C'est bon pour demain. Le départ est à sept heures cinq de la gare Montparnasse.[3] Je vous prépare votre billet ainsi que la réservation dont l'achat est nécessaire en TGV.

La gare Montparnasse fait partie
d'un grand centre commercial
moderne à Paris.

CORDONNERIE
Marché St-Germain 3 bis, rue Mabillon
75006 PARIS
☎ 46.34.58.05
Ressemelage rapide - Talon minute
Ouverture du Mardi au Vendredi
de 8 h à 13 h et 16 h à 19 h
Sam. et Dim. de 8 h à 13 h

Qu'est-ce que Christine découvre en
arrivant à la cordonnerie? (Paris)

à la cordonnerie

LA CORDONNIÈRE: Excusez-moi mais je crains que mon mari n'ait pas
encore réparé vos chaussures. S'étant plaint d'un mal
de tête toute la matinée, il est rentré se coucher.

CHRISTINE: C'est vraiment embêtant.

LA CORDONNIÈRE: Si vous les voulez aujourd'hui, je peux vous les faire
moi-même pour ce soir.

CHRISTINE: Avec plaisir si cela ne vous dérange pas trop. Je pars
demain en voyage, et j'en aurai besoin.

LA CORDONNIÈRE: Alors, repassez vers dix-huit heures.

À vingt et une heures, après être allée aux grands magasins et ayant
repassé chez la cordonnière, Christine est enfin de retour chez elle.
Épuisée, elle se jette sur le lit, et....

CHRISTINE: Ouf! Quelle journée!

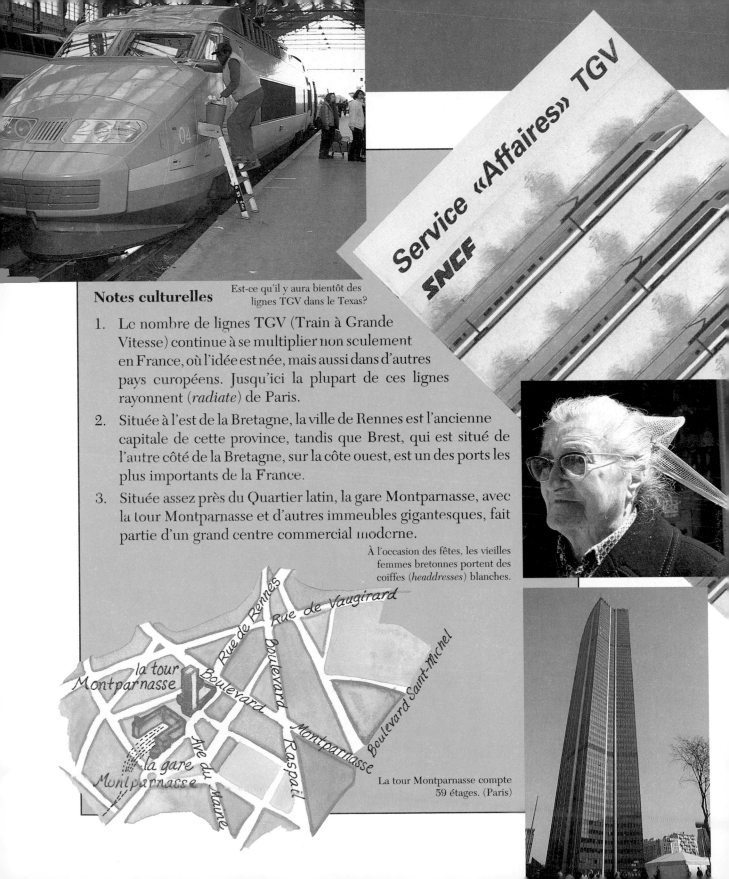

Service «Affaires» TGV
SNCF

Notes culturelles

Est-ce qu'il y aura bientôt des lignes TGV dans le Texas?

1. Le nombre de lignes TGV (Train à Grande Vitesse) continue à se multiplier non seulement en France, où l'idée est née, mais aussi dans d'autres pays européens. Jusqu'ici la plupart de ces lignes rayonnent (*radiate*) de Paris.

2. Située à l'est de la Bretagne, la ville de Rennes est l'ancienne capitale de cette province, tandis que Brest, qui est situé de l'autre côté de la Bretagne, sur la côte ouest, est un des ports les plus importants de la France.

3. Située assez près du Quartier latin, la gare Montparnasse, avec la tour Montparnasse et d'autres immeubles gigantesques, fait partie d'un grand centre commercial moderne.

*À l'occasion des fêtes, les vieilles femmes bretonnes portent des coiffes (*headdresses*) blanches.*

Rue de Rennes
Rue de Vaugirard
la tour Montparnasse
Boulevard Montparnasse
Boulevard Raspail
Boulevard Saint-Michel
la gare Montparnasse
Ave. du Maine

La tour Montparnasse compte 59 étages. (Paris)

Activités

1. Didier, qui s'intéresse à Christine, veut savoir comment elle est et ce qu'elle fait. Répondez-lui d'après les images.

MODÈLE: Qu'est-ce qu'elle a à faire?
Elle a un tas de choses à faire.

1. Chez qui est-elle?

2. Qu'est-ce qu'elle est en train de faire?

3. Qu'est-ce qui sépare les cheveux de Christine?

4. Que fait Christine?

5. Que fait le coiffeur pendant que Christine s'installe?

6. Qu'est-ce qu'il fait à Christine?

7. Où va Christine après?

8. Ensuite où va-t-elle?

Christine vient voir l'agent de voyages
pour obtenir un billet de train.

2. Vous êtes l'agent(e) de voyages
de Christine à Paris. Aidez-la à
obtenir un billet de train pour
Saint-Malo en répondant d'après l'**Expansion**.

MODÈLE: Je voudrais aller à Saint-Malo. Est-ce que c'est difficile?
Non, c'est simple.

1. Quel train est-ce que je prends?
2. Est-ce que je vais jusqu'à Brest?
3. Pourquoi est-ce que je descends à Rennes?
4. Est-ce que le TGV ne voyage que de jour?
5. Y a-t-il de la place pour demain en seconde?
6. Comment l'avez-vous vérifié?
7. D'où part-on et à quelle heure?
8. Qu'est-ce qui est nécessaire avec l'achat du billet TGV?

On part de la gare
Montparnasse à sept
heures cinq. (Paris)

Ce n'était pas le cordonnier que Christine a vu à la cordonnerie, c'était la cordonnière.

3. Vous venez de raconter à Nadège ce qui s'est passé après que Christine a quitté l'agence de voyages. En essayant de se souvenir de tous les détails, Nadège se trompe. Corrigez-la.

> MODÈLE: Donc, après avoir quitté l'agence de voyages, Christine est allée à la teinturerie?
> **Non, elle est allée à la cordonnerie.**

1. Et elle a vu le cordonnier?
2. Et le cordonnier avait déjà réparé les chaussures de Christine?
3. Alors, il n'avait pas pu les réparer parce qu'il avait mal au dos?
4. Il s'en était plaint toute la journée?
5. Et Christine voulait que la cordonnière lui répare les chaussures aujourd'hui, même si cela l'embêtait?
6. Donc, Christine a dû rentrer chez elle vers dix-huit heures?
7. Alors, Christine est allée aux grands magasins à vingt et une heures?
8. Et elle s'est assise doucement sur son lit?

4. Trouvez dans la liste suivante la réplique (*reply*) convenable à chaque phrase ou question.

> Oui, si vous pouvez me le faire en vitesse.
> Excusez-moi, Madame, je la déplacerai.
> Je n'ai pas de préférence pour l'horaire.
> Avec plaisir. De toute façon, on comptait y aller.
> Veuillez attendre que je vérifie à l'ordinateur.
> Tant mieux.
> Eh bien, quelle coïncidence! Moi aussi, j'y vais demain.
> Je ne sais pas précisément où nous allons.
> Ne vous inquiétez pas. Je suis à vous dans une minute.

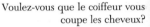
Voulez-vous que le coiffeur vous
coupe les cheveux?

MODÈLE: Mademoiselle, votre valise nous dérange.
Excusez-moi, Madame, je la déplacerai.

1. Voulez-vous aussi que je vous coupe les cheveux?
2. Pas de problème. Je n'ai pas d'autre rendez-vous ce matin.
3. Mais vous ne commencez pas tout de suite?
4. Je pars demain pour la Bretagne.
5. Je vais à Saint-Malo. Où allez-vous?
6. Si vous emmenez votre famille à Saint-Malo, je vous montrerai la ville.
7. À quelle heure voudriez-vous partir?
8. Y a-t-il de la place en seconde?

Structure et usage

le présent des verbes en *-aindre*

A few verbs have infinitives that end in **-aindre**. Two of these verbs are **craindre** (*to fear*) and **se plaindre** (*to complain*). Here is the present tense of **craindre**.

craindre			
je	**crains**	Je ne **crains** rien.	I fear nothing.
tu	**crains**	Tu **crains** de dire la vérité.	You're afraid to tell the truth.
il/elle/on	**craint**	Que **craint**-il?	What's he afraid of?
nous	**craignons**	Nous **craignons** de manquer le vol.	We're afraid of missing the flight.
vous	**craignez**	**Craignez**-vous pour votre vie?	Do you fear for your life?
ils/elles	**craignent**	Ils ne **craignent** personne.	They fear nobody.

Lionel craint de rater le train
pour la station de ski. (Paris)

ATTENTION: 1. The plural forms of the present tense contain the letters **gn**. This combination also appears in all forms of the imperfect and the subjunctive.

Je **craignais** le pire.	*I was fearing the worst.*
Je ne pense pas qu'on vous **craigne**.	*I don't think they fear you.*

2. The verb **craindre** expresses feeling or emotion and takes the subjunctive in the dependent clause.

Nous **craignons que** vous **vous** en **plaigniez**.	*We're afraid that you'll complain about it.*

Cette dame se plaint qu'on la dérange. (Paris)

3. When the subject of both clauses is the same, **craindre** is followed by **de** before an infinitive.

Elle craint **d'**être en retard.	*She's afraid she'll be late.*

4. **se plaindre que** = *to complain that*

   se plaindre de = *to complain about*

Ils **se plaignent que** vous les dérangez.	*They complain that you're disturbing them.*
—**De** quoi **te plains**-tu, **du** bruit?	*What are you complaining about, the noise?*
—Non, je ne **m'en plains** pas.	*No, I'm not complaining about it.*

5. The past participles of **craindre** and **se plaindre** are **craint** and **plaint**.

Personne ne **s'en est plaint**.	*Nobody complained about it.*

Ces filles n'ont pas l'air de craindre
les garçons. (Martinique)

5. Votre petite sœur veut savoir si
les gens suivants craignent
certaines personnes ou choses.
Dites-lui que non, mais qu'ils
s'en plaignent.

> MODÈLE: Maman craint-elle les mouches?
> **Non, elle ne les craint pas, mais elle s'en plaint.**

1. Papa craint-il les docteurs?
2. Philippe et toi, craignez-vous votre patron?
3. Annie et Lisette craignent-elles les coiffeurs?
4. Les garçons craignent-ils les filles?
5. Est-ce que je crains les maths?
6. Jacques et moi, craignons-nous le travail?
7. Crains-tu les voyages en avion?
8. Maryse craint-elle le TGV?

Maryse ne craint pas le TGV, mais elle s'en plaint.

On craint que Robert se plaigne
du cordonnier.

6. Robert vous raconte ce que vont faire les personnes suivantes. Étant pessimiste, vous craignez que les résultats soient mauvais. Dites-lui ce dont vous craignez qu'on se plaigne.

MODÈLE: Marie va se faire couper les cheveux. (le coiffeur)
Je crains qu'elle se plaigne du coiffeur.

1. Mes parents et moi, nous allons à Dinan. (les touristes)
2. Mes parents vont d'abord à l'agence de voyages. (la queue)
3. Toi et moi, nous allons voyager en seconde. (l'horaire)
4. Chantal et Pauline vont prendre le TGV. (la vitesse)
5. On va aussi réserver une chambre d'hôtel. (le prix)
6. Sylvie va s'installer en Bretagne. (la pluie)
7. Je vais laisser mes chaussures à la cordonnerie. (le cordonnier)
8. Mon grand-père va au concert de rock. (le bruit)

7. Catherine a passé un long week-end à la plage avec des amis. Quand elle est de retour chez elle, elle explique à ses parents que personne ne s'est plaint, mais on craignait quelque chose. Jouez le rôle de Catherine.

MODÈLE: Comment était Marguerite? (le mauvais temps)
Elle ne s'est pas plainte, mais elle craignait le mauvais temps.

1. Comment étaient les parents de Charles? (la circulation)
2. Comment étaient Éliane et Isabelle? (la mer)
3. Comment étais-tu? (les promenades en bateau)
4. Comment était Sébastien? (devenir malade)
5. Comment étaient Michel et Christian? (le soleil très fort)
6. Comment était Émile? (trop bronzer)
7. Comment était Justine? (attraper un rhume)
8. Comment étiez-vous, Nicole et toi? (manger les fruits de mer)

les pronoms relatifs *dont* et *ce dont*

You have already learned how to combine two shorter sentences into a longer one by using the relative pronouns **qui** (*who, which, that*) and **que** (*whom, which, that*). The word **dont** (*of which/whom, about which/whom*) is another relative pronoun. It replaces **de** + noun.

$$\boxed{\textbf{dont} = \textbf{de} + \text{noun}}$$

Notice in the following examples how **dont** joins each pair of sentences.

1) Où se trouve la coiffeuse? Tu parlais de la coiffeuse.
   Où se trouve la coiffeuse **dont** tu parlais?

   Where is the hairdresser? You were talking about the hairdresser.
   Where is the hairdresser about whom you were talking?

2) Voici le jardin. André s'occupait du jardin.
   Voici le jardin **dont** André s'occupait.

   Here is the garden. André used to take care of the garden.
   Here is the garden (which) André used to take care of.

Referring to either a person or to a thing, **dont** must always be expressed in French even if its English equivalent is omitted. **Dont** always follows its antecedent directly.

Dont is often used with phrases such as

avoir besoin de	rêver de
avoir envie de	s'éloigner de
avoir peur de	se méfier de
être amoureux (amoureuse) de	s'occuper de
faire la connaissance de	se plaindre de
parler de	se souvenir de

NOUVELLE ELNETT EXTRA-FORTE.
"LE MAINTIEN DONT J'AI BESOIN POUR MES COIFFURES LES PLUS MODE."

Note that the **de** in the following sentences has not been omitted; it has become an integral part of **dont**.

J'ai trouvé le livre **dont j'avais besoin**.

I found the book I had needed. (I found the book of which I had need.)

C'est le serveur **dont vous vous êtes plaints**.

He's the waiter you complained about. (He's the waiter about whom you complained.)

Voilà trois façons dont on peut faire une salade.

ATTENTION: **Dont** means "in which" after the noun **la façon**.

Voilà **la façon dont** il l'a fait.   *There's the way (in which) he did it.*

If the noun that **dont** refers to, its antecedent, isn't specified or is unknown, you use the relative pronoun **ce dont** (*what*).

Dis-moi **ce dont** tu as peur.   *Tell me what you're afraid of.*

Ce dont parlent ces gens-là ne m'intéresse pas du tout.   *What those people are talking about doesn't interest me at all.*

8. Vous n'êtes pas d'accord avec Guillaume. Répondez-lui en le contredisant.

MODÈLE: Tu as besoin de ce magazine.
Non, ce n'est pas ce magazine dont j'ai besoin.

1. Tu te plains de Caroline.
2. Tu parles méchamment de ma sœur.
3. Tu t'éloignes de tes amis.
4. Tu te méfies des agences de voyages.
5. Tu te souviens de Rennes.
6. Tu as envie des escargots.
7. Tu as peur du dentiste.
8. Tu as besoin d'un coiffeur.

Ses copains ne doivent pas se demander ce dont Suzanne a envie—ils savent qu'elle adore les escargots.

9. Quand Suzanne vous raconte ce qu'elle sait, vous vous demandez ce dont il est question. Dites-le-lui.

> MODÈLE: Maurice a besoin de quelque chose.
> **Je me demande ce dont il a besoin.**

1. Robert rêve de quelque chose.
2. Je me souviens de quelque chose.
3. Caroline et moi, nous parlons de quelque chose.
4. Paul et Luc se plaignent de quelque chose.
5. Josiane et moi, nous nous méfions de quelque chose.
6. Annette a peur de quelque chose.
7. J'ai envie de quelque chose.
8. Ces dames s'occupent de quelque chose.

dont + article défini + nom

Dont may also express possession or relationship when used before a definite article (**le, la, l', les**) and a noun. In this case, **dont** means "whose."

J'ai une copine **dont la mère** est coiffeuse.	*I have a friend whose mother is a hairdresser.*
Celle **dont les parents** sont agriculteurs habite à Dijon.	*The one whose parents are farmers lives in Dijon.*

> ATTENTION: Sometimes the subject and verb come between **dont** and the definite article + noun.

La société **dont** tu as vu **l'annonce** est japonaise.	*The company whose advertisement you saw is Japanese.*

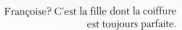
Françoise? C'est la fille dont la coiffure est toujours parfaite.

10. Christophe est de retour après une longue absence. Son copain Charles lui demande s'il se souvient de certaines choses ou personnes. Jouez le rôle de Christophe.

> MODÈLE: Tu te souviens du cordonnier? (son magasin était toujours si propre)
> **Bien sûr, celui dont le magasin était toujours si propre.**

1. Tu te souviens du prof d'anglais? (son cours était si ennuyeux)
2. Tu te souviens de Françoise? (sa coiffure était toujours parfaite)
3. Tu te souviens de Mme Lagrange? (ses enfants ont ouvert une agence de voyages à Paris)
4. Tu te souviens du marchand de journaux? (sa façon de crier nous faisait rire)
5. Tu te souviens de Caroline? (ses parents se disputaient toujours)
6. Tu te souviens du copain de Christelle? (sa famille était bien étrange)
7. Tu te souviens de ma voisine qui était actrice? (on voyait souvent son nom dans les journaux)
8. Tu te souviens de la gérante? (j'ai réparé une fois sa voiture)

Mme Messier ne doit pas faire réparer sa voiture parce qu'elle sait la réparer elle-même.

faire causatif

In order to express the idea of having someone do something or having something done, we use the causative construction **faire** + infinitive.

Contrast the following two sentences:

Mireille **répare** la voiture.	*Mireille fixes the car.*
Mireille **fait réparer** la voiture.	*Mireille has the car fixed.*

In the first sentence Mireille fixes the car herself, but in the second sentence she has someone else fix it.

La voiture qui vous fera regretter d'avoir déjà une voiture.

DEDRA. LA NOUVELLE LANCIA.

The form of **faire** can be in any tense.

Ils **ont fait** construire le garage.   *They had the garage built.*
Vous **ferez** venir le médecin.   *You'll have the doctor come.*

The infinitive after **faire** can have a subject, an object or both. In the first example directly above, **garage** is the direct object of **construire**. In the second example, **médecin** is the subject of **venir**. A direct object pronoun can replace either the subject or the object of the infinitive. This pronoun precedes the form of **faire**.

Ils **l'**ont fait construire.   *They had it built.*
Vous **le** ferez venir.   *You'll have him come.*

ATTENTION: There is no agreement between the past participle **fait** and a preceding direct object.

Mes chaussures? Je les   *My shoes? I had them*
ai **fait** réparer.   *fixed.*

When **faire** + infinitive has both a subject and an object, express the object of the infinitive by a noun or a direct object pronoun. Express the subject of the infinitive by **à** + noun or an indirect object pronoun.

—Avez-vous fait conduire **la**   *Did you have the customer drive*
voiture au client?   *the car?*

Both object pronouns precede the form of **faire** in their usual order.

—Non, je ne **la lui** ai pas encore   *No, I haven't had him drive it*
fait conduire.   *yet.*

In an affirmative command with **faire** + infinitive, these object pronouns are attached with hyphens to the form of **faire**.

—Alors, faites-**la-lui** conduire   *Well then, have him drive it*
tout de suite.   *right now.*

André se fait couper les cheveux.
(Martinique)

To express what someone has done to or for oneself, use
faire + infinitive with an indirect object reflexive pronoun.

—Marylène **s'est fait**
couper les cheveux.

Marylène got a haircut.

—Vas-tu **te faire** faire un
tailleur, Élise?

*Are you going to have a
suit made (for yourself),
Élise?*

11. Mme Blondin fait faire et se fait faire diverses choses. Dites ce qu'elle
fait faire d'après les images.

MODÈLE:

Elle fait réparer la voiture.

1.

2.

3.

4.

5.

6.

7.

8.

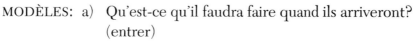

Faites-le manger. (Martinique)

12. Christine, qui a offert de montrer Saint-Malo à son coiffeur et sa famille, ne sera pas chez sa sœur quand ils y arriveront. Jouez le rôle de Christine, et dites à votre sœur ce qu'il faudra faire.

MODÈLES: a) Qu'est-ce qu'il faudra faire quand ils arriveront? (entrer)
Fais-les entrer.

b) Et après? (boire quelque chose)
Fais-leur boire quelque chose.

1. Et après? (visiter la maison)
2. Et après? (mettre leurs valises dans leur chambre)
3. Et après? (regarder l'album de photos)
4. Et après? (nager dans la piscine)
5. Et après, qu'est-ce que je fais avec la petite fille? (écouter de la musique)
6. Et pour le chien? (manger)
7. Et après, qu'est-ce que je fais avec les parents? (voir le jardin)
8. Et puis? (attendre)

13. Vous travaillez pour une agence de voyages. Votre patron vous demande si vous avez fait certaines choses. Répondez-lui que vous les avez fait faire hier.

MODÈLE: Vous avez écrit les annonces?
Je les ai fait écrire hier.

1. Vous avez remplacé les brochures sur le Canada?
2. Et vous avez détruit les vieilles brochures?
3. Vous avez obtenu le nouvel horaire du TGV?
4. Vous avez préparé les billets du groupe qui va au Mexique?
5. Vous avez fait les réservations pour Monsieur Chaumier?
6. Vous lui avez donné son numéro de réservation?
7. Vous avez téléphoné à nos clients japonais?
8. Vous avez envoyé les fleurs à ma femme?

le passé du subjonctif

You have already learned the present subjunctive. There is also a past subjunctive frequently used in French conversation. To form the past subjunctive, use the present subjunctive of the auxiliary verb **avoir** or **être** and the past participle of the main verb. Here is the past subjunctive of **voir** and **partir**.

	voir	partir
que je (j')	**aie vu**	**sois parti(e)**
que tu	**aies vu**	**sois parti(e)**
qu'il/elle/on	**ait vu**	**soit parti(e)**
que nous	**ayons vu**	**soyons parti(e)s**
que vous	**ayez vu**	**soyez parti(e)(s)(es)**
qu'ils/elles	**aient vu**	**soient parti(e)s**

Il est possible que nous **ayons vu** ce film.

It's possible that we've seen this movie.

Elle ne pense pas que ses amies **soient** déjà **parties**.

She doesn't think her friends have left already.

Est-il possible que vous ayez déjà vu ce film avec Robin Williams?

The past subjunctive expresses completed events after verbs or expressions of doubt, uncertainty, possibility, necessity, wish, feeling or emotion.

—Crois-tu qu'Éric **ait** déjà **fait** sa réservation?

Do you believe that Éric has already made his reservation?

—Non, je ne crois pas qu'il l'**ait faite.**

No, I don't believe he has made it.

14. Jean-Pierre veut savoir si on a fait certaines choses. Dites-lui que vous craignez qu'on ne les ait pas faites.

>MODÈLE: Est-ce que Lise a vu ce film?
>**Non, je crains qu'elle ne l'ait pas vu.**

1. Est-ce que le cordonnier a réparé tes chaussures?
2. Est-ce que tes sœurs sont allées à Brest?
3. Est-ce que j'ai reçu des cartes postales?
4. Est-ce qu'Émilie est rentrée?
5. Est-ce que nous avons pris le TGV, Denis et moi?
6. Est-ce que j'ai réservé les places?
7. Est-ce qu'Olivier et toi, vous avez lu ce magazine?
8. Est-ce qu'Olivier et Sandrine se sont bien amusés hier soir?

15. Lydie et David ont joué M. et Mme Martin dans *La Cantatrice chauve* d'Eugène Ionesco. Pour faire rire leurs copains, ils jouent une scène encore une fois. Jouez pour Lydie le rôle de Mme Martin en disant ce qui est possible.

>MODÈLE: Je vous ai rencontrée quelque part, n'est-ce pas, chère Madame?
>**Il est possible que vous m'ayez rencontréc quelque part, mais je ne m'en souviens pas, cher Monsieur.**

1. Je vous ai aperçue dans le train de Manchester, n'est-ce pas, chère Madame?
2. Nous avons voyagé dans le même compartiment, n'est-ce pas, chère Madame?
3. Je vous ai aidée avec votre valise, n'est-ce pas, chère Madame?
4. Vous vous êtes assise à côté de la fenêtre, n'est-ce pas, chère Madame?
5. Nous avons commencé à parler de nos enfants, n'est-ce pas, chère Madame?
6. Vous m'avez dit que votre fille s'appelle Alice, n'est-ce pas, chère Madame?
7. Et puis, deux autres passagers sont rentrés dans le compartiment, n'est-ce pas, chère Madame?
8. Un des passagers vous a reconnue, n'est-ce pas, chère Madame?

Didier craint que l'agence de voyages ne lui ait pas réservé de place.

16. Comment dit-on en français?

DIDIER: I must have my shoes fixed. Do you want to bring them to the shoe repair shop for me?

OLIVIER: Why don't you bring them (there) yourself since you're going out anyway?

DIDIER: I'm in a hurry. I have a pile of things to do before leaving this afternoon. I'll be busy all morning.

OLIVIER: What time is your departure?

DIDIER: I don't know precisely. You know, when you're exhausted, you don't feel like doing anything.

OLIVIER: How strange (it is)! You who are always complaining about the way (in which) I get ready for trips! When I returned last night, you were busy leafing through a guidebook. You go to bed too late. That's why you are always so tired.

DIDIER: What I need now is some strong coffee. I fear that this day is going to be very long. I haven't got a haircut yet, and I fear that the travel agency didn't reserve a seat for me.

OLIVIER: Which travel agency is it, the one which I told (spoke to) you about?

DIDIER: Yes, the one whose owner is one of your friends and whose advertisement you showed me in the magazine (that) you're always (busy) reading.

Rédaction

En deux ou trois paragraphes racontez une journée épuisante que vous avez passée dernièrement. Dites toutes les choses que vous avez faites ou fait faire du matin jusqu'au soir. Racontez vos bonnes expériences ainsi que celles qui ont été mauvaises. Décrivez ce qui s'est bien passé et mal passé, ce qu'on vous a dit, ce que vous avez dit aux autres et ce dont vous vous êtes plaint(e). Comment vous sentiez-vous à la fin de la journée? Utilisez seulement le vocabulaire que vous avez déjà appris.

Julien achète son billet de train à la gare de Lyon. (Paris)

Lecture

"De droite à gauche"

Épisode 5: Quelques indices°   clues

À la gare de Lyon, au guichet des Grandes Lignes,°   Main Lines
Julien se fait servir.

L'EMPLOYÉ: Je suis à vous, Monsieur.

JULIEN: Pour Nice, s'il vous plaît.

L'EMPLOYÉ: Vous préférez voyager de nuit ou de jour?

JULIEN: De nuit et si possible avec le TGV dont parle tout le monde.

Selon Julien, quel est le train dont parle tout le monde?

L'EMPLOYÉ: Mais il n'y a pas de TGV de nuit pour Nice, seulement de jour.

JULIEN: Ah bon? Alors, je voyagerai de jour, à peu près sept, huit heures si possible car je voudrais prendre le bateau de nuit pour Ajaccio.

L'EMPLOYÉ: [feuilletant son livre d'horaires] Voilà, départ à 7 heures 30, arrivée à Nice à 14 heures 26.

JULIEN: Y a-t-il une correspondance?

L'EMPLOYÉ: Non.

JULIEN: Il y a toujours de la place pour demain matin?

L'EMPLOYÉ: En seconde ou en première?

JULIEN: En seconde.

L'EMPLOYÉ: Attendez que je vérifie à l'ordinateur.... Non, il n'y a plus rien en seconde. C'est le week-end de la Pentecôte,[1] vous savez.

JULIEN:	Et en première?
L'EMPLOYÉ:	En première, il y a de la place.
JULIEN:	D'accord. C'est combien?
L'EMPLOYÉ:	Un aller-retour?
JULIEN:	Non. Un aller simple.
L'EMPLOYÉ:	Alors, un aller simple, première, Paris-Nice, 746 francs plus 30 francs de réservation qui est nécessaire dans le TGV. Ça fait en tout 776 francs.
JULIEN:	Voilà.
L'EMPLOYÉ:	Merci. Voilà votre billet.
JULIEN:	Merci.

Samedi matin, arrivé dans sa chambre d'hôtel à Ajaccio, Julien se jette sur le lit.

JULIEN:	Ouf! Quel voyage épuisant! Une petite douche ne serait pas de trop. Et puis après, un petit tour à la villa où habite Chantal. Je me demande si tonton° Bruno dont elle m'a parlé est aussi à Ajaccio. J'aimerais faire sa connaissance.	uncle (slang)

Plus tard Julien arrive à la villa. Il sonne à la porte. La bonne° vient lui ouvrir.   maid

Julien va à la villa de Bruno pour voir Chantal. (Corse)

Chantal n'est pas chez Bruno parce
qu'elle se fait coiffer en ville.

LA BONNE: Bonjour, Monsieur.
Vous désirez?

JULIEN: Mademoiselle
Chantal Chardin, s'il
vous plaît.

LA BONNE: Elle est en ville chez le
coiffeur et sera de retour très bientôt. Vous
voulez attendre?

JULIEN: Oui, si cela ne vous dérange pas.

LA BONNE: Pas du tout. Installez-vous dans le salon. Par
ici°.... Je vous laisse car je suis en train de   This way
faire la cuisine.

JULIEN: Merci, Madame.

La bonne s'éloigne et Julien reste seul dans le salon dont
il fait le tour en observant tout.

JULIEN: [bas] Tout ça est bien joli. [Il s'approche
d'une petite table.] Tiens, le même album de
photos que j'avais caché à Paris chez Chantal.
[Il l'ouvre et le feuillette.] Ah, ce doit être
M. Chardin avec Chantal un peu plus jeune.
Elle a changé mais elle a les mêmes jolis
cheveux blonds séparés par une raie sur le
côté droit. Tiens, c'est étrange. Je pensais
pourtant que.... Oh non, je dois avoir tort. En
voilà une autre où elle est en train d'écrire
sous un arbre tropical, probablement prise ici
en Corse. Mais, ma parole, ça colle plus!°   it no longer makes
C'est vraiment bizarre. On dirait.... [La   sense
bonne arrive. Julien ferme en vitesse
l'album.]

LA BONNE:	Je viens de me rappeler que Mademoiselle Chantal devait rester dîner en ville. Je suis désolée.
JULIEN:	Pas de problème. Je lui donnerai un coup de fil ce soir ou demain.
LA BONNE:	Très bien. Je vous accompagne à la porte.

Le lendemain matin à l'Hôtel Arcade, Julien est dans sa chambre au téléphone.

JULIEN:	Allô, Chantal? C'est Julien à l'appareil. Je suis passé vous voir hier après-midi mais vous étiez sortie.
CHANTAL:	La petite bonne Marie me l'a dit. C'est dommage! Je suis désolée. Vous auriez dû° me téléphoner avant de venir. J'étais partie toute la journée.
JULIEN:	Alors, tout va bien? Vous avez déjà fait quelques promenades?
CHANTAL:	Oh oui, j'en ai fait. C'est un coin° magnifique. Et puis tout le monde est si gentil ici à Ajaccio. Et vous? Depuis quand êtes-vous ici?
JULIEN:	Depuis hier matin. Vous avez des nouvelles de l'enquête?
CHANTAL:	Non. Avant mon départ l'inspecteur Grenier n'en avait plus. Mais mon détective semble avoir quelques indices.
JULIEN:	Tant mieux.
CHANTAL:	D'ailleurs je voudrais vous parler. Vous voulez venir prendre l'apéritif² vers dix-huit heures? Vous avez peut-être d'autres plans?
JULIEN:	Non, je suis libre comme l'air. Je viendrai avec plaisir.
CHANTAL:	Alors, à tout à l'heure.

should have

area

[à suivre]

Répondez en français.

1. Lorsqu'on va de Paris à Nice en TGV, combien de fois faut-il changer de train?
2. Pourquoi est-ce qu'il n'y a plus de place en seconde?
3. Comment se sent Julien en arrivant à Ajaccio?
4. Après s'être installé dans sa chambre, que va faire Julien?
5. Que fait Julien en attendant Chantal?
6. Est-ce que Julien a déjà vu l'album de photos qui est dans le salon de Bruno? Si oui, où?
7. Qu'est-ce que Julien remarque en feuilletant l'album de photos qu'il a déjà vu à Paris?
8. Sait-on ce qu'il trouve étrange?
9. Pourquoi est-ce que Julien s'en va sans voir Chantal?
10. Que pense Chantal d'Ajaccio et de ses habitants?
11. Qu'est-ce que Chantal invite Julien à faire?
12. De quoi semble-t-elle vouloir parler à Julien?

Pourquoi Julien ne peut-il pas voyager de nuit à Nice avec le TGV?

Quand allez-vous chez le coiffeur?

J'AIME LA VIE
J'AIME L'AMOUR
J'AIME LA NATURE
J'AIME LA MUSIQUE
J'AIME LE CINEMA
J'AIME LA MODE

J'AIME LA COIFFURE...

Élise craint que son petit frère ait déjà dit à ses parents ce qu'elle a fait.

Interaction et application pratique
À deux

1. With your partner create a two-minute dialogue in French between a customer who wants to get a haircut and a hairdresser. The customer should specify exactly how he/she wants his/her hair to be cut, if and where the hair is parted and if coloring is desired. The customer will also ask when the hairdresser will be available. Use as many expressions as you can from this lesson. Then learn your roles and present your dialogue to the class.

2. Take turns with your partner telling each other three things you fear, three more things that you fear will happen in the future and three things that you fear have already happened. After both of you have responded, report several of these fears to the entire class.

   MODÈLE: **Je crains que mon petit frère dise ce que j'ai fait à mes parents.**

3. With your partner take turns complaining about various things. You can complain about the way in which someone does something, or you can say what you find to be objectionable about something. After you have each given five complaints, share a few of your partner's statements with the class.

> MODÈLE: —**Je crois que ce cours est trop facile.**
> —**Il/Elle se plaint que ce cours est trop facile.**

4. Take turns with your partner asking each other if you know someone whose mother, father, sister, brother, etc., lives in a particular place, does a particular thing or has certain characteristics. You will use **dont** in each of your questions. After each of you has asked and answered five questions, tell several of your questions and answers to the entire class.

> MODÈLE: **Connais-tu quelqu'un dont les parents travaillent tous les deux?**

5. With your partner take turns telling each other three things that you usually have done for you and three more things that you have had done for you recently. After you give each of your sentences, your partner will say whether he/she also has or has had the same thing done or if he/she usually does it himself/herself. Then tell the class several of your more interesting sentences.

> MODÈLE: —**D'habitude, je fais faire le plein au pompiste.**
> —**Je fais le plein moi-même.**

En groupes

6. With others in your group make an itinerary in French for a group train trip to various places in Brittany, beginning and ending in Paris. First, decide where you want to go and what you want to see or do. (You can find information on Brittany in this lesson as well as in **Leçon 10** of *Le français vivant 2*.) It might be helpful to have brochures that show and describe the various sites. (Ask your teacher for addresses of sources for this information.) Then call a local travel agent for authentic departure/arrival times for the trains you want to take to the specific places in Brittany. Afterwards compare your itinerary with those from other groups to see which ones look the most interesting.

Les "pardons" sont de longues processions en l'honneur d'un saint ou pour une fête de l'église. (Bretagne)

Les villages bretons sont pittoresques avec leurs maisons blanches et leurs bateaux de pêche.

On peut réparer une voiture.

7. With your group see how many responses you can come up with for each
    of the following possibilities. Take each item one at a time, coming up with
    as many different phrases as possible in one minute. Have a team captain
    record the responses. Afterwards check to see which group has the
    greatest number of correct responses.

    1. Dites ce qu'on peut séparer.
    2. Dites ce qu'on peut atteindre.
    3. Dites ce qu'on peut réparer.
    4. Dites ce dont on peut avoir peur.
    5. Dites ce dont on peut se plaindre.
    6. Dites ce qu'on peut se faire faire.

8. See how many different completions your group can think of for each of
    the following sentences. Have some person from the group list the
    possible completions on a transparency. Do one sentence at a time,
    spending not more than one minute on each sentence. Afterwards several
    transparencies can be put on the overhead for all to correct.

    1. Le prof est en train _____ .
    2. Nous n'aimons pas la façon _____ .
    3. Nous craignons que notre pays _____ .
    4. Nous ne nous sommes jamais plaints _____ .
    5. Nous nous demandons ce dont _____ .
    6. Nous voudrions faire _____ .

Vocabulaire actif

noms

un achat   purchase
une agence de voyages   travel agency
un centre   center
un coiffeur, une coiffeuse   hairdresser; barber
une coiffure   hairstyle
une coïncidence   coincidence
une cordonnerie   shoe repair shop
un cordonnier, une cordonnière   shoe repairperson
une correspondance   connection

une façon   way, manner
   la façon dont   way in which
un horaire   schedule, timetable
un magazine   magazine
une matinée   morning
la place   room
un plaisir   pleasure
une préférence   preference
une raie   part (hair)
une réservation   reservation
une teinturerie   dry cleaner's

adjectifs

embêtant(e)   annoying
épuisant(e)   exhausting
épuisé(e)   exhausted
étrange   strange

nécessaire   necessary
quotidien, quotidienne   daily
ravissant(e)   ravishing

verbes

atteindre   to reach, to attain
couper: se faire couper les cheveux   to get a haircut
craindre   to fear
déranger   to disturb, to trouble
s'éloigner   to go away
excuser   to excuse
feuilleter   to leaf through

s'installer   to sit down, to make oneself comfortable
se jeter   to throw oneself
se plaindre   to complain
réparer   to repair, to fix
repasser   to come back
séparer   to separate

expressions diverses

ainsi que   as well as
ce dont   what
de jour   during the day
de nuit   during the night
dont   of which/whom, about which/whom, whose
doucement   softly, slowly
   Doucement!   Not so fast!
en vitesse   quickly

être à toi/vous   to be with you
être de retour   to be back
être en train de (+ infinitif)   to be busy/in the middle of doing something
pas   no
précisément   precisely
tant mieux   so much the better
vers   around
veuillez   kindly

Tâches difficiles

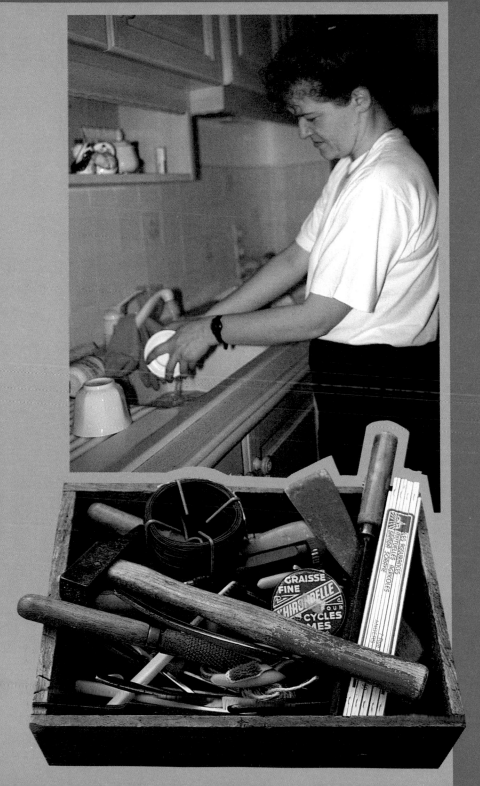

Leçon 10

Communicative Functions

- talking about household tasks
- naming some household appliances
- convincing someone to do something
- talking about repairing something
- expressing how long something has or had been going on
- saying what you should have or could have done

Les tâches domestiques n'embêtent pas cette famille. (Paris)

Le ménage, le jardinage et le bricolage

Chaque week-end il y a plusieurs choses à faire chez les Mauge. Le samedi matin Henri et Ghislaine aident leurs parents à faire le ménage, à s'occuper du jardin ou à bricoler. Ce matin Maman leur rappelle quelques tâches qu'ils doivent accomplir après avoir fait leurs lits.

Mme Mauge dit à Henri et Ghislaine ce qu'ils doivent faire ce matin.

MAMAN: Ghislaine, si le linge qui est dans le sèche-linge est sec, repasse-le, s'il te plaît.

GHISLAINE: Mince! J'ai horreur de repasser.

HENRI: Ce n'est pas trop tôt! Ça fait une semaine que j'attends qu'on me repasse certaines chemises.

MAMAN: Toi, Henri, j'aimerais que tu arroses les fleurs et que tu fasses la vaisselle, s'il te plaît, car le lave-vaisselle est tombé en panne.

Ghislaine ne s'amuse pas à repasser.

Pourquoi Henri doit-il
faire la vaisselle?

GHISLAINE: Quoi, encore? Tu devrais t'en débarrasser et en acheter
un autre, Maman.

MAMAN: C'est vrai, seulement, je n'arrive pas à convaincre Papa de le
faire. Il pense que pour trouver la solution du problème, il
suffit de démonter la machine, et....

HENRI: Oh là là! Ça va être un tel désastre, Maman. Tu aurais dû faire
venir le dépanneur car il aurait peut-être pu le réparer en
vitesse.

MAMAN: Je sais, mais vous connaissez votre père. Il ne veut jamais être
vaincu.

HENRI: Oui, et c'est toujours pareil. Il n'arrive jamais à remonter ce
qu'il a démonté.

Si M. Mauge démonte le
lave-vaisselle, pourra-t-il
le remonter?

Compréhension

Répondez en français.

1. Comment est-ce que Ghislaine et Henri
   aident leurs parents le samedi matin?
2. Quelle est la première tâche qu'ils doivent accomplir avant de faire autre
   chose?
3. De quoi Ghislaine a-t-elle horreur?
4. Qu'est-ce qu'Henri attend depuis une semaine?
5. Pourquoi faut-il qu'Henri fasse la vaisselle?
6. Comment est-ce que M. Mauge compte réparer le lave-vaisselle?
7. Que craint Henri?
8. Selon Henri, pourquoi est-ce que son père ne réussit pas à bien bricoler?

À propos

1. Qui fait votre lit?
2. Qui fait le linge chez vous?
3. Quelles sont vos tâches à la maison?
4. Est-ce que votre chambre est
   toujours propre? Est-ce que vos
   parents s'en plaignent?
5. Avez-vous des machines qui tombent
   souvent en panne? Si oui, lesquelles?
6. Est-ce que vous aimez bricoler?
   Avez-vous jamais réparé quelque
   chose? Quoi?

Est-ce que votre mère
fait votre lit?

On ne peut pas allumer la radio parce qu'Henri ne l'a pas encore réparée.

Expansion

La conversation continue.

MAMAN: Henri, et la radio, tu l'as réparée? J'aurais voulu m'en servir.

HENRI: Euh...non. Excuse-moi, je n'ai fait aucun progrès jusqu'ici. Veux-tu que je la porte chez l'électricien?

MAMAN: Oui, et toi, Ghislaine, n'oublie pas de tondre la pelouse. Ne mets pas n'importe quelle essence dans la tondeuse. Demande à Papa.

GHISLAINE: Où est-il?

MAMAN: Lui et le voisin peignent la barrière, et ce n'est pas trop tôt.

HENRI: C'est vrai. Justement, je les ai entendu dire que ça faisait trois ans qu'ils attendaient de la peindre.

GHISLAINE: Et moi, je les ai aussi entendu dire que c'était une tâche difficile pour laquelle Henri devait les aider.

HENRI: Me voilà peintre en plus. Vivent* le ménage, le jardinage et le bricolage! Vivent toutes les tâches domestiques!

GHISLAINE: Serait-il possible que tu en aies marre, Henri?

* **Vivent** (*Long live*) est le subjonctif du verbe **vivre**.

Le chat surveille M. Mauge et son voisin qui vont peindre.

le ménage

Henri fait la vaisselle.

Ghislaine sort les ordures et les met dans la poubelle.

Et elle repasse.

Maman fait le linge.

Maman fait sécher le linge.

Maman passe l'aspirateur.

Et Kiki enlève la poussière.

le jardinage

Henri arrose les fleurs.

un tuyau d'arrosage

Ghislaine tond la pelouse.

une tondeuse

le bricolage

un pinceau

une barrière

de la peinture

une échelle

Vive le bricolage !

une boîte à outils

un lave-vaisselle

Papa démonte le lave-vaisselle.

un marteau

un tournevis

une vis

des pinces (f.)

une scie

un clou

un dépanneur

Le dépanneur remonte le lave-vaisselle.

Minou scie du bois.

Aïe!

Kiki essaie d'enfoncer le clou dans le mur.

Activités

1. Mme Mauge vous raconte les désastres qui ont eu lieu chez elle. Dites-lui à qui il faut téléphoner.

> MODÈLE: Kiki s'est cassé la jambe.
> **Il faut téléphoner au vétérinaire.**

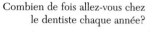

1. Mon mari n'a pas pu remonter le lave-vaisselle.
2. Henri a enfoncé un clou dans son doigt.
3. Et il a très mal peint la barrière.
4. Ghislaine a mis n'importe quelle essence dans la voiture, et maintenant elle ne marche presque plus.
5. Et elle a essayé de changer la couleur de ses cheveux, mais elle n'y a pas réussi.
6. La radio ne marche pas depuis une semaine.
7. Pendant que nous étions en vacances quelqu'un a volé tous nos meubles.
8. Et moi, j'ai perdu une dent.

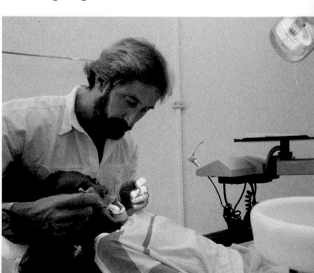

Combien de fois allez-vous chez
le dentiste chaque année?

2. M. Mauge raconte ce qui s'est passé chez lui, mais il se trompe. Corrigez-le d'après le dialogue d'introduction et l'**Expansion**.

> MODÈLE: Maman fait les lits des enfants.
> **Non, Ghislaine et Henri les font.**

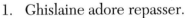

Aimez-vous repasser ou en avez-vous horreur?

1. Ghislaine adore repasser.
2. Henri attend qu'on lui lave certaines chemises.
3. Henri doit faire la vaisselle parce qu'on n'a pas de lave-vaisselle.
4. Je veux me débarrasser de notre vieux lave-vaisselle.
5. Je réussis toujours à réparer les machines que je démonte.
6. Maman aurait voulu se servir de l'ordinateur.
7. Le voisin et moi, nous attendions un an de peindre la barrière.
8. Henri a hâte de nous aider à peindre la barrière parce qu'il aime les tâches domestiques.

3. Mme Mauge dit à Henri ce qu'il faut faire, mais il dit que les outils ou les machines dont il a besoin sont tombés en panne. Jouez les rôles des deux d'après les images.

> MODÈLES:
>
> a) Mme Mauge
> **Passe l'aspirateur, s'il te plaît.**
>
> b) Henri
> **Mais l'aspirateur est tombé en panne.**

1. Mme Mauge
2. Henri

3. Mme Mauge
4. Henri

5. Mme Mauge
6. Henri

7. Mme Mauge
8. Henri

4. Mme Mauge a une nouvelle bonne, et elle lui dit ce qu'il faut faire. La bonne ne sait pas où se trouvent les choses dont elle a besoin. Jouez le rôle de la bonne.

> MODÈLE: Il faut passer l'aspirateur.
> **Où est l'aspirateur?**

1. Il faut faire le linge.
2. Il faut faire sécher le linge.
3. Il faut se débarrasser des ordures.
4. Il faut aider le chat à descendre de l'arbre.
5. Il faut enlever le clou.
6. Il faut tourner la vis.
7. Il faut couper le bois.
8. Il faut peindre la barrière.

Certainement, Cybèle s'amuse à se servir de cette scie-ci.

Structure et usage

le présent du verbe irrégulier *vaincre*

The verb **vaincre** means "to defeat," "to beat" or "to conquer." In the plural forms of the present tense the **c** changes to **qu**. Here is the present tense of **vaincre**.

vaincre			
je	**vaincs**	Je **vaincs** les autres.	I defeat the others.
tu	**vaincs**	**Vaincs**-tu tes peurs?	Do you conquer your fears?
il/elle/on	**vainc**	Personne ne **vainc** Papa.	Nobody beats Dad.
nous	**vainquons**	Nous **vainquons** l'autre équipe.	We beat the other team.
vous	**vainquez**	Qui **vainquez**-vous?	Whom are you defeating?
ils/elles	**vainquent**	Ils ne **vainquent** rien.	They conquer nothing.

Cette équipe de bûcherons (*woodcutters*) a vaincu toutes les autres. (Saint-Jean-de-Luz)

ATTENTION: 1. All imperfect tense and present subjunctive forms of **vaincre** contain **qu**.

> Penses-tu que l'autre équipe nous **vainque**?   *Do you think the other team will beat us?*

2. The past participle of **vaincre** is **vaincu**.

> Qui les a **vaincus**?   *Who defeated them?*

3. The verb **convaincre** (*to convince*) follows the pattern of **vaincre**.

> **Convaincs**-moi!   *Convince me!*

5. Certaines personnes peuvent toujours convaincre les autres de les aider. Dites-le à Michel d'après les indications.

> MODÈLE: Est-ce que Marie convainc toujours quelqu'un de l'aider? (oui, sa sœur)
> **Oui, elle convainc toujours sa sœur de l'aider.**

1. Et Alain et Virginie? (oui, leur père)
2. Et moi? (oui, quelqu'un)
3. Et toi? (non, jamais personne)
4. Et Nicolas et moi? (oui, vos copains)
5. Et tes sœurs? (oui, mes parents)
6. Et Ghislaine et toi? (oui, quelqu'un)
7. Et ta mère? (oui, moi)
8. Et Philippe? (non, presque jamais personne)

Marie n'a convaincu personne de l'aider à faire ses tâches.

6. Exceptionnellement, hier les mêmes personnes de l'**Activité 5** ont fait le contraire de ce qu'elles font d'habitude. Dites-le à Michel.

> MODÈLE: Est-ce que Marie a convaincu quelqu'un de l'aider hier?
> (non, personne)
> **Non, elle n'a convaincu personne de l'aider.**

1. Et Alain et Virginie? (non, personne)
2. Et moi? (non, personne)
3. Et toi? (oui, Marc)
4. Et Nicolas et moi? (non, personne)
5. Et tes sœurs? (non, personne)
6. Et Ghislaine et toi? (non, personne)
7. Et ta mère? (non, personne)
8. Et Philippe? (oui, Marylène)

le présent du verbe irrégulier *suffire* à la troisième personne

Il suffit d'avoir l'œil!..

The verb **suffire** means "to be enough." Usually only two forms of the verb—the third person singular and plural—are frequently used. These forms are **suffit** and **suffisent**.

Ça **suffit**!	*That's enough!*
Cent francs me **suffisent**.	*One hundred francs are enough for me.*

ATTENTION: 1. **Suffire** takes the preposition **de** before an infinitive.

Il suffit **d'**arroser les fleurs. *All it takes is to water the flowers.*

2. The future tense and present subjunctive of **suffire** are formed regularly.

—Penses-tu que cela **suffise**? *Do you think that'll be enough?*

—Oui, ça **suffira**. *Yes, that'll be enough.*

3. The past participle of **suffire** is **suffi**.

Ça nous **a suffi** la dernière fois. *That was enough for us the last time.*

4. The expression **il suffit que** is followed by the subjunctive.

Il suffit que vous m'**envoyiez** une carte postale. *All you need is to send me a post card.*

"Au bureau, pour faire ma conquête il suffit de rester simple."

7. Serge dit que les gens suivants font ou vont faire certaines choses. Dites-lui qu'il ne suffit pas ou qu'il ne suffira pas qu'ils les fassent. Ajoutez qu'il faut ou faudra aussi faire autre chose.

MODÈLES: a) Henri peint la barrière.
Il ne suffit pas qu'il la peigne. Il faut faire autre chose.

b) Henri va peindre la barrière.
Il ne suffira pas qu'il la peigne. Il faudra faire autre chose.

1. Je commence mes tâches.
2. Sébastien fait le linge.
3. Tu achètes des outils.
4. Corinne et moi, nous lavons la voiture.
5. Nous allons démonter le lave-vaisselle.
6. Les Mauge vont appeler l'électricien.
7. Toi et moi, nous allons tondre la pelouse.
8. Ghislaine va sortir les ordures.

Il ne suffit pas que Sébastien fasse le linge. Il faut qu'il le mette dans le sèche-linge.

le présent avec *ça fait* et l'imparfait avec *depuis* et *ça faisait*

You have already learned how to use **depuis** with the present tense and an expression of time.

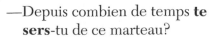

—Depuis combien de temps **te sers**-tu de ce marteau?　　*How long have you been using this hammer?*

—Je **m'en sers** depuis une heure.　　*I've been using it for an hour.*

Another way to express the length of time that something has been going on is to use the expression **ça fait...que** (*for*) with the present tense. **Ça fait** comes only at the beginning of the sentence.

—**Ça fait** combien de temps **que** tu **es** là?　　*How long have you been here?*

—**Ça fait** dix minutes **que** je **suis** là.　　*I've been here for ten minutes.*

To tell how long something had been going on when something else happened, use **depuis** with a verb in the imperfect tense. The expression **ça faisait...que** is used in the same way.

—Depuis combien de temps **peignaient**-ils quand tu es arrivé?　　*How long had they been painting when you arrived?*

—Ils **peignaient** depuis une heure quand je suis arrivé.　　*They had been painting for an hour when I arrived.*

—Ça faisait combien de temps que tu **arrosais** le jardin quand il a commencé à pleuvoir?　　*How long had you been watering the garden when it started to rain?*

—Ça faisait un quart d'heure que j'**arrosais** le jardin quand il a commencé à pleuvoir.　　*I had been watering the garden for a quarter of an hour when it started to rain.*

Depuis combien de temps se sert-il du marteau?

Ça fait dix minutes que M. Choinière arrose la pelouse.

386　　**Leçon 10**

Ça ne faisait pas longtemps qu'ils peignaient.

Ça fait trois quarts d'heure qu'Alexandre feuillette des magazines.

8. Alexandre travaille assez lentement. Chaque fois que vous le voyez, il est en train de faire quelque chose. Dites depuis combien de temps il le fait.

> MODÈLE: Tiens, Alexandre peint le salon. (une semaine)
> **Ah oui, ça fait une semaine qu'il le peint.**

1. Tiens, Alexandre tond la pelouse. (quinze minutes)
2. Tiens, Alexandre arrose les fleurs. (une heure et quart)
3. Tiens, Alexandre scie du bois. (vingt minutes)
4. Tiens, Alexandre enfonce des clous dans la barrière. (un jour)
5. Tiens, Alexandre démonte la radio. (trois heures)
6. Tiens, Alexandre feuillette des magazines. (trois quarts d'heure)
7. Tiens, Alexandre fait la vaisselle. (un quart d'heure)
8. Tiens, Alexandre veut se débarrasser du lave-vaisselle. (longtemps)

9. Trois ans plus tard vous vous souvenez de comment travaillait Alexandre. En parlant de lui maintenant, on vous rappelle que quand on l'a vu un jour au passé, il faisait quelque chose. Dites qu'il le faisait depuis longtemps.

> MODÈLE: Un jour Alexandre peignait le salon quand nous l'avons vu.
> **Ah oui, ça faisait longtemps qu'il le peignait.**

1. Un jour il tondait la pelouse.
2. Un jour il arrosait les fleurs.
3. Un jour il sciait du bois.
4. Un jour il enfonçait des clous dans la barrière.
5. Un jour il démontait la radio.
6. Un jour il feuilletait des magazines.
7. Un jour il faisait la vaisselle.
8. Un jour il voulait se débarrasser du lave-vaisselle.

Le linge séchait depuis un quart d'heure.

10. Hier les personnes suivantes étaient en train de travailler quand il a commencé à pleuvoir. Céline demande depuis combien de temps elles travaillaient. Dites-le-lui.

> MODÈLE: Depuis combien de temps Marc tondait-il la pelouse quand il a commencé à pleuvoir? (cinq minutes)
> **Il la tondait depuis cinq minutes.**

1. Depuis combien de temps te servais-tu du tuyau d'arrosage? (dix minutes)
2. Depuis combien de temps est-ce que tu arrosais les arbres? (une heure)
3. Depuis combien de temps le linge séchait-il? (un quart d'heure)
4. Depuis combien de temps les Mauge se promenaient-ils? (une heure et demie)
5. Depuis combien de temps Alice peignait-elle? (deux heures)
6. Depuis combien de temps Denise et Carole essayaient-elles de réparer l'échelle? (trois quarts d'heure)
7. Depuis combien de temps bricolions-nous, Gisèle et moi? (longtemps)
8. Depuis combien de temps travailliez-vous, Daniel et toi? (très longtemps)

le pronom relatif *lequel*

You have already learned the interrogative pronoun **lequel** in **Leçon 5**. **Lequel** is also a relative pronoun meaning "which" or "whom." It is used as the object of a preposition, such as **à côté de**, **après**, **avec**, **dans**, **devant**, **derrière**, **pour**, **près de**, **sans**, **sur** and **à**. The relative pronoun **lequel** usually refers to things and agrees in gender and in number with the noun to which it refers. Note that the forms of the relative pronoun **lequel** are the same as those of the interrogative pronoun **lequel**.

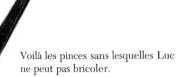

Voilà les pinces sans lesquelles Luc
ne peut pas bricoler.

Masculine	**Singular**	**lequel**	Voilà le marteau avec **lequel** j'ai enfoncé le clou.	There's the hammer with which I drove in the nail.
	Plural	**lesquels**	J'ai des outils sans **lesquels** je ne peux rien faire.	I have tools without which I can do nothing.
Feminine	**Singular**	**laquelle**	Où est la poubelle sur **laquelle** tu as laissé tes clés?	Where's the garbage can on which you left your keys?
	Plural	**lesquelles**	Voilà les machines dans **lesquelles** elle a mis le linge.	There are the machines in which she put the laundry.

When the prepositions **à** and **de** precede a form of **lequel**, one of the following combinations results:

à	de
à + lequel = auquel	de + lequel = duquel
à + lesquels = auxquels	de + lesquels = desquels
à + laquelle = à laquelle	de + laquelle = de laquelle
à + lesquelles = auxquelles	de + lesquelles = desquelles

Ce n'est pas le problème **auquel** je pensais.

That's not the problem I was thinking about.

Les montagnes près **desquelles** nous habitons sont hautes.

The mountains near which we live are high.

ATTENTION: 1. The relative pronoun **qui** is also used as the object of a preposition. However, **qui** always refers to a person. The relative pronoun **lequel** may be used to refer to a person if you want to specify gender.

L'élève **à qui** (**à laquelle**) je parle est sympa. — *The student to whom I'm talking is nice.*

2. **Où** is often used instead of **dans** or **sur** + **lequel**.

Voici la ville **où** (**dans laquelle**) je suis né. — *Here's the city where I was born.*

11. Étienne a fait beaucoup de choses cette semaine. Montrez à un(e) ami(e) les objets avec lesquels il les a faites d'après les images.

MODÈLE: A-t-il fait le linge?

Oui, voilà le lave-linge avec lequel il l'a fait.

1. A-t-il fait sécher le linge?   2. A-t-il tondu la pelouse?   3. A-t-il arrosé la pelouse?

4. A-t-il ouvert la peinture?   5. A-t-il peint le garage?

 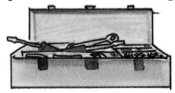

6. A-t-il peint la poubelle?   7. A-t-il réparé son vélo?   8. A-t-il enlevé les clous?

Voilà l'agence de voyages dans laquelle les Mauge ont trouvé des brochures.

12. Complétez le dialogue avec les formes convenables de **lequel**.

MME MAUGE: On peut aller à la plage cet été?

M. MAUGE: Si tu veux, mais je ne sais pas à _____ tu veux aller.

MME MAUGE: Mais si, tu le sais. C'est la plage près de _____ nous avons fait du camping.

M. MAUGE: Ah oui! Je me souviens de l'excursion à _____ tu penses. C'était en 1991.

MME MAUGE: Oui, c'était le voyage en Corse pour _____ nous avons utilisé la Carte Bleue.

M. MAUGE: Ah oui! Au fait, j'aimerais revoir les brochures de ce voyage.

MME MAUGE: C'est dommage. J'ai déjà jeté les brochures avec _____ nous sommes partis.

M. MAUGE: Tant pis. Je sais qu'on les a trouvées dans une agence de voyages en face de ce magasin de peinture.

MME MAUGE: Euh...je ne me rappelle pas.

M. MAUGE: Mais si, le magasin dans _____ tu as acheté la peinture violette. Au fait, tu l'aimes?

MME MAUGE: Tu veux dire le magasin ou la peinture?

M. MAUGE: La peinture violette, bien sûr, sans _____ tu n'aurais pas de murs devant _____ tout le monde rit.

MME MAUGE: Écoute, ça suffit.

L'échelle sur laquelle le petit frère d'Adeline est monté reste contre le mur.

Où est la basilique près de laquelle on a garé la voiture? (Paris)

13. Adeline vous dit que certaines personnes ont fait certaines choses, et vous voulez des précisions. Demandez-lui où sont les choses en question.

MODÈLE: J'ai tondu la pelouse avec notre tondeuse.
Où est la tondeuse avec laquelle tu l'as tondue?

1. J'ai trouvé la tondeuse derrière un arbre.
2. Mon petit frère est monté sur une échelle.
3. Les filles ont joué à côté des fouilles.
4. Anne et moi, nous avons peint le salon avec de nouveaux pinceaux.
5. Les hommes ont enfoncé des clous dans le mur.
6. Toi et moi, nous avons garé la voiture près d'une église.
7. Cet été j'ai travaillé pour une société internationale.
8. Julie habite près d'un magasin anglais.

les adjectifs indéfinis

Indefinite adjectives designate imprecise quantities or types of things. Like other adjectives, indefinite adjectives agree in gender and in number with the nouns they describe.

Indefinite Adjectives		
aucun(e)	**Aucune** tondeuse ne marche.	Not one (No) lawnmower works.
autre	Peignons l'**autre** barrière.	Let's paint the other fence.
certain(e)(s)(es)	**Certains** profs sont sympa.	Certain teachers are nice.
chaque	Passe l'aspirateur dans **chaque** pièce.	Vacuum in each room.
la plupart de	**La plupart des** pommes sont rouges.	Most apples are red.
même(s)	Elle a le **même** tailleur que moi.	She has the same suit as I.
n'importe quel(le)	Achète **n'importe quelle** glace.	Buy just any ice cream.
plusieurs	On a vu **plusieurs** films.	We saw several films.
quelque(s)	J'ai enfoncé **quelques** clous.	I drove in some nails.
tout, toute, tous, toutes	Tu adores **tous** ces bijoux.	You adore all those jewels.
un(e) tel(le)	**Une telle** scie serait utile.	Such a saw would be useful.

Christophe n'achète pas n'importe quelle glace—il préfère la glace à la vanille.

On n'a jamais vu de
telles échelles.

ATTENTION: 1. The plural of **un(e) tel(le)** is **de tel(le)s** (*such*).

Il faut éviter **de tels** désastres. *You must avoid such disasters.*

2. **Un(e) tel(le)** does not become **de tel(le)** after a negative verb.

Je n'ai jamais vu **une telle** échelle.   *I've never seen such a ladder.*

14. Jérémy, qui n'est pas difficile, part en vacances. Quand sa mère fait sa valise, Jérémy lui dit de mettre dans la valise n'importe quel article qu'elle propose. Jouez le rôle de Jérémy.

MODÈLE: Tu veux quelles chaussures?
          Mets-y n'importe quelles chaussures.

1. Quelles chemises veux-tu?
2. Tu veux quels tee-shirts?
3. Quelle cravate veux-tu?
4. Tu veux quelle ceinture?
5. Tu veux quel pantalon?
6. Quel costume veux-tu?
7. Tu veux quelles tennis?
8. Quels accessoires veux-tu?

N'achète pas n'importe quelle marque de tennis! (Les Mureaux)

Fabienne n'a jamais vu un tel port...
(Martinique)

...ou une telle côte.
(Guadeloupe)

15. Fabienne vient de passer ses vacances à la plage où tout l'a étonnée. En répondant aux questions de Jean-Loup, Fabienne utilise toujours le mot **tel(le)**. Jouez son rôle.

> MODÈLE: Comment était la mer?
> **Je n'ai jamais vu une telle mer.**

1. Comment étaient les îles?
2. Comment étaient les bateaux?
3. Comment était la plage?
4. Comment était la piscine?
5. Comment était l'hôtel?
6. Comment était le restaurant?
7. Comment étaient les fruits de mer?
8. Comment étaient les fêtes?

16. Normalement, vous évitez d'être complètement négatif (négative). Donc, quand Jean vous pose des questions, répondez-lui en vous servant de **certains** ou **certaines** après **ne...que**.

> MODÈLE: Tu as lu les romans de Victor Hugo?
> **Je n'ai lu que certains romans de Victor Hugo.**

1. Tu as suivi les cours de Mme Bouquet?
2. Tu téléphones à tes cousins?
3. Tu acceptes toutes les invitations?
4. Tu as emmené tes copines au restaurant?
5. Tu aimes les fruits de mer?
6. Tu as visité les musées de Paris?
7. Tu lis les petites annonces?
8. Tu fais les tâches domestiques?

les verbes *devoir* et *pouvoir* au conditionnel passé

The verbs **devoir** and **pouvoir** have special meanings in the past conditional tense before an infinitive.

Tu **aurais dû** tondre la pelouse.   *You should have mowed the lawn.*
Ils **auraient pu** le vaincre.   *They could have beaten him.*

17. Valérie vous dit ce que les personnes suivantes n'ont pas fait. Dites-lui qu'elles auraient dû le faire.

> MODÈLE: Mario ne m'a pas invitée au concert.
> **Je sais, mais il aurait dû t'y inviter.**

1. Philippe et toi, vous n'avez pas aidé Henri.
2. Tu n'as pas sorti les ordures.
3. Vincent et moi, nous ne sommes pas allés à la boum hier soir.
4. Jennifer Capriati n'a pas vaincu Monica Seles.
5. Laure et Solange ne se sont pas fait couper les cheveux.
6. Je ne me suis pas amusée à Saint-Malo.
7. Je n'ai pas gagné beaucoup d'argent.
8. Cela n'a pas suffi.

Solange aurait dû se faire couper les cheveux.

18. Certaines personnes ne sont pas arrivées à faire ce que d'autres personnes auraient pu faire. Dites-le à un(e) ami(e).

> MODÈLE: M. Mauge n'a pas pu remonter la machine. (le dépanneur)
> **Le dépanneur aurait pu la remonter.**

1. Mme Mauge n'a pas pu arroser les fleurs. (ses enfants)
2. Ghislaine n'a pas pu enlever la poussière. (moi)
3. Henri n'a pas pu réparer la radio. (toi)
4. M. Mauge n'a pas pu accomplir cette tâche. (Henri et toi)
5. Maman n'a pas pu se reposer. (toi et moi)
6. Toi et moi, nous n'avons pas pu scier du bois. (Rose)
7. Ma sœur n'a pas pu se servir du fer à repasser. (moi)
8. Je n'ai pas pu me débarrasser de ce type. (Bruno)

Qui va faire le linge?

19. Comment dit-on en français?

MAMAN: You have to start your tasks now, kids.

GHISLAINE: Mom, it's always the same. You always give Henri the least boring tasks.

HENRI: Listen, Ghislaine. Mom doesn't ask me to do just any job. There are certain things that I do better than you. If you want to mow the lawn, go on. I'll vacuum and do the laundry.

GHISLAINE: If you were intelligent enough to use a vacuum cleaner,....

MAMAN: Ghislaine, Henri, that's enough! I know you would have wanted to sleep a little later this morning, but I really needed you.

GHISLAINE: How can we do the laundry, Mom, if the washer doesn't work anymore?

MAMAN: Dad had been trying to fix it for a long time when his boss called and interrupted him. The tools with which he was working are everywhere.

HENRI: You should have convinced him to get rid of it, Mom. I bet that I could have done it.

MAMAN: Maybe. I've never seen such a disaster. But Dad is never defeated.

Quand Pierre et Jean-Michel
avaient douze ans, ils
aimaient peindre.

Rédaction

En deux paragraphes décrivez les
tâches domestiques dont vous étiez
responsable quand vous aviez douze
ans. Qu'est-ce que vos frères ou vos
sœurs devaient faire? Nommez aussi
les tâches que vous aimiez faire à la
maison ainsi que ce dont vous aviez
horreur et pourquoi. Faites-vous ces
mêmes tâches aujourd'hui? Qu'est-ce
que vous auriez pu faire au passé pour
faciliter votre travail? En conclusion
dites ce que vous auriez voulu faire si
vous n'aviez pas dû travailler chez vous.
Utilisez seulement le vocabulaire que vous avez déjà appris.

Lecture

"De droite à gauche"

Épisode 6: Sur la bonne piste

Julien vient de fixer rendez-vous avec Chantal.
Maintenant il décroche le téléphone encore une fois et
compose le 9, le numéro du standard.°   switchboard

JULIEN: Allô, oui? J'aimerais avoir le 47.66.15.33 à
          Paris, poste 496, s'il vous plaît. Merci.

MARCEAU: Allô, j'écoute.

JULIEN: Allô, Patron, c'est Julien à l'appareil.

M. Marceau compte descendre à Ajaccio
avec l'inspecteur Grenier.

MARCEAU: Ah, de Chauvincourt. Ce n'est pas trop tôt. J'allais justement vous donner un coup de fil. Il y a des nouvelles ici, et l'inspecteur Grenier descend à Ajaccio cet après-midi. Je l'ai convaincu de me permettre de l'accompagner. Je lui ai dit que vous aviez plusieurs indices qui pourraient faire avancer les choses. Où en êtes-vous? Quoi de neuf?

JULIEN: J'ai fait quelques progrès, et je pense être sur la bonne piste. Écoutez, je suis allé à la villa hier, et comme Chantal n'était pas là....

Julien raconte sa visite à la villa et révèle à son patron un certain plan qu'il a en tête. Un peu plus tard dans la conversation....

JULIEN: Donc, c'est d'accord pour ce soir.

MARCEAU: Je vous préviens,° de Chauvincourt, ne me mêlez° pas à n'importe quelle aventure. Jusqu'ici aucune de vos idées géniales n'a marché. Tout tombe à l'eau. D'ailleurs la plupart d'elles nous ont causé des ennuis avec l'inspecteur Grenier. N'oubliez pas que c'est un vieil ami, même si je le trouve un peu débile.°

JULIEN: Écoutez, Patron, il ne faut pas exagérer. J'avais plusieurs plans qui ont très bien marché. Je vous rappelle que....

MARCEAU: [l'interrompant] Bon, bon, cette fois-ci votre plan a un certain attrait.°

warn

involve

feeble-minded

appeal

JULIEN: Faites-moi confiance, Patron. Vous ne le
regretterez pas, et nous serons les premiers à
couvrir l'affaire.

MARCEAU: C'est la dernière fois, vous m'entendez?

JULIEN: Vous êtes génial, Patron.

MARCEAU: Bon, tout sera prêt à l'heure, je m'en occupe.
Bonne chance.

JULIEN: Au revoir, Patron. [Julien raccroche et puis se
parle.] Super, super! Au boulot maintenant.

Plus tard. Il est 17 heures, et Julien rôde° en dehors de   is prowling
la villa où se trouve Chantal. Il est maintenant derrière
la maison. Des voix semblent venir de la dernière fenêtre
de droite qui est un peu ouverte. Julien s'en approche
sans faire de bruit. Malheureusement, la fenêtre est
trop haute, et il n'arrive pas à voir ce qui se passe dans la
pièce. Il entend trois voix différentes.

HOMME: Alors, est-ce que tu vas me dire où vous
l'avez cachée?

FEMME 1: Je vous répète que je n'en ai aucune idée.

HOMME: Attention, ma belle! Tu ferais mieux de
réfléchir si tu ne veux pas finir° comme ton   to end up
père.

JULIEN: [bas] Ah ça, c'est pas possible!

FEMME 2: Écoute, Papa, tu vois que de cette façon tu n'arriveras à rien de positif.

HOMME: Sans blague.° Alors, toi qui sais tout, eh bien, vas-y!

No kidding.

FEMME 2: Écoute, tu devrais nous dire la vérité. On le partage° en trois. Pense à ton avenir.

divide up

FEMME 1: Comment penser à mon avenir quand vous avez assassiné mon père?

FEMME 2: Mais c'était un accident. Papa et lui se débattaient,° et le pistolet est parti° tout seul.

were struggling/went off

FEMME 1: Vous êtes tous les deux des assassins et des voleurs.° Qui l'aurait cru? Mon pauvre papa qui faisait confiance à tout le monde et surtout à son collègue, son ami depuis longtemps.

thieves

HOMME: Mais il voulait donner tout le trésor à quelques gens minables.

FEMME 1: Les vignerons lui étaient importants. Il les aimaient, surtout certains d'entre eux qui l'avaient aidé dans quelques expéditions. J'en connaissais plusieurs, et je vous assure que....

Les vignerons ne choisissent que les meilleurs raisins.

HOMME: [l'interrompant] Ça suffit. Il faut se dépêcher car l'autre doit arriver pour l'apéritif. Et quel apéritif que je vais lui envoyer! On va se débarrasser de lui tout de suite. Il en sait déjà trop. Cette idiote de Marie qui fait entrer tout le monde. Alors, tu parles, oui ou non?

FEMME 1: Arrêtez, j'en ai marre de vous deux. Même si je vous disais où se trouve la carte, vous ne pourriez pas l'obtenir. Je ne crains rien. Vous ne pourrez rien faire sans moi. Lâchez-moi!

HOMME: Tu veux nous faire marcher,° hein? Et la torture, ça te plaît, dis?

faire marcher = to play games with

FEMME 1: Arrêtez, vous n'avez pas de cœur. Ce qui vous intéresse, ce n'est que l'argent.

HOMME: Elle commence à être très énervante.

FEMME 1: Je vous préviens que....

La discussion continue pendant que Julien essaie de voir quelque chose.

JULIEN: [bas] La fenêtre est trop haute. Je ne vois rien. Mince! [Il regarde près de lui dans les buissons.°] Tiens, voilà une petite planche° dont je pourrais me servir. [Il la met contre le mur et monte. Mais tout ça n'est pas très stable.] Je ne vois toujours rien. [Alors, il se balance° sur la planche.] Ah si, maintenant je peux voir quelqu'un. Ah non! [Il perd l'équilibre et tombe dans les buissons en faisant beaucoup de bruit.] Aïe, aïe, aïe!

 bushes/board

sways

HOMME: Qu'est-ce que c'est? Ça vient de la fenêtre. Je vais voir. Ne quitte pas celle-là des yeux, toi! [Il se dirige vers la fenêtre.]

FEMME 2: Elle s'échappe.° Papa!

is escaping

HOMME: [à la fenêtre] Nom d'une pipe! Attrape-la! Moi, je m'occupe de celui-là. [Il saute° par terre et se jette sur Julien.] Je te tiens!

jumps

[à suivre]

Quand on veut téléphoner d'une chambre d'hôtel, il faut d'abord composer le numéro du standard. (Paris)

Répondez en français.

1. Pour donner un coup de fil d'une chambre d'hôtel, que faut-il faire d'abord?
2. Quel est le numéro de téléphone du bureau de Monsieur Marceau?
3. Qui compte descendre à Ajaccio cet après-midi?
4. Où Julien a-t-il découvert quelque chose de nouveau?
5. Pourquoi M. Marceau ne fait-il pas tellement confiance à Julien?
6. Que pense M. Marceau de l'inspecteur Grenier?
7. Qu'est-ce que *La Ruche* sera le premier journal à faire?
8. Qu'est-ce que Julien entend et voit quand il passe derrière la villa?
9. Qu'est-ce que l'homme qui est dans la maison veut savoir?
10. Est-ce que cette femme sait ce dont parle cet homme?
11. Qui doit être la femme 1?
12. Qui doit être l'homme?

Choisissez l'expression qui complète correctement chaque phrase suivante.

1. On dirait que la situation de la femme 1 est très mauvaise puisqu'elle
   _____ .

   a. pourrait finir comme son père
   b. est trop haute
   c. s'est cachée

2. On dirait aussi que la femme 2 ne réussira pas à convaincre la femme 1
   _____ .

   a. d'être sa complice
   b. que le père de celle-ci est mort
   c. de lui dire ce qu'elle sait

3. On dirait en plus que l'homme qu'on entend parler est l'ancien collègue du père de la femme 1 et aussi _____ .

   a. un vigneron
   b. un apéritif
   c. le père de la femme 2

4. Évidemment, celui que Marie a fait entrer dans la villa et dont l'homme de la villa compte se débarrasser _____ .

    a. est minable
    b. s'appelle de Chauvincourt
    c. sait où est la carte

5. L'homme voudrait que la femme 1 _____ .

    a. le tue
    b. le lâche
    c. lui dise où se trouve le trésor

6. Julien fait beaucoup de bruit _____ .

    a. en mettant la planche contre la maison
    b. en se balançant
    c. en tombant dans les buissons

7. Pendant que l'homme attrape Julien, _____ .

    a. la femme 1 se jette sur la femme 2
    b. la femme 1 s'échappe
    c. la femme 1 crie "Aïe, aïe, aïe! Nom d'une pipe!"

Interaction et application pratique
À deux

1. With your partner create a two-minute dialogue in French between two teenagers in the same family. The kids have decided to surprise their parents who are out of town for the weekend by doing all the housework. Determine who will do each of the household tasks. Also say why that person should do that specific task. Use as many expressions as you can from this lesson. Then learn your roles and present your dialogue for the class.

2. Take turns with your partner telling each other what household tasks you are responsible for and what you do to help out at home. Also tell those things you like doing as well as what you hate to do. After both of you have responded, tell several of your partner's responsibilities to the class.

    MODÈLE: **Je dois arroser et tondre la pelouse en été. J'aime le faire.**

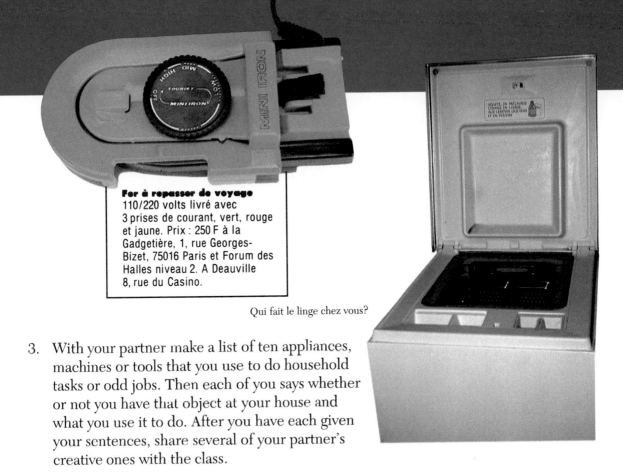

Fer à repasser de voyage
110/220 volts livré avec
3 prises de courant, vert, rouge
et jaune. Prix : 250 F à la
Gadgetière, 1, rue Georges-
Bizet, 75016 Paris et Forum des
Halles niveau 2. A Deauville
8, rue du Casino.

Qui fait le linge chez vous?

3. With your partner make a list of ten appliances, machines or tools that you use to do household tasks or odd jobs. Then each of you says whether or not you have that object at your house and what you use it to do. After you have each given your sentences, share several of your partner's creative ones with the class.

> MODÈLE: **Nous avons un lave-linge. Nous l'utilisons pour faire le linge.**

4. With your partner play the role of reporters for the major sports teams at your school. Talk about your football, swimming, soccer, volleyball, basketball and baseball/softball teams regarding their past record, usual performance and future expectations. For each sport take turns with your partner using a form of the verb **vaincre** to tell how an opposing school's team has done, usually does or will do against your team. Afterwards compare your sports report with those from other pairs.

> MODÈLE: **Au basket-ball l'équipe de York a vaincu notre équipe 80 à 75.**
> **D'habitude l'équipe de Lincoln nous vainc.**
> **Ce week-end nous allons vaincre l'équipe de West.**

5. Take turns with your partner telling each other what certain people were doing the last time that you saw them. Then after your partner has told you, ask him/her how long the person(s) in question had been doing that particular thing at the time. Answer all those questions with **Ça**

Quand on a vu Paul, il était dans une cabine téléphonique.

faisait...que.... After both of you have asked and answered four questions, share several of them with the class.

> MODÈLE: —**Quand j'ai vu Paul, il parlait au téléphone.**
> —**Depuis combien de temps parlait-il au téléphone quand tu l'as vu?**
> —**Ça faisait dix minutes qu'il parlait au téléphone quand je l'ai vu.**

6. With your partner take turns telling each other different categories of things that you've remembered, used, hated, complained about and gotten rid of. Use the verbs **se souvenir de**, **se servir de**, **avoir horreur de**, **se plaindre de** and **se débarrasser de**. For clarification ask your partner which one(s) of the types of things he/she is referring to. Then your partner will respond. After each of you has played both roles, report several things you have learned to the class.

> MODÈLE: —**Je me suis souvenu(e) de mes vacances.**
> —**Desquelles t'es-tu souvenu(e)?**
> —**Mes vacances en Italie.**

En groupes

7. With others in your group make a list of things that each of you has done that didn't turn out as well as expected or how you intended. Then others in the group can give you suggestions on what should have been done to make the outcome different. Afterwards tell several of the sentences and corresponding recommendations to the entire class.

> MODÈLE: —**J'ai raté mon dernier contrôle.**
> —**Tu aurais dû étudier plus longtemps.**

8. See how many different completions your group can think of for each of the following sentences. Have some person from the group list the possible completions on a transparency. Do one sentence at a time, spending not more than one minute on each sentence. Afterwards several transparencies can be put on the overhead for all to correct.

Avez-vous jamais vu une telle mer?

1. Nous avons horreur _____ .
2. C'est toujours pareil, _____ .
3. Vivent _____ !
4. Certains _____ .
5. N'importe quel _____ .
6. Nous n'avons jamais vu une telle _____ .

Vocabulaire actif

noms

un aspirateur   vacuum cleaner
  passer l'aspirateur   to vacuum
une barrière   fence
une boîte à outils   toolbox
le bricolage   doing-it-yourself, odd jobs
un clou   nail
un dépanneur   repairperson
une échelle   ladder
un électricien, une électricienne   electrician
un évier   sink
un fer à repasser   iron
une horreur   horror
le jardinage   gardening
un lave-linge   washer
un lave-vaisselle   dishwasher
le linge   laundry
une machine   machine
un marteau   hammer

le ménage   housework
des ordures (f.)   garbage
un outil   tool
la peinture   paint
un pinceau   paintbrush
des pinces (f.)   pliers
une poubelle   garbage can
la poussière   dust
le progrès   progress
une scie   saw
un sèche-linge   dryer
une tâche   task, chore
une tondeuse   lawnmower
un tournevis   screwdriver
un tuyau d'arrosage   garden hose
la vaisselle   dishes
une vis   screw

adjectifs

aucun(e)...ne (n')   not one, no
domestique   household
n'importe quel, n'importe quelle   just any,
  no matter what

pareil, pareille   the same, alike
plusieurs   several
un tel, une telle   such a

verbes

accomplir   to accomplish
arroser   to water
bricoler   to do odd jobs
convaincre   to convince
se débarrasser de   to get rid of
démonter   to take apart
enfoncer   to drive in
enlever   to remove, to take off, to take away
  enlever la poussière   to dust
laver   to wash

peindre   to paint
rappeler   to remind
remonter   to put back together
repasser   to iron
scier   to saw
sécher   to dry
se servir de   to use
suffire   to be enough
tondre   to mow
vaincre   to defeat, to beat, to conquer

expressions diverses

avoir horreur de   to hate
ça fait...que   for
Ce n'est pas trop tôt.   It's about time.

lequel, laquelle; lesquels, lesquelles   which,
  whom
Vive(nt)....   Long live....

L'actualité et les jeunes

Leçon 11

Communicative Functions

- telling what you are for and against
- talking about cartoons and comic strips
- naming French magazines and Parisian newspapers
- talking about current events
- discussing problems we will face in the future
- saying what will have already happened before something else takes place in the future

Jean-François Batellier, journaliste et artiste engagé, se bat
contre les problèmes du monde avec ses dessins.

Les dessins humoristiques de
Batellier sont branchés sur
l'actualité.

Un artiste engagé

Une personne engagée, c'est
quelqu'un qui se bat pour une
cause. Tel est Jean-François Batellier
car il combat tout ce qui nous rend*
malheureux: la mauvaise politique,**
la pollution, la guerre, le terrorisme,
la drogue, l'alcoolisme. Il se bat
contre tout cela avec ses dessins qu'il
expose dans la rue. Aujourd'hui notre
reporter interviewe ce dessinateur
de l'actualité.

REPORTER: Vous êtes ce qu'on appelle
un artiste branché.
Vos dessins sont
branchés sur le
monde.

BATELLIER: C'est ça. Je suis un journaliste de la rue à la disposition des
passants. Certains regardent, d'autres achètent, quelques-uns
critiquent, mais chacun d'entre eux discute.

Ce qui intéresse Batellier, c'est l'effet de ses dessins sur les passants.

En plus, vous n'êtes pas n'importe qui. Vous êtes célèbre puisque vous êtes aussi auteur de plusieurs albums et que vous faites des dessins pour des quotidiens comme *Le Monde*. Peut-on dire que vos dessins humoristiques et bandes dessinées sont une arme?

BATELLIER: Je n'aime pas le mot "arme." Je suis contre les armes et pour la paix. Je veux seulement attaquer ce qui me paraît mauvais, n'importe quoi.

REPORTER: Vous faites quand même de la politique?

BATELLIER: Oui et non. Mon but est de sensibiliser les gens aux problèmes actuels et de les rendre° responsables.

REPORTER: N'est-il pas dur de vendre vos dessins dans la rue?

BATELLIER: Pas du tout. C'est passionnant. Vous savez, ce qui m'intéresse le plus dans cette affaire, ce sont l'effet de mes dessins sur les passants et nos discussions quotidiennes.

REPORTER: Vous êtes bien situé pour être au courant de la pensée actuelle. Que veulent les gens?

BATELLIER: Ils veulent tous être heureux. "Dessinez-nous le bonheur," me disent les uns.°°° "Dessinez-nous l'espoir," me demandent les autres. Mais, comment dessiner l'espoir?

° Le verbe **rendre** + adjectif veut dire *to make* en parlant de l'effet que quelqu'un ou quelque chose a sur quelqu'un ou quelque chose d'autre. Dans ce cas n'utilisez jamais le verbe **faire**.

    Cela **rend** très **difficile** notre tâche.   *That makes our task very difficult.*
    Vos dessins nous **rendent heureux.**   *Your drawings make us happy.*

°° Remarquez qu'en français le mot **politique** (*politics*) ne se termine pas en **s**.

°°° Dans la narration on invertit souvent le sujet et le verbe bien que cette inversion ne soit pas interrogative.

    "Dessinez-nous l'espoir," me **disent-ils**.   *"Draw hope for us," they tell me.*

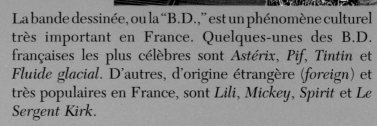

Quelques-unes des B.D.
d'origine étrangère

Note culturelle

La bande dessinée, ou la "B.D.," est un phénomène culturel très important en France. Quelques-unes des B.D. françaises les plus célèbres sont *Astérix*, *Pif*, *Tintin* et *Fluide glacial*. D'autres, d'origine étrangère (*foreign*) et très populaires en France, sont *Lili*, *Mickey*, *Spirit* et *Le Sergent Kirk*.

Lisez-vous des B.D.? Lesquelles?

Compréhension

Répondez en français.

1. Quelle sorte d'artiste est Jean-François Batellier?
2. De quoi a-t-il horreur?
3. Étant au courant de ce qui se passe dans le monde, Batellier est comment?
4. En fait, Batellier a deux métiers qui vont ensemble. Lesquels?
5. Quelle sorte de journal est *Le Monde*?
6. Quelle est son "arme"?
7. Qu'est-ce que Batellier essaie de faire aux passants?
8. Au niveau de ce que veulent les gens d'aujourd'hui, qu'est-ce que Batellier ne sait pas faire?

À propos

1. Qu'est-ce qui vous rend malheureux (malheureuse)?
2. Êtes-vous branché(e)? Et vos parents?
3. Vous intéressez-vous à la politique?
4. Êtes-vous engagé(e) dans une cause? Dans laquelle?
5. Êtes-vous sensible aux problèmes actuels? À votre avis, de quelles façons peut-on y sensibiliser les autres?
6. Quels sont vos dessins humoristiques et bandes dessinées préférés?

La politique

Vous, personnellement, vous intéressez-vous à la politique?

Beaucoup	5 %
Assez	24
Peu	39
Pas du tout	31
Sans opinion	1

De laquelle des formations politiques suivantes vous sentez-vous le plus proche?

Extrême gauche	1
Parti communiste	3 } 37 %
Parti socialiste	33
Ecologistes	10
UDF	4
RPR	10 } 17
Front national	3
Ne se prononcent pas	36

Qu'est-ce qui vous paraît le plus grave aujourd'hui pour la France?

Le chômage	50 %
Le racisme	20
La drogue	14
Le sida	14
Les accidents de la route	8

Diriez-vous que la France est aujourd'hui une grande puissance mondiale?

Oui	47 %
Non	39
Sans opinion	14

Expansion

Le Monde est un journal quotidien pour lequel Jean-François Batellier a travaillé. *Libération* en est un autre.

Paris-Match est un magazine qui paraît chaque semaine, c'est-à-dire, un hebdomadaire. *Lire* est un magazine qui paraît chaque mois, c'est-à-dire, un mensuel.

Notre reporter fait un sondage pour savoir si les jeunes sont vraiment au courant de l'actualité et engagés. Le voici avec Denis et Sylviane, deux lycéens.

REPORTER: À votre avis, Mademoiselle, quel est actuellement le plus gros problème à résoudre?

SYLVIANE: Celui de la misère, la souffrance qui existe partout, surtout dans le Tiers-Monde.

Quels magazines hebdomadaires ou mensuels lisez-vous? (Paris)

Le reporter fait un sondage sur ce que pensent les jeunes gens.

Selon Denis, il faut résoudre le
problème de la pollution avant
de pouvoir penser à l'avenir.

REPORTER: Comptez-vous vous engager
dans la lutte contre la
misère?

SYLVIANE: Bien sûr. Aussitôt que
j'aurai obtenu le bac, j'irai
étudier les sciences
économiques à l'université.
Ensuite, j'aimerais travailler
pour le gouvernement dans
le domaine des affaires
économiques.

REPORTER: Et vous, jeune homme?

DENIS: Moi, je trouve que la pollution est notre problème principal.
Tant qu'on ne l'aura pas résolu, on ne pourra pas penser à
l'avenir.

REPORTER: Et croyez-vous que la France n'en soit pas consciente?

DENIS: Pas assez. On ne peut pas ne pas penser à l'environnement, ne
pas protester, ne rien dire. Le problème est là, et il nous reste
très peu de temps pour le résoudre.

VACANCES PROPRES, A VOUS DE JOUER!

TOUS ENSEMBLE POUR L'ENVIRONNEMENT

Activités

1. En voyant un dessin humoristique de Jean-François Batellier, Eugène se met à vous poser des questions sur lui. Répondez à Eugène d'après les images, le dialogue d'introduction et l'**Expansion**.

   1. Qu'est-ce que c'est?

   2. Comment vend-il ses dessins?

   3. À qui les vend-il?

   4. Que font les passants en voyant ces dessins?

   5. Pour quelle sorte de journal Batellier a-t-il travaillé?

   6. Et ça, qu'est-ce que c'est?

   7. Dans ce dessin pour quelle cause Batellier se bat-il?

   8. Quel est l'effet de ses dessins sur les gens?

2. Camille croit tout savoir, mais elle se trompe. Corrigez-la d'après le dialogue d'introduction et l'**Expansion**.

> MODÈLE: Jean-François Batellier est un artiste insensible.
> **Tu as tort. C'est un artiste engagé.**

1. Je te dis qu'il expose ses dessins dans des musées.
2. Batellier ne dessine que l'avenir.
3. Ah bon? Et pourtant, ses dessins sont tristes. Ils font pleurer.
4. Il est contre la paix.
5. Mais il pense que ce qu'il fait est très ennuyeux.
6. *Astérix* est un dessin humoristique.
7. *Libération* est un mensuel.
8. Alors, *Paris-Match* est un mensuel.

3. Arnaud fait une rédaction mais ne sait pas tous les mots dont il a besoin. Aidez-le à les trouver d'après le vocabulaire de cette leçon.

1. Comment appelle-t-on une personne qui est consciente de l'actualité?
2. Lorsqu'on fait une enquête sur ce que pensent les gens, comment s'appelle cette enquête? Qu'est-ce qu'on est en train de faire?
3. Quel est le nom qui vient du verbe "souffrir"?
4. Dans quel groupe de pays trouve-t-on surtout la misère et la souffrance?
5. Que fait quelqu'un qui travaille pour une cause?
6. Quand on se bat pour une cause, on est engagé dans quoi?
7. Pour travailler dans le domaine des affaires économiques, en quoi ferait-on probablement mieux de se spécialiser?
8. Pour faire savoir aux autres qu'un problème est devenu insupportable, qu'est-ce qu'on fait?

Ces gens-ci se battent pour une cause. (Paris)

4. Répondez aux questions suivantes à votre façon en utilisant si possible le vocabulaire de cette leçon.

1. Avez-vous jamais protesté contre quelque chose? Quoi? Et vos parents?
2. Avez-vous jamais fait un sondage? Si oui, sur quel sujet?
3. Qu'est-ce que vous faites pour être au courant de l'actualité?
4. Qu'est-ce que vous discutez et critiquez avec vos amis?
5. À votre avis, quel est le plus gros problème que nous avons à résoudre?
6. Qu'est-ce que vous faites actuellement pour combattre la pollution?
7. De quel problème est-ce que nous ne sommes pas assez conscients?
8. Voudriez-vous travailler pour le gouvernement? Pourquoi ou pourquoi pas?

Structure et usage

le présent du verbe irrégulier *se battre*

The verb **se battre** means "to fight." Its present tense forms follow the pattern of **mettre**.

se battre		
je **me bats**	Je **me bats** avec mon frère.	I fight with my brother.
tu **te bats**	Pour quelle cause **te bats**-tu?	What cause do you fight for?
il/elle/on **se bat**	Il **se bat** pour les vignerons.	He fights for the wine growers.
nous **nous battons**	Nous ne **nous battons** jamais.	We never fight.
vous **vous battez**	Contre quoi **vous battez**-vous?	What are you fighting against?
ils/elles **se battent**	Ils **se battent** souvent.	They fight often.

Abdel ne se bat jamais avec son frère. (Paris)

ATTENTION: 1. Unlike the past participle of **mettre** (**mis**), the past participle of **se battre** ends in **-u**, **battu**.

Il **s'est battu** dans la guerre. *He fought in the war.*

2. The verb **combattre** (*to combat, to fight*) follows the pattern of **se battre**.

Batellier **combat** les problèmes du monde avec ses dessins.

Batellier combats the world's problems with his drawings.

5. On a dit à Gilbert que les gens ou organisations suivants sont engagés. Il veut savoir ce qu'ils combattent. Dites-le-lui d'après les images.

MODÈLE: Qu'est-ce que les Médecins sans frontières combattent?
Ils combattent la maladie.

1. Et Jean-François Batellier?

2. Et moi?

3. Et Mère Teresa?

4. Et eux?

5. Et ces gens?

6. Et toi?

7. Et tes parents et toi?

8. Et la plupart des gouvernements du monde?

Contre quoi les Médecins du monde se battent-ils?

6. Refaites l'**Activité 5** en utilisant **se battre contre** à la place de **combattre**.

MODÈLE: Contre quoi les Médecins sans frontières se battent-il?
Ils se battent contre la maladie.

le présent du verbe irrégulier *résoudre*

Here are the present tense forms of the verb **résoudre** (*to solve*).

résoudre		
je **résous**	Je **résous** le problème de maths.	I solve the math problem.
tu **résous**	Que **résous**-tu?	What do you solve?
il/elle/on **résout**	Elle ne **résout** rien.	She solves nothing.
nous **résolvons**	Nous le **résolvons**.	We solve it.
vous **résolvez**	Pourquoi ne le **résolvez**-vous pas?	Why don't you solve it?
ils/elles **résolvent**	Ils **résolvent** tout.	They solve everything.

ATTENTION: The past participle of **résoudre** is **résolu**.

J'**ai** déjà **résolu** le problème.   *I've already solved the problem.*

Si Vincent résout son problème d'argent, il achètera une nouvelle voiture. (Paris)

7. Les personnes suivantes ont un problème d'argent à résoudre avant de pouvoir faire quelque chose. Dites à un(e) ami(e) qu'elles le feront si elles résolvent leur problème.

> MODÈLE: Nicolas ne part pas en vacances?
> **Non, mais s'il résout son problème d'argent, il le fera.**

1. Irène ne sort pas ce soir?
2. Tu n'achètes pas de voiture?
3. Catherine et moi ne pouvons pas aller au théâtre?
4. Arnaud et toi n'irez pas en Corse?
5. Les Chardin n'achètent pas de villa?
6. Le gouvernement ne combat pas la misère?
7. Je ne pourrai pas atteindre mon but?
8. Les jeunes ne font pas de politique?

l'infinitif négatif

When the infinitive is in the negative form, both parts of most negative expressions precede it.

* **ne (n')...pas (encore)**

On m'a demandé de **ne pas** critiquer.	*They asked me not to criticize.*

* **ne (n')...jamais**

J'essaie de **ne jamais** être en retard.	*I try to never be late.*

* **ne (n')...plus**

Le médecin lui a dit de **ne plus** faire de politique.	*The doctor told him to no longer be active in politics.*

Caroline a décidé de
ne rien dire à
personne.

* **ne (n')...rien**

   Il m'a conseillé de **ne rien** dire.   *He advised me not to say anything.*

Both parts of these negative expressions precede any pronoun objects. All parts of multiple negatives do, too.

   J'ai décidé de **ne pas lui en** parler.   *I decided not to talk to her about it.*

   On préfère **ne jamais plus y** aller.   *We prefer to never go there anymore.*

With some other expressions **ne** precedes the infinitive, and the rest of the expression follows it in its usual position.

* **ne (n')...aucun(e)**

   Ils ont promis de **ne** renvoyer **aucun** employé.   *They promised not to dismiss any employee.*

* **ne (n')...ni...ni**

   Tu ferais mieux de **ne** boire **ni** café **ni** thé.   *You would do better to drink neither coffee nor tea.*

* **ne (n')...personne**

   J'ai appris à **ne** faire confiance à **personne**.   *I learned to trust no one.*

* **ne (n')...que**

   Nous aurions dû **ne** voir **que** le premier film.   *We should have seen only the first movie.*

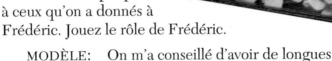

On a conseillé à Frédéric de ne pas
donner de chocolat aux enfants.
(Paris)

8. Olivier et Frédéric vont être
moniteurs dans deux camps
d'été différents. Les
conseils qu'on a donnés à
Olivier ne sont pas pareils
à ceux qu'on a donnés à
Frédéric. Jouez le rôle de Frédéric.

> MODÈLE: On m'a conseillé d'avoir de longues
> discussions avec les enfants.
> **Moi, on m'a conseillé de ne pas en avoir avec eux.**

1. On m'a conseillé de diviser les enfants en groupes.
2. On m'a conseillé de jouer à la guerre avec les enfants.
3. On m'a conseillé de parler de l'environnement.
4. On m'a conseillé d'accompagner les enfants partout.
5. On m'a conseillé de dîner avec les enfants.
6. On m'a conseillé de donner des bonbons aux enfants.
7. On m'a conseillé de faire des feux de camp.
8. On m'a conseillé de raconter des histoires aux enfants.

9. Vous vous ennuyez à la boum de Bruno, et vous êtes de mauvaise
humeur. Répondez-lui en utilisant **ne...rien**, **ne...personne**, **ne...ni...ni**
ou **ne...pas**. Soyez logique.

> MODÈLE: Tu veux danser?
> **Non, je préfère ne pas danser.**

1. Tu veux manger quelque chose?
2. Tu veux parler à Amélie?
3. Tu veux aller dans le jardin ou sur la terrasse?
4. Tu veux faire quelque chose?
5. Tu veux faire la connaissance de quelqu'un?
6. Tu veux lire quelque chose?
7. Tu veux boire du coca ou de l'eau minérale?
8. Tu veux t'en aller?

10. Hélène est nouvelle au lycée. Lucette veut savoir si les choses qu'on dit d'elle sont vraies. Jouez le rôle d'Hélène, et confirmez tout en disant que vous en êtes ravie.

> MODÈLE: Tu ne grossis jamais?
> **C'est vrai, et je suis ravie de ne jamais grossir.**

1. Tu ne reçois jamais de mauvaises notes?
2. Tu ne dis que la vérité?
3. Tu ne fais plus de politique?
4. Tu n'as aucun frère?
5. Tu ne sors qu'avec Joël?
6. Tu ne manges jamais de viande?
7. Tu ne bois pas de vin?
8. Tu ne critiques jamais rien?

les pronoms indéfinis sujets

Aucune de ces B.D. n'intéresse Jean-Marc.

Indefinite pronouns replace imprecise numbers of things or unidentified persons. Here are some of the indefinite pronouns that may be used as subjects.

* **aucun(e)...ne (n')**

> De toutes ces bandes dessinées, **aucune ne** nous intéresse.
>
> *Of all those comic strips, not one interests us.*

* **un(e) autre**

> Un passant l'a aimé. **Un autre** l'a détesté.
>
> *One passerby liked it. Another (one) hated it.*

* **d'autres**

> Il y a des causes qui sont bonnes. **D'autres** sont mauvaises.
>
> *There are causes that are good. Others are bad.*

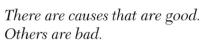

* **l'autre**

Ce n'est pas ce dessin-ci, c'est **l'autre**.

It's not this drawing, it's the other (one).

* **les un(e)s...les autres**

Il y a toute sorte d'auteurs. **Les uns** sont engagés. **Les autres** ne le sont pas.

There are all kinds of authors. Some are committed. Others aren't.

* **chacun(e)**

Elle, Marie-Claire et *Marie-France* sont des mensuels. **Chacun** est différent des autres.

Elle, Marie-Claire *and* Marie-France *are monthly publications. Each one is different from the others.*

Certaines lisent *Marie-France* chaque mois.

* **certain(e)s**

Certains disent que Batellier est un dessinateur excellent.

Certain people say that Batellier is an excellent cartoonist.

* **n'importe qui**

N'importe qui pourra vous le dire.

Just anyone will be able to tell you.

* **n'importe quoi**

N'importe quoi lui plaira.

He'll like anything.

M. Boisset achète beaucoup de journaux. Quelques-uns, les quotidiens, paraissent chaque jour.

* **la plupart**

Je lis beaucoup de journaux. **La plupart** sont des quotidiens.	*I read a lot of newspapers. Most are daily publications.*

* **plusieurs**

Il y a beaucoup de dessins. **Plusieurs** sont humoristiques.	*There are a lot of drawings. Several are humorous.*

* **quelques-un(e)s**

On a interviewé des passants. **Quelques-uns** ont dit des choses bêtes.	*We interviewed some passersby. A few said stupid things.*

* **tel(s), telle(s)**

Certaines personnes sont engagées. **Tels** sont mes amis.	*Certain persons are committed. Such are my friends.*

11. Puisque Sophie n'a pas participé au congrès (*convention*) sur la drogue, il faut la renseigner. Confirmez ce qu'elle vous demande.

HARD

TEL. 45 34 20 36

HALTE AUX RAVAGES DE LA DROGUE

> MODÈLE: Certains élèves sont arrivés en retard?
> **Oui, certains sont arrivés en retard.**

1. Quelques parents étaient là?
2. La plupart des élèves sont venus?
3. Plusieurs profs ont parlé?
4. Certaines discussions étaient passionnantes?
5. Chaque élève a protesté?
6. Quelques filles ont parlé?
7. Et chaque discussion était intéressante?
8. L'autre discussion va avoir lieu demain?

Ces dessinateurs-là sont arrivés,
et d'autres viendront bientôt.
(Paris)

12. Complétez chaque réponse avec l'expression convenable qui se trouve dans la liste suivante.

telles	n'importe quoi	d'autres
aucune n'	les unes...les autres	n'importe qui
une autre	la plupart	les uns...les autres

MODÈLE: —As-tu invité ces dessinateurs-là?
—Oui, et **d'autres** vont arriver.

1. —Qui peut faire partie de ton sondage?
— _____ peut en faire partie.
2. —Laquelle de tes deux copines a répondu à toutes les questions?
— _____ y a répondu.
3. —Alors, cette cause ne t'intéresse pas?
—Non, mais _____ m'intéresse.
4. —Ces dessins ne sont pas mauvais.
—En fait, _____ sont très bons.
5. —Que font les passants?
— _____ critiquent, _____ discutent.
6. —Qu'est-ce que tu veux que je t'apporte?
— _____ me plaira.
7. —À quelle heure sont parties tes copines?
— _____ sont parties le soir, _____ le matin.
8. —Donc, tu sors à 8 heures, tu déjeunes à midi et tu rentres à 6 heures.
—Ah oui, _____ sont mes heures.

les pronoms indéfinis objets

Some indefinite pronouns may be used as direct objects that are always accompanied by the pronoun **en** (*of them*). In these cases **en** must be expressed in French even though "of them" may be omitted in English. Among these indefinite object pronouns are **ne (n')...aucun(e)**, **un(e) autre**, **certain(e)s**, **d'autres**, **la plupart**, **plusieurs** and **quelques-un(e)s**.

On a déjà lu quelques-uns de ces magazines, mais on a envie d'en lire d'autres. (Colmar)

On m'a apporté des magazines, mais je **n'en** ai lu **aucun**.	*They brought me some magazines, but I didn't read any (of them).*
J'ai eu une discussion passionnante avec elle. Je voudrais **en** avoir **une autre**.	*I had a fascinating discussion with her. I'd like to have another one (of them).*
—Ses dessins lui plaisent. Elle **en** a acheté **plusieurs**.	*She likes his drawings. She bought several (of them).*
—Moi, je les trouve très intéressants. Montrez-m'**en** **quelques-uns**.	*I find them very interesting. Show me some (of them).*

ATTENTION: The indefinite pronoun **chacun(e)** may be followed by **de** + noun or by **d'entre eux/elles** in referring to people or things already mentioned. In this case **en** is not used.

J'ai lu toutes les pièces d'Ionesco, et **chacune d'entre elles** me plaît.	*I've read all of Ionesco's plays, and I like each one of them.*

13. Cédric présume certaines choses.
Confirmez-les d'après les indications.

> MODÈLE: Ce dessinateur combat plusieurs problèmes, n'est-ce
> pas? (oui)
> **Oui, il en combat plusieurs.**

1. Batellier et toi, vous avez déjà eu quelques discussions, n'est-ce pas?
   (oui)
2. Les dessins de Batellier sensibilisent certaines personnes, n'est-ce
   pas? (oui)
3. Ce gouvernement ne permet aucune discussion, n'est-ce pas? (non)
4. Ce journaliste a critiqué quelques gouvernements, n'est-ce pas?
   (oui)
5. Tu connais d'autres dessinateurs humoristiques, n'est-ce pas? (non)
6. Tu lis plusieurs bandes dessinées, n'est-ce pas? (oui)
7. Ils ont fait un autre sondage, n'est-ce pas? (oui)
8. Je n'ai aucune idée de ce qui se passe actuellement, n'est-ce pas?
   (non)

le pronom indéfini *tout*

The masculine singular pronoun **tout** means "everything." **Tout** may be used as

* the subject

> **Tout** m'étonne.   *Everything amazes me.*

* or the direct object of the verb. In this case **tout** may follow the verb,
  precede an infinitive or come between the auxiliary and the past participle
  in a compound tense.

> Nous voyons **tout**.   *We see everything.*
>
> Nous avons voulu **tout** voir.   *We wanted to see everything.*
>
> Nous avons **tout** vu.   *We saw everything.*

TOUS D'ACCORD SUR L'EUROPA.

Nous autres Français, nous sommes comme ça: nous aimons ce qui est beau et pratique, notre maison, notre liberté. Sensibles aux nouveautés et au design, nous savons apprécier les belles choses que nous offre la vie. Et nous avons aussi le goût de la conversation et de la détente. Le divan Europa semble fait sur mesure pour nous.

The plural forms **tous** and **toutes** mean "all (of them)." **Tous** and **toutes** may be used as

* the subject

Ces artistes sont sérieux. **Tous** sont engagés.	*These artists are serious. All (of them) are committed.*
J'aime nos discussions en classe. **Toutes** m'intéressent.	*I like our discussions in class. All (of them) interest me.*

* or the direct object of the verb. In a compound tense **tous** and **toutes** come between the auxiliary and the past participle.

Les journalistes en ont écrit. On les a **tous** crus.	*The journalists wrote about it. We believed them all.*
Ces bandes dessinées sont amusantes. Je les ai **toutes** lues.	*These comic strips are funny. I read them all.*

ATTENTION: 1. The final **s** in the pronoun **tous** is pronounced.

2. As the subject, **tous** and **toutes** may also follow the verb, renaming the subject.

Ces dessinatrices font **toutes** de la politique.	*These cartoonists are all active in politics.*

NOUS SOMMES TOUS PRÉSIDENT

Camembert
PRÉSIDENT
45

Tous sont des quotidiens.

14. Vous êtes tout à fait d'accord avec Marie-Caroline. Dites-le-lui.

> MODÈLE: Claude, Bernard et Christian sont branchés.
> **Oui, tous sont branchés.**

1. Sylvie, Laure et Julie font de la politique.
2. Les copains sont engagés.
3. Les filles de notre classe se battent pour la même cause.
4. Les pays du Tiers-Monde combattent la misère.
5. *Paris-Match*, *L'Express* et *Le Figaro-Magazine* sont des hebdomadaires.
6. *Le Monde*, *Le Parisien* et *Le Figaro* sont des quotidiens.
7. Les histoires d'amour sont passionnantes.
8. France Gall, Madonna et Whitney Houston sont célèbres.

15. Répétez l'**Activité 14** en mettant la forme convenable de **tout** après le verbe.

> MODÈLE: Claude, Bernard et Christian sont branchés.
> **Oui, ils sont tous branchés.**

16. Gabriel a besoin de se valoriser (*to enhance his self-image*). Donc, il veut faire croire à tout le monde qu'il a fait plus. Jouez le rôle de Gabriel.

> MODÈLE: Carole a vu certains pays d'Europe.
> **Moi, je les ai tous vus.**

1. Corinne a visité plusieurs monuments à Paris.
2. Pascal et Yves ont escaladé certaines montagnes de la Corse.
3. J'ai accompli plusieurs tâches.
4. J'ai éteint plusieurs lampes.
5. J'ai acheté quelques-uns des albums des Beatles.
6. J'ai lu quelques-unes des bandes dessinées de Tintin.
7. J'ai invité certains de nos profs.
8. J'ai résolu quelques-uns de nos problèmes.

le futur antérieur

The future perfect tense is often used to describe what will have already happened before something else takes place in the future.

The sequence of tenses is:

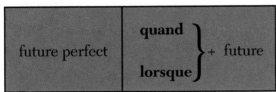

To form the future perfect tense, use the future tense of the auxiliary verb **avoir** or **être** and the past participle of the main verb. Here is the future perfect of **finir** and **partir**. Notice that the French verb after **quand** or **lorsque** is in the future, but the English one is in the present.

finir			
j'	**aurai fini**	J'**aurai fini** quand ils arriveront.	I will have finished when they arrive.
tu	**auras fini**	Tu **auras fini** lorsqu'ils arriveront.	You'll have finished when they arrive.
il/elle/on	**aura fini**	Il **aura fini** quand ils arriveront.	He'll have finished when they arrive.
nous	**aurons fini**	Nous **aurons fini** lorsqu'ils arriveront.	We'll have finished when they arrive.
vous	**aurez fini**	Vous **aurez fini** quand ils arriveront.	You'll have finished when they arrive.
ils/elles	**auront fini**	Elles **auront fini** lorsque j'arriverai.	They'll have finished when I arrive.

L'ÉVÉNEMENT

Chirac : quand nous aurons gagné...

partir		
je **serai parti(e)**	Je **serai parti** lorsque tu appelleras.	I will have left when you call.
tu **seras parti(e)**	Tu **seras parti** quand il appellera.	You will have left when he calls.
il **sera parti** elle **sera partie**	Elle **sera partie** lorsque tu appelleras.	She will have left when you call.
nous **serons parti(e)s**	Nous **serons partis** quand tu appelleras.	We will have left when you call.
vous **serez parti(e)(s)(es)**	Vous **serez partis** lorsqu'il appellera.	You'll have left when he calls.
ils **seront partis** elles **seront parties**	Ils **seront partis** quand tu appelleras.	They'll have left when you call.

The future perfect is also used after the conjunctions **aussitôt que** (*as soon as*) and **tant que** (*as long as*). The sequence of tenses is:

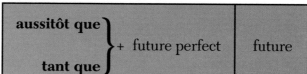

aussitôt que tant que } + future perfect	future

Notice in the following examples that the French verb after **aussitôt que** or **tant que** is in the future perfect, but the English one is in the present perfect.

Aussitôt qu'il **aura** tout **terminé**, nous le **paierons**.

As soon as he has finished everything, we'll pay him.

Aussitôt que tu **te seras reposé**, tu **te sentiras** mieux.

As soon as you have rested, you'll feel better.

Tant que vous ne **vous serez** pas **fâché**, je vous **dirai** quelque chose d'autre.

As long as you haven't become angry, I'll tell you something else.

Aussitôt qu'il aura fini de construire le garage, on pourra y garer la voiture.

Aussitôt que la famille Chevalier aura déménagé en Normandie, leur vie sera plus tranquille. (Veules-les-Roses)

17. Les personnes suivantes ont un problème d'argent à résoudre avant de pouvoir faire quelque chose. Dites à Suzanne qu'elles le feront aussitôt qu'elles auront résolu leur problème.

MODÈLE: Marie-France ne prend pas de photos.
Mais aussitôt qu'elle aura résolu son problème, elle en prendra.

1. Vos parents n'habitent pas à la campagne.
2. Tu n'achètes pas de voiture.
3. Yvette ne sort jamais.
4. Clothilde et moi ne pouvons pas aller au théâtre.
5. Arnaud et toi n'allez pas en Corse.
6. Je n'atteins pas mon but.
7. Ces gens n'ont pas d'espoir.
8. Le gouvernement ne combat pas la misère.

18. Selon Adeline, les gens suivants ne font pas certaines choses. Dites-lui que tant qu'ils ne les auront pas faites, ils ne seront pas contents.

MODÈLE: Je ne proteste pas.
Tant que tu n'auras pas protesté, tu ne seras pas contente.

1. Certains jeunes gens ne critiquent pas le gouvernement.
2. Tes amis et toi, vous ne faites pas de politique.
3. Toi, tu ne te bats pas pour une cause.
4. Tu ne convaincs pas tes amis.
5. On ne vainc pas la drogue.
6. Moi, je n'ai pas d'amis.
7. Anne-Marie et moi, nous ne résolvons pas nos problèmes.
8. Nous n'arrivons pas à nous entendre.

19. Comment dit-on en français?

Our poll continues.

REPORTER: Young people are not all in touch with current events, huh?

DENIS: You're right, and that makes me sad. I know, however, a few who are really committed, and they give me hope.

REPORTER: Do you intend to become involved in a fight for something?

DENIS: Of course.

REPORTER: For what?

DENIS: For anything or with just any group that fights (against) pollution. For example, as soon as I've finished my studies, I'd like to work for the government in the area of environment.

REPORTER: I remember that my father always used to say that the best way not to combat anything was to work for the government.

DENIS: I know. Not one of my friends manages to believe that that's what I want to do. I've amazed them all. Such is the story of my life.

Rédaction

En deux paragraphes discutez l'actualité au niveau de deux de nos plus gros problèmes qui existent aujourd'hui dans le monde. Ces problèmes peuvent être sociaux, économiques, politiques ou écologiques. Dites d'abord la (les) cause(s) de chacun de ces problèmes, quels sont les progrès qu'on a déjà faits et ce qu'il reste à faire pour résoudre ces problèmes. Enfin, comment comptez-vous contribuer à leur solution? Qu'est-ce que vous avez déjà fait pour essayer d'éliminer ces problèmes? Utilisez surtout le vocabulaire et les expressions de cette leçon. Vous pouvez employer un dictionnaire, s'il le faut.

Ces gens s'engagent dans la lutte contre le développement
commercial de l'Antarctique—ils veulent protéger
l'environnement.

Lecture

"De droite à gauche"

Épisode 7: Le piège° à rats

trap

Quelques minutes plus tard. L'homme fait entrer Julien dans la pièce. Julien marche difficilement et l'homme le pousse avec son pistolet braqué° dans son dos.

pointed

HOMME: Allez, avancez! Est-ce une façon d'arriver chez les gens? Vous nous prenez vraiment pour des imbéciles. En fait, votre petit cinéma° tombe bien.° J'en finirai plus tôt avec vous.

act/*tombe bien* = is timely

JULIEN: Est-ce que je peux m'asseoir? J'ai très mal à la cheville.° Regardez, elle gonfle.°

ankle/is swelling up

HOMME: C'est pas à la cheville que vous aurez mal bientôt. Alors, comme ça, vous avez pris mes buissons pour des échelles?

JULIEN: Je vous assure que je ne faisais rien. J'étais en avance pour mon rendez-vous, et j'en ai

	profité° pour faire le tour de votre joli parc. S'il vous plaît, permettez-moi de m'asseoir.	took advantage
HOMME:	Pas question. Bientôt vous ne souffrirez plus. D'ailleurs vous avez de la chance. Vous auriez pu souffrir beaucoup plus avant de mourir si vous étiez tombé dans un des pièges à rats que j'ai mis près de la maison. Ils sont assez méchants car ils sont faits pour de gros rats stupides.	
JULIEN:	Je vois que vous pensez à tout, Bruno.	
BRUNO:	Comment? Vous savez mon nom?	
JULIEN:	Bien sûr et beaucoup d'autres choses sur votre compte.	
BRUNO:	Cela n'a aucune importance. Vous ne sortirez pas vivant de ma villa.	
JULIEN:	C'est ce que vous dites. N'oubliez pas que vous n'êtes pas seul dans cette affaire. Votre fille est peut-être plus raisonnable que vous.	
BRUNO:	Ah, pour ça, je peux vous assurer que nous sommes pareils.	
JULIEN:	Mais où est-elle?	
BRUNO:	Elle ne va pas tarder.° Elle est allée attraper cette petite idiote de Chantal.	to be long
JULIEN:	Elle a peut-être rencontré de mauvaises surprises en chemin.	
BRUNO:	Occupez-vous de vos oignons!°	business
JULIEN:	Mes oignons sont vos oignons.	
BRUNO:	Vous voulez faire le malin° avec moi, hein? Vous ne savez pas encore à qui vous avez affaire.° J'en ai assez de vos balivernes.	*faire le malin* = to act like a wise guy *avez affaire* = are dealing with

Bruno braque son pistolet sur Julien. À ce moment la porte s'ouvre avec beaucoup de bruit et deux policiers armés font éruption dans la pièce. Surpris, Bruno laisse tomber° son pistolet que l'un des policiers prend en lui mettant les menottes.° L'inspecteur Grenier s'approche.

laisse tomber = drops

handcuffs

GRENIER: Eh bien, de Chauvincourt. Bon travail.

JULIEN: Dites donc, ça faisait longtemps que vous attendiez derrière la porte?

GRENIER: Oh, cinq petites minutes.

JULIEN: Et vous savez ce que c'est, cinq minutes de souffrance?

GRENIER: Mais, il me critique maintenant. Voilà toute la gratitude que je reçois pour avoir arrêté sa souffrance. En parlant de ça, c'est Marceau qui souffre en ce moment.

JULIEN: Ah bon? Qu'est-ce qui s'est passé? [Tout le monde se met à rire.]

GRENIER: Hi, hi, hi, hi! Elle est bien bonne, cette histoire-là. Comme il voulait faire du zèle° en rentrant dans la villa, il nous a dit de le suivre dans les buissons. Entre nous, il est quelquefois un peu débile. Alors, nous marchions tous là l'un après l'autre avec le grand chef devant.

faire du zèle = to show off

JULIEN: Je peux bien m'imaginer....

GRENIER: Attendez, c'est pas fini. Tout à coup nous avons entendu "crac" suivi d'un cri de notre chef. Il était tombé dans un piège à rats, hi, hi, hi, hi!

JULIEN: Hi, hi, hi, hi, hi, hi! Ça, c'est bien amusant. Un piège pour un gros rat stupide! Au fait, Chantal et l'autre, où sont-elles?

GRENIER: Ne vous inquiétez pas! Nous les avons et les voilà. [Deux jeunes filles blondes entrent dans la pièce.]

JULIEN: [en les voyant] Ah, ça alors!° Je m'en doutais bien.

ça alors! = well, I'll be!

[à suivre]

Répondez en français.

1. Qui fait entrer Julien dans la villa?
2. Pourquoi Julien ne peut-il pas s'échapper de l'homme?
3. Où Julien a-t-il mal?
4. En disant que ce n'est pas à la cheville où Julien aura mal bientôt, que veut dire le monsieur qui a fait entrer Julien dans la villa?
5. Selon Julien, qu'est-ce qu'il faisait quand il est tombé dans les buissons?
6. Selon Bruno, Julien a de la chance de ne pas avoir fait quelque chose avant de mourir. Quoi?
7. Qu'est-ce qui surprend Bruno?
8. Qu'est-ce que Bruno compte faire de Julien?
9. Qui est complice de Bruno?
10. Où est-elle allée?
11. Qui empêche Bruno de tuer Julien?
12. Que fait Bruno quand les policiers entrent dans la pièce?

Deux policiers empêchent
Bruno de tuer Julien.

Choisissez l'expression qui complète correctement chaque phrase suivante.

1. En voyant Julien, l'inspecteur Grenier _____ .
    a. braque son pistolet sur lui
    b. le félicite
    c. lui met des menottes

2. En voyant l'inspecteur, Julien veut savoir _____ .
    a. qui était derrière la porte
    b. pourquoi tout le monde riait
    c. s'il attendait depuis longtemps de rentrer

3. Évidemment, avant que l'inspecteur Grenier et ses hommes ne soient arrivés, Julien avait commencé à _____ .
    a. craindre le pire
    b. croire que Bruno était raisonnable
    c. se battre avec Bruno

4. Dans l'**Épisode 6** le patron de Julien avait dit que l'inspecteur Grenier était un peu débile, tandis que dans cet épisode-ci, c'est Grenier qui dit que _____ .
    a. Marceau a eu une idée géniale
    b. c'est Marceau qui est débile
    c. Marceau a arrêté sa souffrance

5. Marceau a voulu jouer le rôle de _____ .
   a. chef
   b. rat principal
   c. cri

6. Marceau souffre parce qu' _____ .
   a. un rat l'a attaqué
   b. il a entendu un cri
   c. il est tombé dans un piège à rats

7. À la fin de cet épisode on ne sait pas précisément _____ .
   a. ce qui a blessé M. Marceau
   b. ce dont Julien se doutait
   c. ce que Julien pense de son patron

Interaction et application pratique

À deux

On proteste contre les armes nucléaires. (Paris)

1. With your partner take turns asking each other in French if you are for or against certain things. Your questions will deal with the categories of current events, politics, international affairs, social problems and regional or local concerns. After each of you has asked and answered five questions, share some of the things you both agree on with the class.

   MODÈLE: —**Êtes-vous pour ou contre les armes?**
   —**Moi, je suis contre les armes.**

2. With your partner make a list of all the daily newspapers, weekly and monthly magazines, cartoons and comic strips that you each read. Then ask each other why you read or enjoy one of the publications in each category. After you have each given your sentences, tell several of your partner's choices and reasons to the class.

   MODÈLE: **Je lis "Garfield" parce que j'ai un gros chat qui lui ressemble.**

À votre avis, le terrorisme est-il toujours un problème sérieux?

3. Take turns with your partner telling each other what you consider to be the most serious problem we have to solve now if we expect to have a future. Then, using the verb **rendre**, tell the effect this problem has and will have on us. Afterwards share some of your partner's thoughts with the class.

> MODÈLE: **Je pense que la pollution est notre problème le plus sérieux. La pollution rendra l'air et l'eau trop sales à l'avenir.**

4. Take turns with your partner telling each other five things that you will do in the future as soon as you have done something else. You will use **aussitôt que** followed by a verb in the future perfect tense in each of your sentences. After you have each responded, tell several of the things you have learned about your partner to the class.

> MODÈLE: **Aussitôt que je serai rentré(e) chez moi, je lirai les bandes dessinées.**

En groupes

5. Have each person in your group find an interesting cartoon or comic strip in back issues of newspapers or magazines, clip it out and bring it to class. With others in the group use correction fluid to remove the English text or captions and rewrite them with their French equivalents or write your own French captions. Then make a transparency of each cartoon. Finally each group member will describe one of the cartoons to the entire class, showing the appropriate transparency on the overhead. Afterwards you may want to display all of the cartoons on the bulletin board.

6. With others in your group write as many sentences as you can in five minutes that contain infinitives in the negative form. (You may first want to review the negative expressions in **Leçon 6** as well as those in this lesson.) Don't use the same negative expression or the same verb in more than one sentence. Then write the sentences on a transparency. Afterwards show your transparency on the overhead and compare it with those from other groups.

> MODÈLE: **Nous avons décidé de ne rien faire ce soir.**

Ces gens engagés se battent pour une cause—le travail. (Paris)

7. See how many different completions your group can think of for each of the following sentences. Have some person from the group list the possible completions on a transparency. Do one sentence at a time, spending not more than one minute on each sentence. Afterwards several transparencies can be put on the overhead for all to correct.

1. Une personne engagée se bat _____ .
2. _____ peut vous rendre _____ .
3. On nous a dit de ne _____ .
4. Il y a toute sorte de gens. Les uns _____ tandis que les autres _____ .
5. N'importe qui _____ .
6. Dans dix ans nous serons tous _____ .

Tous ensemble

8. With your entire class prepare five questions in French on students' awareness of, opinions on and involvement in certain issues. Use these questions as the basis for a poll you will take of your French classmates and other French-speakers in your school. Each question in your survey should deal with one of these topics: poverty, the environment, pollution, war and drugs/alcohol. Each student should interview at least two other people. Afterwards compile the results of the poll, and several students can relate them to the entire class.

Vocabulaire actif

noms

l'actualité (f.)   present reality, current event
l'alcoolisme (m.)   alcoholism
une arme   weapon
un auteur   author
une bande dessinée   comic strip
une cause   cause
courant: être au courant de   to know about
un dessin   drawing
   un dessin humoristique   cartoon
un dessinateur, une dessinatrice   cartoonist, drawer
une discussion   discussion
un domaine   field, area
la drogue   drugs
un effet   effect
l'environnement (m.)   environment
l'espoir (m.)   hope
un gouvernement   government

un hebdomadaire   weekly publication
un(e) journaliste   journalist
une lutte   fight
un mensuel   monthly publication
la misère   poverty, misery
la paix   peace
un(e) passant(e)   passerby
la politique   politics
   faire de la politique   to be active in politics
la pollution   pollution
un quotidien   daily publication
les sciences économiques (f.)   economics
un sondage   poll
   faire un sondage   to conduct a poll
la souffrance   suffering
le terrorisme   terrorism
le Tiers-Monde   Third World

adjectifs

actuel, actuelle   current, present
branché(e) (sur)   in touch (with)
célèbre   famous
conscient(e)   aware, conscious

économique   economic, economical
engagé(e)   committed
humoristique   humorous
passionnant(e)   fascinating, exciting

verbes

attaquer   to attack
se battre   to fight
combattre   to combat, to fight
critiquer   to criticize
discuter (de)   to discuss
s'engager dans   to become involved in

exister   to exist
exposer   to display, to exhibit
protester   to protest
rendre (+ adjectif)   to make (+ adjective)
résoudre   to solve
sensibiliser (à)   to make aware (of)

expressions diverses

aussitôt que   as soon as
un(e) autre   another (one)
ce qui   that
certain(e)s   certain people, some
chacun(e) (d'entre eux/elles)   each one (of them)
d'autres   others

n'importe qui   just anyone
n'importe quoi   anything
quelques-un(e)s   some, a few
tant que   as long as
tel, telle   such
les un(e)s...les autres   some...others

Accidents idiots

Leçon 12

Communicative Functions

- describing what has happened
- talking about accidents
- describing injuries
- expressing feelings and emotions
- talking about borrowing and lending
- expressing ownership

Aimée et Antoine se parlent
de l'accident d'Aline. (Paris)

Aline s'est fait mal

Assis sur un banc au Jardin des Tuileries, Antoine et Aimée se parlent de
tout ce qui est arrivé dernièrement.

AIMÉE: Devine ce qui est arrivé à Aline.

ANTOINE: Elle a connu l'homme de ses rêves, elle a gagné à la loterie,
elle....

AIMÉE: Ne dis pas de bêtises. Elle est à l'hôpital. Elle a été opérée, et il
paraît que son opération a été assez grave.

ANTOINE: Ah bon? Pourquoi est-ce qu'on l'a opérée?

AIMÉE: Parce qu'elle a eu un accident.

ANTOINE: Pas possible.

AIMÉE: Je ne mens* pas. Je l'ai su par Mireille qui l'a su par Bertrand.

ANTOINE: Dans ce cas je n'ai plus rien à dire. Je suis obligé de respecter tout ce que dit Mireille.

AIMÉE: Tu m'énerves. Tu te moques toujours de tout le monde.

ANTOINE: Ne te mets pas en colère. Je blague. Alors, cet accident?

AIMÉE: Eh bien, Aline s'est cassé la jambe droite, et elle s'est foulé la cheville gauche.

ANTOINE: Ah bon? Dis donc, c'est tout ce dont elle avait besoin.

AIMÉE: Oui, c'est affreux. Et Mireille a ajouté qu'elle risque de** ne pas pouvoir marcher pendant des mois.

ANTOINE: Et tu la crois, Mireille?

AIMÉE: Absolument. Cela se voit que tu n'y connais rien. Bertrand connaît quelqu'un qui a eu la même chose dans un accident de voiture. Selon lui, il est resté deux mois dans le plâtre.

ANTOINE: Ah, le pauvre! Il n'a pas eu de chance.

* Le verbe **mens** est une forme de **mentir** (*to lie*) qui appartient à la famille de verbes comme **sentir**.

** Les verbes **obliger** et **risquer** sont suivis de la préposition **de** devant un infinitif.

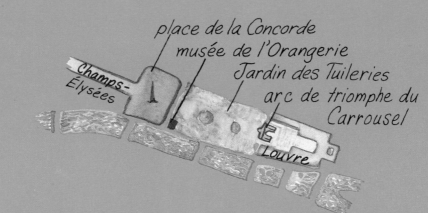

place de la Concorde
musée de l'Orangerie
Jardin des Tuileries
arc de triomphe du Carrousel
Champs-Élysées
Louvre

Note culturelle

Le Jardin des Tuileries se trouve entre l'arc de triomphe du Carrousel près du Louvre et la place de la Concorde. Dans ce grand jardin on peut faire de belles promenades entre les deux énormes bassins (*fountain pools*), les arbres et les magnifiques statues. On y trouve aussi un manège (*merry-go-round*) où jouent beaucoup d'enfants, ainsi que le musée de l'Orangerie qui expose de célèbres tableaux de Claude Monet, un des grands artistes impressionnistes. C'est lui qui a peint *La rue Montorgueil, à Paris. Fête du 30 juin 1878*, le tableau qui se trouve sur la couverture de votre livre de français.

Des bassins du Jardin des Tuileries on peut voir jusqu'à l'arc de triomphe de l'Étoile. (Paris)

Au musée de l'Orangerie il y a des tableaux impressionnistes aussi bien que les célèbres nénuphars (*water lilies*) de Monet. (Paris)

L'arc de triomphe du Carrousel, près du Louvre, commémore les victoires militaires de Napoléon Ier. (Paris)

Champ de coquelicots (Monet)

Compréhension

Répondez en français.

1. Quelles bêtises Antoine dit-il en essayant de deviner ce qui est arrivé à Aline?
2. Qu'est-ce qui est arrivé à Aline?
3. Qui a dit à Aimée qu'Aline a eu un accident?
4. De quelle façon est-ce qu'Antoine énerve Aimée?
5. Selon Aimée, qu'est-ce qu'Aline s'est fait?
6. Qu'est-ce qu'il est possible qu'Aline ne puisse pas faire pendant des mois?
7. Qu'est-ce qu'Aline risque de porter à la jambe droite pendant des mois?
8. Quelle est la différence entre Aimée et Antoine?

À propos

1. Avez-vous jamais eu un accident? Si oui, était-il assez grave ou pas trop grave?
2. Vous arrive-t-il de dire ou de faire des bêtises de temps en temps? Donnez-en un exemple.
3. Connaissez-vous quelqu'un qui blague tout le temps? Qui?
4. Vous moquez-vous quelquefois de quelqu'un? Si oui, pourquoi?
5. Avez-vous jamais menti? Si oui, comment?
6. Qu'est-ce que vous êtes obligé(e) de faire aujourd'hui?

Vous moqueriez-vous de Monsieur Paquette? (Québec)

Expansion

La conversation continue.

AIMÉE: Tu n'as aucune pitié d'Aline.

ANTOINE: Au contraire, j'aimerais bien avoir l'occasion de l'aider.

AIMÉE: Et elle qui a l'habitude de courir partout...maintenant elle sera obligée de marcher avec des béquilles.

une béquille

ANTOINE: Quelle coïncidence! Elle pourra justement emprunter les miennes. Je les lui prêterai avec plaisir.

AIMÉE: Que tu es généreux!

ANTOINE: Tiens, mais je rêve! Voilà Aline qui arrive en courant. Et on dirait qu'elle n'a qu'un petit bandeau autour du poignet. Interrogeons-la nous-mêmes sur son accident.

un bandeau

le poignet gauche

Aline porte un bandeau au poignet droit.

ce qu'ont su Aimée et Antoine

Ce matin Aline et Jean-Denis avaient rendez-vous à Versailles. Aline a donc pris le R.E.R. à la gare Saint-Michel pour y aller. Elle s'est endormie pendant le trajet. Puis, en se réveillant, elle s'est rendu compte qu'elle était déjà arrivée. Elle s'est levée tout à coup de son siège, et elle a couru vers la porte du train. Elle a eu juste le temps de* sauter dehors. Malheureusement, il avait plu, et le quai était mouillé.

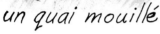

un quai mouillé

Alors, Aline a glissé,

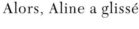

et elle est tombée sur ses mains. Heureusement, elle ne s'est pas fait trop mal. Elle s'est foulé le poignet, c'est tout, mais quel accident idiot!

le dernier épisode de Kiki

LE MAÎTRE DE KIKI: Autrefois un des jeux préférés
de Kiki était de courir
après Minou.

Un jour, en essayant de
s'échapper, Minou a fait une
faute très grave. Il a sauté par
la fenêtre, et ne pouvant pas
s'arrêter, Kiki aussi a
sauté.

Eh bien, ils ont été tous les deux blessés.

M. PERRIN: Est-ce que les blessures de Minou ont été graves?

LE MAÎTRE DE KIKI: Les siennes, non.
Celles de Kiki, oui.
Il s'est foulé les
deux pattes arrière.

Ce n'est pas ma faute.

M. PERRIN: Aïe! Ça fait mal!

LE MAÎTRE DE KIKI: C'est sûr, et comme
il n'avait pas de béquilles,
il a demandé
à deux copains allemands
de lui en prêter.
Mais, les leurs
étaient trop
grandes.

On dirait qu'ils se moquent de moi.

M. PERRIN: Vous a-t-il emprunté** les vôtres?

LE MAÎTRE DE KIKI: Non, elles étaient trop petites.

M. PERRIN: Alors, qu'est-ce qu'il a fait?

LE MAÎTRE DE KIKI: Il a été obligé de marcher sur ses deux pattes
avant.***

° Il faut ajouter **de** aux expressions **avoir l'occasion**, **avoir l'habitude** et **avoir le temps**
devant un infinitif.

°° La préposition **à** avec **emprunter** veut dire *from*.

    Il voulait emprunter **à** Jean ses béquilles.   *He wanted to borrow from Jean his crutches.*

    Vous a-t-il emprunté les vôtres?   *Did he borrow yours from you?*

°°° On ne peut pas ajouter un **s** aux adjectifs **arrière** (*rear*) et **avant** (*front*) parce qu'ils
sont invariables.

Le R.E.R. ne dessert que certaines stations au centre de Paris—la station Luxembourg en est une.

Fontenay-aux-Roses est une station R.E.R. dans la banlieue parisienne.

Note culturelle

Le R.E.R. (Réseau Express Régional) est la partie la plus moderne du système de transport souterrain de Paris. C'est aussi le moyen de transport public parisien le plus rapide puisque les trains du R.E.R. roulent plus vite que ceux du métro et ne s'arrêtent que dans un nombre limité de stations. Le R.E.R. dessert (*offers service to*) surtout la banlieue (*suburbs*) parisienne ainsi que l'aéroport Roissy-Charles de Gaulle. En sortant de la ville, le système n'est plus souterrain.

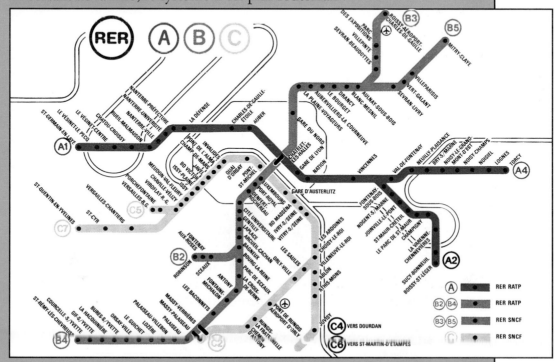

Activités

1. Décrivez les scènes suivantes d'après le dialogue d'introduction ou l'**Expansion**.

   MODÈLE:

   Aimée et Antoine s'asseyent sur un banc au Jardin des Tuileries.

2. Laurent vous demande de confirmer ce qu'on lui a dit sur l'accident d'Aline et la dernière aventure de Kiki et Minou. Dites-lui que c'est le contraire de ce qu'il pense selon l'**Expansion**. Évitez de répondre au négatif.

   MODÈLE: Aline s'est foulé la cheville?
   Au contraire, elle s'est foulé le poignet.

   1. Aline s'est endormie pendant qu'elle attendait le train?
   2. Et son accident était génial?
   3. Kiki courra après Minou demain?
   4. Pour Kiki c'était très sérieux de courir après Minou avant leur accident?
   5. Alors, en essayant de s'endormir, Minou a fait une bêtise?
   6. Il a donc passé doucement par la fenêtre?
   7. Et Kiki a eu de petites blessures?
   8. Il s'est foulé les deux pattes avant?

Pauvre Jeanne! En se foulant la cheville gauche, elle marche avec des béquilles.

3. Complétez logiquement chaque phrase d'après le vocabulaire de cette leçon.

1. La _____ est entre le pied et la jambe.
2. Si vous vous cassez la jambe, le médecin la met dans le _____ .
3. Quand vous exagérez pour être amusant, vous _____ .
4. Si vous posez beaucoup de questions à quelqu'un, vous l' _____ .
5. Quand vous ne dites pas la vérité, vous _____ .
6. Une autre façon de dire que quelqu'un vous embête est de dire que la personne vous _____ .
7. Si vous avez tort, vous faites une _____ .
8. Quand vous vous approchez d'un feu rouge, vous ralentissez et puis vous _____ .

4. Répondez aux questions à votre façon d'après le vocabulaire de cette leçon.

1. Qu'avez-vous l'habitude de faire le dimanche?
2. Quelles sont la meilleure et la pire de vos habitudes?
3. Vous mettez-vous souvent en colère? Quand?
4. Avez-vous jamais emprunté quelque chose à quelqu'un? Si oui, quoi et à qui?
5. Qu'est-ce que vous avez prêté dernièrement à un(e) ami(e)?
6. Portez-vous jamais un bandeau? Autour de quoi?
7. Vous êtes-vous jamais foulé quelque chose? Quoi et comment?
8. Avez-vous jamais passé du temps dans un hôpital? Est-ce qu'on vous a opéré(e)?

Qu'est-ce qu'elle a l'habitude de faire le week-end? (Paris)

On a tout su par le cousin de Raúl.

Structure et usage

les verbes *savoir* et *connaître* au passé composé

The verbs **savoir** and **connaître** have special meanings in the **passé composé**. In this tense **savoir** means "to find out" and **connaître** means "to meet."

—Comment **as**-tu **su** tout ça?   *How did you find all that out?*

—Hier soir j'**ai connu** le cousin   *Last night I met Éric's cousin who*
d'Éric qui me l'a dit.   *told (it to) me.*

—Comment l'**a**-t-il **su**, lui?   *How did he find it out?*

5. Agnès n'a pas beaucoup de mémoire. Elle a oublié comment les personnes suivantes ont su ce qu'elles savent. Répondez-lui.

   MODÈLE: Comment Clothilde sait-elle qu'Éric a eu un accident?
              (Bertrand)
              Elle l'a su par Bertrand.

   1. Comment savez-vous, Vincent et toi, qu'Alice a emprunté à Marc ses béquilles? (Éric)
   2. Comment tes parents savent-ils que tu t'es fait mal? (Marie-Claude)
   3. Comment sais-tu que Sabine a glissé sur la glace? (Xavier)
   4. Comment est-ce que je sais que Richard s'est foulé la cheville? (Luc)
   5. Comment savons-nous, Cécile et moi, que Benoît nous a menti? (sa sœur)
   6. Comment Patrick sait-il que mon oiseau s'est échappé? (ses copains)
   7. Comment sait-on que j'ai été opérée? (David)
   8. Comment est-ce que mes copines savent ce qui m'est arrivé? (Mireille)

Nous l'avons su par Polly.

6. Maintenant Agnès veut savoir où les personnes suivantes ont fait la connaissance d'autres personnes. Répondez-lui.

> MODÈLE: Où Clothilde a-t-elle fait la connaissance de Charles?
> (dans une boum)
> **Elle l'a connu dans une boum.**

1. Où Vincent et Adèle ont-ils fait la connaissance de Sophie? (au lycée)
2. Où est-ce que j'ai fait ta connaissance? (au jardin)
3. Où Patrice a-t-il fait la connaissance de Roselyne? (dans le R.E.R.)
4. Où Béatrice et Aurèle ont-elles fait ta connaissance? (en vacances)
5. Où a-t-on fait la connaissance de Stéphane? (à la patinoire)
6. Où Pierre et toi avez-vous fait la connaissance de Bertrand et David? (à la plage)
7. Où est-ce que Jean-Michel et moi avons fait la connaissance de ton frère? (à un match de foot)
8. Où as-tu fait la connaissance de Sabine? (à la piscine)

7. Victor vous dit que les personnes suivantes savent quelque chose ou connaissent quelqu'un. Demandez-lui quand elles ont appris la chose ou fait la connaissance de la personne en question.

> MODÈLE: Marylène sait que tu as eu un accident.
> **Quand l'a-t-elle su?**

1. François connaît Marylène.
2. Je connais tes copines.
3. Tu sais ce qui est arrivé à Aline.
4. Corinne sait qu'on se moque d'elle.
5. Paul et toi, vous savez que j'ai fait une bêtise.
6. Bertrand et Antoine savent que tu leur as menti.
7. Ils connaissent aussi ton complice.
8. Aimée et moi, nous le connaissons, nous aussi.

François a connu Marylène hier après-midi.

les pronoms possessifs

A possessive pronoun replaces a possessive adjective plus a noun. Note the different forms of each possessive pronoun.

	Singular		Plural	
	Masculine	**Feminine**	**Masculine**	**Feminine**
mine	le mien	la mienne	les miens	les miennes
yours	le tien	la tienne	les tiens	les tiennes
his, hers, its, one's	le sien	la sienne	les siens	les siennes
ours	le nôtre	la nôtre	les nôtres	
yours	le vôtre	la vôtre	les vôtres	
theirs	le leur	la leur	les leurs	

The possessive pronoun is composed of two words, each of which agrees in number and in gender with the noun it replaces. Notice how the possessive pronouns refer to the corresponding possessive adjectives in the examples that follow.

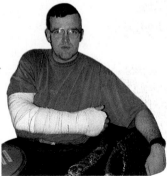

C'est ma tâche...oui, **la mienne**.

Vous venez d'arroser votre pelouse? **La vôtre** est plus verte que **la nôtre**.

Il porte son bandeau, et elle porte **le sien**.

Un bandeau? Henri porte le sien autour du bras droit.

It's my task...yes, mine.

Have you just watered your lawn? Yours is greener than ours.

He's wearing his bandage, and she's wearing hers.

When the prepositions **à** and **de** precede a possessive pronoun, the usual combinations result: **au mien, à la mienne, aux miens, aux miennes; du mien, de la mienne, des miens, des miennes**, etc.

Je ressemble à mon père, mais tu ne ressembles pas **au tien**.

Pourquoi se moque-t-il de mes fautes? Je ne me moque pas **des siennes**.

Pensez à vos problèmes. Je penserai **aux miens**.

I resemble my father, but you don't look like yours.

Why does he make fun of my mistakes? I don't make fun of his.

Think about your problems. I'll think about mine.

8. Étienne vous a demandé de l'aider à faire sa valise. Avant d'y mettre les choses suivantes, demandez-lui si ce sont les siennes ou celles de son frère.

MODÈLE:

Ces chaussures, ce sont les tiennes ou les siennes?

1.

2.

3.

4.

5.

6.

7.

8.

9. Céline veut savoir si les choses suivantes vous appartiennent ou si elles appartiennent à d'autres personnes. Dites-lui qu'elles ne vous appartiennent pas et qu'elles appartiennent aux autres.

MODÈLE: C'est ton appareil ou celui de tes parents?
Ce n'est pas le mien, c'est le leur.

1. C'est ton idée ou celle de tes copines?
2. Ce sont tes brochures ou celles des touristes?
3. Ce sont tes affiches ou celles des profs?
4. Ce sont tes billets ou ceux de tes cousins?
5. C'est ta faute ou celle des journalistes?
6. Ce sont tes habits ou ceux de tes frères?
7. C'est ton appartement ou celui des Perrin?
8. C'est ton chat ou celui des voisins?

—C'est le séjour des Perrin?
—Oui, c'est le leur. (Angers)

Gérard n'a pas emprunté les béquilles
d'Isabelle puisqu'il a les siennes.

10. Isabelle pense qu'on lui a emprunté certains objets ou qu'elle en a emprunté elle-même. Dites-lui que non puisque les gens en question ont les leurs.

> MODÈLE: Gérard a emprunté mes béquilles.
> **Mais non, puisqu'il a les siennes.**

1. Lucie et Odile ont emprunté ma radio.
2. Tu as emprunté ma disquette.
3. Julie et toi, vous avez emprunté mes livres.
4. J'ai emprunté ton stylo.
5. Marie a emprunté mon sac de couchage.
6. J'ai emprunté tes lunettes de soleil.
7. Léon et moi, nous avons emprunté tes outils.
8. Brigitte et Bernard ont emprunté mes pinces.

11. Nathalie et vous, vous passez vos vacances dans un camp d'été. Quand Nathalie vous pose des questions, répondez-lui affirmativement ou négativement selon le cas en utilisant des pronoms possessifs.

> MODÈLES: a) J'ai peur de mon moniteur. Et toi?
> **Moi aussi, j'ai peur du mien.**
>
> b) Je ne pense pas souvent à ma famille. Et toi?
> **Moi non plus, je ne pense pas souvent à la mienne.**

1. J'ai besoin de mes médicaments. Et Julie et toi?
2. Je ne peux pas faire confiance à mon moniteur. Et Luc?
3. Je ne me plains pas de ma tente. Et les autres?
4. Je suis très contente de mes aventures. Et tes copines?
5. J'ai écrit à mes copains. Et Robert et toi?
6. J'ai téléphoné à mon père. Et Bruno?
7. Je n'ai pas le temps d'envoyer des cartes à mes sœurs. Et toi?
8. Je n'ai aucune lettre de ma mère. Et toi?

le passif

So far we have talked about verbs in the active voice. The subject of a verb in the active voice performs the action upon someone or something else. In the following sentence the verb is in the active voice.

Jeanne ouvre la fenêtre.   *Jeanne opens the window.*

Verbs may also be in the passive voice and have passive subjects. These subjects do not perform the action but are acted upon by someone or something else. In the following sentence the verb is in the passive voice.

La fenêtre est ouverte par Jeanne.   *The window is opened by Jeanne.*

Notice here that a form of **être** comes just before the past participle **ouverte** which agrees in gender and in number with the subject **fenêtre** and expresses what was done to it by someone. The word order in the passive construction is:

> subject + form of **être** + past participle

In the passive construction the agent (the person or thing performing the action) is introduced by **par** (*by*).

Les élèves sont interrogés **par** le prof.   *The students are questioned by the teacher.*

When the agent performing the action is not specified or is unimportant, it is not expressed.

Leur maison a été détruite.   *Their house has been destroyed.*

The form of **être** in the passive construction can be in any tense.

Cette lettre **sera** envoyée demain.   *This letter will be sent tomorrow.*

Ses copains **avaient été** blessés.   *His friends had been hurt.*

L'Eurotunnel **a été** construit par les Français et les Anglais.   *The Eurotunnel was built by the French and the English.*

Si nous trouvons une boîte aux lettres, nos cartes postales seront envoyées tout de suite. (Martinique)

Selon cette publicité, on reconnaît un Parisien qui a de l'instinct. (Paris)

ATTENTION: The French often avoid using the passive voice. They may either

* use **on** as the subject and a verb in the active voice

On parle français en Corse.
French is spoken in Corsica.

* or use a reflexive construction.

Ça ne **se** dit jamais.
That is never said.

12. Confirmez tout ce que demande Julien sur l'opération de Cédric en utilisant le passif et en ajoutant **par**.

MODÈLE: Un chien méchant a attaqué Cédric?
Oui, il a été attaqué par un chien méchant.

1. Thierry l'a accompagné à l'hôpital?
2. L'hôpital avait appelé ses parents?
3. Le docteur Mauffroy a fait l'opération?
4. Et maintenant Cédric et sa famille respectent le docteur Mauffroy?
5. Son frère lui a prêté des béquilles?
6. Et la police l'interrogera sur l'accident?
7. Et ce soir Cédric attend avec impatience ses amis?
8. L'accident énerve toujours Cédric?

Les béquilles de Cédric lui ont été prêtées par son frère. (Martinique)

Les skis de Sabine ont été empruntés par Bernard. (l'Alpe d'Huez)

Ce dessin n'a pas été fait par Batellier.

13. Répondez aux questions de Sabine en employant le passif et, si nécessaire, en ajoutant **par**.

> MODÈLE: On a emprunté mes skis? (oui)
> **Oui, ils ont été empruntés.**

1. Est-ce qu'on a enlevé tous tes plâtres? (oui)
2. On connaîtra les résultats demain? (non)
3. On avait exclu toutes les possibilités? (non)
4. Éric aura résolu ses problèmes? (non)
5. Jean laverait ma voiture? (oui)
6. On aurait dû réparer cette machine? (oui)
7. Est-ce que Batellier a fait tous ces dessins? (non)
8. Les frères Poirier vont construire votre maison? (oui)

14. Mariette ne comprend pas très bien la différence entre la voix active et la voix passive. Aidez-la à la comprendre en lui répondant affirmativement à la voix active.

> MODÈLE: Le petit chien a été opéré?
> **Oui, on l'a opéré.**

1. Ces fautes ont été faites par le prof?
2. Le sucre serait ajouté après?
3. Le gâteau aura été mangé par les enfants?
4. Les portes du magasin s'ouvrent à dix heures?
5. Les lumières s'allumeront à vingt et une heures?
6. Ces histoires ont été écrites par des journalistes?
7. Ces idées avaient été proposées par un auteur américain?
8. Cet auteur est toujours respecté?

tout ce qui, tout ce que et tout ce dont

The pronoun **tout** is often combined with the relative pronouns **ce qui**, **ce que** and **ce dont** to form **tout ce qui**, **tout ce que** and **tout ce dont**. Each of these combinations means "everything that" or "all that."

On a vu **tout ce qui** est arrivé.

We saw everything that happened.

Je comprends **tout ce que** tu as dit.

I understand everything that you said.

Tout ce dont ils ont besoin, c'est un tournevis.

All that they need is a screwdriver.

On a déjà tout ce dont on a besoin: quatre tournevis et plusieurs vis.

15. Thomas a eu un accident, et vous lui avez rendu visite à l'hôpital. Répondez négativement aux questions de Louise en utilisant **c'est tout ce qui**, **c'est tout ce que** ou **c'est tout ce dont**.

MODÈLE: Il lui est arrivé autre chose?

Non, c'est tout ce qui lui est arrivé.

1. Quelque chose d'autre l'énerve?
2. Il a besoin d'autre chose?
3. Il se souvient d'autre chose?
4. Tu lui as parlé d'autre chose?
5. Tu as ajouté autre chose?
6. Il a dit autre chose quand tu l'as quitté?
7. Tu lui enverras autre chose?
8. Quelque chose d'autre lui plairait?

la réciprocité des verbes réfléchis

We have previously used reflexive verbs to express an action performed on the subject. Reflexive verbs may also express a reciprocal action, that is, something that people perform for/to each other. In this case use a plural verb form and the reflexive pronoun **nous**, **vous** or **se**. Each one of these reflexive pronouns means "each other."

Nous **nous** respectons beaucoup.	*We respect each other a lot.*
Nous **nous** écrivons souvent.	*We write to each other often.*
Vous **vous** aimez, n'est-ce pas?	*You love each other, don't you?*
Vous ne **vous** mentez pas?	*You don't lie to each other?*
Ils ne **se** voient plus.	*They don't see each other anymore.*
Elles **se** téléphonent chaque jour.	*They call each other each day.*

The reflexive pronouns **nous**, **vous** and **se** may be either direct or indirect objects. In the examples directly above, each pronoun is used first as a direct, then as an indirect object.

ATTENTION: Remember that the past participle of a reflexive verb in a compound tense agrees in gender and in number with the reflexive pronoun only if this pronoun is the direct object.

Nous **nous** sommes **vus**, mais nous ne **nous** sommes pas **parlé**.	*We saw each other, but we didn't speak to each other.*

16. Sylvie observe que les gens se traitent (*treat*) de la même façon. Confirmez la réciprocité dont elle parle.

MODÈLE: Tu m'as reconnue dans la foule, et je t'ai reconnu(e), n'est-ce pas?
Oui, nous nous sommes reconnu(e)s dans la foule.

1. Autrefois j'aidais Pierre, et il m'aidait, n'est-ce pas?
2. Tu lui as écrit, et il t'a écrit, n'est-ce pas?
3. Autrefois tu énervais Pierre, et il t'énervait, n'est-ce pas?
4. Tu l'as vu dernièrement, et il t'a vu(e), n'est-ce pas?
5. Aline a respecté Aimée, et Aimée a respecté Aline, n'est-ce pas?
6. Aline a téléphoné à Aimée, et Aimée lui a téléphoné, n'est-ce pas?
7. Bertrand parlera à Alice, et elle lui parlera, n'est-ce pas?
8. Je n'ai jamais menti à Caroline, et elle ne m'a jamais menti non plus, n'est-ce pas?

Céline a su tout ce qui
est arrivé à Nadège
par Vincent.

17. Comment dit-on en français?

GISÈLE: You're kidding, Céline.

CÉLINE: No, on the contrary. All that I've found out is what Vincent told me. He knows everything that's happening here, and he never lies.

GISÈLE: Poor Nadège. That's awful. Did they operate on her last night or this morning?

CÉLINE: Last night, according to Vincent.

GISÈLE: When did the accident happen? Whom was she with?

CÉLINE: Around 9:00 P.M., and she was with Hervé, I think. I didn't have the opportunity to question Vincent well, and then I didn't want to ask too many questions since he was so annoyed.

GISÈLE: You mean (that) Vincent's the one who got angry?

CÉLINE: Of course. You, too, would get angry if someone had an accident in your car.

GISÈLE: Not in mine since I don't have one. By the way, I've never met Hervé. What's he like?

CÉLINE: Not very intelligent. He's always saying stupid things.

GISÈLE: And what a stupid accident!

Avez-vous toujours de bons rapports avec vos amis?

Rédaction

En deux paragraphes décrivez les rapports que vous avez depuis un ou deux ans avec un(e) ami(e) ou quelqu'un que vous aimez beaucoup. Dites quand et comment vous vous êtes connu(e)s, tout ce qui vous intéresse, quand vous vous voyez et tout ce que vous faites ensemble. Avez-vous jamais fait des bêtises ensemble? Si oui, quoi? Dites aussi tout ce dont vous parlez. Êtes-vous toujours d'accord avec votre ami(e)? Quand est-ce qu'il (elle) vous énerve? Utilisez seulement le vocabulaire que vous avez déjà appris.

Lecture

"De droite à gauche"

Épisode 8: Julien et Chantal se reverront

Quelques jours plus tard, rentré à Paris, Julien est assis au comptoir du café le Hoche en compagnie de son ami Pierre. Il est neuf heures du matin.

JULIEN: Un crème et deux croissants, Robert, s'il te plaît.

PIERRE: Un noir pour moi.

ROBERT: De suite.

JULIEN: Alors, je me trouve face à face avec celle que je croyais être Chantal. En vérité, son nom est Nathalie.

PIERRE: Alors, qui est cette Nathalie? C'est la fille de qui?

JULIEN: Eh bien, c'est la fille de Bruno, le collègue de Monsieur Chardin. C'est un peu compliqué.

ROBERT: Voilà votre crème et vos deux croissants, Monsieur Julien, et voilà le vôtre, Monsieur Pierre.

JULIEN: Merci, Robert.

PIERRE: Merci, Robert. [se tournant vers Julien] Continue! C'est passionnant. Et la vraie Chantal que tu ne connaissais pas, c'était bien la fille de Monsieur Chardin?

JULIEN: Oui. En fait, Bruno et Monsieur Chardin étaient très proches. Tu vois, ils étaient veufs° tous les deux et avaient chacun une fille blonde du même âge.   widowers

PIERRE: Elles avaient été élevées° ensemble probablement.   raised

JULIEN: Oui, en effet, elles étaient comme des sœurs.

PIERRE: Comment Bruno et Nathalie ont-ils pu faire ce qu'ils ont fait?

JULIEN: Tu sais, il y a des gens qui perdent leurs scrupules en faisant leur fortune. Bruno ne supportait pas que son ami et collègue ne s'intéresse pas à l'argent.

PIERRE: Et sa fille Nathalie?

JULIEN: Elle suivait les conseils de son père et pensait surtout au trésor.

PIERRE: Avoue°-le, tu étais tombé amoureux.   Confess

JULIEN: De qui?

PIERRE: Eh bien, de Nathalie.

JULIEN: Oh, j'avoue que c'est une belle fille blonde avec de superbes yeux bleus, mais il y en a d'autres. Alors, tu veux écouter la fin?

PIERRE: Certainement. Donc, Nathalie pensait à son petit magot.°   bundle

JULIEN: Oui, et Bruno avait eu avec Monsieur Chardin une discussion à ce sujet. Il a voulu l'intimider avec son pistolet. Monsieur Chardin ne voulait pas céder, et Bruno a tiré.° Ensuite, il a fait disparaître toute trace de meurtre.   shot

PIERRE: Mais pourquoi a-t-il kidnappé Chantal, la fille de Monsieur Chardin?

JULIEN: Parce qu'il a fouillé° l'appartement, et n'ayant rien trouvé, il savait qu'il n'y avait que Chantal qui savait où se trouvait la carte.   ransacked

PIERRE: Donc, il l'a enlevée, l'a emmenée à Ajaccio, l'a enfermée° dans sa villa, et sa fille Nathalie a pris sa place.   locked up

JULIEN: C'est exact. Comme elles étaient blondes et belles toutes les deux et que peu de monde les connaissait, c'était facile.

PIERRE: Et l'album? À qui appartenait-il?

JULIEN: Aux Chardin. Nathalie, la fille de Bruno, voulait le cacher pour que la police ne découvre pas le vrai visage de Chantal.

PIERRE: Tu ne t'es douté de rien au début?°   beginning

JULIEN: Non, pas au début. Mais tout s'est éclairci° quand j'ai visité la villa la première fois. Là, en regardant quelques photos, je me suis rendu compte que la Chantal que je connaissais n'était pas celle de l'album. Je suis tombé sur une photo de Chantal qui écrivait de° la main droite. Et je savais que Nathalie, alias Chantal, était gauchère. Je l'avais remarqué au restaurant. Et puis, il y avait une petite différence dans leurs cheveux blonds. Chantal de l'album avait une raie sur le côté gauche, tandis que Nathalie l'avait sur le côté droit.   became clear

with

Chantal

Nathalie

PIERRE: Et où était la carte pendant tout ce temps-là?

JULIEN: Chantal et Monsieur Chardin l'avaient mise dans leur coffre° à la banque.   safe

PIERRE: Au fait, Chantal est aussi jolie que Nathalie?

JULIEN: Beaucoup plus. D'ailleurs je la sors au Procope ce soir.

PIERRE: Tu ne perds pas ton temps, hein?

JULIEN: C'est le patron qui était content d'avoir l'exclusivité de l'histoire. Il m'a donné une augmentation.°   raise

ROBERT: Monsieur Julien, on vous demande au téléphone. C'est votre patron, et il n'a pas l'air content.

JULIEN: Aïe, aïe, aïe! Ça recommence. Il ne peut pas encore bien marcher à cause de son accident, mais il sait toujours faire courir les autres. [Julien se dirige vers le téléphone.]

la fin

Répondez en français.

1. La première fois que Julien a vu la vraie Chantal, où était-il?
2. Où avait-il connu Nathalie?
3. Laquelle de ces deux jeunes femmes est la Femme 1 de l'**Épisode 6**?
4. L'horaire quotidien de Julien a-t-il changé après qu'il est rentré à Paris?
5. Chantal et Nathalie sont les filles de qui?
6. Comment Monsieur Chardin et Bruno se ressemblaient-ils?
7. Comment Chantal et Nathalie se ressemblaient-elles?
8. Chantal et Nathalie se connaissaient-elles?
9. Qu'est-ce que Bruno a perdu en devenant riche?
10. Qu'est-ce que Bruno ne comprenait pas?
11. De quelle façon Bruno avait-il convaincu sa fille Nathalie d'être sa complice?
12. Qu'est-ce que M. Chardin et Bruno avaient discuté?

Choisissez l'expression qui complète correctement chaque phrase suivante.

1. Bruno n'est pas arrivé à _____ .
   a. tuer M. Chardin
   b. intimider M. Chardin
   c. faire disparaître toute trace de meurtre

2. Bruno espérait que Chantal se sentirait obligée de _____ .
   a. fouiller son appartement
   b. l'enlever et l'emmener à Ajaccio
   c. lui dire tout ce qu'il voulait savoir

3. Si la police avait vu l'album de photos des Chardin, elle se serait rendu compte _____ .
   a. que Nathalie n'était pas Chantal
   b. que Chantal était à Ajaccio
   c. que Nathalie et Chantal avaient été élevées ensemble

4. Julien s'est rendu compte que Nathalie et Chantal étaient deux personnes différentes quand _____ .
   a. il a débarqué à Ajaccio
   b. il a visité la villa la première fois
   c. il a regardé l'album la première fois

5. Chantal était droitière et avait une raie sur le côté gauche, tandis que Nathalie était _____ .
   a. belle et avait une raie sur le côté blond
   b. gauchère et avait une raie sur le côté droit
   c. intelligente et avait une raie sur le côté idiot

6. On dirait que Julien s'intéresse _____ .
   a. moins à Chantal qu'au Procope
   b. à perdre son temps
   c. plus à Chantal qu'à Nathalie

7. On dirait qu'à la fin du dernier épisode Julien et son patron _____ .
   a. se respectent plus qu'autrefois
   b. ont un grand amour l'un pour l'autre
   c. ont toujours les mêmes rapports qu'autrefois

Interaction et application pratique

Martine est obligée de marcher avec des béquilles parce qu'elle s'est foulé la cheville droite en tombant dans la baignoire.

À deux

1. With your partner take turns telling each other about at least one accident that you've had. Tell what kind of accident it was, how it happened and whether or not it happened because of something stupid you did. Then say whether or not you or anyone else were hurt, broke or sprained anything, went to the hospital, were operated on or had a cast or crutches. After each of you has related several experiences, share your partner's most interesting one with the class.

2. Interview your partner about the circumstances that cause him/her to experience the following emotions. These emotions are grouped according to their use as adjectives, nouns or verbs. After both of you have asked and answered these questions, report back to the class what you have learned about your partner.

adjectifs	noms	verbes
généreux	la colère	avoir horreur de
jaloux	l'espoir	craindre
	la pitié	énerver
	le plaisir	respecter

MODÈLES: **Quand êtes-vous généreux (généreuse)?**
De qui avez-vous pitié?
Qu'est-ce qui vous énerve?

Ce qui énerve Marie-France, c'est que son petit frère se moque toujours d'elle.

3. With your partner take turns asking whether or not you can borrow something from each other. Your partner will say that he/she doesn't have the item and then suggests someone elso who might have it. Use two different possessive pronouns in each response. After each of you has asked and answered five questions, share several of your exchanges with the class.

> MODÈLE: —**Est-ce que je peux emprunter ton livre?**
> —**Non, je n'ai pas le mien, mais Véronique a le sien.**

4. Take turns with your partner asking and telling each other about everything that happened to you this morning, everything that you are going to do after school today and all that you need to do it. After you have each asked and answered the three questions, tell the class several things that you have learned about your partner.

> MODÈLE: —**Dis-moi tout ce qui t'est arrivé ce matin.**
> —**Pour commencer j'ai raté l'autobus parce que....**

En groupes

5. With others in your group create your own **B.D.** (**bande dessinée**) in French. Its scenes should depict an accident and its consequences. Try to include as many new words and expressions from this lesson as you can. Have the most artistically inclined student in your group draw various scenes. Next all group members can add the appropriate French dialogue and/or captions. Then make a transparency of your comic strip so that you can present and show it to the entire class. Afterwards you may want to display all the comic strips on the bulletin board.

Avez-vous l'habitude d'acheter des B.D.?

6. With others in your group discuss in French the significance of the title of the **histoire policière** that you've just finished reading, "De droite à gauche." See how many different implications your group can come up with and give your justification for each one. Then list all the possibilities before presenting them to the entire class. After you have proposed all your theories, have the class vote to decide which group has done the best literary detective work.

7. See how many different completions your group can think of for each of the following sentences. Have some person from the group list the possible completions on a transparency. Do one sentence at a time, spending not more than one minute on each sentence. Afterwards several transparencies can be put on the overhead for all to correct.

   1. Nous n'avons pas l'habitude de _____ .
   2. Quand je fais une bêtise, je dis que _____ .
   3. On ment quand on _____ .
   4. Nous nous rendons compte _____ .
   5. On peut se fouler _____ .
   6. Cela se voit que _____ .

Tous ensemble

8. Each student has a sheet of paper with the following statements written on it:

   1. Je m'endors souvent devant la télé.
   2. Rien d'intéressant ne m'est arrivé dernièrement.
   3. Je me suis foulé le poignet (la cheville).
   4. Je ne me mets jamais en colère.
   5. Je ne respecte pas les gens qui se moquent des autres.

Éliane ne se met jamais en colère.

Now, as you walk around your classroom, find a different person who can answer each question affirmatively. You will say to someone, for example, **T'es tu foulé la cheville?** When you find a person who answers **Oui, je me suis foulé la cheville**, this person will initial your sheet. The first student to have all five affirmative responses is the winner.

Vocabulaire actif

noms

un accident accident
un bandeau bandage
une béquille crutch
une bêtise stupid thing
une blessure wound
un cas case
une cheville ankle
la colère anger
une faute mistake

une habitude habit
un jeu game
une loterie lottery
une opération operation
une patte paw
la pitié pity
un plâtre cast
un poignet wrist
un trajet trip

adjectifs

affreux, affreuse awful
arrière rear
avant front

généreux, généreuse generous
idiot(e) stupid
mouillé(e) wet

verbes

ajouter to add
s'arrêter to stop
arriver to happen
blaguer to kid
connaître to meet
s'échapper to escape
emprunter (à) to borrow (from)
s'endormir to fall asleep
énerver to irritate, to annoy
se fouler to sprain

glisser to slip, to slide
interroger to question
mentir to lie
se moquer de to make fun of
obliger to oblige
opérer to operate on
respecter to respect
sauter to jump
savoir to find out

expressions diverses

absolument absolutely
au contraire on the contrary
autour de around
autrefois formerly
avoir l'habitude de to be used to, to be
   accustomed to
avoir pitié de to have pity on
ce dont that
ce que that
faire mal to hurt

se faire mal to hurt oneself, to get hurt
le leur, la leur theirs
se mettre en colère to get angry
le mien, la mienne mine
le nôtre, la nôtre ours
par through
se rendre compte to realize
le sien, la sienne his, hers, its, one's
le tien, la tienne yours
le vôtre, la vôtre yours

ETS SALTI
R.M. 128 666 575
70, rue des Panoyaux 75020 PARIS

DÉPANNAGE
DANS LA JOURNÉE
366.49.75
de 9 h. à 12 h.
TÉLÉVISION : COULEUR - NOIR ET BLANC - VIDÉO - HI-FI

Un autre désastre

Sandrine et Thierry sont
en train de bricoler, c'est-
à-dire, Sandrine essaie
de réparer la radio de
Thierry.

THIERRY: Cette radio
a déjà été réparée plusieurs fois, mais
personne n'a jamais tout à fait résolu le problème.

SANDRINE: Tu verras, je te la réparerai en vitesse. Donne-moi le tournevis,
s'il te plaît.

THIERRY: Lequel?

SANDRINE: Celui sur lequel tu es assis.

THIERRY: Tiens! Au fait, comment as-tu su que Véronique s'était foulé le
poignet?

SANDRINE: Régine me l'a dit.

THIERRY: Régine?

SANDRINE: Oui, Régine Lancel dont le père est journaliste. D'ailleurs je
crois qu'il travaille pour un
hebdomadaire dont je ne me
rappelle plus le nom. Euh...
donne-moi les pinces, s'il te
plaît.

THIERRY: Les voilà, mais je te demande
de ne pas te faire mal. Je ne
voudrais pas être responsable
d'un accident.

SANDRINE: Ne crains rien. J'ai l'habitude
de bricoler. Tiens, donne-moi
le marteau maintenant.

Sandrine dit qu'elle a l'habitude de
bricoler.

THIERRY: Voilà. Tu y arrives?

SANDRINE: Bien sûr, mais ce n'est pas évident. Heureusement que je connais bien les appareils comme le tien.

Deux heures plus tard. Sandrine a un gros bandeau sur le pied.

THIERRY: Dis donc, cela aurait pu être vachement grave. Ça va mieux?

SANDRINE: Un peu...je suis désolée que ta radio soit tombée, mais je n'aurais pas cru que les pinces aient pu glisser comme ça.

THIERRY: Ne t'inquiète pas. Aussitôt que j'aurai gagné un peu d'argent, je m'en achèterai une autre.

SANDRINE: Je t'aurais bien prêté la mienne, mais je l'ai donnée à faire réparer la semaine dernière.

Compréhension

Répondez en français.

1. Qu'est-ce qu'on a déjà fait plusieurs fois à la radio de Thierry?
2. Quel tournevis Sandrine demande-t-elle?
3. Qu'est-ce que Régine Lancel avait dit à Sandrine?
4. De quoi Sandrine ne se souvient-elle plus?
5. Qu'est-ce que Thierry ne voudrait pas que Sandrine se fasse?
6. Comment est-ce que Sandrine ment à Thierry?
7. Qu'est-ce qui montre que Sandrine bricole mal et qu'elle ne connaît pas bien certaines radios?
8. Qu'est-ce que Thierry compte faire?

Aussitôt que Thierry aura gagné de l'argent, il ira au magasin acheter une autre radio. (Paris)

Brigitte a l'habitude de jouer au tennis après les cours.

Si vous achetiez de nouveaux habits, les prêteriez-vous à vos copains (copines)? (Lyon)

À propos

1. Qu'est-ce que vous avez l'habitude de faire après les cours?
2. Est-ce que vous aimez prêter vos possessions aux autres? Pourquoi ou pourquoi pas?
3. Avez-vous jamais emprunté vos habits aux autres? Si oui, quoi et à qui?
4. Que ferez-vous quand vous aurez gagné un peu d'argent?
5. Voudriez-vous être journaliste? Si oui, pour quelle sorte de revue ou journal voudriez-vous travailler?

Activités

1. Caroline vous dit ce que faisaient ou ont fait certains amis quand elle leur a parlé hier, mais elle n'est pas assez précise. Demandez si elle sait autre chose ou connaît les autres personnes en question.

   MODÈLES: a) Martine m'a dit qu'elle s'occupait de quelque chose d'ennuyeux.
   Sais-tu ce dont elle s'occupait?

   b) Philippe m'a parlé d'un certain coiffeur.
   Connais-tu le coiffeur dont il t'a parlé?

1. Bruno a dit qu'il a rêvé d'une certaine fille.
2. Il m'a dit aussi qu'il était responsable de quelque chose de très important.
3. Marie a fait la connaissance d'une vedette.
4. Charles se plaignait de quelque chose.
5. Sophie s'est souvenue de quelque chose d'intéressant.
6. Antoine a dit qu'il avait besoin de quelque chose pour finir son projet.
7. Stéphane s'est moqué de certains élèves.
8. Mireille m'a parlé d'un certain prof.

Voilà la fille dont Bruno a rêvé.

La fille dont on connaît le frère habite un appartement dans un de ces immeubles à Rouen.

2. Martin vous parle de gens qu'il connaît et de choses qu'il sait. Demandez-lui si ce sont les personnes ou choses dont vous avez entendu parler (*heard about*), selon les indications.

MODÈLE: Je connais une fille qui habite à Rouen. (je connais son frère)
Est-ce que c'est la fille dont je connais le frère?

1. Voilà le sondage. (tu parles à tes copains)
2. Oui, tu devrais lire ce livre. (tu connais l'auteur)
3. Non, c'est un autre auteur. (ses livres ont été interdits en Espagne)
4. Oui, il écrit maintenant pour un quotidien. (tout le monde en parle en ce moment)
5. Oui, je l'achète tous les jours chez la marchande de journaux du coin. (son fils travaille pour une société belge)
6. Oui, c'est une grande société. (tu as lu les annonces)
7. Oui, elle vient d'ouvrir une succursale à New York. (ses affaires marchent si bien)
8. Oui, et j'en connais le patron. (ses employés se méfient de lui)

3. Brigitte vous demande si vous avez fait certaines choses la semaine dernière. Dites-lui que vous les avez fait faire. N'oubliez pas d'utiliser des pronoms.

MODÈLE: As-tu réparé ta radio?
Non, je l'ai fait réparer.

1. As-tu sorti les ordures?
2. As-tu tondu la pelouse?
3. As-tu nettoyé les fenêtres?
4. As-tu téléphoné à ton patron?
5. Lui as-tu expliqué ton idée?
6. As-tu envoyé les brochures aux clients?
7. As-tu mis une annonce dans le journal?
8. As-tu dit aux copains d'arriver en avance?

Léonard n'a pas encore fait tondre la pelouse.

4. Olivier veut savoir si on a fait certaines choses ou si certaines choses ont eu lieu chez les Mauge. Dites-lui que c'est possible.

> MODÈLE: Est-ce que le sèche-linge est tombé en panne?
> **Il est possible qu'il soit tombé en panne.**

1. Est-ce que Ghislaine a sorti les ordures?
2. Est-ce qu'Henri est tombé de l'échelle?
3. Est-ce qu'il s'est fait mal?
4. Est-ce que Ghislaine et Henri ont eu horreur de faire le ménage?
5. Est-ce qu'il y a eu d'autres problèmes?
6. Est-ce que tu as vu la barrière qu'ils ont construite?
7. Est-ce que nous t'en avons parlé, Vincent et moi?
8. Est-ce que vous êtes jamais allés chez les Mauge, Marc et toi?

5. Valérie vous dit que les gens suivants sont en train de faire certaines choses. Demandez-lui si ça fait longtemps qu'ils les font.

> MODÈLE: Éric arrose les fleurs.
> **Ça fait longtemps qu'il les arrose?**

1. Georges et moi, nous travaillons.
2. Je cherche l'essence pour la tondeuse.
3. Jeanne tond la pelouse.
4. Jérémy et toi, vous peignez le garage.
5. Mes parents font les lits.
6. Bertrand bricole.
7. Catherine et Denise se promènent.
8. Tu dors.

Ça fait quinze minutes que Catherine et Denise se promènent. (Paris)

Ça faisait une heure que M. Dupin peignait. (Bayonne)

6. Maintenant Valérie vous demande depuis combien de temps les gens de l'**Activité 5** faisaient ces choses quand il a commencé à pleuvoir. Dites-le-lui.

> MODÈLE: Depuis combien de temps les arrosait-il quand il a commencé à pleuvoir? (cinq minutes)
> **Ça faisait cinq minutes qu'il les arrosait.**

1. Depuis combien de temps travaillions-nous? (deux heures)
2. Depuis combien de temps est-ce que je la cherchais? (trois quarts d'heure)
3. Depuis combien de temps la tondait-elle? (vingt minutes)
4. Depuis combien de temps le peigniez-vous? (une heure)
5. Depuis combien de temps les faisaient-ils? (un quart d'heure)
6. Depuis combien de temps bricolait-il? (une heure et demie)
7. Depuis combien de temps se promenaient-elles? (longtemps)
8. Depuis combien de temps dormais-tu? (quatre heures)

7. Thierry vous dit que les gens suivants font certaines choses. Demandez-lui des précisions.

> MODÈLE: Sandrine s'engage dans une lutte.
> **Dans laquelle s'engage-t-elle?**

1. Elle se bat aussi pour une cause.
2. Ma grand-mère proteste contre les armes.
3. Les Mauger répondent à un sondage.
4. Cédric n'est pas conscient de ses fautes.
5. Irène et Hélène résolvent leurs problèmes.
6. Je ne lis jamais ce mensuel.
7. Mathieu et moi, nous nous servons des outils.
8. Frédéric va à une église.

Contre quel problème la grand-mère de Thierry proteste-t-elle?

L'équipe de Pascal aurait dû vaincre celle de Daniel. (Hasparren)

8. Marie-Ange vous demande si les gens suivants ont fait certaines choses. Dites-lui que non mais qu'ils auraient dû les faire.

> MODÈLE: Est-ce que Roselyne est allée chez le coiffeur?
> **Non, mais elle aurait dû y aller.**

1. Est-ce que vous avez vu ce nouveau film, Claudette et toi?
2. As-tu reçu une invitation à la boum?
3. Est-ce que je me suis plainte du bruit?
4. Est-ce que nous nous sommes occupés de nos affaires, Daniel et moi?
5. Pascal et toi, avez-vous vaincu l'autre équipe?
6. Est-ce que les jeunes gens ont été branchés sur l'actualité?
7. Est-ce que le gouvernement s'est débarrassé de toutes les drogues?
8. Est-ce qu'on a résolu le problème de la misère?

9. Jean-François vous dit ce que certaines personnes n'ont pas fait. Dites-lui qu'elles auraient pu les faire.

> MODÈLE: Hervé n'est pas allé au concert hier soir.
> **Mais il aurait pu y aller.**

1. Cet homme ne s'est pas échappé de prison.
2. Aurèle et moi, nous n'avons pas convaincu Gisèle de nous aider.
3. Je n'ai pas fait venir le dépanneur.
4. Les chiens n'ont pas couru dans le parc.
5. Je n'ai pas emprunté ta moto.
6. Tu n'as pas gagné à la loterie.
7. Mon grand-père ne s'est pas fait mal.
8. Chantal et toi, vous n'avez pas menti.

On a dit au nouvel employé de ne pas embêter la patronne. (Martinique)

10. On vient de vous interviewer pour un poste. Votre père veut savoir ce qu'on vous a dit de faire ou de ne pas faire. Dites-le-lui d'après les indications.

MODÈLE: Alors, on t'a dit de téléphoner à tes copains?
(ne...jamais)
On m'a dit de ne jamais leur téléphoner.

1. Est-ce qu'on t'a dit d'utiliser ton ordinateur? (ne...pas encore)
2. Est-ce qu'on t'a dit de boire du café ou du coca à ton bureau? (ne...ni...ni)
3. Mais on t'a dit de parler aux autres employés? (ne...personne)
4. Est-ce qu'on t'a dit de critiquer quelque chose? (ne...rien)
5. Alors, on t'a dit de faire de la politique, n'est-ce pas? (ne...jamais plus)
6. Mais on t'a dit d'interroger ton patron, n'est-ce pas? (ne...pas)
7. Mais on t'a dit de lui montrer quelques-unes de tes idées, n'est-ce pas? (ne...aucune)
8. Est-ce qu'on t'a dit d'y retourner? (ne...plus)

11. Répondez affirmativement aux questions de François en remplaçant les expressions en italique par des pronoms.

MODÈLE: As-tu lu *tous les journaux*?
Oui, je les ai tous lus.

1. As-tu fait *quelques sondages* cette année?
2. As-tu fait *d'autres sondages* l'année dernière?
3. Est-ce que tu as étudié *tous les problèmes*?
4. As-tu résolu *plusieurs de ces problèmes*?
5. As-tu exposé *la plupart des fautes*?
6. As-tu critiqué *certaines fautes*?
7. Est-ce que *toutes les réponses à tes questions* étaient complètes?

Tant que Béatrice et Magalie n'auront pas fini leurs devoirs, elles ne pourront pas sortir. (Martinique)

12. Marielle vous dit ce que les gens suivants n'ont pas fait. Dites-lui que tant qu'ils ne l'auront pas fait, ils ne pourront pas faire autre chose, selon les indications.

> MODÈLE: Je n'ai pas fini mes devoirs. (sortir)
> **Tant que tu ne les auras pas finis, tu ne pourras pas sortir.**

1. Michèle et moi, nous n'avons pas tout fini. (faire autre chose)
2. Je ne me suis pas reposée. (bien penser)
3. Philippe n'a rien appris. (tout savoir)
4. Moi, je n'ai jamais fait de bêtises. (être critiquée)
5. Martin et Fabrice n'ont pas résolu leur problème d'argent. (partir en vacances)
6. Martine et toi, vous ne vous êtes pas expliqué(e)s. (s'entendre)
7. Aline ne m'a pas emprunté mes béquilles. (marcher)
8. Toi, tu ne t'es pas échappé(e). (être libre)

13. Complétez le dialogue suivant avec les formes convenables des verbes suivants:

craindre	se plaindre	atteindre
peindre	convaincre	vaincre
se battre	résoudre	arriver
dire	suffire	devoir
savoir	connaître	se rendre compte

Un cauchemar (*nightmare*)

JEAN-LOUP: Devine ce qui _____ hier, Adeline.

ADELINE: Euh...tu as fini de _____ la barrière.

JEAN-LOUP: C'est vrai, mais ce n'est pas ça. Devine encore.

ADELINE: Tu _____ encore _____ avec tes parents et tu as rompu avec eux, tu t'es encore endormi en cours, tu as eu un accident, tu as gagné à la loterie, je ne sais pas, tu....

JEAN-LOUP: Ne dis pas de bêtises.

ADELINE: Alors, tu _____ un but, tu _____ un gros problème.

JEAN-LOUP: C'est vrai. Comment l' _____ -tu _____ ?

ADELINE: Je l'ai deviné, idiot. Alors, raconte.

JEAN-LOUP: J' _____ mes parents de m'acheter une voiture et de me donner un peu d'argent de poche.

ADELINE: Pas possible.

JEAN-LOUP: Si, si, après avoir réfléchi à tous mes problèmes, je me _____ "Ça _____ ! Il faut que je fasse quelque chose." Je _____ que je n'aurai pas d'argent de mes parents tant que je ne me ferai pas couper les cheveux et ne me débarrasserai pas de mes vieux jeans troués (*with holes*).

ADELINE: Je te l'avais dit. Mes parents sont pareils. Ils ont horreur, eux aussi, de la façon dont je m'habille. Ils _____ toujours de mes jeans troués.

JEAN-LOUP: Et puis j'ai vraiment besoin d'une voiture pour te sortir. Donc, je me _____ "Si tu ne _____ pas tes problèmes de transport et d'argent, Adeline va te quitter, mon vieux," et j'ai commencé à _____ le pire. Je te voyais déjà avec le chanteur de rock que tu _____ l'été dernier, et je _____ de te perdre.

ADELINE: En fait, j' _____ probablement _____ te quitter l'année dernière, mais je ne l'ai pas fait car, comme on le dit, l'amour _____ tout. Mais, si tu jettes tes vieux jeans et te fais couper les cheveux, tu ne me verras plus.

JEAN-LOUP: Oh là là! Quel cauchemar!

Puisque la peinture n'est pas la sienne, Bernard doit aller chez Tonton Tapis pour en acheter.

14. En apercevant certaines choses, Bernard demande si elles appartiennent aux gens suivants. Répondez-lui négativement.

MODÈLE: Voilà un tuyau d'arrosage. Est-ce qu'il appartient aux voisins?
Non, ce n'est pas le leur.

1. Voilà un pinceau. Est-ce qu'il appartient à Jeanne?
2. Est-ce que la peinture m'appartient?
3. Et ces échelles, vous appartiennent-elles, à Thierry et à toi?
4. Et cette scie, est-ce qu'elle t'appartient?
5. Voilà des outils. Est-ce qu'ils nous appartiennent, à Frédéric et à moi?
6. Voilà aussi des clous. Est-ce qu'ils appartiennent aux voisins?
7. Et ces vis, appartiennent-elles à mon père?
8. Et ce tournevis, est-ce qu'il t'appartient?

Aucun de ces outils n'appartient à Jeanne.

15. Sabine et vous êtes moniteurs (monitrices) dans un camp d'été. Quand elle vous pose des questions, répondez-lui affirmativement en utilisant des pronoms possessifs.

> MODÈLE: Moi, je m'occupe de mes scoutes. Et toi?
> **Moi aussi, je m'occupe des miennes.**

1. Moi, je suis consciente de mes capacités. Et toi?
2. Moi, je parle à mes assistantes. Et toi?
3. Moi, je me sers de mes outils. Et toi?
4. Moi, je m'occupe de mon horaire. Et toi?
5. Moi, j'écris à mes copains. Et toi?
6. Moi, je téléphone à ma mère. Et toi?
7. Moi, je pense à mon départ. Et toi?

16. Thierry vous dit ce qu'il faut faire pour la prochaine campagne électorale. Répondez-lui que cela a déjà été fait.

> MODÈLE: Il faut sensibiliser les jeunes gens à l'actualité.
> **Ils y ont déjà été sensibilisés.**

1. Il faut recruter des assistants industrieux.
2. Il faut acheter un ordinateur.
3. Il faut louer une grande salle.
4. Il faut ouvrir notre porte aux pauvres.
5. Il faut faire un sondage.
6. Il faut annoncer nos préférences.
7. Il faut préciser nos idées.
8. Il faut résoudre nos problèmes.

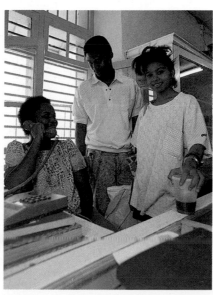

Ces assistants ont déjà été recrutés par Mme Sauret. (Martinique)

Luc refuse de répéter tout
ce que Philippe lui a dit.

17. Christophe veut savoir si on vous a raconté ce qui est arrivé, ce que font les autres, ce dont ils parlent, etc. Dites-lui qu'on vous a tout raconté ou expliqué.

> MODÈLE: Est-ce qu'on t'a raconté ce dont nous avons parlé,
> Georges et moi?
> **Oui, on m'a raconté tout ce dont vous avez parlé.**

1. Est-ce qu'on t'a raconté ce qui m'est arrivé hier?
2. Est-ce qu'on t'a raconté ce qui s'est passé ce matin?
3. Est-ce qu'on t'a parlé de ce qu'a dit Philippe?
4. Est-ce qu'on t'a expliqué ce qui m'énerve?
5. Est-ce qu'on t'a dit ce que j'exige?
6. Est-ce qu'on t'a parlé de ce dont nous avons besoin, Paul et moi?
7. Est-ce qu'on t'a expliqué ce qu'il faut savoir?
8. Est-ce qu'on t'a dit ce dont se plaignent les journalistes?

Structure et usage

le passé simple

The **passé simple** or **passé historique** is the past tense used to describe a completed action in literature, historical accounts and news reports. Whereas the **passé composé** is a past tense used in conversation, the **passé simple** is a more formal tense found in written narration. It's important to be able to recognize the forms of the **passé simple** when reading. This tense is called "simple" because it is made up of only one verb form. No auxiliary verb is needed.

The **passé simple** of all **-er** verbs is formed by dropping the **-er** ending from the infinitive and adding the endings **-ai**, **-as**, **-a**, **-âmes**, **-âtes** and **-èrent**. Here is the **passé simple** of **aller**.

aller			
j' **allai**	**J'allai** à Montréal.	I went to Montreal.
tu **allas**	Tu **allas** à la fête.	You did go to the festival.
il/elle/on **alla**	Il **alla** chercher un bidon.	He went to get a gas can.
nous **allâmes**	Nous n'y **allâmes** pas.	We didn't go there.
vous **allâtes**	Vous **allâtes** au match.	You went to the game.
ils/elles **allèrent**	Elles y **allèrent** aussi.	They went, too.

Joseph alla à Montréal.

Aimée finit son dessin au jardin. (Paris)

The **passé simple** of many **-ir** and **-re** verbs is formed by dropping the **-ir** or **-re** ending from the infinitive and adding the endings **-is**, **-is**, **-it**, **-îmes**, **-îtes** and **-irent**. Here are the **passé simple** forms of **finir** and **rendre**.

finir			
je	**finis**	Je **finis** mes devoirs.	I finished my homework.
tu	**finis**	Tu **finis** en nous voyant.	You finished upon seeing us.
il/elle/on	**finit**	Elle ne **finit** pas le tour.	She didn't finish the tour.
nous	**finîmes**	Nous **finîmes** les cours.	We finished the classes.
vous	**finîtes**	Vous **finîtes** le boulot.	You finished the job.
ils/elles	**finirent**	Ils ne le **finirent** pas.	They didn't finish it.

rendre			
je	**rendis**	Je m'en **rendis** compte.	I realized it.
tu	**rendis**	Tu **rendis** le livre.	You returned the book.
il/elle/on	**rendit**	Cela le **rendit** malade.	That made him sick.
nous	**rendîmes**	Nous le lui **rendîmes**.	We gave it back to her.
vous	**rendîtes**	Vous nous **rendîtes** visite.	You visited us.
ils/elles	**rendirent**	Elles les leur **rendirent**.	They returned them to them.

Étienne rendit des livres à la bibliothèque. (Paris)

Camille prit quelques photos.

Many irregular verbs have the same endings as **-ir** and **-re** verbs in the **passé simple**. Here are some of these verbs with their corresponding third person singular **passé simple** forms.

Infinitif	Passé Simple	Infinitif	Passé Simple
apprendre	il apprit	naître	il naquit
s'asseoir	il s'assit	offrir	il offrit
se battre	il se battit	ouvrir	il ouvrit
combattre	il combattit	partir	il partit
comprendre	il comprit	peindre	il peignit
conduire	il conduisit	permettre	il permit
convaincre	il convainquit	se plaindre	il se plaignit
couvrir	il couvrit	prendre	il prit
craindre	il craignit	promettre	il promit
découvrir	il découvrit	rire	il rit
dire	il dit	servir	il servit
dormir	il dormit	sortir	il sortit
écrire	il écrivit	suffire	il suffit
éteindre	il éteignit	suivre	il suivit
faire	il fit	vaincre	il vainquit
mettre	il mit	voir	il vit

Pauline et ses copines
rirent beaucoup.

Il plut à la Martinique.

Other irregular verbs, many whose past participles end in **-u**, have these endings in the **passé simple**: **-us, -us, -ut, -ûmes, -ûtes, -urent**. Here are some of these verbs with their corresponding third person singular **passé simple** forms.

Infinitif	Passé Simple	Infinitif	Passé Simple
avoir	il eut	mourir	il mourut
boire	il but	plaire	il plut
conclure	il conclut	pleuvoir	il plut
connaître	il connut	pouvoir	il put
courir	il courut	recevoir	il reçut
croire	il crut	résoudre	il résolut
devoir	il dut	rompre	il romput
être	il fut	savoir	il sut
exclure	il exclut	se taire	il se tut
falloir	il fallut	vivre	il vécut
lire	il lut	vouloir	il voulut

Charlotte mangea un
sandwich au café.

Members of the **venir** verb family are irregular
in the **passé simple**.

venir			
je	**vins**	nous	**vînmes**
tu	**vins**	vous	**vîntes**
il/elle/on	**vint**	ils/elles	**vinrent**

ATTENTION: Verbs with spelling changes in the present tense keep them
in the **passé simple**.

Il **commença** à pleuvoir.   *It began to rain.*
Elle **mangea** bien.   *She ate well.*

Activités

1. Écrivez l'infinitif de chaque verbe dans les phrases suivantes qui est au
   passé simple.

   MODÈLE: Victor Hugo écrivit *Les Misérables*.
   écrire

   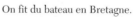

   On fit du bateau en Bretagne.

   1. Roméo et Juliette moururent à la
      fin de la pièce.
   2. J'eus un certain plaisir à vous
      écouter.
   3. Ils firent connaissance à la fête.
   4. Irène cria quand le loup
      s'approcha d'elle.
   5. Tu le crus très dangereux.
   6. Nous nous doutâmes de quelque
      chose.
   7. Elles prirent la mauvaise route.
   8. Vous naquîtes en Bretagne.

Le roi et la dame se sont mariés et ont vécu dans un château fabuleux.

2. Prouvez que vous savez ce que veulent dire les verbes en italique en écrivant la phrase au passé composé.

> MODÈLE: Le roi *rencontra* une jolie dame.
> **Le roi a rencontré une jolie dame.**

1. Ils *dansèrent* ensemble.
2. Il lui *parla* d'amour.
3. Son visage *devint* très rouge.
4. Il lui *offrit* un gros diamant.
5. Ils *se marièrent* le lendemain.
6. Ils *partirent* en voyage.
7. Ils *retournèrent* après un mois.
8. Ils *vécurent* dans un château fabuleux.

3. Dans le passage littéraire suivant il y a 11 verbes au passé simple. Trouvez ces verbes et écrivez-les au passé composé.

Ce fut une bonne journée pour la chèvre de M. Seguin. Vers le milieu (*middle*) de la journée, en courant de droite et de gauche, elle tomba dans un troupeau (*herd*) de chamois (*antelope*) en train de manger des plantes. Notre petite chèvre en robe blanche fit sensation. On lui donna une place d'honneur, et tous ces messieurs furent très galants. Il paraît même qu'un jeune chamois à fourrure (*coat*) noire eut la chance de plaire à Blanquette, et les deux amoureux (*lovers*) partirent se promener dans le bois une heure ou deux.

Tout à coup, le vent se fit plus froid. La montagne devint toute noire; c'était le soir...

—Déjà! dit la petite chèvre; et elle s'arrêta très étonnée.

Excerpt from: Alphonse Daudet LA CHÈVRE DE M. SEGUIN, copyright Grafisk Forlag A/S 1975. The *Easy Reader* (an A-level book) titled LETTRES DE MON MOULIN, containing this simplified excerpt, is published by EMC Corporation.

Charlemagne devint empereur d'Occident en 800.

4. Vous apprenez à utiliser le passé simple en étudiant l'histoire de France. Quand vous voyez une phrase de votre livre d'histoire, récrivez-la en changeant au passé simple chaque verbe qui est au présent. Mots utiles: **se répandre** (*to spread*), **établir** (*to establish*), **le règne** (*reign*), **s'étendre** (*to expand*).

> MODÈLE: César obtient le consulat en 59 avant Jésus-Christ.
> **César obtint le consulat en 59 avant Jésus-Christ.**

1. Le christianisme se répand en Gaule vers 350 après Jésus-Christ.
2. Les grandes invasions germaniques commencent au cinquième siècle.
3. Clovis, roi des Francs, devient catholique en 496.
4. Clovis est le plus grand roi mérovingien.
5. Les Mérovingiens sont les rois de la première dynastie française qui commence vers 460.
6. En 751 Pépin le Bref établit la deuxième dynastie, celle des Carolingiens.
7. Pendant le règne de son fils Charlemagne, les territoires de l'empire des Francs s'étendent rapidement.
8. Charlemagne meurt en 814.

Louis IX fit construire la Sainte-Chapelle au treizième siècle. (Paris)

5. Vous continuez à étudier l'histoire de France. Maintenant quand vous voyez une phrase de votre livre d'histoire, récrivez-la en changeant au passé simple chaque verbe qui est au passé composé. Verbes utiles: **nommer** (*to name*), **régner** (*to reign*).

> MODÈLE: En 987 on a vu s'établir la troisième dynastie française, celle des Capétiens.
> **En 987 on vit s'établir la troisième dynastie française, celle des Capétiens.**

1. Le roi le plus célèbre de cette dynastie était Louis IX qui est né en 1214.
2. Devenu roi, il a fait construire la Sainte-Chapelle et la Sorbonne.
3. Louis IX a vécu jusqu'au temps de la huitième croisade.
4. On l'a nommé "saint Louis."
5. La quatrième dynastie a été celle des Valois qui ont régné de 1328 à 1589 et dont le plus grand roi était François Ier.
6. La cinquième et dernière dynastie, celle des Bourbons dont le plus grand roi était Louis XIV, a duré deux cents ans.
7. Louis et son armée ont eu beaucoup de succès, mais ses nobles et lui ont dépensé trop d'argent, et ils ont fini par ruiner la France.
8. La Révolution, qui a eu lieu entre 1789 et 1799, a mis fin à l'Ancien Régime qui était celui des dynasties.

Rédaction

Imaginez que c'est l'année 2055. Écrivez en français votre autobiographie en racontant les choses les plus importantes qui vous sont arrivées pendant votre vie. Soyez sûr(e) de donner l'année où vous êtes né(e), avez reçu votre diplôme de l'école secondaire, avez commencé votre premier boulot, vous êtes marié(e), avez eu des enfants, etc. Comment est-ce que vous voulez que le monde se souvienne de vous? Employez le passé simple et le sujet il/elle en vous décrivant. Vous pouvez utiliser un dictionnaire, s'il le faut.

Les Thibault se marièrent en 1942 et ils eurent trois enfants.

Grammar Summary

Irregular Feminine Adjectives

-er → -ère

cher	chère
dernier	dernière
premier	première

-eux → -euse

heureux	heureuse

-f → -ve

sportif	sportive

blanc	blanche
frais	fraîche
long	longue
mignon	mignonne
moyen	moyenne
roux	rousse

Irregular Plural Adjectives

-al → -aux

génial	géniaux
principal	principaux

-eau → -eaux

beau	beaux
nouveau	nouveaux

Indefinite Adjectives

aucun(e)	la plupart de	quelque(s)
autre	même(s)	tout, toute, tous, toutes
certain(e)(s)(es)	n'importe quel(le)	un(e) tel(le)
chaque	plusieurs	

Possessive Adjectives

	Singular		Plural
Masculine	**Feminine Before a Consonant Sound**	**Feminine Before a Vowel Sound**	
mon	ma	mon	mes
ton	ta	ton	tes
son	sa	son	ses
notre	notre	notre	nos
votre	votre	votre	vos
leur	leur	leur	leurs

Demonstrative Adjectives

	Masculine Before a Consonant Sound	**Masculine Before a Vowel Sound**	**Feminine**
Singular	ce	cet	cette
Plural	ces	ces	ces

Comparative of Adjectives

plus	+	adjectif	+	que
moins	+	adjectif	+	que
aussi	+	adjectif	+	que

Superlative of Adjectives

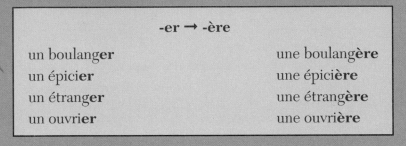

le/la/les	+	plus	+	adjectif
le/la/les	+	moins	+	adjectif

Irregular Feminine Nouns

-er → -ère

un boulang**er**	une boulang**ère**
un épici**er**	une épici**ère**
un étrang**er**	une étrang**ère**
un ouvri**er**	une ouvri**ère**

-eur → -euse

un chant**eur**	une chant**euse**
un cherch**eur**	une cherch**euse**
un jou**eur**	une jou**euse**
un serv**eur**	une serv**euse**

-eur → -rice

un act**eur**	une act**rice**
un monit**eur**	une monit**rice**

-ou → -olle

un f**ou**	une f**olle**

Irregular Plural Nouns

-al → -aux

un anim**al**	des anim**aux**
un chev**al**	des chev**aux**
un hôpit**al**	des hôpit**aux**
un journ**al**	des journ**aux**

-eau → -eaux

un bat**eau**	des bat**eaux**
un chât**eau**	des chât**eaux**
un morc**eau**	des morc**eaux**
un ois**eau**	des ois**eaux**

-eu → -eux

un chev**eu**	des chev**eux**
un f**eu**	des f**eux**
un nev**eu**	des nev**eux**

-ou → -oux

un bij**ou**	des bij**oux**

Comparative of Quantities

plus de	+	nom	+	que
moins de	+	nom	+	que
autant de	+	nom	+	que

Formation of Adverbs

| Adjective | | Adverb |
Masculine	Feminine	
dernier	dernière	dernièrement
difficile	difficile	difficilement
franc	franche	franchement
heureux	heureuse	heureusement
incroyable	incroyable	incroyablement
juste	juste	justement
malheureux	malheureuse	malheureusement
premier	première	premièrement
probable	probable	probablement
seul	seule	seulement

Irregular Adverbs

Masculine Adjective	Adverb	Masculine Adjective	Adverb
bas	bas	fort	fort
bon	bien	gentil	gentiment
cher	cher	mauvais	mal
différent	différemment	méchant	méchamment
dur	dur	meilleur	mieux
énorme	énormément	suffisant	suffisamment
évident	évidemment	vrai	vraiment

Comparative of Adverbs

plus	+	adverbe	+	que
moins	+	adverbe	+	que
aussi	+	adverbe	+	que

Position of Adverbs with *Passé Composé*

beaucoup	Pierre a **beaucoup** réfléchi.
bien	Vous avez **bien** fait.
déjà	As-tu **déjà** vendu ta voiture?
mal	Nous avons **mal** joué.
même	Tu as **même** embêté le prof.
peut-être	Je l'ai **peut-être** vu.
toujours	Il a **toujours** aimé ce poème.
trop	Elles n'ont pas **trop** mangé.

Position of Adverbial Expressions of Time with *Passé Composé*

hier	Je l'ai vu **hier.**
hier soir	**Hier soir** on a patiné.
lundi dernier	Nous avons pêché **lundi dernier.**
l'été dernier	**L'été dernier** ils ont voyagé.
le lendemain	Elle a téléphoné **le lendemain.**
tard	Vous avez travaillé **tard.**

Negation in Present Tense

ne...aucun(e)	Elle **n**'a **aucune** idée.
ne...jamais	Je **ne** vois **jamais** Hélène.
ne...ni...ni	Tu **n**'as **ni** amis **ni** argent.
ne...nulle part	Nous **n**'allons **nulle part**.
ne...pas	Vous **ne** conduisez **pas**.
ne...pas encore	Ils **ne** jouent **pas encore**.
ne...pas non plus	Je **ne** rentre **pas non plus**.
ne...personne	Il **n**'y a **personne** ici.
ne...plus	Tu **ne** fais **plus** de foot?
ne...rien	Nous **ne** faisons **rien**.

Negation in *Passé Composé*

ne...aucun(e)	Vous **n'**avez exclu **aucune** possibilité.
ne...jamais	Je **n'**ai **jamais** fait cela.
ne...ni...ni	On **n'**a nourri **ni** le chat **ni** le chien.
ne...nulle part	Elles **ne** l'ont trouvé **nulle part**.
ne...pas	Tu **n'**as **pas** fini le travail.
ne...pas encore	Ils **n'**ont **pas encore** couru.
ne...pas non plus	Je **ne** me suis **pas** marié **non plus**.
ne...personne	Elle **n'**a vu **personne.**
ne...plus	Nous **n'**avons **plus** étudié.
ne...rien	On **n'**a **rien** acheté hier.

Order of Double Object Pronouns

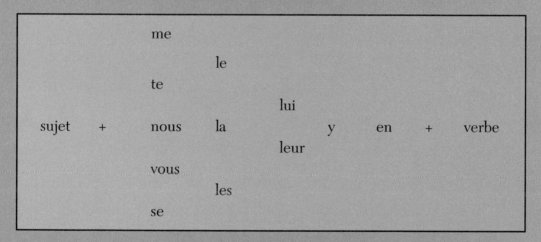

Order of Double Object Pronouns in Imperative

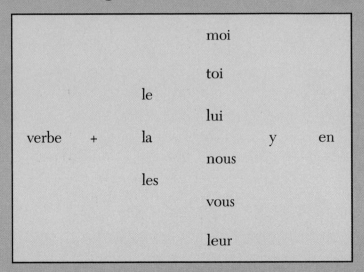

			moi		
			toi		
		le			
			lui		
verbe	+	la		y	en
			nous		
		les			
			vous		
			leur		

Stress Pronouns

moi	me, I
toi	you
lui	him
elle	her
nous	we, us
vous	you
eux	them (m.)
elles	them (f.)

Indefinite Pronouns

aucun(e)...ne (n')	les un(e)s...les autres	n'importe quoi	tel(s), telle(s)
un(e) autre	chacun(e)	la plupart	tout, tous, toutes
d'autres	certain(e)s	plusieurs	
l'autre	n'importe qui	quelques-un(e)s	

Interrogative Pronouns

	Subject	Object	Object of Preposition
People	qui qui est-ce qui lequel	qui qui est-ce que lequel	qui lequel
Things	qu'est-ce qui lequel	que qu'est-ce que lequel	quoi lequel

Interrogative/Relative Pronoun *Lequel*

Masculine	**Singular**	lequel
	Plural	lesquels
Feminine	**Singular**	laquelle
	Plural	lesquelles

Relative Pronouns

	Subject	Object	Object of Preposition	Object of Preposition *De*
People	qui	que	qui	dont
Things	qui	que	lequel	dont

Demonstrative Pronouns

	Masculine	Feminine
Singular	celui	celle
Plural	ceux	celles

Possessive Pronouns

	Singular		Plural	
	Masculine	**Feminine**	**Masculine**	**Feminine**
mine	le mien	la mienne	les miens	les miennes
yours	le tien	la tienne	les tiens	les tiennes
his, hers, its, one's	le sien	la sienne	les siens	les siennes
ours	le nôtre	la nôtre	les nôtres	
yours	le vôtre	la vôtre	les vôtres	
theirs	le leur	la leur	les leurs	

Regular Verbs—Present Tense

-er parler			
je	parle	nous	parlons
tu	parles	vous	parlez
il/elle/on	parle	ils/elles	parlent

-ir finir			
je	finis	nous	finissons
tu	finis	vous	finissez
il/elle/on	finit	ils/elles	finissent

-re
perdre

je perds	nous perdons
tu perds	vous perdez
il/elle/on perd	ils/elles perdent

Regular Refexive Verbs—Present Tense

se laver

je me lave	nous nous lavons
tu te laves	vous vous lavez
il/elle/on se lave	ils/elles se lavent

Irregular Verbs

acheter			**aller**		
j' achète	nous achetons		je vais	nous allons	
tu achètes	vous achetez		tu vas	vous allez	
il/elle/on achète	ils/elles achètent		il/elle/on va	ils/elles vont	

-e-er **appeler**			**avoir**		
j' appelle	nous appelons		j' ai	nous avons	
tu appelles	vous appelez		tu as	vous avez	
il/elle/on appelle	ils/elles appellent		il/elle/on a	ils/elles ont	

boire			-cer **commencer**		
je bois	nous buvons		je commence	nous commençons	
tu bois	vous buvez		tu commences	vous commencez	
il/elle/on boit	ils/elles boivent		il/elle/on commence	ils/elles commencent	

conduire

je	conduis	nous	conduisons
tu	conduis	vous	conduisez
il/elle/on	conduit	ils/elles	conduisent

connaître

je	connais	nous	connaissons
tu	connais	vous	connaissez
il/elle/on	connaît	ils/elles	connaissent

construire

je	construis	nous	construisons
tu	construis	vous	construisez
il/elle/on	construit	ils/elles	construisent

courir

je	cours	nous	courons
tu	cours	vous	courez
il/elle/on	court	ils/elles	courent

-aindre
craindre

je	crains	nous	craignons
tu	crains	vous	craignez
il/elle/on	craint	ils/elles	craignent

croire

je	crois	nous	croyons
tu	crois	vous	croyez
il/elle/on	croit	ils/elles	croient

devoir

je	dois	nous	devons
tu	dois	vous	devez
il/elle/on	doit	ils/elles	doivent

dire

je	dis	nous	disons
tu	dis	vous	dites
il/elle/on	dit	ils/elles	disent

dormir

je	dors	nous	dormons
tu	dors	vous	dormez
il/elle/on	dort	ils/elles	dorment

écrire

j'	écris	nous	écrivons
tu	écris	vous	écrivez
il/elle/on	écrit	ils/elles	écrivent

-e-er
emmener

j'	emmène	nous	emmenons
tu	emmènes	vous	emmenez
il/elle/on	emmène	ils/elles	emmènent

envoyer

j'	envoie	nous	envoyons
tu	envoies	vous	envoyez
il/elle/on	envoie	ils/elles	envoient

-eindre

éteindre

j'	éteins	nous	éteignons
tu	éteins	vous	éteignez
il/elle/on	éteint	ils/elles	éteignent

être

je	suis	nous	sommes
tu	es	vous	êtes
il/elle/on	est	ils/elles	sont

-clure

exclure

j'	exclus	nous	excluons
tu	exclus	vous	excluez
il/elle/on	exclut	ils/elles	excluent

faire

je	fais	nous	faisons
tu	fais	vous	faites
il/elle/on	fait	ils/elles	font

falloir

il	faut		

-e-er

jeter

je	jette	nous	jetons
tu	jettes	vous	jetez
il/elle/on	jette	ils/elles	jettent

lire

je	lis	nous	lisons
tu	lis	vous	lisez
il/elle/on	lit	ils/elles	lisent

-ger

manger

je	mange	nous	mangeons
tu	manges	vous	mangez
il/elle/on	mange	ils/elles	mangent

mettre

je	mets	nous	mettons
tu	mets	vous	mettez
il/elle/on	met	ils/elles	mettent

mourir

je	meurs	nous	mourons
tu	meurs	vous	mourez
il/elle/on	meurt	ils/elles	meurent

offrir

j'	offre	nous	offrons
tu	offres	vous	offrez
il/elle/on	offre	ils/elles	offrent

ouvrir

j'	ouvre	nous	ouvrons
tu	ouvres	vous	ouvrez
il/elle/on	ouvre	ils/elles	ouvrent

partir

je	pars	nous	partons
tu	pars	vous	partez
il/elle/on	part	ils/elles	partent

payer

je	paie	nous	payons
tu	paies	vous	payez
il/elle/on	paie	ils/elles	paient

plaire

il/elle/on	plaît	ils/elles	plaisent

pleuvoir

il	pleut

pouvoir

je	peux	nous	pouvons
tu	peux	vous	pouvez
il/elle/on	peut	ils/elles	peuvent

-é-er préférer

je	préfère	nous	préférons
tu	préfères	vous	préférez
il/elle/on	préfère	ils/elles	préfèrent

prendre

je	prends	nous	prenons
tu	prends	vous	prenez
il/elle/on	prend	ils/elles	prennent

recevoir

je	reçois	nous	recevons
tu	reçois	vous	recevez
il/elle/on	reçoit	ils/elles	reçoivent

résoudre

je	résous	nous	résolvons
tu	résous	vous	résolvez
il/elle/on	résout	ils/elles	résolvent

rire

je	ris	nous	rions
tu	ris	vous	riez
il/elle/on	rit	ils/elles	rient

rompre

je	romps	nous	rompons
tu	romps	vous	rompez
il/elle/on	rompt	ils/elles	rompent

savoir

je	sais	nous	savons
tu	sais	vous	savez
il/elle/on	sait	ils/elles	savent

sortir

je	sors	nous	sortons
tu	sors	vous	sortez
il/elle/on	sort	ils/elles	sortent

suffire

il/elle/on	suffit	ils/elles	suffisent

suivre

je	suis	nous	suivons
tu	suis	vous	suivez
il/elle/on	suit	ils/elles	suivent

tenir

je	tiens	nous	tenons
tu	tiens	vous	tenez
il/elle/on	tient	ils/elles	tiennent

vaincre

je	vaincs	nous	vainquons
tu	vaincs	vous	vainquez
il/elle/on	vainc	ils/elles	vainquent

venir

je	viens	nous	venons
tu	viens	vous	venez
il/elle/on	vient	ils/elles	viennent

vivre

je	vis	nous	vivons
tu	vis	vous	vivez
il/elle/on	vit	ils/elles	vivent

voir

je	vois	nous	voyons
tu	vois	vous	voyez
il/elle/on	voit	ils/elles	voient

vouloir

je	veux	nous	voulons
tu	veux	vous	voulez
il/elle/on	veut	ils/elles	veulent

Irregular Reflexive Verbs—Present Tense

s'asseoir					
je	m'	assieds	nous	nous	asseyons
tu	t'	assieds	vous	vous	asseyez
il/elle/on	s'	assied	ils/elles	s'	asseyent

se battre					
je	me	bats	nous	nous	battons
tu	te	bats	vous	vous	battez
il/elle/on	se	bat	ils/elles	se	battent

se sentir					
je	me	sens	nous	nous	sentons
tu	te	sens	vous	vous	sentez
il/elle/on	se	sent	ils/elles	se	sentent

se taire					
je	me	tais	nous	nous	taisons
tu	te	tais	vous	vous	taisez
il/elle/on	se	tait	ils/elles	se	taisent

Regular Imperatives

-er	-ir	-re
parler	**finir**	**perdre**
parle	finis	perds
parlons	finissons	perdons
parlez	finissez	perdez

Imperative of *Être*

être
sois
soyons
soyez

Verbs + *À* + Infinitive

aider	arriver	s' ennuyer
s' amuser	commencer	inviter
apprendre	continuer	réussir

Verbs + *De* + Infinitive

attendre	décider	finir	promettre
choisir	demander	obliger	proposer
conseiller	se dépêcher	offrir	rêver
convaincre	dire	oublier	risquer
craindre	essayer	permettre	suffire

Verbs + Infinitive

aimer	devoir	regarder	vouloir
aller	espérer	savoir	
compter	pouvoir	sembler	
désirer	préférer	venir	

Regular Present Participles

Infinitive	Present Participle	Infinitive	Present Participle
danser	dansant	commencer	commençant
finir	finissant	manger	mangeant
perdre	perdant	dire	disant
		faire	faisant
		servir	servant

Irregular Present Participles

Infinitive	Present Participle
avoir	ayant
être	étant
savoir	sachant

Passé Composé—Regular Past Participles

jouer					
j'	ai	joué	nous	avons	joué
tu	as	joué	vous	avez	joué
il/elle/on	a	joué	ils/elles	ont	joué

finir					
j'	ai	fini	nous	avons	fini
tu	as	fini	vous	avez	fini
il/elle/on	a	fini	ils/elles	ont	fini

attendre					
j'	ai	attendu	nous	avons	attendu
tu	as	attendu	vous	avez	attendu
il/elle/on	a	attendu	ils/elles	ont	attendu

Passé Composé with Être

aller					
je	suis	allé(e)	nous	sommes	allé(e)s
tu	es	allé(e)	vous	êtes	allé(e)(s)(es)
il	est	allé	ils	sont	allés
elle	est	allée	elles	sont	allées

The following verbs use *être* as the helping verb.

Infinitive	Past Participle	Infinitive	Past Participle
aller	allé	passer	passé
arriver	arrivé	rentrer	rentré
descendre	descendu	rester	resté
devenir	devenu	retourner	retourné
entrer	entré	revenir	revenu
monter	monté	sortir	sorti
mourir	mort	tomber	tombé
naître	né	venir	venu
partir	parti		

Passé Composé of Reflexive Verbs

s'asseoir							
je	me	suis	assis(e)	nous	nous	sommes	assis(es)
tu	t'	es	assis(e)	vous	vous	êtes	assis(e)(s)
il/elle/on	s'	est	assis(e)	ils/elles		se sont	assis(es)

Irregular Past Participles

Infinitive	Past Participle	Infinitive	Past Participle
apercevoir	aperçu	offrir	offert
apprendre	appris	ouvrir	ouvert
s' asseoir	assis	paraître	paru
atteindre	atteint	parcourir	parcouru
avoir	eu	peindre	peint
boire	bu	permettre	permis
comprendre	compris	se plaindre	plaint
conclure	conclu	plaire	plu
conduire	conduit	pleuvoir	plu
connaître	connu	pouvoir	pu
construire	construit	prendre	pris
convaincre	convaincu	promettre	promis
courir	couru	recevoir	reçu
couvrir	couvert	reconnaître	reconnu
craindre	craint	reprendre	repris
croire	cru	résoudre	résolu
découvrir	découvert	revoir	revu
détruire	détruit	rire	ri
devoir	dû	savoir	su
dire	dit	sourire	souri
disparaître	disparu	se souvenir	souvenu
écrire	écrit	suffire	suffi
éteindre	éteint	suivre	suivi
être	été	surprendre	surpris
exclure	exclu	se taire	tu
faire	fait	tenir	tenu
falloir	fallu	vaincre	vaincu
lire	lu	vivre	vécu
mettre	mis	voir	vu
obtenir	obtenu	vouloir	voulu

Perfect Participles

$$\left.\begin{array}{l} \text{ayant} \\ \text{étant} \end{array}\right\} + \quad \text{participe passé}$$

Imperfect Tense—Regular Verbs

aller			
j'	allais	nous	allions
tu	allais	vous	alliez
il/elle/on	allait	ils/elles	allaient

Imperfect Tense—Irregular Verbs

	être	falloir	neiger	pleuvoir
j'	étais			
tu	étais			
il/elle/on	était	il fallait	il neigeait	il pleuvait
nous	étions			
vous	étiez			
ils/elles	étaient			

Future Tense—Regular Verbs

parler			
je	parlerai	nous	parlerons
tu	parleras	vous	parlerez
il/elle/on	parlera	ils/elles	parleront

Future Tense—Irregular Verbs

Infinitive	Future Stem	Infinitive	Future Stem
acheter	achèter-	jeter	jetter-
aller	ir-	se lever	lèver-
appeler	appeller-	mourir	mourr-
s' asseoir	assiér-	nettoyer	nettoier-
avoir	aur-	obtenir	obtiendr-
courir	courr-	payer	paier-
devenir	deviendr-	peser	pèser-
devoir	devr-	pleuvoir	pleuvr-
emmener	emmèner-	pouvoir	pourr-
enlever	enlèver-	rappeler	rappeller-
envoyer	enverr-	recevoir	recevr-
essayer	essaier-	revenir	reviendr-
s' essuyer	essuier-	savoir	saur-
être	ser-	tenir	tiendr-
faire	fer-	venir	viendr-
falloir	faudr-	voir	verr-
feuilleter	feuilletter-	vouloir	voudr-

Conditional Tense

louer			
je	louerais	nous	louerions
tu	louerais	vous	loueriez
il/elle/on	louerait	ils/elles	loueraient

Plus-que-parfait

voir					
j'	avais	vu	nous	avions	vu
tu	avais	vu	vous	aviez	vu
il/elle/on	avait	vu	ils/elles	avaient	vu

partir					
j'	étais	parti(e)	nous	étions	parti(e)s
tu	étais	parti(e)	vous	étiez	parti(e)(s)(es)
il	était	parti	ils	étaient	partis
elle	était	partie	elles	étaient	parties

Past Conditional Tense

pleurer					
j'	aurais	pleuré	nous	aurions	pleuré
tu	aurais	pleuré	vous	auriez	pleuré
il/elle/on	aurait	pleuré	ils/elles	auraient	pleuré

aller					
je	serais	allé(e)	nous	serions	allé(e)s
tu	serais	allé(e)	vous	seriez	allé(e)(s)(es)
il	serait	allé	ils	seraient	allés
elle	serait	allée	elles	seraient	allées

Sequence of Tenses for *Si* Clauses

si	+	présent	futur
si	+	imparfait	conditionnel
si	+	plus-que-parfait	conditionnel passé

Future Perfect Tense

finir					
j'	aurai	fini	nous	aurons	fini
tu	auras	fini	vous	aurez	fini
il/elle/on	aura	fini	ils/elles	auront	fini

partir					
je	serai	parti(e)	nous	serons	parti(e)s
tu	seras	parti(e)	vous	serez	parti(e)(s)(es)
il	sera	parti	ils	seront	partis
elle	sera	partie	elles	seront	parties

Past Infinitives

après + avoir / être } + participe passé

Present Subjunctive—Regular Verbs

	quitter	remplir	perdre
que je	quitte	remplisse	perde
que tu	quittes	remplisses	perdes
qu'il/elle/on	quitte	remplisse	perde
que nous	quittions	remplissions	perdions
que vous	quittiez	remplissiez	perdiez
qu'ils/elles	quittent	remplissent	perdent

Present Subjunctive—Irregular Verbs

	aller	avoir	boire	croire
que je (j')	aille	aie	boive	croie
que tu	ailles	aies	boives	croies
qu'il/elle/on	aille	ait	boive	croie
que nous	allions	ayons	buvions	croyions
que vous	alliez	ayez	buviez	croyiez
qu'ils/elles	aillent	aient	boivent	croient

	devoir	être	faire	payer
que je	doive	sois	fasse	paie
que tu	doives	sois	fasses	paies
qu'il/elle/on	doive	soit	fasse	paie
que nous	devions	soyons	fassions	payions
que vous	deviez	soyez	fassiez	payiez
qu'ils/elles	doivent	soient	fassent	paient

	pouvoir	prendre	recevoir	répéter
que je	puisse	prenne	reçoive	répète
que tu	puisses	prennes	reçoives	répètes
qu'il/elle/on	puisse	prenne	reçoive	répète
que nous	puissions	prenions	recevions	répétions
que vous	puissiez	preniez	receviez	répétiez
qu'ils/elles	puissent	prennent	reçoivent	répètent

	savoir	venir	voir	vouloir
que je	sache	vienne	voie	veuille
que tu	saches	viennes	voies	veuilles
qu'il/elle/on	sache	vienne	voie	veuille
que nous	sachions	venions	voyions	voulions
que vous	sachiez	veniez	voyiez	vouliez
qu'ils/elles	sachent	viennent	voient	veuillent

Past Subjunctive

	voir	partir
que je (j')	aie vu	sois parti(e)
que tu	aies vu	sois parti(e)
qu'il/elle/on	ait vu	soit parti(e)
que nous	ayons vu	soyons parti(e)s
que vous	ayez vu	soyez parti(e)(s)(es)
qu'ils/elles	aient vu	soient parti(e)s

Vocabulary

French/English

All words introduced in *Le français vivant 1, 2* and *3* appear in this End Vocabulary. It includes both active words listed at the end of each lesson and passive words but has no cognates or glossed words from "De droite à gauche." The number following the meaning of each word or expression indicates the lesson in which it appears for the first time. When the same word or expression is introduced passively in one lesson and actively later on, only the lesson number where it first occurs is given. If there is more than one meaning for a word or expression and it has appeared in different lessons, the corresponding lesson numbers are listed. Words and expressions that were introduced in *Le français vivant 1* and *2* do not have a number after them.

A

à in; to; at; on; with; *à cause de* because of 1; *à ce que* according to what 8; *à condition que* provided that 8; *à côté (de)* beside; next to; *À demain.* See you tomorrow.; *à l'heure* on time; per/an hour; *à ma place* if you were me 3; *à moins que...ne (n')* unless 8; *à moitié* half; *à part* aside from 2; *à peine* hardly, scarcely 8; *à peu près* about 3; *à pied* on foot; *à point* medium 8; *à propos* by the way; *À tout à l'heure.* See you in a little while.; *À votre service!* At your service!

une **abbaye** abbey
absolument absolutely 12
l' **Acadie (f.)** Acadia 4
un **Acadien, une Acadienne** Acadian 4
accélérer to accelerate 2
un **accent** accent 4
accepter to accept 4
un **accessoire** accessory
un **accident** accident 12
accompagner to accompany 3
accomplir to accomplish 10
accueillant(e) friendly 1
un **achat** purchase 9; *les achats* shopping
acheter to buy

une **acrobatie** acrobatic trick
acrobatique acrobatic
un **acteur, une actrice** actor, actress
actif, active active 1
l' **actualité (f.)** present reality, current event 11
actuel, actuelle current, present 11
actuellement currently, presently 4
une **addition** bill, check (at a restaurant)
adorable adorable 8
adorer to love, to adore
une **adresse** address
un(e) **adulte** adult
une **aérogare** airport terminal 3
un **aéroport** airport
une **affaire** affair, case, (piece of) business 5; *des affaires* business 5; *une femme d'affaires* business woman 5; *un homme d'affaires* businessman 5
une **affiche** poster
affreux, affreuse awful 12
africain(e) African
l' **Afrique (f.)** Africa
un **âge** age; *Quel âge avez-vous?* How old are you?
une **agence** agency, office P; *une agence de voyages* travel agency 9

un **agent (de police)** police officer
agréable pleasant
un **agriculteur** farmer
ah oh; *ah bon* oh really
aider to help
Aïe! Oh!; Ouch! 5
un **ailier** wing (soccer)
ailleurs elsewhere; *d'ailleurs* besides, moreover 5
aimer to like, to love
ainsi que as well as 9
l' **air (m.)** air; appearance; *en plein air* outside, outdoors
ajouter to add 12
un **album** album
l' **alcoolisme (m.)** alcoholism 11
l' **Algérie (f.)** Algeria
l' **Allemagne (f.)** Germany
l' **allemand (m.)** German (language)
allemand(e) German
aller to go; *Ça vous (te) va.* That suits you. That fits you.; *s'en aller* to go away, to leave 4
un **aller** one-way ticket; *un aller-retour* round-trip ticket 2
une **allergie** allergy
allô hello (on telephone)
allumer to light, to turn on 1
alors (well) then
une **ambiance** atmosphere 2
ambitieux, ambitieuse ambitious 6

américain(e) American
l' **Amérique (f.)** America
un(e) **ami(e)** friend
l' **amour (m.)** love 6
amoureux, amoureuse (de) in love (with)
amusant(e) fun, amusing, funny
s' **amuser** to have fun, to have a good time
un **an** year
un **ananas** pineapple 2
ancien, ancienne old, former 5
l' **anglais (m.)** English (language)
anglais(e) English
l' **Angleterre (f.)** England
un **anglicisme** anglicism, English expression 4
anglophone English-speaking 4
un **animal** animal
animé(e) busy
une **année** year
un **anniversaire** birthday; anniversary
une **annonce** advertisement 6
annoncer to announce 6
un **annuaire** telephone directory 8
août August
apercevoir to see
aperçu (past participle of *apercevoir*)
un **appareil** apparatus, telephone 7; *un appareil-photo (appareil)* camera; *à l'appareil* speaking
un **appartement** apartment
appartenir to belong
appeler to call; *s'appeler* to be named
apporter to bring
apprendre to learn, to teach
s' **approcher (de)** to come near (to), to approach 2
après after, afterwards; *après que* after 8
un **après-midi** afternoon; *de l'après-midi* P.M. (in the afternoon); *l'après-midi* in the afternoon
un **arbre** tree
l' **archéologie (f.)** archeology 7
un(e) **archéologue** archeologist 7
un(e) **architecte** architect P
l' **architecture (f.)** architecture 2
l' **argent (m.)** money
une **arme** weapon 11
une **armoire** wardrobe

arranger to arrange
un **arrêt** stop
arrêter to stop; *s'arrêter* to stop 12
arrière rear 12
un **arrière** back (soccer)
une **arrivée** arrival
arriver to arrive; to happen 12; *arriver à* to manage
un **arrondissement** district 8
arroser to water 10
l' **art (m.)** art
un(e) **artiste** artist
un **ascenseur** elevator
un **aspirateur** vacuum cleaner 10; *passer l'aspirateur* to vacuum 10
s' **asseoir** to sit down
assez enough; rather
une **assiette** plate
assis (past participle of *s'asseoir*); *assis(e)* seated
un(e) **assistant(e)** assistant 7
assister à to attend 4
assurer to assure 6
atlantique Atlantic
attacher to attach, to fasten 3
attaquer to attack 11
atteindre to reach, to attain 9
atteint (past participle of *atteindre*) 9
attendre to wait (for); *attendre que* to wait until 8; *attendre... avec impatience* can't wait for...; *s'attendre à* to expect 8
Attention! Be careful! Watch out!
atterrir to land 3
un **atterrissage** landing 3
attraper to catch
au in; to (the), at (the); in (the); *au bout du fil* on the line 7; *au contraire* on the contrary 12; *au fait* by the way; *au revoir* good-bye; *au sérieux* seriously 7
aucun(e)...ne (n') not one, no 10; *ne (n')...aucun(e)* no, not any 6
au-dessus de above 2
aujourd'hui today
aussi also, too; as
aussitôt que as soon as 11
autant de as much, as many 3
un **auteur** author 11
un **autobus (bus)** (city) bus
l' **automne (m.)** fall, autumn

une **autoroute** highway
autour de around 12
autre other, another; *autre chose* something else 8; *d'autre* else 1
un(e) **autre** another (one) 11; *d'autres* others 11; *les un(e)s...les autres* some...others 11
autrefois formerly 12
aux at (the), in (the), to (the)
avaler to swallow
avant before; front 12; *avant de* before 8; *avant que...ne (n')* 8
un **avant centre** center forward (soccer)
avec with
l' **avenir (m.)** future
une **aventure** adventure
une **avenue** avenue P
un **avion** airplane
un **avis** opinion
avoir to have; *avoir besoin de* to need; *avoir chaud* to be warm, hot; *avoir de la chance* to be lucky; *avoir de la fièvre* to have a fever; *avoir envie (de)* to feel like, to want; *avoir faim* to be hungry; *avoir froid* to be cold; *avoir hâte (de)* to be eager 3; *avoir horreur de* to hate 10; *avoir l'air* to look, to seem; *avoir l'habitude de* to be used to, to be accustomed to 12; *avoir lieu* to take place; *avoir mal (à)* to hurt, to be in pain, to have pain (in); *avoir mal à la gorge* to have a sore throat; *avoir mal au dos* to have a backache; *avoir mal au ventre* to have a stomachache; *avoir mal aux dents* to have a toothache; *avoir mal aux jambes* to have sore legs; *avoir peur (de)* to be afraid (of); *avoir pitié de* to have pity on 12; *avoir raison* to be right; *avoir rendez-vous* to have an appointment/date; *avoir soif* to be thirsty; *avoir tort* to be wrong 8; *avoir une faim de loup* to be starving 8; *avoir...ans* to be...(years old); *en avoir marre (de)* to be fed up (with) 8; *Qu'est-ce que tu as?* What's wrong with you?
avril April

B

le **baccalauréat (bac)** diploma/exam at end of *lycée* 6

des **bagages (m.)** luggage, baggage 3

une **bague** ring

une **baguette** long loaf of bread

une **baie** bay

se **baigner** to go swimming 2

une **baignoire** bathtub

un **bain** bath; *une salle de bains* bathroom

un **ballon** (inflated) ball

une **banane** banana

un **banc** bench

une **bande dessinée** comic strip 11

un **bandeau** bandage 12

une **banque** bank

une **barrière** fence 10

bas (in a) low (voice)

le **basket-ball (basket)** basketball; *faire du basket-ball (basket)* to play basketball

un **bateau** boat; *faire du bateau* to go boating

un **bâtiment** building

une **batterie** drum set

se **battre** to fight 11

beau, bel, belle beautiful, handsome

beaucoup a lot, much, very much

la **beauté** beauty

beige beige

belge Belgian

la **Belgique** Belgium

ben well, why, oh

une **béquille** crutch 12

un **berceau** cradle 4

un **béret** beret

le **besoin: avoir besoin de** to need

bête stupid, dumb 1

une **bêtise** stupid thing 12

le **beurre** butter

une **bibliothèque** library

un **bidon** (gas) can

bien well; really; *bien que* although 8; *bien sûr* of course; *Bien sûr que non.* Of course not.

bientôt soon

bienvenue (f.) welcome

une **bière** beer

un **bifteck** steak; *le bifteck haché* ground beef

un **bijou** jewel

bilingue bilingual 4

un **billet** ticket; bill (money)

la **biologie** biology

une **bise** kiss

blaguer to kid 12

blanc, blanche white

blesser to hurt, to injure 5

une **blessure** wound 12

bleu(e) blue; *bleu marine* navy blue

blond(e) blond

un **blue-jean (jean)** (pair of) jeans

Bof! What can I say? So what? 7

boire to drink

un **bois** woods; wood

une **boisson** drink, beverage

une **boîte** box; *une boîte à outils* toolbox 10; *une boîte aux lettres* mailbox

bon, bonne good, fine, well; right; *bon marché* cheap

un **bonbon** piece of candy

le **bonheur** happiness 6

bonjour hello

bonsoir good evening

bord: au bord de on the edge (side) of

border to border 4

une **botte** boot

une **bouche** mouth

bouclé(e) curly

un **boulanger, une boulangère** baker

une **boulangerie** bakery

un **boulevard** boulevard

un **boulot** job, work 5

une **boum** party

un **bout** end, little piece 7; *au bout du fil* on the line 7

une **bouteille** bottle 2

une **boutique** shop, boutique

un **bouton** pimple

un **bracelet** bracelet

branché(e) (sur) in touch (with) 11

un **bras** arm

le **Brésil** Brazil

brésilien, brésilienne Brazilian

le **bricolage** doing-it-yourself, odd jobs 10

bricoler to do odd jobs 10

le **bridge** bridge (card game)

une **brioche** muffin-shaped roll

britannique British 4

une **brochure** brochure 2

bronzer to get a (sun)tan

une **brosse** brush

se **brosser** to brush

un **bruit** noise, rumor 5

brûler to burn 8

brun(e) dark-haired

bu (past participle of *boire*)

un **bureau** (teacher's) desk; office 5; *un bureau d'information* information desk; *un bureau de change* currency exchange; *un bureau de poste* post office; *un bureau de tabac* tobacco shop

un **bus** bus

un **but** goal

C

c'est he/she is; they are; *C'est ça.* That's right.; *C'est tout aussi bien.* It's just as well.; *c'est-à-dire* that is to say; *Ce n'est pas évident.* It's not easy. 8; *Ce n'est pas trop tôt.* It's about time. 10

ça it; that; *ça fait...que* for 10; *Ça ne fait rien.* It doesn't matter.; *Ça va?* Is everything OK?; *Ça va.* Everything's fine.; *Ça va mieux.* It's better.; *Ça vous (te) va.* That suits you. That fits you.; *Ça y est.* That's it. 1

une **cabine téléphonique** telephone booth 7

un **cabinet** (doctor's) office

cacher to hide

un **cadavre** (dead) body 5

un **cadeau** gift, present

un **café** café; coffee; *un café liégeois* coffee-flavored ice cream dish

un **cahier** notebook

une **caisse** cash register; cashier's (desk)

un **caissier, une caissière** cashier

une **calèche** horse-drawn carriage 4

un **calendrier** calendar

un **camembert** Camembert cheese 8

un **camp** camp

la **campagne** country; countryside

le **camping** camping; *faire du*

camping to go camping, to camp

le **Canada** Canada

canadien, canadienne Canadian

un **canapé** couch, sofa

un **canard** duck

une **canne à pêche** fishing rod

un **canoë** canoe; *faire du canoë* to go canoeing

un **cap** cape 7

une **capacité** capability, ability 6

une **capitale** capital

car because 3

un **car** tour bus 3

un **caractère** character, personality 6

un(e) **Caraïbe** Carib Indian 2

un **carnaval** carnival 4

un **carnet** notebook, booklet

une **carotte** carrot

un **carrefour** intersection 8

une **carrière** career 5

une **carte** map; card; *une carte d'identité* ID card; *une carte postale* postcard

un **cas** case 12

une **case** square

se **casser** to break

une **cassette** cassette

une **catastrophe** catastrophe P

une **cathédrale** cathedral

une **cause** cause 11; *à cause de* because of 1

ce (c') it, this, that; *ce dont* what 9, that 12; *ce que* what 2, that 12; *ce qui* what 2, that 11; *ce sont* they are

ce, cet, cette; ces this, that; these, those; *ce (cet, cette; ces)...-ci* this; these; *ce (cet, cette; ces)...-là* that; those

une **ceinture** belt 3; *une ceinture de sécurité* seatbelt 3

cela that

célèbre famous 11

celtique Celtic

celui, celle; ceux, celles this one, that one, the one; these, those, the ones 5

cent (one) hundred

un **centre** center 9

un **centre-ville** downtown, city center P

une **cerise** cherry

certain(e) certain 5; *certain(e)s* certain people, some 11

certainement certainly

chacun(e) (d'entre eux/elles) each one (of them) 11

une **chaîne stéréo** stereo

une **chaise** chair

la **chaleur** heat 1

une **chambre (à coucher)** bedroom

un **chameau** camel 1

un **champ** field

un **champignon** mushroom

la **chance** luck

Chanflor brand of mineral water 2

un **change** exchange; *un bureau de change* currency exchange

changer to change; *changer d'avis* to change one's mind

chanter to sing

un **chanteur, une chanteuse** singer

un **chapeau** hat

chaque each, every

un **chat** cat

un **château** castle

chaud(e) warm, hot

un **chauffeur** driver

une **chaussette** sock

une **chaussure** shoe

un **chemin** path, way; *un chemin de fer* railroad

une **chemise** shirt

un **chemisier** blouse

un **chèque** check; *un chèque de voyage* traveler's check

cher, chère expensive; dear; *coûter cher* to cost a lot

chercher to look for; to get

un **chercheur, une chercheuse** researcher

un(e) **chéri(e)** darling 6

un **cheval** horse; *faire du cheval* to go horseback riding

des **cheveux (m.)** hair; *se faire couper les cheveux* to get a haircut 9

une **cheville** ankle 12

le **chèvre** goat cheese 5

une **chèvre** goat 8

chez at the home (house) of; at/to the home of, at/to the place of, at/to the office of

chic stylish; *Chic alors!* Terrific! Great!

un **chien** dog

un **chocolat** chocolate; hot chocolate

choisir to choose

un **choix** choice

une **chose** thing; *autre chose* something else 8

chouette really neat, great

un **Chrétien, une Chrétienne** Christian

chut shhh! 5

ciao bye

le **ciel** sky 3

le **cinéma** movies; *un cinéma* movie theater

cinq five

cinquante fifty

cinquième fifth

la **circulation** traffic

une **citadelle** citadel P

une **cité** (walled-in) city

un **citron** lemon 2; *un citron vert* lime 2

une **clarinette** clarinet

une **classe** class

une **clé** key

un(e) **client(e)** customer

un **climat** climate 1

la **climatisation** air conditioning 2

climatisé(e) air-conditioned

un **clin d'œil** wink 7

un **clou** nail 10

un **clown** clown

un **club** club

un **Coca-Cola, un coca** Coca-Cola, Coke

un **cochon** pig

un **cœur** heart 6

un **coffre** trunk

se **coiffer** to fix one's hair

un **coiffeur, une coiffeuse** hairdresser, barber 9

une **coiffure** hairstyle 9

un **coin** corner

une **coïncidence** coincidence 9

la **colère** anger 12; *se mettre en colère* to get angry 12

un **collier** necklace; (animal) collar

une **colline** hill 1

la **Colombie** Columbia

une **colonie** colony 4

la **colonisation** colonization 4

combattre to combat, to fight 11

combien how much, how many

commander to order

comme since, like, as; how 4; *comme ci, comme ça* so-so; *comme d'habitude* as usual

commencer to begin, to start

comment what; how
une compagnie company P
un compartiment compartment
complet, complète full, complete 2
un(e) complice accomplice 7
composer to compose; to dial 7
comprendre to understand; to include 2
un comprimé pill, tablet
un compte (bank) account; *se rendre compte* to realize 12
compter to count; to intend 1
un concert concert
un(e) concierge caretaker, building superintendent, doorkeeper
conclure to conclude 6
une condition condition 8; *à condition que* provided that 8
conduire to drive
conduit (past participle of *conduire*)
la confiance confidence 5; *faire confiance à* to trust 5
confier à to entrust with 5
la confiture jam
une connaissance acquaintance; *faire la connaissance de* to meet
connaître to know; to meet 12; *se connaître* to know each other 6
connu (past participle of *connaître*)
conscient(e) aware, conscious 11
un conseil (piece of) advice
conseiller to advise, to recommend 2
construire to build
construit (past participle of *construire*)
content(e) happy
un continent continent
continuer to continue
le contraire opposite 7; *au contraire* on the contrary 12
le contraste contrast
une contravention traffic ticket
contre against
un contrôle unit test
convaincre to convince 10
convaincu (past participle of *convaincre*) 10
une conversation conversation
des coordonnées (f.) address and

phone number 8
un copain, une copine friend; *les copains* guys
un coq rooster
une cordonnerie shoe repair shop 9
un cordonnier, une cordonnière shoe repairperson 9
un corps body
une correspondance connection 9
un(e) correspondant(e) pen pal
corse Corsican P
la Corse Corsica
le corse Corsican (language) P
un costume man's suit
une côte coast; *la Côte-d'Ivoire* Ivory Coast 1
un côté side 2
un cou neck
se coucher to go to bed
un coude elbow 5; *donner un coup de coude* to nudge 5
une couleur color; *de quelle couleur* what color
un couloir hall, corridor
un coup blow, knock 5; *donner un coup de coude* to nudge 5; *donner un coup de fil (à)* to (make a phone) call (to) 7; *jeter un coup d'œil sur* to glance at 7
couper to cut; *se faire couper les cheveux* to get a haircut 9
un couple couple 2
une cour courtyard
courant: *être au courant de* to know about 11
courir to run
un cours course, class
la course running; race; *faire de la course* to run, to race
court(e) short
couru (past participle of *courir*)
un(e) cousin(e) cousin
un couteau knife
coûter to cost
un couvent convent 4
couvert (past participle of *couvrir*)
un couvert place setting
couvrir to cover
craindre to fear 9
craint (past participle of *craindre*) 9
une cravate necktie
un crayon pencil
créer to create

la crème cream
créole Creole 3
une crêpe crêpe
une crêperie crêpe restaurant
une crevette shrimp 3
crier to yell, to shout; to scream
critiquer to criticize 11
croire to believe, to think; *Je crois que oui.* I think so.
un croissant croissant
un croque-monsieur open-faced grilled ham and cheese sandwich
cru (past participle of *croire*)
une cuillère spoon
une cuisine cooking; kitchen
une cuisinière stove
cuit(e) cooked 8
la culture culture 4
une curiosité curiosity P

D

d'abord first, at first
d'accord OK; *être d'accord (avec)* to agree (with) 1
d'ailleurs besides, moreover 5
d'autre else 1; *d'autres* others 11
d'habitude usually; *comme d'habitude* as usual
une dame lady
dangereux, dangereuse dangerous
dans in; on
une danse dance
danser to dance
une date date
dater to date (historically)
de (d') of; from; in, about; some, any, a; *de droite à gauche* all over the place 8; *de hauteur* in height; *de jour* during the day 9; *de la (l')* some, any; *de largeur* in width; *de longueur* in length; *de nuit* during the night 9; *De rien.* You're welcome. Don't mention it.; *de temps en temps* from time to time 7; *de toute façon* anyway, in any case
le débarquement landing 3
débarquer to land, to get off 2
se débarrasser de to get rid of 10
debout standing
se débrouiller to manage, to cope 3

décembre December
décider to decide
déclarer to declare 3
un **décollage** takeoff 3
décoller to take off 3
une **découverte** discovery 4
découvrir to discover
décrire to describe
décrit (past participle of *décrire*)
décrocher to pick up (the receiver) 7
dedans inside
un **défaut** fault, defect 6
un **défilé** parade 2
un **degré** degree
dehors outside; *en dehors de* outside 6
déjà already
déjeuner to eat lunch
le **déjeuner** lunch; *le petit déjeuner* breakfast
délicieux, délicieuse delicious
demain tomorrow
demander to ask (for); *se demander* to wonder 6
déménager to move
un **demi** halfback (soccer)
demi(e) half; *et demi(e)* thirty (minutes), half past
démissionner to resign
démonter to take apart 10
une **dent** tooth; *avoir mal aux dents* to have a toothache
un(e) **dentiste** dentist
un **dépanneur** repairperson 10
un **départ** departure
un **département** department (administrative division)
dépasser to pass, to go by
se **dépêcher** to hurry
dépenser to spend
déplacer to move (something)
depuis for, since
déranger to disturb, to trouble 9
dernier, dernière last
dernièrement recently
derrière behind
des of (the), from (the), in (the), about (the); some, any
désagréable unpleasant
un **désastre** disaster
descendre (de) to go down, to descend; to get off, to get out
un **désert** desert P
désespérer to lose hope 8

désirer to want; *Vous désirez?* What can I do for you? What would you like?
désolé(e) sorry 2
un **dessert** dessert
un **dessin** drawing 11; *un dessin humoristique* cartoon 11
un **dessinateur, une dessinatrice** cartoonist, drawer 11
dessiner to draw; to design
une **destination** destination 4
détacher to detach, to unfasten 3
détester to dislike, to hate 3
détruire to destroy 2
détruit (past participle of *détruire*) 2
deux two
deuxième second
devant in front of
devenir to become; *devenir fou/folle* to go crazy; *C'est à devenir fou.* It's enough to drive you crazy.
deviner to guess
devoir must, to have to, to owe
un **devoir** duty 7; *les devoirs* homework 1
un **diamant** diamond 2
un **dictionnaire** dictionary
différemment differently
une **différence** difference 4
différent(e) different
difficile hard, difficult
difficilement with difficulty
dimanche (m.) Sunday
dîner to eat dinner (supper)
le **dîner** dinner, supper
dire to tell, to say; *vouloir dire* to mean 2
direct(e) direct 3
une **direction** direction
se **diriger (vers)** to head for, to make one's way toward 2
dis donc say (now)
une **discussion** discussion 11
discuter (de) to discuss 11
disparaître to disappear
la **disposition** disposal 11
se **disputer** to argue 1
une **disquette** diskette
dit (past participle of *dire*)
divers(e) diverse 4
un **divertissement** entertainment
diviser to divide 4
dix ten

dix-huit eighteen
dixième tenth
dix-neuf nineteen
dix-sept seventeen
un **docteur** doctor
un **doigt** finger; *un doigt de pied* toe
un **domaine** field, area 11
domestique household 10
la **domination** domination 4
dommage too bad
donc so, therefore
donner to give; *donner rendez-vous à* to arrange to meet with 8; *donner un coup de coude* to nudge 5; *donner un coup de fil (à)* to (make a phone) call (to) 7
dont of which/whom, about which/whom, whose 9; *ce dont* what 9, that 12; *la façon dont* way in which 9
dormir to sleep
un **dos** back
la **douane** customs 3
un **douanier, une douanière** customs agent 3
double double 2
le **double** double
doucement softly, slowly 9; *Doucement!* Not so fast! 9
une **douche** shower
se **douter** to suspect 8
doux, douce sweet, gentle 6
une **douzaine** dozen 8
douze twelve
douzième twelfth
un **drapeau** flag
la **drogue** drugs 11
droit(e) right; *à droite* to the right, on the right; *de droite à gauche* all over the place 8; *tout droit* straight ahead
du of (the), from (the), in (the), about (the); some, any
dû (past participle of *devoir*)
dur hard; *dur(e)* hard
durer to last 3
dynamique dynamic

E

l' **eau (f.)** water
s' **échapper** to escape 12
une **échasse** stilt
une **échelle** ladder 10
un **éclair** eclair

une **école** school

économique economic, economical 11; *les sciences économiques (f.)* economics 11

écouter to listen (to)

un **écouteur** headphone

écrire to write

écrit (past participle of *écrire*)

un **écriteau** (traffic) sign

un **effet** effect 11

efficace efficient

une **église** church

eh bien well then, in that case

un **électricien, une électricienne** electrician 10

un **éléphant** elephant 1

un(e) **élève** student, pupil

elle she; it; her

elle-même herself 4

elles they (f.); them (f.)

elles-mêmes themselves (f.) 4

s' **éloigner** to go away 9

embarquer to board, to get on 2

embaucher to hire 5

embêtant(e) annoying 9

embêter to bother, to get on one's nerves

embrasser to kiss

une **émission** TV program 1

emmener to take (someone) along

empêcher to prevent 7

un **empereur** emperor P

un **emploi** job 5; *un emploi du temps* schedule

un(e) **employé(e)** employee, clerk, salesperson

emprunter (à) to borrow (from) 12

en in; by; to; some, any, of (about, from) it/them; on, upon, while; *en avance* early; *en ce moment* right now, at the moment; *en dehors de* outside 6; *en effet* indeed, in fact; *en être à* to get as far as 8; *en face (de)* opposite, facing; *en fait* in fact; *en même temps* at the same time 6; *en naturel* in real life; *en plein air* outside, outdoors; *en plus* besides, moreover 5; *en promotion* on special; *en retard* late; *en route* en route, on the way 3; *en solde* on

sale; *en vitesse* quickly 9

encore still; again

une **endive** endive

s' **endormir** to fall asleep 12

un **endroit** place

énervant(e) annoying, irritating

énerver to irritate, to annoy 12

un(e) **enfant** child, kid

enfin finally; well

enfoncer to drive in 10

engagé(e) committed 11

s' **engager dans** to become involved in 11

une **énigme** puzzle

enlever to remove, to take off, to take away 10; *enlever la poussière* to dust 10

s' **ennuyer** to be bored, to get bored

ennuyeux, ennuyeuse boring

énorme enormous

énormément enormously

une **enquête** inquiry, survey 5

enrhumé(e): être enrhumé(e) to have a cold 8

ensemble together

un **ensemble** (coordinated) outfit

ensuite next

entendre to hear; *s'entendre (avec)* to get along (with) 1

un **entraîneur** coach

entre between, among

l' **entrée (f.)** entrance; *une entrée* entrée (course before main dish) 8

entrer (dans) to enter; to go into

l' **envie: avoir envie (de)** to feel like, to want

l' **environnement (m.)** environment 11

envoyer to send

une **épaule** shoulder 5

un **épicier, une épicière** grocer

des **épinards (m.)** spinach

un **épisode** episode 12

épuisant(e) exhausting 9

épuisé(e) exhausted 9

une **équipe** team

un **équipier, une équipière** team member 2

une **éruption** eruption 2

escalader to climb 1

une **escale** stop, stopover 3; *faire escale* to stop over, to stop 3

un **escalier** stairs, stairway

un **escargot** snail 8

l' **Espagne (f.)** Spain

l' **espagnol (m.)** Spanish (language)

espagnol(e) Spanish

espérer to hope

l' **espoir (m.)** hope 11

essayer to try (on)

l' **essence (f.)** gasoline

essentiel, essentielle essential 6

s' **essuyer** to dry oneself

l' **est (m.)** east

est-ce? is it?; is that? is he? is she?

est-ce que (phrase introducing a question)

et and

une **étable** stable

un **étage** floor

un **étang** pond

les **États-Unis (m.)** United States

été (past participle of *être*)

l' **été (m.)** summer

éteindre to turn off, to put out 1

éteint (past participle of *éteindre*) 1

éternuer to sneeze

étonner to surprise, to amaze

étrange strange 9

un **étranger, une étrangère** foreigner; stranger

être to be; *en être à* to get as far as 8; *être à toi/vous* to be with you 9; *être au courant de* to know about 11; *être d'accord (avec)* to agree (with) 1; *être de retour* to be back 9; *être en train de* (+ *infinitif*) to be busy/in the middle of doing something 9; *être enrhumé(e)* to have a cold 8

un **être** being 6

étroit(e) narrow 4

une **étude** study 5

un(e) **étudiant(e)** (college) student 7

étudier to study

eu (past participle of *avoir*)

euh uhm

l' **Europe (f.)** Europe

européen, européenne European

eux them (m.)

eux-mêmes themselves (m.) 4

évidemment evidently, obviously

évident(e) evident, obvious; *Ce n'est pas évident.* It's not easy. 8

un **évier** sink 10

éviter to avoid 4

exagérer to go too far, to joke 7

excellent(e) excellent P

exclure to exclude 6

une **excursion** excursion, trip

excuser to excuse 9; *excuse-moi* excuse me; *s'excuser (de)* to apologize (for) 8

un **exemple** example 5; *par exemple* for example 5

exiger to demand, to require 7

exister to exist 11

une **expérience** experience

une **explication** explanation 7

expliquer to explain; *s'expliquer* to explain one's actions 6

exposer to display, to exhibit 11

un **express** espresso (coffee)

exquis(e) exquisite, delightful 3

F

fabriquer to manufacture 5

fabuleux, fabuleuse fabulous 4

se **fâcher** to get angry 1

facile easy

une **façon** way, manner 9; *la façon dont* way in which 9

la **faim** hunger; *avoir une faim de loup* to be starving 8

faire to do, to make; *faire confiance à* to trust 5; *faire de la course* to run, to race; *faire de la marche* to go walking, to go for a walk; *faire de la natation* to go swimming; *faire de la planche à voile* to go windsurfing; *faire de la politique* to be active in politics 11; *faire des courses* to go shopping, to shop; *faire du basket-ball (basket)* to play basketball; *faire du bateau* to go boating; *faire du camping* to go camping, to camp; *faire du canoë* to go canoeing; *faire du cheval* to go horseback riding; *faire du jogging* to go jogging; *faire du patin à roulettes* to roller-skate, to go roller-skating; *faire du ski* to go skiing, to ski; *faire du ski de fond* to go cross-country skiing, to cross-country ski; *faire du ski nautique* to water-ski, to go waterskiing; *faire du sport* to play sports; *faire du vélo* to go bicycling; *faire du volley-ball (volley)* to play volleyball; *faire + du (de la, de l', des) + school subject* to study, to learn...; *faire escale* to stop over, to stop 3; *faire la connaissance de* to meet; *faire la queue* to stand in line; *faire le pitre* to clown around; *faire le toréador* to act like a bullfighter; *faire mal* to hurt 12; *faire sa valise* to pack one's suitcase 3; *faire un sondage* to conduct a poll 11; *faire un tour* to go on a tour, to take a trip; *faire un voyage* to take a trip; *faire une promenade* to go for a walk (ride); *se faire couper les cheveux* to get a haircut 9; *se faire mal* to hurt oneself, to get hurt 12; *ça fait...que* for 10; *Ça ne fait rien.* It doesn't matter.; *Il fait beau.* It's (The weather's) beautiful (nice).; *Il fait chaud.* It's (The weather's) hot (warm).; *Il fait du soleil.* It's sunny.; *Il fait du vent.* It's windy.; *Il fait frais.* It's (The weather's) cool.; *Il fait froid.* It's (The weather's) cold.; *Il fait lourd.* It's (The weather's) muggy. 1; *Il fait mauvais.* The weather's bad.; *Il fait moins...(degrés).* It's...below. It's minus...(degrees).; *Il fait sec.* It's (The weather's) dry. 1; *Il fait...(degrés).* It's...(degrees).

fait (past participle of *faire*); *tout à fait* totally, quite 3

une **falaise** cliff

falloir to be necessary, must, to have to; *il faut* it is necessary, one/we/you must, have to

une **famille** family

fascinant(e) fascinating 7

fasciner to fascinate 7

un **fastfood** fast-food restaurant 3

fatigué(e) tired

se **fatiguer** to get tired

fauché(e) broke (out of money)

une **faute** mistake 12

un **fauteuil** armchair

féliciter to congratulate 4

une **femme** woman; wife; *une femme d'affaires* business woman 5

une **fenêtre** window

un **fer à repasser** iron 10

une **ferme** farm

fermer to close; *fermer à clé* to lock

un **festival** festival 2

une **fête** festival; holiday

fêter to celebrate

un **feu** fire; *un feu (de circulation)* traffic light

une **feuille de papier** sheet of paper

feuilleter to leaf through 9

une **fève** bean

février February

un(e) **fiancé(e)** fiancé(e), boyfriend/girlfriend 6

une **fiche** form, card 3

la **fièvre** fever; *avoir de la fièvre* to have a fever

un **fil** wire 7; *au bout du fil* on the line 7; *donner un coup de fil (à)* to (make a phone) call (to) 7

une **fille** girl; daughter

un **fils** son

la **fin** end

finir to finish

une **fleur** flower

un **fleuve** river

une **flûte** flute

la **fois** time; *à la fois* all at once; *une fois* once

folklorique folk

foncer to charge

fonder to found 4

font is (from *faire* = to do, to make); *Combien font 1 et 1?* How much is 1 and 1?; *Combien font 2 moins 1?* How much is 2 minus 1?

le **football (foot)** soccer

une **forêt** forest 2

formidable great, terrific

fort loudly, in a loud voice; *fort(e)* strong; good

une **forteresse** fortress 4

fortifié(e) fortified 4

un **fou, une folle** crazy person

des **fouilles (f.)** excavations 7

un **foulard** scarf
une **foule** crowd
se **fouler** to sprain 12
un **four** oven 8
une **fourchette** fork
frais, fraîche fresh, cool
une **fraise** strawberry
une **framboise** raspberry
franc, franche frank 6
un **franc** franc
le **français** French (language)
français(e) French
la **France** France
franchement frankly
francophone French-speaking
frapper to strike, to knock 4
un **frère** brother
une **friterie** french fry snack bar
des **frites (f.)** (french) fries
froid(e) cold
le **fromage** cheese
un **front** forehead
un **fruit** fruit; *des fruits de mer*
seafood 8
la **fumée** smoke

G

gagner to win; to earn
une **galette** flaky, flat cake
un **gant** glove; *un gant de toilette*
bath mitt
un **garage** garage
un **garçon** boy; waiter
garder to keep
un **gardien de but** goalie
une **gare** railroad (train) station; *en
gare* in the station
garer to park
un **gâteau** cake; *un petit gâteau*
cookie
gauche left; *à gauche* to the
left, on the left; *de droite à
gauche* all over the place 8
généreux, généreuse
generous 12
génial(e) bright, terrific,
fantastic, great
les **gens (m.)** people
gentil, gentille nice
la **gentillesse** kindness 6
gentiment nicely
la **géographie** geography
un(e) **gérant(e)** manager 5
gérer to manage 5
une **girafe** giraffe 1
une **glace** ice cream; ice; mirror

glisser to slip, to slide 12
une **gomme** eraser
un **gommier** gum tree 2
une **gorge** throat
gothique Gothic
un **gouvernement** government 11
un **gouverneur** governor 4
**grand-chose: pas grand-
chose** not much
grand(e) tall, big, large
une **grand-mère** grandmother
un **grand-parent** grandparent
un **grand-père** grandfather
une **grange** barn
un **gratte-ciel** skyscraper 4
gratuit(e) free
grave serious
la **Grèce** Greece P
grincheux, grincheuse
grumpy 6
la **grippe** flu
gris(e) gray
gros, grosse fat, big, large
grossir to gain weight
un **groupe** group
un **guéridon** end table 6
une **guerre** war
un **guichet** ticket counter, ticket
window; counter
un **guide** guidebook; guide
une **guitare** guitar

H

s' **habiller** to get dressed
un(e) **habitant(e)** inhabitant 4
habiter to live
les **habits (m.)** clothes
une **habitude** habit 12; *avoir
l'habitude de* to be used to, to
be accustomed to 12
un **hall** large room
un **hamburger** hamburger
un **haricot** bean
la **hâte: avoir hâte (de)** to be
eager 3
haut(e) high 1
un **hebdomadaire** weekly
publication 11
hein? huh? right?
l' **heure** hour, o'clock, time (of
day); *à l'heure* per/an hour; *à
quelle heure* (at) what time;
Quelle heure est-il? What
time is it?
heureusement luckily;
fortunately

heureux, heureuse happy
hier yesterday
un **hippopotame** hippopotamus 1
l' **histoire (f.)** history, story
l' **hiver (m.)** winter
un **homme** man; *un homme
d'affaires* businessman 5
un **hôpital** hospital
un **horaire** schedule, timetable 9
une **horreur** horror 10; *avoir
horreur de* to hate 10
un **hôtel** hotel
une **hôtesse de l'air** flight attendant
l' **huile (f.)** oil
huit eight
huitième eighth
humain(e) human
humoristique humorous 11; *un
dessin humoristique*
cartoon 11

I

ici here
une **idée** idea
une **identité** identity 4
idiot(e) stupid 12
il he; it
il y a there is, there are
une **île** island
ils they (m.)
un **immeuble** (apartment) building
l' **impatience (f.)** impatience
une **impératrice** empress 2
impérial(e) imperial P
un **imperméable (imper)** raincoat
important(e) important
impressionnant(e)
impressive
l' **impressionnisme (m.)**
Impressionism
impressionniste
Impressionist
inattendu(e) unexpected
incroyable unbelievable
incroyablement incredibly
indiquer to indicate
indispensable indispensable 2
industrieux, industrieuse
industrious 6
infect(e) awful tasting,
disgusting 3
une **influence** influence 3
influencer to influence
un **informaticien, une
informaticienne** computer
specialist

l' **informatique (f.)** computer
science
un **ingénieur** engineer
s' **inquiéter** to worry
inscrire to enroll
insensible insensitive 6
insister to insist
un **inspecteur, une inspectrice**
inspector, police lieutenant 5
s' **installer** to settle; to sit down,
to make oneself
comfortable 9
un **instrument** instrument
insupportable unbearable 1
intelligent(e) intelligent
un **inter** inside (soccer)
interdit(e) forbidden
intéressant(e) interesting
intéresser to interest;
s'intéresser à to be interested
in
interminable interminable
international(e)
international P
un(e) **interprète** interpreter
interroger to question 12
interrompre to interrupt 7
interviewer to interview
une **invitation** invitation 4
inviter to invite
irrégulier, irrégulière
irregular
l' **Italie (f.)** Italy
l' **italien (m.)** Italian (language)
italien, italienne Italian
un **itinéraire** itinerary P

J

jaloux, jalouse jealous 6
jamais ever; *ne (n')...jamais*
never
une **jambe** leg
le **jambon** ham
janvier January
japonais(e) Japanese
un **jardin** garden, lawn, park
le **jardinage** gardening 10
une **jauge** gauge
jaune yellow
le **jazz** jazz 4
je (j') I
jeter to throw (away) 7; *jeter un
coup d'œil sur* to glance at 7;
se jeter to throw oneself 9
un **jeu** game 12; *un jeu de mots*
play on words

jeudi (m.) Thursday
jeune young
le **jogging** jogging; *faire du
jogging* to go jogging
joli(e) pretty
une **joue** cheek
jouer to play
un **jouet** toy
un **joueur, une joueuse** player
un **jour** day; *de jour* during the day
9; *Quel jour sommes-nous?*
What day is it?
un **journal** newspaper
un(e) **journaliste** journalist 11
une **journée** day
juillet July
juin June
une **jungle** jungle
une **jupe** skirt
le **jus** juice
jusqu'à up to, until; *jusqu'à ce
que* until 8; *jusqu'ici* until
now 4
juste just, right 5
justement exactly, precisely

K

le **ketchup** ketchup
un **kilogramme (kilo)** kilogram
un **kilomètre** kilometer
un **kiosque à journaux** newsstand

L

là there; here
là-bas over there
un **laboratoire** laboratory
un **lac** lake
laisser to leave
le **lait** milk
une **lampe** lamp
une **langue** language; tongue
un **lapin** rabbit
large wide
latin(e) Latin 4
un **lave-linge** washer 10
laver to wash 10; *se laver* to
wash (oneself)
un **lave-vaisselle** dishwasher 10
le, la, l' the; him, her, it
une **leçon** lesson
la **lecture** reading
léger, légère light 3
un **légume** vegetable
le **lendemain** the next day

lentement slowly
**lequel, laquelle; lesquels,
lesquelles** which one, which
ones 5; which, whom 10
les the; them
une **lettre** letter
leur their; to them
le **leur, la leur** theirs 12
lever to raise 2; *se lever* to get
up
une **librairie** bookstore
libre free (not busy)
lieu: avoir lieu to take place
une **ligne** line
une **limite** limit
une **limonade** carbonated drink like
7-Up
le **linge** laundry 10
un **lion** lion 1
lire to read
un **lit** bed
un **livre** book
une **livre** pound
loin far
long, longue long
longtemps (for) a long time
un **look** look(s)
lorsque when 5
une **loterie** lottery 12
louer to rent 3
la **Louisiane** Louisiana 3
un **loup** wolf 8; *avoir une faim de
loup* to be starving 8
lourd(e) heavy 1; *Il fait lourd.*
It's (The weather's) muggy. 1
lu (past participle of *lire*)
lui him; to him, to her
lui-même himself 4
une **lumière** light 1
lundi (m.) Monday; *le lundi* on
Monday(s)
des **lunettes (f.)** glasses; *des
lunettes de soleil* sunglasses
une **lutte** fight 11
le **Luxembourg** Luxembourg
(country)
luxembourgeois(e)
Luxemburger
un **lycée** high school
un **lycéen, une lycéenne** high
school student

M

une **machine** machine 10
Madame Mrs., Madam
Mademoiselle Miss; young lady

un **magasin** store; *un grand magasin* department store

magasiner to go shopping (Canada) 4

un **magazine** magazine 9

un **magnétophone** tape recorder

un **magnétoscope** VCR

magnifique magnificent

mai May

maigrir to lose weight

une **main** hand

maintenant now

mais but

le **maïs** corn 3

une **maison** house, home

un **maître, une maîtresse** master, mistress

une **majorité** majority 4

mal badly, poorly

un **mal** pain, ache; *faire mal* to hurt 12; *se faire mal* to hurt oneself, to get hurt 12

malade sick

une **maladie** disease, illness

malheureusement unfortunately

malheureux, malheureuse unhappy

maman (f.) mom, mother

la **Manche** English Channel

manger to eat

une **mangue** mango 2

une **manière** manner

manquer to miss 2

un **manteau** coat

se **maquiller** to put on makeup

un(e) **marchand(e)** merchant

la **marche** walking; *faire de la marche* to go walking, to go for a walk

un **marché** market

marcher to work, to function; to walk

mardi (m.) Tuesday

un **mari** husband

un **mariage** marriage 6

se (re) **marier (avec)** to (re)marry, to get (re)married (to)

le **Maroc** Morocco

marocain(e) Moroccan

une **marque** make, brand

marre: en avoir marre (de) to be fed up (with) 8

marron brown

mars March

un **marteau** hammer 10

martiniquais(e) from

Martinique 1

un(e) **Martiniquais(e)** inhabitant of Martinique 2

la **Martinique** Martinique

un **mât** mast 2

un **match** game, match

les **mathématiques (maths) (f.)** math

un **matin** morning; *du matin* A.M. (in the morning); *le matin* in the morning

une **matinée** morning 9

un **Maure, une Mauresque** Moor

mauvais(e) bad; wrong

la **mayonnaise** mayonnaise

me me, I; to me; myself

un **mécanicien, une mécanicienne** mechanic

méchamment meanly

méchant(e) mean

un **médecin** doctor

un **médicament** medicine

la **Méditerranée** Mediterranean (Sea)

se **méfier de** to beware of, to distrust 1

meilleur(e) better; *le meilleur, la meilleure* the best

même same; even; *en même temps* at the same time 6; *quand même* all the same, anyway 6

Mémé Grandma

le **ménage** housework 10

un **menhir** menhir, standing stone

un **mensuel** monthly publication 11

mentir to lie 12

un **menton** chin

un **menu** menu

une **mer** sea; *des fruits de mer (m.)* seafood 8

merci thanks

mercredi (m.) Wednesday

une **mère** mother

une **merveille** wonder, marvel

merveilleux, merveilleuse marvelous

un **message** message 7

mesurer to measure

un **métier** trade, profession, craft

un **mètre** meter

un **métro** subway

mettre to put, to put on, to set, to turn on; *se mettre à* to begin, to start 5; *se mettre en colère* to get angry 12

des **meubles (m.)** furniture

un **meurtre** murder 7

mexicain(e) Mexican

le **Mexique** Mexico

le **midi** noon

le **mien, la mienne** mine 12

mieux better; *Ça va mieux.* It's better.; *tant mieux* so much the better 9

mignon, mignonne cute

mille, mil one thousand

un(e) **millionnaire** millionaire

minable pathetic 1

mince thin, slender; *Mince! Darn!*

minéral(e) mineral

minuit midnight

une **minute** minute

mis (past participle of *mettre*)

la **misère** poverty, misery 11

une **mi-temps** half

la **mode** fashion; style

moderne modern 4

moi me, I

moi-même myself 4

moins minus; less; *à moins que...ne (n')* unless 8; *le (la, les) moins (+ adjectif)* the least; *moins de* less, fewer 3

un **mois** month

une **moitié** half 8

un **moment** moment; *en ce moment* right now, at the moment

mon, ma; mes my; *mon vieux* buddy 7

le **monde** world; people; *tout le monde* everybody

un **moniteur, une monitrice** (camp) counselor

le **Monopoly** Monopoly

la **monnaie** change

Monsieur Mr., Sir; *Monsieur/ Madame qui sait tout* Mr./ Mrs. Know-it-all

un **monsieur** gentleman, man

une **montagne** mountain

monter to go up, to get on

une **montre** watch

montrer to show

un **monument** monument P

se **moquer de** to make fun of 12

un **morceau** piece

mort (past participle of *mourir*)

un **mot** note, word

une **moto** motorcycle

une **mouche** fly 6; *une mouche tsé-*

tsé tsetse fly 1

mouillé(e) wet 12

mourir to die

une mousse mousse

la moutarde mustard

un mouton sheep

moyen, moyenne average, medium

un mur wall

un musée museum

un musicien, une musicienne musician

la musique music

mystique mystical

mystérieux, mystérieuse mysterious 7

N

n'est-ce pas? isn't she?; isn't that so?

n'importe quel, n'importe quelle just any, no matter what 10

n'importe qui just anyone 11

n'importe quoi anything 11

nager to swim

une naissance birth

naître to be born

la natation swimming; *faire de la natation* to go swimming

national(e) national P

naturel, naturelle natural 4

une navette shuttle 2

la navigation navigation 2

ne (n')...aucun(e) no, not any 6; *aucun(e)...ne (n')* not one, no 10

ne (n')...jamais never

ne (n')...ni...ni neither...nor 6

ne (n')...nulle part nowhere, not anywhere 6

ne (n')...pas not

ne (n')...pas encore not yet

ne (n')...pas non plus not either, neither 6

ne (n')...personne not anyone, no one, nobody; *personne ne (n')* not anyone, no one, nobody 4

ne (n')...plus no more, no longer; not anymore, not any longer

ne (n')...que only 4

ne (n')...rien not anything, nothing; *rien ne (n')* not anything, nothing 4

né (past participle of *naître*)

nécessaire necessary 9

la neige snow 4

neiger: **Il neige.** It's snowing.

nettoyer to clean

neuf nine

neuf, neuve brand-new 8; *Quoi de neuf?* What's new? 8

neuvième ninth

un neveu nephew

un nez nose

un(e) nigaud(e) silly fool 7

un niveau level 6

Noël Christmas

noir(e) black

une noix de coco coconut 2

un nom name, noun

un nombre number

non no; *non plus* neither 6; *non seulement* not only

le nord north

normalement normally 5

une note grade

notre; nos our

le nôtre, la nôtre ours 12

nourrir to feed

la nourriture food 3

nous we, us; to us; ourselves, each other

nous-mêmes ourselves 4

nouveau, nouvel, nouvelle new

des nouvelles (f.) news

Nouvelles Frontières New Frontiers (travel agency)

novembre November

un nuage cloud 3

une nuit night; *de nuit* during the night 9

un numéro number

O

un objet object 7

obliger to oblige 12

observer to observe

obtenir to obtain, to get

une occasion chance, opportunity

occupé(e) busy

s' occuper de to take care of

un océan ocean

octobre October

un œil eye 7; *jeter un coup d'œil sur* to glance at 7; *un clin d'œil* wink 7

un œuf egg; *un œuf sur le plat* fried egg

offert (past participle of *offrir*)

officiel, officielle official 4

offrir to offer, to give

oh oh; *Oh là là!* Wow! Good grief! Oh no!

un oignon onion

un oiseau bird

OK OK

une omelette omelette

on one, you, we, they, people

un oncle uncle

l' Ontario (m.) Ontario 4

onze eleven

onzième eleventh

une opération operation 12

opérer to operate on 12

orange orange

une orange orange

un ordinateur computer

une ordonnance prescription

des ordures (f.) garbage 10

une oreille ear

original(e) original

une origine origin

ou or

où where; *Où ça?* Where?

ouais yeah

oublier to forget

l' ouest (m.) west

ouf whew

oui yes

un outil tool 10; *une boîte à outils* toolbox 10

ouvert (past participle of *ouvrir*)

un ouvrier, une ouvrière (factory) worker, laborer

ouvrir to open

ovale oval

P

pacifique Pacific

le pain bread

une paire pair

la paix peace 11

un palais palace

un pamplemousse grapefruit 2

une panne breakdown; *tomber en panne* to have a (mechanical) breakdown

un pantalon (pair of) pants

papa (m.) dad, father

Pâques (f.) Easter

par by; through 12; *par exemple* for example 5; *par terre* on the ground 3

un **paraître** to appear, to seem 2
un **parapluie** umbrella
un **parc** park P
parce que (qu') because
un **parcmètre** parking meter
parcourir to travel, to cover 4
parcouru (past participle of *parcourir*) 4
pardon excuse me
un **pare-brise** windshield
pareil, pareille the same, alike 10
un **parent** parent; relative
paresseux, paresseuse lazy 1
parfait(e) perfect
parier to bet 7
parisien, parisienne Parisian
un **parking** parking lot
parler to speak, to talk
une **partie** game; part
partir to leave
partout everywhere
paru (past participle of *paraître*) 2
pas not; no 9; *pas du tout* not at all; *pas grand-chose* not much; *pas mal* not bad
un **passager, une passagère** passenger
un(e) **passant(e)** passerby 11
un **passeport** passport
passer to spend (time); to pass by; *se passer* to happen; *passer l'aspirateur* to vacuum 10
un **passe-temps** pastime
passionnant(e) fascinating, exciting 11
le **pâté** pâté
patiner to skate
une **patinoire** skating rink
des **patins à roulettes (m.)** roller skates; *faire du patin à roulettes* to roller-skate, to go roller-skating
une **pâtisserie** pastry; pastry store
un **patron, une patronne** boss, owner 2
une **patte** paw 12
pauvre poor
payer to pay; to pay (for)
un **pays** country
une **pêche** peach; *la pêche* fishing
pêcher to go fishing, to fish
un **peigne** comb
peindre to paint 10

la **peine: Ce n'est pas la peine.** Don't bother.; *à peine* hardly, scarcely 8
peint (past participle of *peindre*) 10
un **peintre** painter
la **peinture** paint 10; *une peinture* painting
une **pelouse** lawn 2
pendant during; *pendant que* while 7
une **pendule** clock
la **pensée** thought 11
penser to think; *penser à* to think about/of
Pépé Grandpa
perdre to lose, to waste; *perdre la tête* to lose one's mind; *perdre son temps* to waste one's time
un **père** father
se **perfectionner** to improve
une **période** period
permettre to let, to permit
un **permis (de conduire)** driver's license
une **personne** person; *ne (n')...personne* not anyone, no one, nobody; *personne ne (n')* not anyone, no one, nobody 4
perspicace clear-minded 7
une **perte** loss, waste 5
peser to weigh 3
petit(e) short, little, small; *petit à petit* little by little 2
un **petit-enfant** grandchild
des **petits pois (m.)** peas
(un) **peu** (a) little, not much, not many
la **peur** fear; *avoir peur (de)* to be afraid (of)
peut-être maybe
un **phare** headlight
une **pharmacie** pharmacy, drugstore
un **pharmacien, une pharmacienne** pharmacist
la **photo** photography; photo, picture
un(e) **photographe** photographer 7
un **piano** piano
une **pièce** room; *une pièce (de monnaie)* coin; *une pièce (de théâtre)* play
un **pied** foot; *à pied* on foot
une **pierre** stone

un **pinceau** paintbrush 10
des **pinces (f.)** pliers 10
piocher to draw (at cards)
un **pion** marker
une **piqûre** shot
pire worse 6; *le pire, la pire* the worst 6
une **pirogue** dugout canoe 2
une **piscine** swimming pool
la **pitié** pity 12; *avoir pitié de* to have pity on 12
pittoresque picturesque
une **pizza** pizza 8
la **place** room 9; *une place* seat; (public) square; place; *à ma place* if you were me 3
une **plage** beach
se **plaindre** to complain 9
plaint (past participle of *se plaindre*) 9
plaire to be pleasing
un **plaisir** pleasure 9
un **plan** map; plan
la **planche à voile** windsurfing; *faire de la planche à voile* to go windsurfing
une **plante** plant P
une **plaque d'immatriculation** license plate
un **plat** dish; course
un **plâtre** cast 12
plein(e) full; *en plein air* outside, outdoors; *faire le plein* to fill up the gas tank
pleurer to cry 6
pleuvoir to rain; *Il pleut.* It's raining.
plu (past participle of *pleuvoir*); (past participle of *plaire*)
la **pluie** rain 1
la **plupart (de)** most 8
plus more; *en plus* besides, moreover 5; *le (la, les) plus (+ adjectif)* the most; *ne (n')...plus* no more, no longer; not anymore, not any longer; *non plus* neither 6; *plus de* more 3
plusieurs several 10
un **pneu** tire
une **poche** pocket
un **poème** poem
un **poids** weight
un **poignet** wrist 12
un **point** point 4; *à point* medium 8
une **poire** pear

un **poisson** fish
le **poivre** pepper
la **police** police 5
un **policier, une policière** detective 5
la **politique** politics 11; *faire de la politique* to be active in politics 11
la **pollution** pollution 11
une **pomme** apple; *une pomme de terre* potato
un(e) **pompiste** gas station attendant
un **pont** bridge
un **port** port
une **porte** door
un **portefeuille** billfold, wallet
un **porte-monnaie** coin purse
porter to wear; to carry; to bring
une **portière** (car) door
le **portugais** Portuguese (language)
portugais(e) Portuguese
le **Portugal** Portugal
poser to ask (a question)
la **possession** possession 4
une **possibilité** possibility 6
possible possible
un **poste** position, job 5
une **poste** post office; *un bureau de poste* post office
poster to mail
une **poubelle** garbage can 10
une **poule** hen
un **poulet** chicken
pour for; (in order) to; *pour que* so that 8
un **pourboire** tip
pourquoi why
pourtant however
pousser to push
la **poussière** dust 10; *enlever la poussière* to dust 10
pouvoir to be able, can, may
pratique practical 2
précis(e) precise, sharp, on the dot
précisément precisely 9
préciser to specify 6
préféré(e) favorite, preferred
une **préférence** preference 9
préférer to prefer
la **préhistoire** prehistory 7
premier, première first
premièrement first (of all)
prendre to take, to have (referring to food or drink)

préparer to prepare; *se préparer* to get ready
près (de) near; *à peu près* about 3
présenter to introduce 7
une **presqu'île** peninsula 7
presque almost
pressé(e) in a hurry
la **pression** pressure
prêt(e) ready 2
prêter to lend
principal(e) principal; main
le **printemps** spring
pris (past participle of *prendre*)
une **prison** jail
un **prix** price
probablement probably
un **problème** problem
prochain(e) next
proche close 6
un **professeur (prof)** teacher, professor
professionnel, professionnelle professional
une **profiterole** cream puff with ice cream and chocolate sauce 8
le **progrès** progress 10
un **projet** plan, project 4
une **promenade** walk, ride; *faire une promenade* to go for a walk (ride)
se **promener** to go for a walk (ride) 4
promettre to promise
promis (past participle of *promettre*)
une **prononciation** pronunciation 4
proposer to propose
propre clean; own
protester to protest 11
une **province** province 4
pu (past participle of *pouvoir*)
public, publique public 7
puis then
puisque since
un **pull, un pull-over** sweater
un **pupitre** student desk

Q

qu'est-ce que what; *Qu'est-ce que c'est?* What is it?
qu'est-ce qui what; *Qu'est-ce qui ne va pas?* What's wrong?
un **quai** platform
une **qualité** quality 6

quand when; *quand même* all the same, anyway 6
quarante forty
un **quart** quarter; *et quart* fifteen (past), quarter (after); *moins le quart* fifteen (minutes) of/to, quarter of/to
un **quartier** neighborhood
quatorze fourteen
quatre four
quatre-vingt-dix ninety
quatre-vingts eighty
quatrième fourth
que (qu') that; what; than, as; because; whom, which 2; how 4; *ce que* what 2, that 12; *ne (n')...que* only 4; *Que veux-tu (voulez-vous)* What do you expect 7; *Que (+ subjonctif)...* Let... 7
le **Québec** Quebec Province 4
québécois(e) Quebec 4
un(e) **Québécois(e)** inhabitant of Quebec 4
quel, quelle what, which; *n'importe quel, n'importe quelle* just any, no matter what 10; *Quel temps fait-il aujourd'hui?* How's the weather today? What's the weather like today?; *Quel, Quelle...!* What (a)...!; *Quelle barbe!* What a drag!; *Quelle heure est-il?* What time is it?
quelqu'un someone, somebody
quelque some; *quelque chose* something, anything; *quelque part* somewhere 6; *quelques-un(e)s* some, a few 11
quelquefois sometimes
une **question** question
une **queue** tail; line; *faire la queue* to stand in line
qui who, whom; that, which; *ce qui* what 2, that 11; *n'importe qui* just anyone 11; *qui est-ce qui* who
une **quiche** quiche
quinze fifteen
quitter to leave; *Ne quitte(z) pas.* Hold on (telephone).; *quitter des yeux* to take one's eyes off 7
quoi what; *n'importe quoi* anything 11; *Quoi de neuf?* What's new? 8
quoique although 8

un **quotidien** daily publication 11
quotidien, quotidienne daily 9

R

raccrocher to hang up (the phone) 7
raconter to tell (about)
une **radio** radio
raide straight
une **raie** part (hair) 9
un **raisin** grape
une **raison** reason
raisonnable reasonable 2
ralentir to slow down
ramer to row
rapide rapid, fast
rappeler to remind 10; *se rappeler* to remember
rapporter to bring back
des **rapports (m.)** relations, relationship 6
se **raser** to shave
un **rasoir** razor
rater to miss, to fail 5
ravi(e) delighted 1
ravissant(e) ravishing 9
un **rayon** (store) department
la **réception** reception desk 2
recevoir to receive, to get
rechercher to seek 6
recommencer to begin again, to start again
reconnaître to recognize 8
recruter to recruit 5
reçu (past participle of *recevoir*)
réfléchir to think
un **réfrigérateur (frigo)** refrigerator
un **regard** look 6
regarder to look (at), to watch; *se regarder* to look at oneself
un **régime** diet
une **région** region
regretter to be sorry 7
remarquer to notice
remonter to go back up 4; to put back together 10
un **rempart** city wall; rampart
remplacer to replace 4
remplir (de) to fill (with)
une **rencontre** encounter
rencontrer to meet
un **rendez-vous** meeting; date; appointment; *avoir rendez-vous* to have an appointment/

date; *donner rendez-vous à* to arrange to meet with 8
rendre to give back, to return; *rendre visite (à)* to visit 3; *rendre (+ adjectif)* to make (+ adjective) 11; *se rendre compte* to realize 12
renseigner to give information
la **rentrée** first day of school
rentrer to come home, to return
renvoyer to dismiss, to send away 5
réparer to repair, to fix 9
un **repas** meal
repasser to come back 9; to iron 10; *un fer à repasser* iron 10
répéter to repeat
un **répondeur** answering machine 7
répondre to answer
une **réponse** answer
un **reporter** reporter 5
se **reposer** to rest
reprendre to go back to, to resume 3
repris (past participle of *reprendre*) 3
une **réservation** reservation 9
réserver to reserve
un **réservoir** gas tank
résolu (past participle of *résoudre*) 11
résoudre to solve 11
respecter to respect 12
responsable (de) responsible (for) 5
ressembler à to resemble; to look like
un **restaurant** restaurant
rester to remain; *il reste* there is (are)...left (remaining); to stay
un **résultat** result 8
retourner to return
retrouver to meet again; *se retrouver* to meet 8
réussir to succeed, to pass (a test)
un **rêve** dream
se **réveiller** to wake up
revenir to come back, to return
rêver to dream
revoir to see again 2
revu (past participle of *revoir*) 2

une **revue** magazine
le **rez-de-chaussée** ground floor
un **rhume** cold
ri (past participle of *rire*) 7
riche rich P
rien ne (n') not anything, nothing 4
rigoler to laugh
rire to laugh 7
risquer to risk
une **rivière** river
le **riz** rice 3
une **robe** dress
un **rocher** rock 2
le **rock** rock (music)
un **roi** king
un **roman** novel
roman(e) Romanesque
rompre to break 6
rond(e) round
rose pink
rouge red
rouler to drive, to go
une **route** road; *en route* en route, on the way 3
roux, rousse red, red-haired
une **rue** street
des **ruines (f.)** ruins P

S

s'il vous (te) plaît please
sa his, her, one's, its
un **sac** bag; *un sac à main* purse; *un sac de couchage* sleeping bag
un **safari** safari P
saignant(e) rare 8
une **saison** season
une **salade** salad
un **salaire** salary 6
sale dirty 2
une **salle** room; *une salle à manger* dining room; *une salle d'attente* waiting room; *une salle de bains* bathroom; *une salle de classe* classroom
un **salon** living room
salut hi; bye
une **salutation** greeting
samedi (m.) Saturday
un **sandwich** sandwich
sans without; *sans que* without 8
une **sauce** sauce, gravy 3
le **saucisson** salami
sauf except
un **saumon** salmon

sauter to jump 12
sauvage wild 1
une **savane** savannah (grassy plain) 1
savoir to know (how); to find out 12
le **savon** soap
un **saxophone (saxo)** saxophone
une **scie** saw 10
une **science** science; *les sciences économiques* economics 11
un(e) **scientifique** scientist
scier to saw 10
scolaire school
un(e) **scout(e)** scout
la **sculpture** sculpture
se himself, herself, oneself, themselves, each other
sec, sèche dry 1; *Il fait sec.* It's (The weather's) dry. 1
un **sèche-linge** dryer 10
sécher to dry 10
second(e) second
un **secret** secret 7
secret, secrète secret 7
un(e) **secrétaire** secretary
une **section** section; *une section fumeurs* smoking section; *une section non-fumeurs* non-smoking section
la **sécurité** safety 3; *une ceinture de sécurité* seatbelt 3
seize sixteen
un **séjour** family room; stay 4
le **sel** salt
selon according to, in...opinion
une **semaine** week
sembler to seem
un **séminaire** seminary 4
le **Sénégal** Senegal
sénégalais(e) Senegalese
un **sens** meaning; sense, direction 6
sensibiliser (à) to make aware (of) 11
sensible sensitive 6
sentir to smell; *se sentir* to feel
séparer to separate 9
sept seven
septembre September
septième seventh
sérieux, sérieuse serious; *au sérieux* seriously 7
un **serpent** snake 1
un **serveur, une serveuse** waiter, waitress
une **serviette** napkin; *une serviette*

(de toilette) towel
servir to serve; *se servir de* to use 10
seul(e) alone; single; *tout(e) seul(e)* all by itself (oneself), all alone
seulement only; *non seulement* not only
un **short** (pair of) shorts
si so; yes (on the contrary); if
un **siècle** century
un **siège** seat
le **sien, la sienne** his, hers, its, one's 12
signer to sign
simple simple; single 2
simplement simply 8
un **singe** monkey 1
situé(e) situated 2
six six
sixième sixth
le **ski** skiing; ski
une **société** company 5
une **sœur** sister
la **soif** thirst
un **soir** evening; *ce soir* tonight; *du soir* P.M. (in the evening); *le soir* in the evening
soit...soit either...or 8
soixante sixty
soixante-dix seventy
le **soleil** sun
une **solution** solution
son, sa; ses his, her, one's, its
un **sondage** poll 11; *faire un sondage* to conduct a poll 11
sonner to ring
une **sorte** kind, *toute sorte* every kind
la **sortie** exit
sortir to go out, to come out, to take out, to leave
S.O.S. emergency
souffert (past participle of *souffrir*)
la **souffrance** suffering 11
souffrir to suffer
souhaiter to wish 7
souri (past participle of *sourire*) 7
sourire to smile 7
une **souris** mouse
sous under
souterrain(e) underground
se **souvenir** to remember 8
un **souvenir** souvenir; memory
souvent often
se **spécialiser** to specialize 5

une **spécialité** specialty
spectaculaire spectacular
un **spectateur, une spectatrice** spectator 2
un **sport** sport; *faire du sport* to play sports
sportif, sportive athletic
un **sportif, une sportive** athletic person
un **stade** stadium
une **station** station; *une station de ski* ski resort
le **stationnement** parking
une **station-service** gas station
une **statue** statue 2
un **steak** steak 8
un **style** style P
un **stylo** pen
le **succès** success 6
une **succursale** branch store 6
le **sucre** sugar
le **sud** south
suédois(e) Swedish
suffi (past participle of *suffire*) 10
suffire to be enough 10
suffisamment enough, sufficiently
suffisant(e) enough, sufficient
suisse Swiss
la **Suisse** Switzerland
suivant(e) following 2
suivi (past participle of *suivre*)
suivre to follow; to take
un **sujet** subject 4
super super, terrific, great; *un Super-Cola* Super-Cola
superbe superb
supporter to tolerate, to stand 1
sur on
sûr(e) sure
surprendre to surprise 5
surpris (past participle of *surprendre*) 5
une **surprise** surprise
surtout especially
surveiller to keep an eye on, to watch 7
sympa (sympathique) nice
un **symptôme** symptom
un **synthétiseur (synthé)** synthesizer

T

un **tabac** tobacco shop; *un bureau de tabac* tobacco shop

une **table** table
un **tableau** painting; *un tableau de bord* dashboard; *un tableau noir* blackboard
une **tâche** task, chore 10
une **taille** size; height
un **taille-crayon** pencil sharpener
un **tailleur** woman's suit
se **taire** to be quiet, to stop talking 7
tandis que while 1
tant mieux so much the better 9
tant pis too bad
tant que as long as 11
une **tante** aunt
un **tapis** rug
taquiner to tease
tard late; *plus tard* later
une **tarte** pie
un **tas** pile, heap 2
une **tasse** cup
un **taxi** taxi
te to you; you; yourself
un **tee-shirt** T-shirt
une **teinturerie** dry cleaner's 9
tel, telle such 11
un **tel, une telle** such a 10
un **téléphone** telephone
téléphoner (à) to phone, to call
téléphonique telephone 8; *une cabine téléphonique* telephone booth 7
une **télévision (télé)** television set
tellement so much 1
le **temps** time; weather; *de temps en temps* from time to time 7; *en même temps* at the same time 6
tenir to hold
des **tennis (f.)** tennis shoes
le **tennis** tennis
une **tente** tent
une **tenue** outfit, suit
terminer to finish 5
une **terrasse** terrace, porch deck
la **terre** land, ground 3; *par terre* on the ground 3
un **territoire** territory 4
le **terrorisme** terrorism 11
une **tête** head
le **thé** tea
un **théâtre** theater
un **ticket** ticket
le **tien, la tienne** yours 12
Tiens! Hey!

un **tiers** third 8; *le Tiers-Monde* Third World 11
un **timbre** stamp
toi you; *être à toi* to be with you 9
les **toilettes (f.)** toilet, restroom; *faire sa toilette* to wash up
toi-même yourself 4
une **tomate** tomato
tomber to fall
ton, ta; tes your
une **tondeuse** lawnmower 10
tondre to mow 10
un **tort** wrong 8; *avoir tort* to be wrong 8
tôt early; *Ce n'est pas trop tôt.* It's about time. 10
toucher (un chèque) to cash
toujours still; always
un **tour** tour, trip; turn
une **tour** tower
un(e) **touriste** tourist
tourner to turn
un **tournevis** screwdriver 10
tousser to cough
tout everything, all; *tout à coup* all of a sudden; *tout à fait* totally, quite 3; *tout de suite* right away, right now; *tout(e) seul(e)* all by itself (oneself), all alone
tout, toute; tous, toutes all, every; *tous/toutes (les) deux* both (of us/you/them); *tout le monde* everybody
un **tracteur** tractor
un **train** train; *être en train de (+ infinitif)* to be busy/in the middle of doing something 9
un **trajet** trip 12
un **transport** transportation
le **travail** work
travailler to work
traverser to cross
treize thirteen
trente thirty
très very
un **trésor** treasure
triste sad
trois three
troisième third
une **trompette** trumpet
trop too much, too many, too
tropical(e) tropical 1
un **trottoir** sidewalk
trouver to find; *se trouver* to be (located)

un **truc** trick; thing
tu you
tu (past participle of *se taire*) 7
tuer to kill 2
un **tuyau d'arrosage** garden hose 10
un **type** guy 5
typique typical

U

un, une a, an; one; *les un(e)s...les autres* some...others 11
unir to unite 4
une **université** university
utile useful
utiliser to use

V

va: Comment ça va? How's it going?; *Comment va...?* How is...?; *Il/Elle va bien.* He's (She's) fine.
les **vacances (f.)** vacation; *en vacances* on vacation; *les grandes vacances* summer vacation
une **vache** cow
vachement really 4
vaincre to defeat, to beat, to conquer 10
vaincu (past participle of *vaincre*) 10
la **vaisselle** dishes 10
une **valise** suitcase; *faire sa valise* to pack one's suitcase 3
varié(e) varied 2
Vas-y. (Allez-y.) Go on.
vécu (past participle of *vivre*)
une **vedette (de cinéma)** (movie) star
un **vélo** bicycle, bike; *faire du vélo* to go bicycling
un **vendeur, une vendeuse** salesperson
vendre to sell
vendredi (m.) Friday
venir to come; *venir de (+ infinitif)* to have just
le **vent** wind
un **ventre** stomach
venu (past participle of *venir*)
un **verbe** verb
vérifier to check
la **vérité** truth

un verre glass
vers toward 2; around 9
vert(e) green; *un citron vert* lime 2
vertical(e) vertical
une veste sport coat, jacket
un vétérinaire veterinarian
veuillez kindly 9
la viande meat
vide empty
la vie life
vieux, vieil, vieille old; *mon vieux* buddy 7
un vigneron, une vigneronne wine grower 7
une villa villa 8
un village village
une ville city; *en ville* downtown
le vin wine
vingt twenty
violet, violette purple
un violon violin
une vis screw 10
un visage face
viser to aim at 5
une visite visit; *rendre visite (à)* to visit 3
visiter to visit
vite fast; quickly
la vitesse speed; *en vitesse* quickly 9
une vitre window pane
vivant(e) alive, lively, living
Vive(nt).... Long live.... 10; *Vive la reine!* Long live the queen!
vivre to live
voici here is, here are
voilà there is, there are; here it is
une voile sail 2
voir to see
un voisin, une voisine neighbor
voisin(e) neighboring
une voiture car
une voix voice 8
un vol flight
un volant steering wheel
un volcan volcano 1
voler to fly 3; to steal 7
le volley-ball (volley) volleyball; *faire du volley-ball (volley)* to play volleyball
votre; vos your
le vôtre, la vôtre yours 12
vouloir to want; *Que veux-tu (voulez-vous)* What do you expect 7; *vouloir bien* to be

willing, to want to; *vouloir dire* to mean 2
voulu (past participle of *vouloir*)
vous you; to you; yourself, yourselves, each other; *être à vous* to be with you 9
vous-même yourself 4
vous-mêmes yourselves 4
un voyage trip; *une agence de voyages* travel agency 9
voyager to travel
vrai(e) true
vraiment really
vu (past participle of *voir*)
une vue view 4

W

un wagon (train) car
les W.-C., les vécés (m.) toilet, restroom
un week-end weekend

Y

y there, (to/about) it; *Ça y est.* That's it. 1
des yeux (m.) eyes; *quitter des yeux* to take one's eyes off 7
une yole sailboat (Martinique) 2

Z

un zèbre zebra 1
zéro zero
un zoo zoo 1

Vocabulary

English/French

All words introduced in *Le français vivant 1, 2* and *3* appear in this End Vocabulary. It includes both active words listed at the end of each lesson and passive words but has no cognates or glossed words from "De droite à gauche." The number following the meaning of each word or expression indicates the lesson in which it appears for the first time. When the same word or expression is introduced passively in one lesson and actively later on, only the lesson number where it first occurs is given. If there is more than one meaning for a word or expression and it has appeared in different lessons, the corresponding lesson numbers are listed. Words and expressions that were introduced in *Le français vivant 1* and *2* do not have a number after them.

A

a, an un, une; *a* de (d'); *a few* quelques-un(e)s 11; *a lot* beaucoup
abbey une abbaye
ability une capacité 6
to be **able** pouvoir
about de (d'); à peu près 3; *about it* y; *about it/them* en; *about (the)* des, du; *about which/whom* dont 9; *It's about time.* Ce n'est pas trop tôt. 10; *to know about* être au courant de 11; *to tell (about)* raconter; *to think about* penser à
above au-dessus de 2
absolutely absolument 12
Acadia l'Acadie (f.) 4
Acadian un Acadien, une Acadienne 4
to **accelerate** accélérer 2
accent un accent 4
to **accept** accepter 4
accessory un accessoire
accident un accident 12
to **accompany** accompagner 3
accomplice un(e) complice 7
to **accomplish** accomplir 10
according to selon; *according to what* à ce que 8
account (bank) un compte
accustomed: to be accustomed to avoir l'habitude de 12
ache un mal
acquaintance une connaissance
acrobatic acrobatique; *acrobatic trick* une acrobatie

actions: to explain one's actions s'expliquer 6
active actif, active 1; *to be active in politics* faire de la politique 11
actor un acteur
actress une actrice
to **add** ajouter 12
address une adresse; *address and phone number* des coordonnées (f.) 8
adorable adorable 8
to **adore** adorer
adult un(e) adulte
adventure une aventure
advertisement une annonce 6
advice (piece of) un conseil
to **advise** conseiller 2
affair une affaire 5
afraid: to be afraid (of) avoir peur (de)
Africa l'Afrique (f.)
African africain(e)
after après; après que 8
afternoon un après-midi; *in the afternoon* l'après-midi; *P.M. (in the afternoon)* de l'après-midi
afterwards après
again encore; *to begin/start again* recommencer; *to meet again* retrouver; *to see again* revoir 2
against contre
age un âge
agency une agence P; *travel agency* une agence de voyages 9

agent: customs agent un douanier, une douanière 3
to **agree (with)** être d'accord (avec) 1
ahead: straight ahead tout droit
to **aim at** viser 5
air l'air (m.)
air conditioning la climatisation 2
air-conditioned climatisé(e)
airplane un avion
airport un aéroport; *airport terminal* une aérogare 3
album un album
alcoholism l'alcoolisme (m.) 11
Algeria l'Algérie (f.)
alike pareil, pareille 10
alive vivant(e)
all tout; tout, toute, tous, toutes; *all alone/all by itself (oneself)* tout(e) seul(e); *all of a sudden* tout à coup; *all over the place* de droite à gauche 8; *all the same* quand même 6; *not at all* pas du tout
allergy une allergie
almost presque
alone seul(e); *all alone* tout(e) seul(e)
along: to get along (with) s'entendre (avec) 1
already déjà
also aussi
although bien que, quoique 8
always toujours
to **amaze** étonner
ambitious ambitieux, ambitieuse 6
America l'Amérique (f.)

American américain(e)
among entre
amusing amusant(e)
and et
anger la colère 12
anglicism un anglicisme 4
angry: to get angry se fâcher 1; se mettre en colère 12
animal un animal; *(animal) collar* un collier
ankle une cheville 12
anniversary un anniversaire
to **announce** annoncer 6
to **annoy** énerver 12
annoying énervant(e); embêtant(e) 9
another autre; *another (one)* un(e) autre 11
answer une réponse
to **answer** répondre
answering machine un répondeur 7
any de (d'), des, de la (l'), du; en; *in any case* de toute façon; *just any* n'importe quel, n'importe quelle 10; *not any* ne (n')... aucun(e) 6; *not any longer* ne (n')...plus
anymore: not anymore ne (n')...plus
anyone: just anyone n'importe qui 11; *not anyone* ne (n')... personne; personne ne (n') 4
anything quelque chose; n'importe quoi 11; *not anything* ne (n')...rien; rien ne (n') 4
anyway de toute façon; quand même 6
anywhere: not anywhere ne (n')...nulle part 6
apart: to take apart démonter 10
apartment un appartement; *(apartment) building* un immeuble
to **apologize (for)** s'excuser (de) 8
apparatus un appareil 7
to **appear** paraître 2
appearance l'air (m.)
apple une pomme
appointment un rendez-vous; *to have an appointment* avoir rendez-vous
to **approach** s'approcher (de) 2
April avril
archeologist un(e) archéologue 7
archeology l'archéologie (f.) 7
architect un(e) architecte P
architecture l'architecture (f.) 2
area un domaine 11

to **argue** se disputer 1
arm un bras
armchair un fauteuil
around vers 9; autour de 12
to **arrange** arranger; *to arrange to meet with* donner rendez-vous à 8
arrival une arrivée
to **arrive** arriver
art l'art (m.)
artist un(e) artiste
as aussi; comme; que (qu'); *as long as* tant que 11; *as much, as many* autant de 3; *as soon as* aussitôt que 11; *as usual* comme d'habitude; *as well as* ainsi que 9
aside from à part 2
to **ask (a question)** poser; *to ask for* demander
asleep: to fall asleep s'endormir 12
assistant un(e) assistant(e) 7
to **assure** assurer 6
at à; *at first* d'abord; *at (the)* au, aux; *at the moment* en ce moment; *at the same time* en même temps 6
athletic sportif, sportive; *athletic person* un sportif, une sportive
Atlantic atlantique
atmosphere une ambiance 2
to **attach** attacher 3
to **attack** attaquer 11
to **attain** atteindre 9
to **attend** assister à 4
attendant: flight attendant une hôtesse de l'air; *gas station attendant* un(e) pompiste
August août
aunt une tante
author un auteur 11
autumn l'automne (m.)
avenue une avenue
average moyen, moyenne
to **avoid** éviter 4
aware conscient(e) 11; *to make aware (of)* sensibiliser (à) 11
away: to go away s'en aller 4, s'éloigner 9; *to send away* renvoyer 5; *to take away* enlever 10; *to throw (away)* jeter 7
awful affreux, affreuse 12; *awful tasting* infect(e) 3

B

back un dos; *back (soccer)* un arrière; *to be back* être de retour

9; *to bring back* rapporter; *to come back* revenir; repasser 9; *to go back to* reprendre 3; *to go back up* remonter 4; *to have a backache* avoir mal au dos; *to put back together* remonter 10
bad mauvais(e); *The weather's bad.* Il fait mauvais.; *too bad* tant pis
badly mal
bag un sac; *sleeping bag* un sac de couchage
baggage des bagages (m.) 3
baker un boulanger, une boulangère
bakery une boulangerie
ball (inflated) un ballon
banana une banane
bandage un bandeau 12
bank une banque
barber un coiffeur, une coiffeuse 9
barn une grange
basketball le basket-ball (basket); *to play basketball* faire du basket-ball (basket)
bath un bain; *bath mitt* un gant de toilette
bathroom une salle de bains
bathtub une baignoire
bay une baie
to **be** être; *Be careful!* Attention!; *he/she is* c'est; *they are* c'est; *to be accustomed to* avoir l'habitude de 12; *to be active in politics* faire de la politique 11; *to be afraid (of)* avoir peur (de); *to be back* être de retour 9; *to be bored* s'ennuyer; *to be born* naître; *to be busy/in the middle of doing something* être en train de (+ infinitif) 9; *to be eager* avoir hâte (de) 3; *to be enough* suffire 10; *to be fed up (with)* en avoir marre (de) 8; *to be interested in* s'intéresser à; *to be (located)* se trouver; *to be pleasing* plaire; *to be quiet* se taire 7; *to be sorry* regretter 7; *to be starving* avoir une faim de loup 8; *to be used to* avoir l'habitude de 12; *to be willing* vouloir bien; *to be with you* être à toi/vous 9; *to be wrong* avoir tort 8
beach une plage
bean un haricot; une fève
to **beat** vaincre 10
beautiful beau, bel, belle
beauty la beauté

because parce que (qu'); que (qu'); car 3; *because of* à cause de 1

to **become** devenir; *to become involved in* s'engager dans 11

bed un lit; *to go to bed* se coucher

bedroom une chambre (à coucher)

beer une bière

before avant; avant de, avant que...ne (n') 8

to **begin** commencer; se mettre à 5; *to begin again* recommencer

behind derrière

beige beige

being un être 6

Belgian belge

Belgium la Belgique

to **believe** croire

to **belong** appartenir

belt une ceinture 3

bench un banc

beret un béret

beside à côté de

besides d'ailleurs, en plus 5

best: the best le meilleur, la meilleure

to **bet** parier 7

better meilleur(e); mieux; *It's better.* Ça va mieux.; *so much the better* tant mieux 9

between entre

beverage une boisson

to **beware of** se méfier de 1

bicycle un vélo

bicycling: to go bicycling faire du vélo

big grand(e); gros, grosse

bike un vélo

bilingual bilingue 4

bill une addition; *bill (money)* un billet

billfold un portefeuille

biology la biologie

bird un oiseau

birth une naissance

birthday un anniversaire

black noir(e)

blackboard un tableau noir

blond blond(e)

blouse un chemisier

blow un coup 5

blue bleu(e); *navy blue* bleu marine

to **board** embarquer 2

boat un bateau

boating: to go boating faire du bateau

body un corps; *(dead) body* un cadavre 5

book un livre

booklet un carnet

bookstore une librairie

boot une botte

booth: telephone booth une cabine téléphonique 7

to **border** border 4

bored: to be bored, to get bored s'ennuyer

boring ennuyeux, ennuyeuse

born: to be born naître

to **borrow (from)** emprunter (à) 12

boss un patron, une patronne 2

both (of us/you/them) tous/toutes (les) deux

bother: Don't bother. Ce n'est pas la peine.

to **bother** embêter

bottle une bouteille 2

boulevard un boulevard

boutique une boutique

box une boîte

boy un garçon

boyfriend un fiancé 6

bracelet un bracelet

branch store une succursale 6

brand une marque; *brand of mineral water* Chanflor 2

brand-new neuf, neuve 8

Brazil le Brésil

Brazilian brésilien, brésilienne

bread le pain; *long loaf of bread* une baguette

to **break** se casser; rompre 6

breakdown une panne; *to have a (mechanical) breakdown* tomber en panne

breakfast le petit déjeuner

bridge un pont; *bridge (card game)* le bridge

bright génial(e)

to **bring** porter; apporter; *to bring back* rapporter

British britannique 4

brochure une brochure 2

broke (out of money) fauché(e)

brother un frère

brown marron

brush une brosse

to **brush** se brosser

buddy mon vieux 7

to **build** construire

building un bâtiment

to **burn** brûler 8

bus un bus; *(city) bus* un autobus (bus); *tour bus* un car 3

business des affaires (f.) 5; *business woman* une femme d'affaires 5; *businessman* un homme d'affaires 5; *(piece of) business* une affaire 5

busy occupé(e); animé(e); *to be busy doing something* être en train de (+ infinitif) 9

but mais

butter le beurre

to **buy** acheter

by en; par; *by the way* à propos, au fait

bye salut; ciao

C

café un café

cake un gâteau; *flaky, flat cake* une galette

calendar un calendrier

to **call** appeler; téléphoner (à); *to (make a phone) call (to)* donner un coup de fil (à) 7

camel un chameau 1

Camembert cheese un camembert 8

camera un appareil-photo (appareil)

camp un camp; *(camp) counselor* un moniteur, une monitrice

to **camp** faire du camping

camping le camping; *to go camping* faire du camping

can: garbage can une poubelle 10; *(gas) can* un bidon

can pouvoir; *What can I say?* Bof! 7

Canada le Canada

Canadian canadien, canadienne

candy: piece of candy un bonbon

canoe un canoë; *dugout canoe* une pirogue 2

canoeing: to go canoeing faire du canoë

capability une capacité 6

cape un cap 7

capital une capitale

car une voiture; *(car) door* une portière; *(train) car* un wagon

carbonated drink like 7-Up une limonade

card une carte; une fiche 3; *ID card* une carte d'identité

care: to take care of s'occuper de

career une carrière 5

careful: Be careful! Attention!

caretaker un(e) concierge

Carib Indian un(e) Caraïbe 2

carnival un carnaval 4

carriage: horse-drawn carriage une calèche 4

carrot une carotte
to carry porter
cartoon un dessin humoristique 11
cartoonist un dessinateur, une dessinatrice 11
case une affaire 5; un cas 12; *in any case* de toute façon
to cash toucher (un chèque)
cash register une caisse
cashier un caissier, une caissière; *cashier's (desk)* une caisse
cassette une cassette
cast un plâtre 12
castle un château
cat un chat
catastrophe une catastrophe P
to catch attraper
cathedral une cathédrale
cause une cause 11
to celebrate fêter
Celtic celtique
center un centre 9; *center forward (soccer)* un avant centre; *city center* un centre-ville P
century un siècle
certain certain(e) 5; *certain people* certain(e)s 11
certainly certainement
chair une chaise
chance une occasion
change la monnaie
to change changer; *to change one's mind* changer d'avis
character un caractère 6
to charge foncer
cheap bon marché
check un chèque; *check (at a restaurant)* une addition; *traveler's check* un chèque de voyage
to check vérifier
cheek une joue
cheese le fromage; *Camembert cheese* un camembert 8; *goat cheese* le chèvre 5; *open-faced grilled ham and cheese sandwich* un croque-monsieur
cherry une cerise
chicken un poulet
child un(e) enfant
chin un menton
chocolate un chocolat; *cream puff with ice cream and chocolate sauce* une profiterole 8; *hot chocolate* un chocolat
choice un choix
to choose choisir
chore une tâche 10

Christian un Chrétien, une Chrétienne
Christmas Noël
church une église
citadel une citadelle P
city une ville; *city center* un centre-ville P; *city wall* un rempart; *(walled-in) city* une cité
clarinet une clarinette
class une classe; un cours
classroom une salle de classe
clean propre
to clean nettoyer
cleaner: vacuum cleaner un aspirateur 10
cleaner's: dry cleaner's une teinturerie 9
clear-minded perspicace 7
clerk un(e) employé(e)
cliff une falaise
climate un climat 1
to climb escalader 1
clock une pendule
close proche 6
to close fermer
clothes les habits (m.)
cloud un nuage 3
clown un clown
to clown around faire le pitre
club un club
coach un entraîneur
coast une côte; *Ivory Coast* la Côte-d'Ivoire 1
coat un manteau; *sport coat* une veste
Coca-Cola, Coke un Coca-Cola; un coca
coconut une noix de coco 2
coffee un café; *espresso (coffee)* un express
coin une pièce (de monnaie); *coin purse* un porte-monnaie
coincidence une coïncidence 9
cold froid(e); *It's cold.* Il fait froid.; *to be cold* avoir froid
cold un rhume; *to have a cold* être enrhumé(e) 8
collar (animal) un collier
(college) student un(e) étudiant(e) 7
colonization la colonisation 4
colony une colonie 4
color une couleur; *what color* de quelle couleur
Columbia la Colombie
comb un peigne
to combat combattre 11

to come venir; *to come back* repasser 9; *to come home* rentrer; *to come near (to)* s'approcher (de) 2; *to come out* sortir
comfortable: to make oneself comfortable s'installer 9
comic strip une bande dessinée 11
committed engagé(e) 11
company une compagnie P; une société 5
compartment un compartiment
to complain se plaindre 9
complete complet, complète 2
to compose composer
computer un ordinateur; *computer science* l'informatique (f.); *computer specialist* un informaticien, une informaticienne
concert un concert
to conclude conclure 6
condition une condition 8
to conduct a poll faire un sondage 11
confidence la confiance 5
to congratulate féliciter 4
connection une correspondance 9
to conquer vaincre 10
conscious conscient(e) 11
continent un continent
to continue continuer
contrary: on the contrary au contraire 12
contrast le contraste
convent un couvent 4
conversation une conversation
to convince convaincre 10
cooked cuit(e) 8
cookie un petit gâteau
cooking une cuisine
cool frais, fraîche; *It's cool.* Il fait frais.
to cope se débrouiller 3
corn le maïs 3
corner un coin
corridor un couloir
Corsica la Corse
Corsican corse P; *Corsican (language)* le corse P
to cost coûter; *to cost a lot* coûter cher
couch un canapé
to cough tousser
counselor (camp) un moniteur, une monitrice
to count compter
counter un guichet
country un pays; la campagne
countryside la campagne

couple un couple 2

course un cours; un plat; *course before main dish* une entrée 8; *Of course not.* Bien sûr que non.

courtyard une cour

cousin un(e) cousin(e)

to cover couvrir; parcourir 4

cow une vache

cradle un berceau 4

craft un métier

crazy person un fou, une folle; *It's enough to drive you crazy.* C'est à devenir fou.; *to go crazy* devenir fou/folle

cream la crème; *cream puff with ice cream and chocolate sauce* une profiterole 8

to create créer

Creole créole 3

crêpe une crêpe; *crêpe restaurant* une crêperie

to criticize critiquer 11

croissant un croissant

to cross traverser

to cross-country ski, to go cross-country skiing faire du ski de fond

crowd une foule

crutch une béquille 12

to cry pleurer 6

culture la culture 4

cup une tasse

curiosity une curiosité P

curly bouclé(e)

currency exchange un bureau de change

current actuel, actuelle 11; *current event* l'actualité (f.) 11

currently actuellement 4

customer un(e) client(e)

customs la douane 3; *customs agent* un douanier, une douanière 3

to cut couper

cute mignon, mignonne

D

dad papa (m.)

daily quotidien, quotidienne 9; *daily publication* un quotidien 11

dance une danse

to dance danser

dangerous dangereux, dangereuse

dark-haired brun(e)

darling un(e) chéri(e) 6

Darn! Mince!

dashboard un tableau de bord

date une date; un rendez-vous; *to have a date* avoir rendez-vous

to date (historically) dater

daughter une fille

day un jour; une journée; *during the day* de jour 9; *the next day* le lendemain; *What day is it?* Quel jour sommes-nous?

(dead) body un cadavre 5

dear cher, chère

December décembre

to decide décider

to declare déclarer 3

to defeat vaincre 10

defect un défaut 6

degree un degré; *It's...below. It's minus...(degrees).* Il fait moins...(degrés).; *It's...(degrees).* Il fait...(degrés).

delicious délicieux, délicieuse

delighted ravi(e) 1

delightful exquis(e) 3

to demand exiger 7

dentist un(e) dentiste

department (administrative division) un département; *department store* un grand magasin; *(store) department* un rayon

departure un départ

to descend descendre

to describe décrire

desert un désert P

to design dessiner

desk: reception desk la réception 2; *student desk* un pupitre; *(teacher's) desk* un bureau

dessert un dessert

destination une destination 4

to destroy détruire 2

to detach détacher 3

detective un policier, une policière 5

to dial composer 7

diamond un diamant 2

dictionary un dictionnaire

to die mourir

diet un régime

difference une différence 4

different différent(e)

differently différemment

difficult difficile; *with difficulty* difficilement

dining room une salle à manger

dinner le dîner

diploma at end of *lycée* le baccalauréat (bac) 6

direct direct(e) 3

direction une direction; un sens 6

directory: telephone directory un annuaire 8

dirty sale 2

to disappear disparaître

disaster un désastre

to discover découvrir

discovery une découverte 4

to discuss discuter (de) 11

discussion une discussion 11

disease une maladie

disgusting infect(e) 3

dish un plat

dishes la vaisselle 10

dishwasher un lave-vaisselle 10

diskette une disquette

to dislike détester 3

to dismiss renvoyer 5

to display exposer 11

disposal la disposition 11

district un arrondissement 8

to distrust se méfier de 1

to disturb déranger 9

diverse divers(e) 4

to divide diviser 4

to do faire; *to do odd jobs* bricoler 10

doctor un médecin; un docteur; *(doctor's) office* un cabinet

dog un chien

doing: to be busy/in the middle of doing something être en train de (+ infinitif) 9

doing-it-yourself le bricolage 10

domination la domination 4

Don't bother. Ce n'est pas la peine.

door une porte; *(car) door* une portière

doorkeeper un(e) concierge

double double 2; le double

downtown un centre-ville P

dozen une douzaine 8

drag: What a drag! Quelle barbe!

to draw dessiner; *to draw (at cards)* piocher

drawer un dessinateur, une dessinatrice 11

drawing un dessin 11

dream un rêve

to dream rêver

dress une robe

dressed: to get dressed s'habiller

drink une boisson; *carbonated drink like 7-Up* une limonade

to drink boire

to drive conduire; rouler; *It's enough to drive you crazy.* C'est à devenir fou.; *to drive in* enfoncer 10 driver un chauffeur

driver's license un permis (de conduire)

drugs la drogue 11

drugstore une pharmacie

drum set une batterie

dry sec, sèche 1; *It's (The weather's) dry.* Il fait sec. 1; *to dry* sécher 10

dry cleaner's une teinturerie 9

to dry (oneself) s'essuyer

dryer un sèche-linge 10

duck un canard

dugout canoe une pirogue 2

dumb bête 1

during pendant; *during the day* de jour 9; *during the night* de nuit 9

dust la poussière 10

to dust enlever la poussière 10

duty un devoir 7

dynamic dynamique

E

each chaque; *each one (of them)* chacun(e) (d'entre eux/elles) 11; *each other* nous, se, vous

eager: to be eager avoir hâte (de) 3

ear une oreille

early en avance; tôt

to earn gagner

east l'est (m.)

Easter Pâques (f.)

easy facile; *It's not easy.* Ce n'est pas évident. 8

to eat manger, *to eat dinner (supper)* dîner; *to eat lunch* déjeuner

eclair un éclair

economic économique 11

economical économique 11

economics les sciences économiques (f.) 11

edge: on the edge of au bord de

effect un effet 11

efficient efficace

egg un œuf; *fried egg* un œuf sur le plat

eight huit

eighteen dix-huit

eighth huitième

eighty quatre-vingts

either: either...or soit...soit 8; *not either* ne (n')...pas non plus 6

elbow un coude 5

electrician un électricien, une électricienne 10

elephant un éléphant 1

elevator un ascenseur

eleven onze

eleventh onzième

else d'autre 1; *something else* autre chose 8

elsewhere ailleurs

emergency S.O.S.

emperor un empereur P

employee un(e) employé(e)

empress une impératrice 2

empty vide

en route en route 3

encounter une rencontre

end la fin; un bout 7; *end table* un guéridon 6

endive une endive

engineer un ingénieur

England l'Angleterre (f.)

English anglais(e); *English expression* un anglicisme 4; *English (language)* l'anglais (m.); *English-speaking* anglophone 4

English Channel la Manche

enormous énorme

enormously énormément

enough assez; suffisamment, suffisant(e); *It's enough to drive you crazy.* C'est à devenir fou.; *to be enough* suffire 10

to enroll inscrire

to enter entrer (dans)

entertainment un divertissement

entrance l'entrée (f.)

entrée une entrée 8

to entrust with confier à 5

environment l'environnement (m.) 11

episode un épisode 12

eraser une gomme

eruption une éruption 2

to escape s'échapper 12

especially surtout

espresso (coffee) un express

essential essentiel, essentielle 6

Europe l'Europe (f.)

European européen, européenne

even même

evening un soir; *in the evening* le soir; *P.M. (in the evening)* du soir

event: current event l'actualité (f.) 11

ever jamais

every chaque; tout, toute, tous, toutes; *every kind* toute sorte

everybody tout le monde

everything tout; *Everything's fine.* Ça va.

everywhere partout

evident évident(e)

evidently évidemment

exactly justement

exam at end of *lycée* le baccalauréat (bac) 6

example un exemple 5; *for example* par exemple 5

excavations des fouilles (f.) 7

excellent excellent(e) P

except sauf

exchange un change; *currency exchange* un bureau de change

exciting passionnant(e) 11

to exclude exclure 6

excursion une excursion

to excuse excuser 9; *excuse me* excusez-moi; pardon

exhausted épuisé(e) 9

exhausting épuisant(e) 9

to exhibit exposer 11

to exist exister 11

exit la sortie

to expect s'attendre à 8; *What do you expect* Que veux-tu (voulez-vous) 7

expensive cher, chère

experience une expérience

to explain expliquer; *to explain one's actions* s'expliquer 6

explanation une explication 7

expression: English expression un anglicisme 4

exquisite exquis(e) 3

eye un œil 7; *eyes* des yeux (m.); *to keep an eye on* surveiller 7; *to take one's eyes off* quitter des yeux 7

F

fabulous fabuleux, fabuleuse 4

face un visage

facing en face (de)

to fail rater 5

fall l'automne (m.)

to fall tomber; *to fall asleep* s'endormir 12

family une famille; *family room* un séjour

famous célèbre 11

fantastic génial(e)

far loin; *to get as far as* en être à 8; *to go too far* exagérer 7

farm une ferme

farmer un agriculteur

to fascinate fasciner 7

fascinating fascinant(e) 7;

passionnant(e) 11
fashion la mode
fast vite; rapide; *Not so fast!*
Doucement! 9
to **fasten** attacher 3
fast-food restaurant un fastfood 3
fat gros, grosse
father papa (m.); un père
fault un défaut 6
favorite préféré(e)
fear la peur
to **fear** craindre 9
February février
fed: to be fed up (with) en avoir
marre (de) 8
to **feed** nourrir
to **feel** se sentir; *to feel like* avoir envie
(de)
fence une barrière 10
festival une fête; un festival 2
fever la fièvre; *to have a fever* avoir
de la fièvre
a **few** quelques-un(e)s 11
fewer moins de 3
fiancé(e) un(e) fiancé(e) 6
field un champ; un domaine 11
fifteen quinze
fifth cinquième
fifty cinquante
fight une lutte 11
to **fight** se battre, combattre 11
to **fill up the gas tank** faire le plein;
to fill (with) remplir (de)
finally enfin
to **find** trouver; *to find out* savoir 12
fine bon, bonne; *He's/She's fine.* Il/
Elle va bien.
finger un doigt
to **finish** finir; terminer 5
fire un feu
first d'abord; premier, première;
first (of all) premièrement
fish un poisson
to **fish** pêcher
fishing la pêche; *fishing rod* une
canne à pêche; *to go fishing*
pêcher
to **fit: That fits you.** Ça vous (te) va.
five cinq
to **fix** réparer 9; *to fix one's hair* se
coiffer
flag un drapeau
flight un vol; *flight attendant* une
hôtesse de l'air
floor un étage; *ground floor* rez-de-
chaussée
flower une fleur
flu la grippe

flute une flûte
fly une mouche 6; *tsetse fly* une
mouche tsé-tsé 1
to **fly** voler 3
folk folklorique
to **follow** suivre
following suivant(e) 2
food la nourriture 3
fool: silly fool un(e) nigaud(e) 7
foot un pied; *on foot* à pied
for pour; depuis; ça fait...que 10;
(for) a long time longtemps; *for
example* par exemple 5
forbidden interdit(e)
forehead un front
foreigner un étranger, une
étrangère
forest une forêt 2
to **forget** oublier
fork une fourchette
form une fiche 3
former ancien, ancienne 5
formerly autrefois 12
fortified fortifié(e) 4
fortress une forteresse 4
fortunately heureusement
forty quarante
forward: center forward (soccer)
un avant centre
to **found** fonder 4
four quatre
fourteen quatorze
fourth quatrième
franc un franc
France la France
frank franc, franche 6
frankly franchement
free gratuit(e); *free (not busy)* libre
French français(e); *French
(language)* le français; *French-
speaking* francophone
(french) fries des frites (f.); *french
fry snack bar* une friterie
fresh frais, fraîche
Friday vendredi (m.)
fried egg un œuf sur le plat
friend un(e) ami(e); un copain, une
copine
friendly accueillant(e) 1
from de (d'); *from it/them* en; *from
Martinique* martiniquais(e) 1;
from (the) des, du; *from time to
time* de temps en temps 7
front avant 12
fruit un fruit
full plein(e); complet, complète 2
fun, funny amusant(e); *to have fun*
s'amuser; *to make fun of* se

moquer de 12
to **function** marcher
furniture des meubles (m.)
future l'avenir (m.)

G

to **gain weight** grossir
game un match; une partie; un
jeu 12
garage un garage
garbage des ordures (f.) 10;
garbage can une poubelle 10
garden un jardin; *garden hose* un
tuyau d'arrosage 10
gardening le jardinage 10
(gas) can un bidon; *gas station* une
station-service; *gas station
attendant* un(e) pompiste; *gas
tank* un réservoir; *to fill up the
gas tank* faire le plein
gasoline l'essence (f.)
gauge une jauge
generous généreux, généreuse 12
gentle doux, douce 6
gentleman un monsieur
geography la géographie
German allemand(e); *German
(language)* l'allemand (m.)
Germany l'Allemagne (f.)
to **get** chercher; obtenir; recevoir; *to
get a haircut* se faire couper les
cheveux 9; *to get along (with)*
s'entendre (avec) 1; *to get angry*
se fâcher 1, se mettre en colère
12; *to get as far as* en être à 8; *to
get bored* s'ennuyer; *to get
dressed* s'habiller; *to get hurt* se
faire mal 12; *to get off* débarquer
2; *to get off, to get out* descendre
(de); *to get on* monter;
embarquer 2; *to get on one's
nerves* embêter; *to get ready* se
préparer; *to get (re)married (to)*
se (re)marier (avec); *to get rid of*
se débarrasser de 10; *to get tired*
se fatiguer; *to get up* se lever
gift un cadeau
giraffe une girafe 1
girl une fille
girlfriend une fiancée 6
to **give** donner; offrir; *to give back*
rendre; *to give information*
renseigner
to **glance at** jeter un coup d'œil sur 7
glass un verre
glasses des lunettes (f.)
glove un gant

to go aller; rouler; *Go on.* Vas-y. (Allez-y.); *to go away* s'en aller 4, s'éloigner 9; *to go back to* reprendre 3; *to go back up* remonter 4; *to go bicycling* faire du vélo; *to go boating* faire du bateau; *to go by* dépasser; *to go camping* faire du camping; *to go canoeing* faire du canoë; *to go crazy* devenir fou/folle; *to go down* descendre; *to go fishing* pêcher; *to go for a walk (ride)* faire une promenade; se promener 4; *to go for a walk, to go walking* faire de la marche; *to go horseback riding* faire du cheval; *to go into* entrer (dans); *to go jogging* faire du jogging; *to go out* sortir; *to go roller-skating* faire du patin à roulettes; *to go shopping (Canada)* magasiner 4; *to go swimming* faire de la natation; se baigner 2; *to go to bed* se coucher; *to go too far* exagérer 7; *to go up* monter; *to go windsurfing* faire de la planche à voile
goal un but
goalie un gardien de but
goat une chèvre 8; *goat cheese* le chèvre 5
good bon, bonne; fort(e); *good evening* bonsoir; *Good grief!* Oh là là!; *good-bye* au revoir
Gothic gothique
government un gouvernement 11
governor un gouverneur 4
grade une note
grandchild un petit-enfant
grandfather un grand-père
Grandma Mémé
grandmother une grand-mère
Grandpa Pépé
grandparent un grand-parent
grape un raisin
grapefruit un pamplemousse 2
gravy une sauce 3
gray gris(e)
great formidable; super; génial(e); chouette; Chic alors!
Greece la Grèce P
green vert(e)
greeting une salutation
grilled: open-faced grilled ham and cheese sandwich un croque-monsieur
grocer un épicier, une épicière
ground la terre 3; *on the ground*

par terre 3
ground beef le bifteck haché
ground floor le rez-de-chaussée
group un groupe
grower: wine grower un vigneron, une vigneronne 7
grumpy grincheux, grincheuse 6
to guess deviner
guide un guide
guidebook un guide
guitar une guitare
gum tree un gommier 2
guy un type 5; *guys* les copains

H

habit une habitude 12
hair des cheveux (m.); *to fix one's hair* se coiffer
haircut: to get a haircut se faire couper les cheveux 9
hairdresser un coiffeur, une coiffeuse 9
hairstyle une coiffure 9
half demi(e); à moitié; *30 (minutes), half past* et demi(e)
half une mi-temps; une moitié 8
halfback (soccer) un demi
hall un couloir
ham le jambon; *open-faced grilled ham and cheese sandwich* un croque-monsieur
hamburger un hamburger
hammer un marteau 10
hand une main
handsome beau, bel, belle
to hang up (the phone) raccrocher 7
to happen se passer; arriver 12
happiness le bonheur 6
happy content(e); heureux, heureuse
hard difficile; dur(e); dur
hardly à peine 8
hat un chapeau
to hate détester 3; avoir horreur de 10
to have avoir; *to have (referring to food or drink)* prendre; *to have a cold* être enrhumé(e) 8; *to have a fever* avoir de la fièvre; *to have a good time* s'amuser; *to have a (mechanical) breakdown* tomber en panne; *to have a toothache* avoir mal aux dents; *to have an appointment/date* avoir rendez-vous; *to have fun* s'amuser; *to have just* venir de (+ infinitif); *to have pity on* avoir pitié de 12; *to*

have to falloir, devoir; *one/we/you have to* il faut
he il
head une tête
to head for se diriger (vers) 2
headlight un phare
headphone un écouteur
heap un tas 2
to hear entendre
heart un cœur 6
heat la chaleur 1
heavy lourd(e) 1
height une taille; *in height* de hauteur
hello bonjour; *hello (on telephone)* allô
to help aider
hen une poule
her son, sa, ses; elle; la, l'; *to her* lui
here ici; là; *here is, here are* voici; *here it is* voilà
hers le sien, la sienne 12
herself se; elle-même 4
Hey Tiens!
hi salut
to hide cacher
high haut(e) 1
high school un lycée; *high school student* un lycéen, une lycéenne
highway une autoroute
hill une colline 1
him lui; le, l'; *to him* lui
himself se; lui-même 4
hippopotamus un hippopotame 1
to hire embaucher 5
his son, sa, ses; le sien, la sienne 12
history l'histoire (f.)
to hold tenir
Hold on (telephone). Ne quitte(z) pas.
holiday une fête
home une maison; *at the home (house) of* chez; *at/to the home of* chez
homework les devoirs (m.) 1
hope l'espoir (m.) 11; *to lose hope* désespérer 8
to hope espérer
horror une horreur 10
horse un cheval; *horse-drawn carriage* une calèche 4; *to go horseback riding* faire du cheval
hose: garden hose un tuyau d'arrosage 10
hospital un hôpital
hot chaud(e); *It's hot.* Il fait chaud.; *to be hot* avoir chaud
hotel un hôtel

hour l'heure; *per/an hour* à l'heure

house une maison

household domestique 10

housework le ménage 10

how comment; comme, que 4; *How is...?* Comment va...?; *How's it going?* Comment ça va?; *how much, how many* combien; *How much is 1 and 1?* Combien font 1 et 1?; *How much is 2 minus 1?* Combien font 2 moins 1?

however pourtant

huh? hein?

human humain(e)

humorous humoristique 11

(one) hundred cent

hunger la faim; *to be hungry* avoir faim

hurry: in a hurry pressé(e)

to **hurry** se dépêcher

to **hurt** avoir mal (à); blesser 5; faire mal 12; *to hurt oneself, to get hurt* se faire mal 12

husband un mari

I

I je (j'); moi; me

ice cream une glace; *coffee-flavored ice cream dish* un café liégeois; *cream puff with ice cream and chocolate sauce* une profiterole 8

ID card une carte d'identité

idea une idée

identity une identité 4

if si; *if you were me* à ma place 3

illness une maladie

impatience l'impatience (f.)

imperial impérial(e) P

important important(e)

Impressionism l'impressionnisme (m.)

Impressionist impressionniste

impressive impressionnant(e)

to **improve** se perfectionner

in à; au; en; dans; de (d'); *in a hurry* pressé(e); *in a loud voice* fort; *in fact* en effet, en fait; *in front of* devant; *in order to* pour; *in that case* eh bien; *in (the)* au, aux, des, du; *in touch (with)* branché(e) (sur) 11; *to be in the middle of doing something* être en train de (+ infinitif) 9

to **include** comprendre 2

incredibly incroyablement

indeed en effet

Indian: Carib Indian un(e)

Caraïbe 2

to **indicate** indiquer

indispensable indispensable 2

industrious industrieux, industrieuse 6

influence une influence 3

to **influence** influencer

information desk un bureau d'information

inhabitant un(e) habitant(e) 4; *inhabitant of Martinique* un(e) Martiniquais(e) 2; *inhabitant of Quebec* un(e) Québécois(e) 4

to **injure** blesser 5

inquiry une enquête 5

insensitive insensible 6

inside dedans

inside (soccer) un inter

to **insist** insister

instrument un instrument

intelligent intelligent(e)

to **intend** compter 1

to **interest** intéresser; *to be interested in* s'intéresser à

interesting intéressant(e)

interminable interminable

international international(e) P

interpreter un(e) interprète

to **interrupt** interrompre 7

intersection un carrefour 8

to **interview** interviewer

to **introduce** présenter 7

invitation une invitation 4

to **invite** inviter

involved: to become involved in s'engager dans 11

iron un fer à repasser 10

to **iron** repasser 10

irregular irrégulier, irrégulière

to **irritate** énerver 12

irritating énervant(e)

is (*from* faire = *to do, to make*) font; *Is everything OK?* Ça va?; *is it? is that? is he? is she?* est-ce?; *isn't she? isn't that so?* n'est-ce pas?

island une île

it ça; elle; ce (c'); le, la, l'; *It doesn't matter.* Ça ne fait rien.; *it is* c'est; *It's about time.* Ce n'est pas trop tôt. 10; *It's better.* Ça va mieux.; *It's (The weather's) dry.* Il fait sec. 1; *It's enough to drive you crazy.* C'est à devenir fou.; *It's just as well.* C'est tout aussi bien.; *It's (The weather's) muggy.* Il fait lourd. 1; *It's not easy.* Ce n'est pas évident. 8; *It's raining.*

Il pleut.; *It's snowing.* Il neige.; *of (about, from) it* en; *That's it.* Ça y est. 1; *(to/about) it* y

Italian italien, italienne; *Italian (language)* l'italien (m.)

Italy l'Italie (f.)

itinerary un itinéraire P

its son, sa, ses; le sien, la sienne 12

itself: all by itself tout(e) seul(e)

Ivory Coast la Côte-d'Ivoire 1

J

jacket une veste

jail une prison

jam la confiture

January janvier

Japanese japonais(e)

jazz le jazz 4

jealous jaloux, jalouse 6

jeans (pair of) un blue-jean (jean)

jewel un bijou

job un boulot, un emploi, un poste 5; *odd jobs* le bricolage 10; *to do odd jobs* bricoler 10

jogging le jogging; *to go jogging* faire du jogging

to **joke** exagérer 7

journalist un(e) journaliste 11

juice le jus

July juillet

to **jump** sauter 12

June juin

jungle une jungle

just juste 5; *It's just as well.* C'est tout aussi bien.; *just any* n'importe quel, n'importe quelle 10; *just anyone* n'importe qui 11; *to have just* venir de (+ infinitif)

K

to **keep** garder; *to keep an eye on* surveiller 7

ketchup le ketchup

key une clé

kid un(e) enfant

to **kid** blaguer 12

to **kill** tuer 2

kilogram un kilogramme (kilo)

kilometer un kilomètre

kind une sorte; *every kind* toute sorte

kindly veuillez 9

kindness la gentillesse 6

king un roi

kiss une bise

to **kiss** embrasser

kitchen une cuisine
knife un couteau
knock un coup 5
to **knock** frapper 4
know: Mr./Mrs. Know-it-all Monsieur/Madame qui sait tout
to **know** connaître; savoir; *to know about* être au courant de 11; *to know each other* se connaître 6; *to know (how)* savoir

L

laboratory un laboratoire
laborer un ouvrier, une ouvrière
ladder une échelle 10
lady une dame; *young lady* mademoiselle
lake un lac
lamp une lampe
land la terre 3
to **land** débarquer 2; atterrir 3
landing un atterrissage, le débarquement 3
language une langue
large grand(e); gros, grosse; *large room* un hall
last dernier, dernière
to **last** durer 3
late en retard; tard
later plus tard
Latin latin(e) 4
to **laugh** rigoler; rire 7
laundry le linge 10
lawn un jardin; une pelouse 2
lawnmower une tondeuse 10
lazy paresseux, paresseuse 1
to **leaf through** feuilleter 9
to **learn** faire + du (de la, de l', des) + *school subject*; apprendre
the **least** le (la, les) moins (+ adjectif)
to **leave** partir; quitter; sortir; laisser; s'en aller 4
left gauche; *to the left, on the left* à gauche
leg une jambe; *to have sore legs* avoir mal aux jambes
lemon un citron 2
to **lend** prêter
in **length** de longueur
less moins; moins de 3
lesson une leçon
Let... Que (+ subjonctif)... 7
to **let** permettre
letter une lettre
level un niveau 6
library une bibliothèque
license plate une plaque

d'immatriculation; *driver's license* un permis (de conduire)
to **lie** mentir 12
lieutenant: police lieutenant un inspecteur, une inspectrice 5
life la vie; *in real life* en naturel
light léger, légère 3
light une lumière 1; *traffic light* un feu (de circulation)
to **light** allumer 1
like comme
to **like** aimer
lime un citron vert 2
limit une limite
line une queue; une ligne; *on the line* au bout du fil 7; *to stand in line* faire la queue
lion un lion 1
to **listen (to)** écouter
little petit(e); *(a) little* (un) peu; *little by little* petit à petit 2; *little piece* un bout 7
to **live** habiter; vivre; *Long live....* Vive(nt).... 10
lively vivant(e)
living vivant(e)
living room un salon
located: to be located se trouver
to **lock** fermer à clé
long long, longue; *as long as* tant que 11; *(for) a long time* longtemps
Long live.... Vive(nt).... 10; *Long live the queen!* Vive la reine!
longer: not any longer ne (n')...plus
look un regard 6; *look(s)* un look
to **look** avoir l'air; *to look (at)* regarder; *to look at oneself* se regarder; *to look for* chercher; *to look like* ressembler à
to **lose** perdre; *to lose hope* désespérer 8; *to lose one's mind* perdre la tête; *to lose weight* maigrir
loss une perte 5
lot: parking lot un parking
lottery une loterie 12
loud: in a loud voice fort
loudly fort
Louisiana la Louisiane 3
love l'amour (m.) 6; *in love (with)* amoureux, amoureuse (de)
to **love** aimer; adorer
low: (in a) low (voice) bas
luck la chance; *to be lucky* avoir de la chance
luckily heureusement
luggage des bagages (m.) 3

lunch le déjeuner
Luxembourg (country) le Luxembourg
Luxemburger luxembourgeois(e)

M

machine une machine 10; *answering machine* un répondeur 7
Madam Madame
magazine une revue; un magazine 9
magnificent magnifique
to **mail** poster
mailbox une boîte aux lettres
main principal(e)
majority une majorité 4
make une marque
to **make** faire; *to (make a phone) call (to)* donner un coup de fil (à) 7; *to make (+ adjective)* rendre (+ adjectif) 11; *to make aware (of)* sensibiliser (à) 11; *to make fun of* se moquer de 12; *to make one's way toward* se diriger (vers) 2; *to make oneself comfortable* s'installer 9
makeup: to put on makeup se maquiller
man un homme; un monsieur
to **manage** arriver à; se débrouiller 3; gérer 5
manager un(e) gérant(e) 5
mango une mangue 2
manner une manière; une façon 9
to **manufacture** fabriquer 5
as **many** autant de 3
map une carte; un plan
March mars
marker un pion
market un marché
marriage un mariage 6
married: to get married (to) se marier (avec)
to **marry** se marier (avec)
Martinique la Martinique; *from Martinique* martiniquais(e) 1; *inhabitant of Martinique* un(e) Martiniquais(e) 2
marvel une merveille
marvelous merveilleux, merveilleuse
mast un mât 2
master un maître
match un match
math les mathématiques (maths) (f.)

matter: It doesn't matter. Ça ne fait rien.; *no matter what* n'importe quel, n'importe quelle 10

may pouvoir

May mai

maybe peut-être

mayonnaise la mayonnaise

me moi; me; *if you were me* à ma place 3; *to me* me

meal un repas

mean méchant(e)

to **mean** vouloir dire 2

meaning un sens

meanly méchamment

to **measure** mesurer

meat la viande

mechanic un mécanicien, une mécanicienne

medecine un médicament

Mediterranean (Sea) la Méditerranée

medium moyen, moyenne; à point 8

to **meet** rencontrer; faire la connaissance de; se retrouver 8; connaître 12; *to arrange to meet with* donner rendez-vous à 8; *to meet again* retrouver

meeting un rendez-vous

member: team member un équipier, une équipière 2

memory un souvenir

menhir un menhir

mention: Don't mention it. De rien.

menu un menu

merchant un(e) marchand(e)

message un message 7

meter un mètre; *parking meter* un parcmètre

Mexican mexicain(e)

Mexico le Mexique

middle: to be in the middle of doing something être en train de (+ infinitif) 9

midnight minuit

milk le lait

millionaire un(e) millionnaire

mine le mien, la mienne 12

mineral minéral(e); *brand of mineral water* Chanflor 2

minus moins

minute une minute

mirror une glace

misery la misère 11

Miss Mademoiselle

to **miss** manquer 2; rater 5

mistake une faute 12

mistress une maîtresse

mitt: bath mitt un gant de toilette

modern moderne 4

mom maman (f.)

moment un moment; *at the moment* en ce moment

Monday lundi (m.); *on Monday(s)* le lundi

money l'argent (m.)

monkey un singe 1

Monopoly le Monopoly

month un mois

monthly publication un mensuel 11

monument un monument

Moor un Maure, une Mauresque

more plus; plus de 3

moreover d'ailleurs, en plus 5

morning un matin; une matinée 9; *A.M. (in the morning)* du matin; *in the morning* le matin

Moroccan marocain(e)

Morocco le Maroc

most la plupart (de) 8; *the most* le (la, les) plus (+ adjectif)

mother maman (f.); une mère

motorcycle une moto

mountain une montagne

mouse une souris

mousse une mousse

mouth une bouche

to **move** déménager; *to move (something)* déplacer

movie star une vedette (de cinéma)

movie theater un cinéma

movies le cinéma

to **mow** tondre 10

Mr. Monsieur; *Mr. Know-it-all* Monsieur qui sait tout

Mrs. Madame; *Mrs. Know-it-all* Madame qui sait tout

much, very much beaucoup; *as much* autant de 3; *not much* pas grand-chose; *so much* tellement 1; *so much the better* tant mieux 9

muggy: It's (The weather's) muggy. Il fait lourd. 1

murder un meurtre 7

museum un musée

mushroom un champignon

music la musique

musician un musicien, une musicienne

must falloir; devoir; *one/we/you must* il faut

mustard la moutarde

my mon, ma, mes

myself me; moi-même 4

mysterious mystérieux, mystérieuse 7

mystical mystique

N

nail un clou 10

name un nom

named: to be named s'appeler

napkin une serviette

narrow étroit(e) 4

national national(e) P

natural naturel, naturelle 4

navigation la navigation 2

near près (de); *to come near (to)* s'approcher (de) 2

neat: really neat chouette

necessary nécessaire 9

necessary: to be necessary falloir; *it is necessary* il faut

neck un cou

necklace un collier

necktie une cravate

to **need** avoir besoin de

neighbor un voisin, une voisine

neighborhood un quartier

neighboring voisin(e)

neither non plus, ne (n')...pas non plus 6; *neither...nor* ne (n')...ni...ni 6

nephew un neveu

nerves: to get on one's nerves embêter

never ne (n')...jamais

new nouveau, nouvel, nouvelle; *brand-new* neuf, neuve 8; *New Frontiers (travel agency)* Nouvelles Frontières; *What's new?* Quoi de neuf? 8

news des nouvelles (f.)

newspaper un journal

newsstand un kiosque à journaux

next ensuite; prochain(e); *next to* à côté (de); *the next day* le lendemain

nice sympa (sympathique); gentil, gentille; *It's nice.* Il fait beau.

nicely gentiment

night une nuit; *during the night* de nuit 9

nine neuf

nineteen dix-neuf

ninety quatre-vingt-dix

ninth neuvième

no non; ne (n')...aucun(e) 6; pas 9; aucun(e)...ne (n') 10; *no matter*

what n'importe quel, n'importe quelle 10; *no more, no longer* ne (n')...plus

no one ne (n')...personne; personne ne (n') 4

nobody ne (n')...personne; personne ne (n') 4

noise un bruit 5

noon midi

nor: neither...nor ne (n')...ni...ni 6

normally normalement 5

north le nord

nose un nez

not pas; ne (n')...pas; *not any* ne (n')...aucun(e) 6; *not any longer* ne (n')...plus; *not anymore* ne (n')...plus; *not anyone* ne (n')...personne; personne ne (n') 4; *not anything* ne (n')...rien; rien ne (n') 4; *not anywhere* ne (n')...nulle part 6; *not at all* pas du tout; *not bad* pas mal; *not either* ne (n')...pas non plus 6; *not many, not much* (un) peu; *not much* pas grand-chose; *not one* aucun(e)...ne (n') 10; *not only* non seulement; *Not so fast!* Doucement! 9; *not yet* ne (n')...pas encore

note un mot

notebook un cahier; un carnet

nothing ne (n')...rien; rien ne (n') 4

to **notice** remarquer

noun un nom

novel un roman

November novembre

now maintenant; *right now* en ce moment; *until now* jusqu'ici 4

nowhere ne (n')...nulle part 6

to **nudge** donner un coup de coude 5

number un nombre; un numéro; *address and phone number* des coordonnées (f.) 8

O

o'clock l'heure

object un objet 7

to **oblige** obliger 12

to **observe** observer

to **obtain** obtenir

obvious évident(e)

obviously évidemment

ocean un océan

October octobre

odd jobs le bricolage 10; *to do odd jobs* bricoler 10

of de (d'); *of course* bien sûr; *Of course not.* Bien sûr que non.; *of it/them* en; *of (the)* du, des; *of which/whom* dont 9; *to think of* penser à

off: to get off débarquer 2; *to take off* décoller 3, enlever 10; *to take one's eyes off* quitter des yeux 7; *to turn off* éteindre 1

to **offer** offrir

office une agence P; un bureau 5; *at/to the office of* chez; *(doctor's) office* un cabinet

official officiel, officielle 4

often souvent

oh ah; oh; ben; *Oh!* Aïe!; *Oh no!* Oh là là!; *oh really* ah bon

oil l'huile (f.)

OK d'accord; OK

old vieux, vieil, vieille; ancien, ancienne 5; *How old are you?* Quel âge avez-vous?

omelette une omelette

on sur; à; dans; en; *on foot* à pied; *on the contrary* au contraire 12; *on the dot* précis(e); *on the edge (side) of* au bord de; *on the ground* par terre 3; *on the line* au bout du fil 7; *on the way* en route 3; *to get on* monter, embarquer 2; *to turn on* allumer 1

once une fois; *all at once* à la fois

one un, une; on; *another (one)* un(e) autre 11; *each one (of them)* chacun(e) (d'entre eux/elles) 11; *no one* ne (n')... personne; personne ne (n') 4; *not one* aucun(e)...ne (n') 10; *the ones* ceux, celles 5; *this one, that one, the one* celui, celle 5; *which one* lequel, laquelle 5; *which ones* lesquels, lesquelles 5

one's son, sa, ses; le sien, la sienne 12

oneself se; *all by oneself* tout(e) seul(e) 4; *to hurt oneself* se faire mal 12; *to look at oneself* se regarder; *to make oneself comfortable* s'installer 9; *to throw oneself* se jeter 9

onion un oignon

only seulement; ne (n')...que 4; *not only* non seulement

Ontario l'Ontario (m.) 4

to **open** ouvrir

to **operate on** opérer 12

operation une opération 12

opinion un avis; *in...opinion* selon

opportunity une occasion

opposite en face (de); le contraire 7

or ou; *either...or* soit...soit 8

orange une orange; orange

to **order** commander

origin une origine

original original(e)

other autre; *each other* nous, se, vous; *others* d'autres 11; *some... others* les un(e)s...les autres 11

Ouch! Aïe! 5

our notre, nos

ours le nôtre, la nôtre 12

ourselves nous; nous-mêmes 4

out: to go out, to come out, to take out sortir; *to put out* éteindre 1

outdoors en plein air

outfit une tenue; *(coordinated) outfit* un ensemble

outside dehors; en plein air; en dehors de 6

oval ovale

oven un four 8

over: all over the place de droite à gauche 8; *over there* là-bas; *to stop over* faire escale 3

to **owe** devoir

own propre

owner un patron, une patronne 2

P

Pacific pacifique

to **pack one's suitcase** faire sa valise 3

pain un mal; *to be in pain, to have pain (in)* avoir mal (à)

paint la peinture 10

to **paint** peindre 10

paintbrush un pinceau 10

painter un peintre

painting une peinture; un tableau

pair une paire

palace un palais

pane: window pane une vitre

pants (pair of) un pantalon

paper: sheet of paper une feuille de papier

parade un défilé 2

parent un parent

Parisian parisien, parisienne

park un jardin; un parc P

to **park** garer

parking le stationnement; *parking lot* un parking; *parking meter* un

parcmètre
part une partie; *part (hair)* une raie 9
party une boum
to **pass** dépasser; *to pass (a test)* réussir; *to pass by* passer
passenger un passager, une passagère
passerby un(e) passant(e) 11
passport un passeport
pastime un passe-temps
pastry; pastry store une pâtisserie
pâté le pâté
path un chemin
pathetic minable 1
paw une patte 12
to **pay (for)** payer
peace la paix 11
peach une pêche
pear une poire
peas des petits pois (m.)
pen un stylo; *pen pal* un(e) correspondant(e)
pencil un crayon; *pencil sharpener* un taille-crayon
peninsula une presqu'île 7
people on; les gens (m.); le monde; *certain people* certain(e)s 11
pepper le poivre
per/an hour à l'heure
perfect parfait(e)
period une période
to **permit** permettre
person une personne; *athletic person* un sportif, une sportive; *crazy person* un fou, une folle; *shoe repair person* un cordonnier, une cordonnière 9
personality un caractère 6
pharmacist un pharmacien, une pharmacienne
pharmacy une pharmacie
phone: address and phone number des coordonnées (f.) 8; *to hang up (the phone)* raccrocher 7
to **phone** téléphoner (à); *to (make a phone) call (to)* donner un coup de fil (à) 7
photo la photo
photographer un(e) photographe 7
photography la photo
piano un piano
to **pick up (the receiver)** décrocher 7
picture la photo
picturesque pittoresque
pie une tarte
piece un morceau; *little piece* un

bout 7; *(piece of) advice* un conseil; *(piece of) business* une affaire 5
pig un cochon
pile un tas 2
pill un comprimé
pimple un bouton
pineapple un ananas 2
pink rose
pity la pitié 12; *to have pity on* avoir pitié de 12
pizza une pizza 8
place une place; un endroit; *all over the place* de droite à gauche 8; *at/ to the place of* chez; *to take place* avoir lieu
place setting un couvert
plan un plan; un projet 4
plant une plante P
plate une assiette; *license plate* une plaque d'immatriculation
platform un quai
play une pièce (de théâtre)
to **play** jouer; *to play basketball* faire du basket-ball (basket); *to play sports* faire du sport; *to play volleyball* faire du volley-ball (volley)
play on words un jeu de mots
player un joueur, une joueuse
pleasant agréable
please s'il vous (te) plaît
pleasing: to be pleasing plaire
pleasure un plaisir 9
pliers des pinces (f.) 10
pocket une poche
poem un poème
point un point 4
police la police 5; *police lieutenant* un inspecteur, une inspectrice 5; *police officer* un agent (de police)
politics la politique 11; *to be active in politics* faire de la politique 11
poll un sondage 11; *to conduct a poll* faire un sondage 11
pollution la pollution 11
pond un étang
pool: swimming pool une piscine
poor pauvre
poorly mal
porch deck une terrasse
port un port
Portugal le Portugal
Portuguese portugais(e); *Portuguese (language)* le portugais
position un poste 5
possession la possession 4

possibility une possibilité 6
possible possible
post office un bureau de poste; une poste
postcard une carte postale
poster une affiche
potato une pomme de terre
pound une livre
poverty la misère 11
practical pratique 2
precise précis(e)
precisely justement; précisément 9
to **prefer** préférer
preference une préférence 9
preferred préféré(e)
prehistory la préhistoire 7
to **prepare** préparer
prescription une ordonnance
present actuel, actuelle 11; *present reality* l'actualité (f.) 11
present un cadeau
presently actuellement 4
pressure la pression
pretty joli(e)
to **prevent** empêcher 7
price un prix
principal principal(e)
probably probablement
problem un problème
profession un métier
professional professionnel, professionnelle
professor un professeur (prof)
program: TV program une émission 1
progress le progrès 10
project un projet 4
to **promise** promettre
pronunciation une prononciation 4
to **propose** proposer
to **protest** protester 11
provided that à condition que 8
province une province 4
public public, publique 7
publication: daily publication un quotidien 11; *monthly publication* un mensuel 11; *weekly publication* un hebdomadaire 11
puff: cream puff with ice cream and chocolate sauce une profiterole 8
pupil un(e) élève
purchase un achat 9
purple violet, violette
purse un sac à main; *coin purse* un porte-monnaie
to **push** pousser

to put, to put on mettre; *to put back together* remonter 10; *to put on makeup* se maquiller; *to put out* éteindre 1

puzzle une énigme

Q

quality une qualité 6

quarter un quart; *fifteen (minutes) of/to, quarter of/to* moins le quart; *fifteen (past), quarter (after)* et quart

Quebec québécois(e) 4; *inhabitant of Quebec* un(e) Québécois(e) 4

Quebec Province le Québec 4

question une question; *to ask (a question)* poser

to question interroger 12

quiche une quiche

quickly vite; en vitesse 9

quiet: to be quiet se taire 7

quite tout à fait 3

R

rabbit un lapin

race la course

to race faire de la course

radio une radio

railroad un chemin de fer; *railroad (train) station* une gare

rain la pluie 1

to rain pleuvoir

raincoat un imperméable (imper)

to raise lever 2

rampart un rempart

rapid rapide

rare saignant(e) 8

raspberry une framboise

rather assez

ravishing ravissant(e) 9

razor un rasoir

to reach atteindre 9

to read lire

reading la lecture

ready prêt(e) 2; *to get ready* se préparer

real: in real life en naturel

reality: present reality l'actualité (f.) 11

to realize se rendre compte 12

really bien; vraiment; vachement 4; *really neat* chouette

rear arrière 12

reason une raison

reasonable raisonnable 2

to receive recevoir

receiver: to pick up (the receiver) décrocher 7

recently dernièrement

reception desk la réception 2

to recognize reconnaître 8

to recommend conseiller 2

to recruit recruter 5

red rouge; roux, rousse

red-haired roux, rousse

refrigerator un réfrigérateur (frigo)

relations des rapports (m.) 6

relationship des rapports (m.) 6

relative un parent

to remain rester; *there is (are)...left (remaining)* il reste

remarried: to get remarried (to) se remarier (avec)

to remarry se remarier (avec)

to remember se rappeler; se souvenir 8

to remind rappeler 10

to remove enlever 10

to rent louer 3

repair: shoe repair shop une cordonnerie 9

to repair réparer 9

repairperson un dépanneur 10; *shoe repairperson* un cordonnier, une cordonnière 9

to repeat répéter

to replace remplacer 4

reporter un reporter 5

to require exiger 7

researcher un chercheur, une chercheuse

to resemble ressembler à

reservation une réservation 9

to reserve réserver

to resign démissionner

to respect respecter 12

responsible (for) responsable (de) 5

to rest se reposer

restaurant un restaurant; *crêpe restaurant* une crêperie; *fast-food restaurant* un fastfood 3

restroom les toilettes (f.), les W.-C., les vécés (m.)

result un résultat 8

to resume reprendre 3

to return rentrer; retourner; rendre; revenir

rice le riz 3

rich riche P

rid: to get rid of se débarrasser de 10

ride une promenade; *to go for a ride* faire une promenade; se promener 4

riding: to go horseback riding faire du cheval

right droit(e); bon, bonne; juste 5; *right?* hein?; *right away, right now* tout de suite; *right now* en ce moment; *to be right* avoir raison; *to the right, on the right* à droite

ring une bague

to ring sonner

rink: skating rink une patinoire

to risk risquer

river un fleuve; une rivière

road une route

rock un rocher 2; *rock (music)* le rock

rod: fishing rod une canne à pêche

roll (muffin-shaped) une brioche

roller skates des patins à roulettes (m.)

to roller-skate, to go roller-skating faire du patin à roulettes

Romanesque roman(e)

room une salle; une pièce; la place 9; *family room* un séjour; *large room* un hall; *living room* un salon; *waiting room* une salle d'attente

rooster un coq

round rond(e)

round-trip ticket un aller-retour 2

en route en route 3

to row ramer

rug un tapis

ruins des ruines (f.) P

rumor un bruit 5

to run courir; faire de la course

running la course

S

sad triste

safari un safari P

safety la sécurité 3

sail une voile

sailboat (Martinique) une yole 2

salad une salade

salami le saucisson

salary un salaire 6

on sale en solde

salesperson un(e) employé(e); un vendeur, une vendeuse

salmon un saumon

salt le sel

same même; *all the same* quand même 6; *at the same time* en même temps 6; *the same* pareil, pareille 10

sandwich un sandwich; *open-faced grilled ham and cheese sandwich* un croque-monsieur

Saturday samedi (m.)

sauce une sauce 3; *cream puff with ice cream and chocolate sauce* une profiterole 8

savannah (grassy plain) une savane 1

saw une scie 10

to **saw** scier 10

saxophone un saxophone (saxo)

to **say** dire; *say (now)* dis donc; *What can I say?* Bof! 7

scarcely à peine 8

scarf un foulard

schedule un emploi du temps; un horaire 9

school scolaire

school une école; *first day of school* la rentrée

science une science

scientist un(e) scientifique

scout un(e) scout(e)

to **scream** crier

screw une vis 10

screwdriver un tournevis 10

sculpture la sculpture

sea une mer

seafood des fruits de mer (m.) 8

season une saison

seat une place; un siège

seatbelt une ceinture de sécurité 3

seated assis(e)

second second(e); deuxième

secret un secret 7; secret, secrète 7

secretary un(e) secrétaire

section une section

to **see** voir; apercevoir; *See you in a little while.* À tout à l'heure.; *See you tomorrow.* À demain.; *to see again* revoir 2

to **seek** rechercher 6

to **seem** avoir l'air; sembler; paraître 2

to **sell** vendre

seminary un séminaire 4

to **send** envoyer; *to send away* renvoyer 5

Senegal le Sénégal

Senegalese sénégalais(e)

sense un sens 6

sensitive sensible 6

to **separate** séparer 9

September septembre

serious grave; sérieux, sérieuse

seriously au sérieux 7

to **serve** servir

service: At your service! À votre service!

to **set** mettre

to **settle** s'installer

seven sept

seventeen dix-sept

seventh septième

seventy soixante-dix

several plusieurs 10

sharp précis(e)

to **shave** se raser

she elle

sheep un mouton

shhh! chut 5

shirt une chemise

shoe une chaussure; *shoe repair shop* une cordonnerie 9; *shoe repairperson* un cordonnier, une cordonnière 9; *tennis shoes* des tennis (f.)

shop une boutique; *shoe repair shop* une cordonnerie 9; *tobacco shop* un bureau de tabac, un tabac

to **shop, to go shopping** faire des courses; *to go shopping (Canada)* magasiner 4

shopping les achats (m.)

short petit(e); court(e)

shorts (pair of) un short

shot une piqûre

shoulder une épaule 5

to **shout** crier

to **show** montrer

shower une douche

shrimp une crevette 3

shuttle une navette 2

sick malade

side un côté 2; *on the side of* au bord de

sidewalk un trottoir

sign (traffic) un écriteau

to **sign** signer

silly fool un(e) nigaud(e) 7

simple simple

simply simplement 8

since comme; depuis; puisque

to **sing** chanter

singer un chanteur, une chanteuse

single seul(e); simple 2

sink un évier 10

Sir Monsieur

sister une sœur

to **sit down** s'asseoir; s'installer 9

situated situé(e) 2

six six

sixteen seize

sixth sixième

sixty soixante

size une taille

to **skate** patiner

skates: roller skates des patins à roulettes (m.)

skating rink une patinoire

ski; skiing le ski

to **ski, to go skiing** faire du ski

ski resort une station de ski

skirt une jupe

sky le ciel 3

skyscraper un gratte-ciel 4

to **sleep** dormir

sleeping bag un sac de couchage

slender mince

to **slide, to slip** glisser 12

to **slow down** ralentir

slowly lentement; doucement 9

small petit(e)

to **smell** sentir

to **smile** sourire 7

smoke la fumée

smoking section une section fumeurs; *non-smoking section* une section non-fumeurs

snail un escargot 8

snake un serpent 1

to **sneeze** éternuer

snow la neige 4

so si; donc; *so much* tellement 1; *so much the better* tant mieux 9; *so that* pour que 8; *So what?* Bof! 7; *so-so* comme ci, comme ça

soap le savon

soccer le football (foot)

sock une chaussette

sofa un canapé

softly doucement 9

solution une solution

to **solve** résoudre 11

some du, de la (l'), des, de (d'); quelque; en; certain(e)s, quelques-un(e)s 11; *some...others* les un(e)s...les autres 11

somebody quelqu'un

someone quelqu'un

something quelque chose; *something else* autre chose 8; *to be busy/in the middle of doing something* être en train de (+ infinitif) 9

sometimes quelquefois

somewhere quelque part 6

son un fils

soon bientôt; *as soon as* aussitôt que 11

sorry désolé(e) 2; *to be sorry* regretter 7

south le sud

souvenir un souvenir

Spain l'Espagne (f.)

Spanish espagnol(e); *Spanish (language)* l'espagnol (m.)

to **speak** parler

speaking à l'appareil

on **special** en promotion

to **specialize** se spécialiser 5

specialty une spécialité

to **specify** préciser 6

spectacular spectaculaire

spectator un spectateur, une spectatrice 2

speed la vitesse

to **spend** dépenser; *to spend (time)* passer

spinach des épinards (m.)

spoon une cuillère

sport un sport; *to play sports* faire du sport

to **sprain** se fouler 12

spring le printemps

square une case; *(public) square* une place

stable une étable

stadium un stade

stairs, stairway un escalier

stamp un timbre

to **stand** supporter 1; *to stand in line* faire la queue

standing debout; *standing stone* un menhir

star (movie) une vedette (de cinéma)

to **start** commencer; se mettre à 5; *to start again* recommencer

starving: to be starving avoir une faim de loup 8

station une station; *gas station* une station-service; *gas station attendant* un(e) pompiste; *in the station* en gare

statue une statue 2

stay un séjour 4

to **stay** rester

steak un bifteck; un steak 8

to **steal** voler 7

steering wheel un volant

stereo une chaîne stéréo

still toujours; encore

stilt une échasse

stomach un ventre; *to have a stomachache* avoir mal au ventre

stone une pierre; *standing stone* un menhir

stop un arrêt; une escale 3

to **stop** arrêter; s'arrêter 12; *to stop (over)* faire escale 3; *to stop talking* se taire 7

stopover une escale 3

store un magasin; *branch store* une succursale 6; *department store* un grand magasin

story l'histoire (f.)

stove une cuisinière

straight raide; *straight ahead* tout droit

strange étrange 9

stranger un étranger, une étrangère

strawberry une fraise

street une rue

to **strike** frapper 4

strong fort(e)

student un(e) élève; *(college) student* un(e) étudiant(e) 7

study une étude 5

to **study** étudier; faire + du (de la, de l', des) + *school subject*

stupid bête 1; idiot(e) 12; *stupid thing* une bêtise 12

style la mode; un style P

stylish chic

subject un sujet 4

subway un métro

to **succeed** réussir

success le succès 6

such tel, telle 11; *such a* un tel, une telle 10

sudden: all of a sudden tout à coup

to **suffer** souffrir

suffering la souffrance 11

sufficient suffisant(e)

sufficiently suffisamment

sugar le sucre

suit une tenue; *man's suit* un costume; *woman's suit* un tailleur

to **suit: That suits you.** Ça vous (te) va.

suitcase une valise; *to pack one's suitcase* faire sa valise 3

summer l'été (m.); *summer vacation* les grandes vacances (f.)

sun le soleil

Sunday dimanche (m.)

sunglasses des lunettes de soleil (f.)

sunny: It's sunny. Il fait du soleil.

super super; *Super-Cola* un Super-Cola

superb superbe

superintendent: building superintendent un(e) concierge

supper le dîner

sure sûr(e)

surprise une surprise

to **surprise** étonner; surprendre 5

survey une enquête 5

to **suspect** se douter 8

to **swallow** avaler

sweater un pull, un pull-over

Swedish suédois(e)

sweet doux, douce 6

to **swim** nager

swimming la natation; *swimming pool* une piscine; *to go swimming* faire de la natation; se baigner 2

Swiss suisse

Switzerland la Suisse

symptom un symptôme

synthesizer un synthétiseur (synthé)

T

table une table; *end table* un guéridon 6

tablet un comprimé

tail une queue

to **take** prendre; suivre; *to take apart* démonter 10; *to take away* enlever 10; *to take care of* s'occuper de; *to take off* décoller 3, enlever 10; *to take one's eyes off* quitter des yeux 7; *to take out* sortir; *to take place* avoir lieu; *to take (someone) along* emmener

to **take off, to take away** enlever 10

takeoff un décollage 3

to **talk** parler

talking: to stop talking se taire 7

tall grand(e)

tan: to get a (sun)tan bronzer

tank: gas tank un réservoir; *to fill up the gas tank* faire le plein

tape recorder un magnétophone

task une tâche 10

tasting: awful tasting infect(e) 3

taxi un taxi

tea le thé

to **teach** apprendre

teacher un professeur (prof); *(teacher's) desk* un bureau

team une équipe; *team member* un équipier, une équipière 2

to **tease** taquiner

telephone téléphonique 8;

telephone booth une cabine téléphonique 7; *telephone directory* un annuaire 8

telephone un téléphone; un appareil 7

television set une télévision (télé)

to **tell** dire; *to tell (about)* raconter

ten dix

tennis le tennis

tent une tente

tenth dixième

terminal: airport terminal une aérogare 3

terrace une terrasse

terrific formidable; super; génial(e); Chic alors!

territory un territoire 4

terrorism le terrorisme 11

test: unit test un contrôle

than que (qu')

thanks merci

that ce (c'); cela; ça; que (qu'); ce, cet, cette; ce (cet, cette)...-là; qui; ce qui 11; ce dont, ce que 12; *so that* pour que 8; *that is to say* c'est-à-dire; *that one* celui, celle 5; *That's it.* Ça y est. 1; *That's right.* C'est ça.; *That suits you. That fits you.* Ça vous (te) va.

the le, la, l', les

theater un théâtre; *movie theater* un cinéma P

their leur

theirs le leur, la leur 12

them les; *them (f.)* elles; *them (m.)* eux; *both of them* tous/toutes (les) deux; *of (about, from) them* en; *to them* leur

themselves se; elles-mêmes (f.), eux-mêmes (m.) 4

then puis; *(well) then* alors

there là; y; *there is, there are* voilà, il y a

therefore donc

these ces; ces...-ci; ceux, celles 5

they on; *they (f.)* elles; *they (m.)* ils; *they are* ce sont

thin mince

thing une chose; un truc; *stupid thing* une bêtise 12

to **think** croire; penser; réfléchir; *I think so.* Je crois que oui.; *to think about/of* penser à

third troisième

third un tiers 8; *Third World* le Tiers-Monde 11

thirst la soif; *to be thirsty* avoir soif

thirteen treize

thirty trente

this ce (c'); ce, cet, cette; ce (cet, cette)...-ci; *this one* celui, celle 5

those ces; ces...-là; ceux, celles 5

thought la pensée 11

(one) **thousand** mille, mil

three trois

throat une gorge; *to have a sore throat* avoir mal à la gorge

through par 12

to **throw (away)** jeter 7; *to throw oneself* se jeter 9

Thursday jeudi (m.)

ticket un billet; un ticket; *one-way ticket* un aller; *round-trip ticket* un aller-retour 2; *traffic ticket* une contravention

ticket counter, ticket window un guichet

time la fois; le temps; *at the same time* en même temps 6; *(at) what time* à quelle heure; *(for) a long time* longtemps; *from time to time* de temps en temps 7; *It's about time.* Ce n'est pas trop tôt. 10; *on time* à l'heure; *time (of day)* l'heure; *to have a good time* s'amuser; *What time is it?* Quelle heure est-il?

timetable un horaire 9

tip un pourboire

tire un pneu

tired fatigué(e); *to get tired* se fatiguer

to **to** à; en; *to it* y; *to (the)* au, aux

tobacco shop un bureau de tabac, un tabac

today aujourd'hui

toe un doigt de pied

together ensemble

toilet les toilettes (f.), les W.-C., les vécés (m.)

to **tolerate** supporter 1

tomato une tomate

tomorrow demain

tongue une langue

tonight ce soir

too aussi; *too, too much, too many* trop; *too bad* dommage, tant pis

tool un outil 10

toolbox une boîte à outils 10

tooth une dent

toothache: to have a toothache avoir mal aux dents

totally tout à fait 3

in **touch (with)** branché(e) (sur) 11

tour un tour; *to go on a tour* faire un tour; *tour bus* un car 3

tourist un(e) touriste

toward vers 2; *to make one's way toward* se diriger (vers) 2

towel une serviette (de toilette)

tower une tour

toy un jouet

tractor un tracteur

trade un métier

traffic la circulation; *traffic light* un feu (de circulation); *(traffic) sign* un écriteau; *traffic ticket* une contravention

train un train; *(train) car* un wagon

transportation un transport

to **travel** voyager; parcourir 4

travel agency une agence de voyages 9

traveler's check un chèque de voyage

treasure un trésor

tree un arbre; *gum tree* un gommier 2

trick un truc

trip un voyage; une excursion; un tour; un trajet 12; *to take a trip* faire un voyage, faire un tour

tropical tropical(e) 1

to **trouble** déranger 9

true vrai(e)

trumpet une trompette

trunk un coffre

to **trust** faire confiance à 5

truth la vérité

to **try (on)** essayer

tsetse fly une mouche tsé-tsé 1

T-shirt un tee-shirt

Tuesday mardi (m.)

turn un tour

to **turn** tourner; *to turn off* éteindre 1; *to turn on* mettre; allumer 1

TV program une émission 1

twelfth douzième

twelve douze

twenty vingt

two deux

typical typique

U

uhm euh

umbrella un parapluie

unbearable insupportable 1

unbelievable incroyable

uncle un oncle

under sous

underground souterrain(e)

to **understand** comprendre
unexpected inattendu(e)
to **unfasten** détacher 3
unfortunately malheureusement
unhappy malheureux, malheureuse
to **unite** unir 4
United States les États-Unis (m.)
university une université
unless à moins que...ne (n') 8
unpleasant désagréable
until jusqu'à; jusqu'à ce que 8; *until now* jusqu'ici 4
up: to get up se lever; *to go back up* remonter 4; *to go up* monter; *to hang up (the phone)* raccrocher 7; *to pick up (the receiver)* décrocher 7
up to jusqu'à
upon en
us nous; *both of us* tous/toutes (les) deux; *to us* nous
to **use** utiliser; se servir de 10
used: to be used to avoir l'habitude de 12
useful utile
as **usual** comme d'habitude
usually d'habitude

V

vacation les vacances (f.); *on vacation* en vacances; *summer vacation* les grandes vacances
to **vacuum** passer l'aspirateur 10
vacuum cleaner un aspirateur 10
varied varié(e) 2
VCR un magnétoscope
vegetable un légume
verb un verbe
vertical vertical(e)
very très
veterinarian un vétérinaire
view une vue 4
villa une villa 8
village un village
violin un violon
visit une visite
to **visit** visiter; rendre visite (à) 3
voice une voix 8; *in a loud voice* fort; *(in a) low (voice)* bas
volcano un volcan 1
volleyball le volley-ball (volley); *to play volleyball* faire du volley-ball (volley)

W

to **wait (for)** attendre; *can't wait for...*

attendre...avec impatience; *to wait until* attendre que 8
waiter un garçon; un serveur
waiting room une salle d'attente
waitress une serveuse
to **wake up** se réveiller
walk une promenade; *to go for a walk* faire une promenade, faire de la marche; se promener 4
to **walk** marcher
walking la marche; *to go walking* faire de la marche
wall un mur; *city wall* un rempart; *(walled-in) city* une cité
wallet un portefeuille
to **want** désirer; vouloir; avoir envie (de); *to want to* vouloir bien; *What can I do for you? What would you like?* Vous désirez?
war une guerre
wardrobe une armoire
warm chaud(e); *to be warm* avoir chaud
to **wash** laver 10; *to wash (oneself)* se laver; *to wash up* faire sa toilette
washer un lave-linge 10
waste une perte 5
to **waste** perdre; *to waste one's time* perdre son temps
watch une montre
to **watch** regarder; surveiller 7
Watch out! Attention!
water l'eau (f.); *brand of mineral water* Chanflor 2
to **water** arroser 10
to **water-ski, to go waterskiing** faire du ski nautique
way un chemin; une façon 9; *by the way* au fait; *on the way* en route 3; *to make one's way toward* se diriger (vers) 2; *way in which* la façon dont 9
we nous; on
weapon une arme 11
to **wear** porter
weather le temps; *How's the weather today? What's the weather like today?* Quel temps fait-il aujourd'hui?; *It's (The weather's) dry.* Il fait sec. 1; *It's (The weather's) muggy.* Il fait lourd. 1
Wednesday mercredi (m.)
week une semaine
weekend un week-end
weekly publication un hebdomadaire 11
to **weigh** peser 3

weight un poids
welcome bienvenue (f.); *You're welcome.* De rien.
well bien; bon, bonne; enfin; ben; *as well as* ainsi que 9; *It's just as well.* C'est tout aussi bien.; *well then* eh bien
were: if you were me à ma place 3
west l'ouest (m.)
wet mouillé(e) 12
what comment; quel, quelle; qu'est-ce que; que (qu'); quoi; qu'est-ce qui; ce qui, ce que 2; ce dont 9; *no matter what* n'importe quel, n'importe quelle 10; *So what?* Bof! 7; *What (a)...!* Quel, Quelle...!; *What a drag!* Quelle barbe!; *What can I say?* Bof! 7; *What do you expect* Que veux-tu (voulez-vous) 7; *What is it?* Qu'est-ce que c'est?; *What's new?* Quoi de neuf? 8; *What's wrong?* Qu'est-ce qui ne va pas?
wheel: steering wheel un volant
when quand; lorsque 5
where où; *Where?* Où ça?
whew ouf
which quel, quelle; qui; que 2; lequel, laquelle, lesquels, lesquelles 10; *about which, of which* dont 9; *way in which* la façon dont 9; *which one* lequel, laquelle 5; *which ones* lesquels, lesquelles 5
while en; tandis que 1; pendant que 7
white blanc, blanche
who qui; qui est-ce qui
whom qui; que 2; lequel, laquelle, lesquels, lesquelles 10; *about whom, of whom* dont 9
whose dont 9
why pourquoi; ben
wide large
in **width** de largeur
wife une femme
wild sauvage 1
willing: to be willing vouloir bien
to **win** gagner
wind le vent; *It's windy.* Il fait du vent.
window une fenêtre; *window pane* une vitre
windshield un pare-brise
windsurfing la planche à voile; *to go windsurfing* faire de la planche à voile

wine le vin; *wine grower* un vigneron, une vigneronne 7

wing (soccer) un ailier

wink un clin d'œil 7

winter l'hiver (m.)

wire un fil 7

to **wish** souhaiter 7

with avec; à; *to be with you* être à toi/vous 9

without sans; sans que 8

wolf un loup 8

woman une femme; *business woman* une femme d'affaires 5; *woman's suit* un tailleur

wonder une merveille

to **wonder** se demander 6

woods; wood un bois

word un mot; *play on words* un jeu de mots

work le travail; un boulot 5

to **work** travailler; marcher

worker: factory worker un ouvrier, une ouvrière

world le monde; *Third World* le Tiers-Monde 11

to **worry** s'inquiéter

worse pire 6

the **worst** le pire, la pire 6

wound une blessure 12

Wow! Oh là là!

wrist un poignet 12

to **write** écrire

wrong mauvais(e); *What's wrong?* Qu'est-ce qui ne va pas?; *What's wrong with you?* Qu'est-ce que tu as?

wrong un tort 8; *to be wrong* avoir tort 8

Y

yeah ouais

year un an; une année; *to be...(years old)* avoir...ans

to **yell** crier

yellow jaune

yes oui; *yes (on the contrary)* si

yesterday hier

yet: not yet ne (n')...pas encore

you tu; toi; vous; on; te; *both of you* tous/toutes (les) deux; *if you were me* à ma place 3; *to be with you* être à toi/vous 9; *to you* te, vous

young jeune

your ton, ta, tes; votre, vos

yours le tien, la tienne, le vôtre, la vôtre 12

yourself te; vous; toi-même, vous-même 4

yourselves vous; vous-mêmes 4

Z

zebra un zèbre 1

zero zéro

zoo un zoo 1

Photo Credits

Cover: Claude Monet, *La rue Montorgueil, à Paris. Fête du 30 juin 1878*. Paris, Musée d'Orsay. © PHOTO R.M.N. - S.P.A.D.E.M.

Abbreviations: top (t), bottom (b), left (l), right (r), center (c).

All photos not taken by the authors have been provided by the following:

Antin, Angel: ix (r), 94 (tl), 97 (r), 98 (t), 118 (r), 120 (l), 121 (tr, b), 122 (t, bl, br), 123 (tl, b)

Armstrong, Rick: xiv (r), 1 (r), 6 (l), 10, 24 (b), 26 (l), 29, 30, 31, 165 (t), 262, 264, 299, 300 (r), 370, 403, 496 (t), 497

Berry, Janet: 39 (l), 230 (r)

Billings, Henry: xii (l), 298 (r), 474, 493 (t, b), 494 (b)

Bunde, Deneve Feigh/Unicorn Stock Photos: 97 (t), 108 (b)

Burke, Lorette/Preferred Stock: 44 (b), 57, 230 (l)

Edwards, Greg: 52 (t), 58 (t)

Fried, Robert: viii (b), xii (r), 1 (l), 2 (b), 3 (b), 7, 26 (r), 36, 44 (t), 45, 51, 52 (b), 53 (t), 74 (t), 76, 77, 78 (t), 80 (t), 81, 86, 92, 102 (b), 104, 108 (t), 109, 110 (t, b), 111, 112, 115, 117, 126 (t), 140 (b), 142 (b), 143 (b), 145, 155, 161 (l), 164, 166 (b), 186, 188, 190 (b), 194, 196, 219, 225, 227, 231, 238, 255, 258 (t, b), 267 (b), 289, 294, 306, 312, 317 (b), 328 (b), 330 (l), 383 (r), 394 (b), 395 (r), 420, 427, 463 (l), 480 (tr), 483 (t), 484 (t)

Girard, Alice: 160 (t)

Girard, Frank: 120 (r)

Greenberg, Jeff: 34, 129, 130 (tr), 135 (r), 136, 146, 450

Henion, Thomas/Preferred Stock: vii (r), 59

Larson, June: vi (l), xi (l), xiii (r), xiv (l), xv (l, r), xvi (r), xvii (l), 78 (b), 128 (tl), 130 (tl), 158 (l), 176 (b), 189, 226, 234, 241 (bl), 242 (r), 245 (tr), 250, 278 (t), 296, 297, 302, 303, 304 (r), 317 (t), 321 (t), 324 (t), 329, 337, 340 (t, c, b), 345 (t, b), 346, 347, 350, 353, 354 (t), 360, 364, 367 (t), 372, 373 (t, b), 374 (c, b), 375, 376 (t, b), 377 (b), 380 (t), 381, 382, 385, 386 (b), 387 (r), 388, 389, 391, 392 (l, r), 394 (t), 397, 405, 413 (bl), 422, 428, 430, 433, 445, 449 (tr), 455 (t), 458, 459, 464 (c), 473 (t), 481 (t, b), 482

Martinez, Felicia/PhotoEdit: 501

Meland, Don: 343 (c), 369 (t, b)

McNamara, Eileen: 60

Ministre du Tourisme du Québec: 19 (b), 128 (tr, b), 147 (t, b), 149 (b), 151 (l), 152 (t, b), 153, 158 (r)

Module des communications - Ville de Montréal: x (l), 131 (c, b), 132 (t, b), 133 (t), 134, 137, 149 (c), 492

Morgan/Greenpeace: 435

Rubenstein, Jack C./Preferred Stock: 35 (r)

Siluk, Michael: 119 (b), 121 (tl), 141 (b), 254

Siedschlag, Gregory: 201

Simson, David: viii (t), xvii (r), xviii, 3 (t), 4 (t, b), 5, 6 (r), 8, 9 (t, b), 11, 12 (l, b), 14, 16, 18, 19 (t), 25, 33, 35 (l), 40 (t), 42 (b), 47, 48 (t, b), 49, 50, 53 (b), 54, 62, 64, 69 (t), 70, 73 (tc, tr, bl), 74 (c), 79, 80 (b), 82, 83 (l), 85, 91, 94 (tr), 98 (b), 99 (t, b), 101 (t, b), 102 (t), 106, 107, 113 (t, b), 114, 116, 122 (cl), 123 (tr), 125, 126 (b), 138, 139, 140 (t), 141 (t), 142 (t), 143 (t), 144, 154, 160 (b), 161 (r), 162 (t, b), 163 (l, r), 165 (b), 166 (t), 167, 168 (l, r), 175 (t), 177 (t), 178, 181 (r), 182, 183 (t, b), 184, 185 (t, b), 187, 190 (t), 191 (l, r), 193, 203, 206, 208 (l), 209, 211, 212, 213, 214 (t), 216, 217, 218 (l, r), 220, 221, 222, 223 (t, b), 224 (t, b), 228, 233, 237 (c, b), 240, 244 (b), 247, 248, 249 (c), 252, 253, 257, 259, 260, 261, 263, 265, 274, 275, 278 (b), 279 (b), 286 (t), 290 (t, b), 292, 293, 295, 298 (l), 300 (l), 301, 309, 311, 315, 320, 321 (b), 323 (t, b), 324 (b), 326, 327, 328 (t), 330 (r), 331, 332 (t, b), 343 (t, b), 348 (t), 349 (t, b), 354 (b), 356, 357, 358, 361 (c), 366, 367 (b), 377 (t), 380 (b), 384 (t), 393, 395 (l), 396, 398, 406 (t, b), 414 (t), 417, 418, 421, 424, 426, 432, 439, 441, 442, 452, 455 (b), 456 (t, b), 457, 460, 461, 462 (b), 464 (b), 466, 467, 473 (b), 475, 477, 478, 479, 480 (tl, b), 483 (b), 484 (b), 485, 486, 488 (t, b), 489 (t, b), 490, 491, 494 (t), 495, 496 (b)

Skubic, Ned: ix (l), 95, 118 (l), 124

S.P.A.D.E.M.: cover

Vaillancourt, Sarah: x (r), 133 (b), 135 (l), 150 (t, c), 151 (r), 157, 159 (t, c), 172, 197, 401, 453 (r)

Visser, Robert/Greenpeace: 408 (r)

Wild, Terry: 71